LE LECTEUR DE JULES VERNE

Almudena Grandes est née en Espagne en 1960. Après des études de géographie et d'histoire à l'université Complutense de Madrid, elle se lance dans l'écriture et rencontre le succès dès la parution de son premier roman, *Les Vies de Loulou*. Ses œuvres traitent de l'Espagne de la fin du XXe siècle et du début du XXIe siècle et font preuve d'un grand réalisme. Elle est également l'auteur de *Vents contraires*, de *L'Atlas de géographie humaine*, du *Cœur glacé* (Prix Méditerranée 2009) et d'*Inès et la joie* qui la consacrent définitivement comme l'un des plus grands auteurs contemporains de littérature espagnole.

Paru au Livre de Poche :

LE CŒUR GLACÉ

INÉS ET LA JOIE

VENTS CONTRAIRES

ALMUDENA GRANDES

Le Lecteur de Jules Verne

ROMAN TRADUIT DE L'ESPAGNOL PAR SERGE MESTRE

JC LATTÈS

Titre original :

EL LECTOR DE JULIO VERNE
Publiée par Tusquets Editores, Barcelona, 2012

ISBN : 978-2-253-17947-4 – 1re publication LGF

À Luis
À nouveau,
et ce ne sera jamais assez

À mon ami Cristino Pérez Meléndez
qui, lorsqu'il était petit, habitait la maison-caserne
de Fuensanta de Martos et était tout malingre.
Puis, lorsqu'il devint adulte, fut à la hauteur de tout,
mais ne devint jamais garde civil.

À mon amie Ángeles Aguilera Moya,
qui est originaire d'Alcalá la Real,
et ne s'appelle pas en vain
presque comme Pepe el Portugués.

« Hoy, cuando a tu tierra ya no necesitas,
Aún en estos libros te es querida y necesaria,
Más real y entresoñada que la otra ;
No esa, mas aquella es hoy tu tierra.
La que Galdós a conocer te diese,
Como él tolerante de lealtad contraria,
Según la tradición generosa de Cervantes,
Heroica viviendo, heroica luchando
Por el futuro que era el suyo,
No el siniestro pasado al que a la otra han vuelto.

Lo real para ti no es esa España obscena y deprimente
En la que regentea hoy la canalla,
Sino esta España viva y siempre noble
Que Galdós en sus libros ha creado.
De aquella nos consuela y cura esta. »

Luis Cernuda, « Díptico español »,
Desolación de la Quimera (1956-1962)

4

(Interprétation du pessimiste)

Rien n'est pareil. Rien
ne demeure.
                    Sauf
l'Histoire et le boudin de mon pays :

tous deux sont faits de sang, se répètent.

Ángel GONZÁLEZ, « Gloses à Héraclite ».

I

1947

Les gens prétendent qu'en Andalousie il fait toujours beau temps, mais dans mon village, en hiver, on mourait de froid.

Les gelées se présentaient, traîtreusement, avant la neige. Lorsque les jours étaient encore longs, lorsque le soleil de midi chauffait toujours et que nous descendions les après-midi jouer à la rivière, l'air devenait soudain cinglant et plus limpide. Puis le vent se levait, un vent aussi cruel et délicat que s'il était fait de verre, un verre aérien et transparent qui descendait en sifflant de la montagne sans soulever la poussière des rues. Alors, sur la frontière de n'importe quelle nuit d'octobre – avec un peu de chance : de novembre –, le vent nous rattrapait avant de rentrer à la maison, et nous comprenions que le beau temps était fini. Qu'importait de pouvoir lire tous les matins, sur une des vieilles affiches colorées que don Eusebio se plaisait à accrocher sur un des murs de la classe, que l'hiver commence le 21 décembre. Ce devait être juste à Madrid. Dans mon village, l'hiver commençait lorsque le vent le décidait, lorsqu'il lui prenait l'envie de nous poursuivre le long des ruelles, de nous griffer le visage avec ses ongles de verre, comme s'il avait de vieux comptes à régler avec nous, une dette impossible à solder avant le petit matin suivant, car il continuait à gronder sans cesse de l'autre côté des portes, des fenêtres closes, pour cesser soudain, comme écœuré de sa propre furie, à l'heure où même les insomniaques dorment déjà. Et dans ce calme rusé et discret, en dépit des livres et des calendriers, même si cela n'était noté sur aucune affiche de la classe, la première gelée s'abattait sur nous. Ensuite, tout n'était plus qu'hiver.

Le gel recouvrait la cour d'une gaze blanchâtre et sale, comme un vieux bandage sur les troncs des arbres rachitiques qui flanquaient le puits. La lumière encore imprécise du petit jour conférait une importance mystérieuse à chaque caillou, profils parfaitement nets qui se découpaient sur le sol ébouriffé, hérissé de froid. Également à mon nez, qui se réveillait avant moi, tel un appendice glacé, presque étranger sur mon visage. Alors je sortais une main de sous les couvertures pour le toucher, comme si j'étais étonné de le trouver toujours là, entre mes yeux et ma bouche, et le contraste de la température me faisait mal aux narines et au bout des doigts en même temps. Pour éviter cela, je mettais la tête sous les draps chauds, ramollis par leur moiteur, et je me rendormais. Ce sommeil était meilleur que le premier, mais, comme presque tout ce qui est meilleur dans cette vie, il ne durait pas longtemps. La porte de la chambre que je partageais avec mes sœurs se trouvait au milieu du mur, de l'autre côté du rideau vert, la fenêtre se trouvait de mon côté, et c'est pour cette raison que ma mère me réveillait toujours avant elles. J'entendais sa voix en même temps que je percevais la lumière,

« allons, Nino, lève-toi, c'est l'heure », et un instant plus tard, je recevais un baiser léger sur le front, qui inaugurait définitivement la matinée.

Toutes les journées commençaient de la même façon, les mêmes pas, les mêmes mots, le petit bruit de ses doigts ouvrant les volets et ce baiser, petit lui aussi, la peau de ma mère frôlant à peine la mienne : une délicatesse qui n'avait rien à voir avec la pression sonore et répétée de ses lèvres venant me souhaiter bonne nuit, en tentant de s'imprimer pour toujours sur mes joues. Toutes les journées commençaient de la même façon mais, en réalité, la première gelée, sans vraiment rien changer, bouleversait tout. Dans d'autres maisons du village, on commençait à regarder la montagne en fronçant les sourcils et l'on décelait la même expression d'inquiétude sur tous les visages, tous différents. Chez moi – il ne s'agissait pas d'une maison, mais plutôt de trois chambres dans la maison-caserne de Fuensanta de Martos –, nous tentions de mieux nous tenir que d'habitude, car nous savions qu'au début de l'hiver ma mère était d'une humeur massacrante.

— Qui m'a demandé de me marier avec ce type, nom d'un chien ? Qui m'a demandé de faire ça, alors que j'étais si bien dans mon village, merde alors…

C'était vrai, sans l'être tout à fait. Elle était née au bord de la mer, dans un hameau de pêcheurs, si proche d'Almería qu'on aurait dit un quartier des faubourgs de la ville. Là-bas, il ne faisait jamais froid. Je savais cela, car sa sœur cadette s'était mariée au début du mois de mars et qu'elle nous avait invités à sa noce. D'abord, cette nouvelle ne m'avait fait ni chaud ni froid, car nous avions déjà reçu d'autres invitations du même genre, toujours en vain, mais cette occasion-là se révéla différente des autres. D'abord parce que ma mère décida d'honorer l'invitation, de retourner dans son village après plus de dix ans d'absence. Ensuite, parce qu'elle voulut nous emmener avec elle. En 1947, un tel voyage représentait tout un événement pour une famille de la Sierra Sud.

« Et pourquoi papa ne vient-il pas avec nous ? avais-je osé demander alors que nous étions déjà assis dans le car de ligne qui devait nous conduire de Fuensanta jusqu'à Martos, et que je le regardais à travers la vitre, planté sur le trottoir, en train de nous faire au revoir de la main.

— Parce que.

— Et pourquoi parce que ?

— Parce qu'il ne peut pas.

— Il a du travail ?

— Bien sûr. »

Ce matin-là, mon village s'était réveillé sous un empan de neige. À Martos, l'averse de neige n'avait pas tenu, mais il faisait très froid. Je le sais car l'autobus nous avait laissés à côté de la gare avec plus de vingt minutes de retard, et que nous étions arrivés au train en courant, mais que malgré la course, la sueur et l'agitation des bagages où se trouvaient les cadeaux de la mariée et de sa famille, nous n'avions pas réussi à nous réchauffer.

Ma mère nous faisait presser le long du couloir des wagons du train comme si nous étions un troupeau de moutons. Une feuille de papier à la main, avec un message tapé à la machine, elle cherchait les deux gardes civils qui voyageaient dans le convoi. C'était la première fois que je prenais le train sans mon père, et même si je tentais de le dissimuler, car son absence avait fait de moi le seul homme de la famille, j'avais peur de tout. Lorsqu'il était là, c'était différent. Lorsqu'il était devant nous, avec son uniforme, son tricorne et son arme de service, les passagers nous laissaient passer et les contrôleurs, au lieu de nous demander les billets, s'empressaient de faire lever qui que ce soit, afin que nous puissions nous asseoir tous ensemble. Mais cette fois, mon père n'était pas venu avec nous et les deux feuilles de papier tapées à la machine, qu'il nous avait remises dans une enveloppe au moment de nous faire ses adieux à la portière du car de ligne, ne parvenaient pas à me rassurer tout à fait. Ma mère connaissait un des deux gardes civils qui voyageaient dans le train, un caporal qui avait été affecté à Fuensanta avant d'être muté au Commandement de Jaén. Celui-ci ne prit même pas la peine de lire la feuille de papier pour appeler le contrôleur. Il lui dit que nous étions de la famille d'un de ses collègues, lui demanda de nous installer et m'offrit une poignée de petits bonbons à la menthe, très forts, de ceux qui piquent en même temps sur la langue et le palais.

« Tu les partageras avec tes sœurs », me dit-il en souriant.

Mais Dulce cracha le sien à peine une seconde après l'avoir porté à la bouche et, lorsque j'avais voulu lui en donner un, Pepa s'était déjà endormie dans les bras de ma mère, alors je les avais tous mangés.

Ce fut un voyage paisible, tranquille, très différent de celui que nous allions faire au retour, mais lorsque le train démarra, je grelottais encore de froid. Une heure plus tard, le ciel était bleu, le soleil brillait, et j'avais déboutonné mon manteau presque sans m'en apercevoir. Au bout d'un moment, je ne tenais plus tellement j'avais chaud.

« Maman, je transpire, m'étais-je plaint tout en retirant mon chandail. C'est à cause du chauffage du train, ou… ?

— Non, répondit-elle en souriant, comme si elle était enfin soulagée.

— Eh bien, il fait vraiment chaud.

— Et tu n'as encore rien vu. »

C'est alors que nous avions commencé à apercevoir des fleurs, des fleurs en hiver, d'énormes buissons verts constellés de taches rouges, roses, blanches ou violettes, de grandes et belles fleurs semblables à celles qu'on achète chez les fleuristes, poussant toutes seules sur le bord de la voie ferrée. Ma mère les pointait du doigt, prononçait leur nom sans la moindre hésitation, lauriers-roses, althæas, bougainvillées, et moi je pensais aux coquelicots, aux marguerites et à ces fleurs bleues, si petites qu'elles ne possèdent même pas de nom, et qu'on peut voir dans mon village, mais seulement au printemps. Dans les gares, les gens étaient torse nu, en manche de chemise, ou portaient une veste légère déboutonnée, et moi je les regardais, j'observais ce jardin qui ressemblait à un été perpétuel, et voilà que soudain je comprenais tout : la mauvaise humeur de ma mère, ses jurons d'infidèle invétérée, cette surprise amère qui la poussait, tous les ans – lorsque les gelées se présentaient et avec elle les jours difficiles –, à se demander à haute voix ce qu'elle pouvait bien faire à Fuensanta de Martos. Mais les choses ne sont pas toujours comme on le croit et c'est une chose que je découvris également pendant ce voyage.

Des lauriers-roses, des althæas, des bougainvillées. Lorsque j'ai revu toutes ces fleurs, trois jours plus tard, si belles, si inutiles, poussant toutes seules près de la voie de chemin de fer qui me ramenait à Jaén, à Martos, aux neiges de la montagne, j'avais déjà appris que les noms ne se mastiquent pas et qu'on ne peut pas manger les fleurs. J'avais vu la mer, mais également de quelle façon les vagues emportaient, l'une après l'autre, la joie de ma mère. J'avais découvert qu'elle n'exagérait pas lorsqu'elle disait que, dans son village, une tomate et une grappe de raisin suffisaient à un homme pour tenir toute la journée et qu'il existait des pauvres bien plus pauvres que nous. Chaudement vêtu, mon père nous attendait sur le quai de la gare. Je fus si heureux de le voir que je baissai la vitre pour l'appeler, en faisant de grands gestes, et je ne sentis pas le froid qui s'engouffra dans mon nez, dans mes oreilles, pour fêter mon retour. Ma mère ne lui demanda même pas pourquoi il était là et non pas au village, à l'arrêt de l'autocar de ligne, où nous nous attendions à le trouver. Il nous expliqua que nous lui avions énormément manqué et elle se jeta dans ses bras comme s'ils étaient encore fiancés, comme s'ils ne s'étaient pas mariés encore, comme si nous n'étions pas nés et n'étions pas devant eux, là, à les observer, à entendre ma mère dire non, non, je t'assure que je n'y retournerai plus, Antonio…

« Et toi, Nino, comment vas-tu ? me demanda mon père en reposant ma sœur Pepa par terre et me prenant par les épaules pour m'embrasser. Comment as-tu trouvé la mer ?

— J'ai beaucoup aimé, papa, elle est tellement grande… Elle est énorme. »

Il sourit comme si je venais de lui dire exactement les mots qu'il attendait. Et je compris que je ne devais rien lui dire de plus. Que je ne devais pas lui raconter que mes cousins m'avaient volé mes chaussures, que je les avais retirées pour jouer pieds nus, comme eux, sur la plage, et que je ne les avais plus revues jusqu'à ce que ma mère l'apprenne, et qu'elle sorte de la maison comme une lionne au lieu de me gronder, pour les rapporter tout de suite, chacune contenant une chaussette à l'intérieur, exactement comme je les avais laissées près d'une barque. Que je ne devais pas non plus lui raconter que tante María del Mar vendait les œufs de ses poules parce qu'elle avait trop besoin d'argent pour les donner à ses enfants, ni que maman nous donnait du pain et du fromage en cachette pour éviter qu'on ne demande un goûter à notre grand-mère. Que je ne devais pas lui raconter que le jour du mariage, devant la porte de l'église, un homme brun et maigre, comme tous les hommes du coin, là-bas, s'était approché de moi pour me demander si j'étais bien le fils du garde civil, en m'expliquant ensuite qu'il ne me l'avait pas demandé comme cela en passant, mais juste parce qu'il se réjouissait de ne pas être mon père. Cet homme, un ancien prétendant de ma mère, m'avait ensuite regardé avec un sourire tordu, crispé, qui semblait plus haut d'un côté que de l'autre et m'avait fait peur, mais ça non plus je ne l'avais raconté à personne.

L'homme qui avait voyagé avec nous, dans le train du retour, était brun et maigre lui aussi, mais il était extrêmement sale. Sa chemise était déchirée et il avait une vieille blessure, que révélait un filet de sang séché, sur un côté du front. Il voyageait debout, les yeux fixés au sol, mais il tournait de temps à autre sa tête vers la gauche pour regarder à travers la vitre avec une expression de tristesse muette et réservée, comme s'il était en train de faire ses adieux à ce paysage en évitant qu'on s'en rende compte. À intervalles plus ou moins réguliers, il tirait avec sa main gauche une cigarette de la poche de son pantalon, la pinçait entre ses lèvres, demandait du feu d'un signe de tête au garde civil qui était assis à côté de ma mère, et c'est alors que je m'étais aperçu que tout son corps tremblait, la main, le bras, les lèvres lorsqu'il aspirait la fumée. Il ne parla pas de tout le voyage. Il ne regarda pas non plus le garde civil, resté debout à côté de lui, sa main droite menottée à sa main gauche qui dépassait de la manche de l'uniforme vert olive.

Il était prisonnier, ou peut-être pas tout à fait, peut-être venait-on juste de l'arrêter et n'était-il pas encore allé en prison. Je savais ce genre de chose car une fois, en me rendant à Jaén avec mon père, j'avais assisté à une scène du même genre, mais le prisonnier était cette fois-là une femme, qui pleurait en silence, le visage dans ses mains. C'est pour cette raison qu'elle m'avait moins impressionné que cet homme. Pour cette raison et parce que, cette fois-là, personne n'avait eu envie d'aller uriner.

« Je dois aller aux toilettes, Macario, je n'en peux plus. »

Le garde civil menotté avait interrompu son compagnon qui, les mains libres, parlait tranquillement avec ma mère. Ce dernier avait secoué la tête, visiblement contrarié par un contretemps que je ne compris pas très bien.

« Retiens-toi un peu, mon vieux, avait-il dit comme s'il le suppliait. À la prochaine gare…

— Mais je ne peux pas, Macario. Je vais finir par me pisser dessus.

— Et voilà... Tu fais chier ! Bien sûr, tu n'as pas arrêté de boire de l'eau, et de l'eau, et de l'eau...

— Et que veux-tu que je fasse ? C'est le médecin qui m'a dit de le faire. »

C'était un jeune garde civil, sympathique, et l'urgence, à en juger l'expression sur son visage, était vraiment réelle.

« Il faut que je boive beaucoup, car j'ai des cailloux dans les reins, tu comprends.

— Ah bon ! Eh bien moi, je te donnerais bien un coup de caillou sur la tête ! »

Macario, en revanche, avait le même âge que le lieutenant Fuensanta, il était chauve et avait un gros ventre comme lui, mais il n'était même pas caporal.

« Comment faire alors ? Il va falloir que tu l'emmènes avec toi...

— Avec moi ? Il n'en est pas question. Il ne manquerait plus que ça maintenant, qu'il vienne me reluquer les couilles. »

Alors, Macario avait regardé autour de lui et ses yeux s'étaient posés sur moi.

« Je ne peux pas te remplacer, disait son collègue, tu connais le règlement, quoique... Bref, si tu es incapable de te retenir, et que le gamin veut bien...

— Bien sûr qu'il veut ! »

Ma mère me regarda, me sourit, et je ne compris ni ses mots ni son sourire.

« Aimables comme vous l'avez été avec nous. Allez, Nino, va...

— Où ça ? » demandai-je. Et avant que je n'aie le temps de m'en rendre compte, le garde civil le plus âgé avait libéré le prisonnier de ses liens et m'avait menotté à l'homme qui tremblait.

« Je ne devrais pas faire ça, voyez-vous !... »

Macario s'était tourné vers ma mère tandis que je commençais à transpirer comme jamais.

« Mais bon, dans les toilettes...

— Ne vous inquiétez pas, ce n'est pas la peine de nous donner d'explication. »

Ma mère continuait de sourire et moi je transpirais, je percevais la respiration du prisonnier et je transpirais. Je sentais sa main, le poignet de sa chemise et je transpirais. Je transpirais comme si j'étais en train de m'assécher de l'intérieur.

« Mon fils est né dans une maison-caserne et il n'a jamais vécu ailleurs.

— Ça se voit, madame. Il est bien élevé, et obéissant... Comme ça, il commence sa formation, n'est-ce pas ?

Macario s'était mis à me parler directement.

« Parce que, lorsque tu seras grand, tu seras garde civil, comme ton père, n'est-ce pas ? »

Moi, lorsque je serai grand, je serai garde civil, disait toujours Paquito, le fils de Romero. Quelle chance de tout avoir à l'œil, de prendre le train sans payer, d'aller au cinéma sans acheter de billet, et même au stade de foot... ça c'est le summum ! Et puis il y a les taureaux aussi, on peut voir les corridas derrière les *burladeros* du *callejón*, comme les éleveurs, et sans débourser un sou... Moi, c'est sûr, je serai garde civil, affirmait-il avec la tête, aussi fermement que s'il avait déjà un tricorne enfoncé jusqu'au front. Je serai garde civil pour pouvoir de temps en temps apporter quelques kilos de pommes de terre à ma femme, ou un de ces melons que les villageois viennent déposer devant la porte de la caserne. Pour qu'elle se sente aussi heureuse que ma mère, et pour ne pas avoir à dépenser un sou à la fête du village. Car mes enfants monteront gratuitement sur tous les manèges et on m'invitera à boire des verres. Il faut voir tout ce qu'on économise, dit mon père…

« Je ne sais pas encore ce que je ferai, lorsque je serai grand », avais-je répondu à Macario ce jour-là.

Et quelque chose dans ma façon de le dire, peut-être l'intonation ou le volume de ma voix, très faible, presque un murmure, avait poussé l'homme menotté à ma gauche à me regarder. Alors, je l'avais observé à mon tour, attentivement, et m'étais aperçu qu'il était aussi jeune que le garde civil qui s'était rendu aux toilettes. Il avait des yeux foncés, un nez aquilin, des lèvres très fines, tendues, tirées, et une alliance à l'annulaire de la main menottée à la mienne, qui brillait comme si elle était toute neuve.

« Eh bien tu seras garde civil, mon gars. J'en suis sûr ! »

Macario avait éclaté de rire. Le prisonnier avait fermé les yeux avant de regarder à nouveau par la fenêtre, tandis que je fixais son profil, ses cheveux pleins de boue, collés à sa nuque, le col de sa chemise blanche, tellement sale qu'on l'aurait crue grise.

« Que veux-tu faire de mieux ? »

Son collègue revenu, j'avais, un instant plus tard, retrouvé ma place entre mes deux sœurs et le garde civil menotté à son prisonnier, comme s'il ne s'était rien passé. Et pourtant il s'était produit quelque chose. Mais ce n'était plus important, car nous étions déjà arrivés à Jaén, car nous étions de retour à la maison, et c'était également pour cette raison que je n'avais pas raconté cet épisode à mon père.

À Almería, j'avais appris que les choses n'étaient pas toujours ce qu'elles semblaient être. Et sur les premiers contreforts de la montagne, tandis que le paysage commençait à onduler, respectant d'olivier en olivier la volonté des montagnes qui s'élevaient dans le fond, je réfléchis à nouveau à cela. La Pava – car nous étions déjà chez nous et que nous pouvions appeler l'autocar de ligne par son surnom familier – montait péniblement la côte. Moi, je regardais à travers la vitre, je me souvenais de ces explosions de fleurs qui bordaient le désert plat, caillouteux, où rien d'autre ne poussait, et me réjouissais d'être né si loin de la mer. Depuis la route, les montagnes n'étaient que roches et arbustes, cailloux stériles sous un ciel menaçant. Mais nous, qui avions vu le jour parmi eux, les connaissions parfaitement tout comme la richesse qu'ils recelaient.

Car les lauriers-roses ne poussent pas dans les montagnes, on n'y trouve pas d'althæas tropicales non plus, ni de bougainvillées rouges, roses, blanches ou mauves, mais il y a des perdrix et des lapins, des lièvres et des cailles, des canards qui volent ou nagent dans les lacs. Les ruisseaux, qui descendent des sommets comme poursuivis par la neige, entraînent des truites dans leur eau douce et froide, ou parfois dans les trous d'eau où se réunissent de frénétiques familles de crabes. Des escargots prospèrent sur les berges, parmi les herbes qui guérissent des maladies et, çà et là, on trouve des asperges sauvages arrivant à maturité à la fin du printemps, comme les mûres en été, avant que l'automne ne parsème le sol de champignons comestibles. L'hiver est une saison plus rude, mais c'est seulement en hiver que les sangliers descendent, fuyant le gel, et que les cerfs s'éloignent du troupeau et, avec un peu de chance pour les chasseurs, se perdent parfois. Dans les montagnes, il y a des grottes pour se protéger du froid, des bois ombragés où fuir la chaleur, des ruches pleines de miel dans les troncs creux des arbres, et de l'eau pour boire, pour laver et même pour se baigner. Dans la montagne, il y a beaucoup de choses, pour qui est dégourdi. Voilà pourquoi même si, pour une raison ou une autre, on ne le disait jamais ouvertement, dans mon village tout le monde savait que les montagnes étaient pleines de monde.

Fuensanta de Martos était plus petit que le village de ma mère et la garde civile n'était représentée que par un caporal et deux gardes, qui vivaient mieux que nous, car ils avaient plus d'espace. Notre maison-caserne n'était pas bien plus grande que la leur, mais le commandement avait ordonné de construire des cloisons et des cloisons, ce qui avait réduit les pièces, ainsi que les bureaux, les cellules et la salle du drapeau. Ainsi, était-on parvenu à loger huit familles, cinq gardes, un caporal, un sergent et le lieutenant, qui était le chef de tout le monde et aussi des gardes civils de Los Villares et de Valdepeñas de Jaén, car mon village, qui n'était ni le plus grand ni le plus important de la montagne, occupait cependant le centre géographique de la région.

En théorie, don Salvador était un personnage exceptionnel et l'un des plus hauts chefs militaires de la Sierra Sud. Mais, à Fuensanta, personne ne le prenait vraiment au sérieux. Sa femme, très prétentieuse, profitait de la moindre occasion pour expliquer que son mari n'était pas un simple garde civil, mais un lieutenant de l'armée de terre et qu'il avait été nommé pour remettre un peu d'ordre. Lorsqu'il en aura fini avec les bandits, ajoutait-elle, nous retournerons à Malaga, en ville, pour vivre comme des bourgeois, dans une villa avec jardin et vue sur la mer. Personne n'osait lui rire au nez, mais ses délires n'empêchèrent pas Cuelloduro, le patron du bar, de baptiser son mari Bibendum, car il était petit et très gros, comme le bonhomme Michelin. J'avais toujours su ça, mais il m'avait fallu aller dans le village de ma mère, pour m'apercevoir que, dans le mien, il y avait un garde civil pour deux cents habitants. Cependant cela ne parvint pas à ternir mon bonheur d'être revenu à la maison.

Lorsque je descendis de la Pava, j'avais faim et sommeil, j'étais épuisé par les longues heures de voyage, mais je remarquai cependant que la neige était sale. Seuls quelques lambeaux sombres, condamnés à devenir de la boue, contre les murs orientés au nord où le soleil ne tapait jamais, subsistaient de l'éblouissante perfection du blanc infini que j'avais quitté quelques jours auparavant. Il avait neigé deux ou trois fois par la suite, mais le froid avait lentement lâché prise, avec une exceptionnelle délicatesse. Je m'en souviens parfaitement, tout comme je me souviens de tous les événements de cette année qui avait inauguré une période qui resterait longtemps la plus importante de ma vie. Comme si l'année 1947 l'avait pressenti, ou peut-être pour se faire pardonner de m'avoir confronté si tôt à la cruauté des paradoxes, elle me fit un cadeau avant d'aller se perdre dans les limbes des calendriers.

Le gel n'attendit pas décembre. Mais ma mère, elle, l'attendait. Lorsque je pénétrai dans la cuisine en grelottant, je la découvris assise près de la cheminée en train de rouspéter comme d'habitude, en fronçant les sourcils. Elle s'était emmitouflée dans une vieille cape de mon père et je ne réussis pas à voir ce qu'elle était en train de faire. Mais lorsque je m'étais approché, elle m'avait souri. Elle tenait dans ses mains une nouvelle housse, deux morceaux de couverture superposés, coupés aux dimensions d'une bouteille de limonade et cousus sur les bords au fil de laine avec des points très proches et très serrés. Une pièce ronde se balançait à la base, dans laquelle elle allait confectionner une boutonnière pour le bouton qui permettrait de la fermer. L'eau resterait ainsi bouillante sans risquer de brûler.

« Regarde, ça te plaît ? »

Le sourire de ma mère s'élargit et elle trouva également une façon de faire briller ses yeux.

« Oui, elle est très belle, répondis-je et ce n'est qu'alors que je compris. C'est pour moi ? »

Lorsqu'elle hocha la tête, je ressentis une joie intense doublée d'un sentiment d'orgueil, de gratitude, à la perspective du bonheur que j'allais connaître en me présentant à l'école avec ma propre bouteille, enveloppée dans sa housse. Je ne pus trouver de mots pour exprimer mon émotion. Voilà pourquoi je me jetai sur elle, la serrai dans mes bras de toutes mes forces en l'embrassant tant de fois que je faillis renverser la chaise sur laquelle nous étions.

« Lâche-moi donc, Nino, tu vas finir par nous faire tomber ! s'exclama ma mère en riant.

— Merci, maman, avais-je fini par dire. Merci, merci, je te remercie mille fois…

— Pas de remerciements, mon fils. En janvier, tu vas faire tes dix ans, n'est-ce pas ? Tu es grand maintenant et bien plus responsable que ta sœur. Elle aussi en a eu une lorsqu'elle a eu ton âge, donc… Mais tu dois me promettre d'en prendre bien soin. Ne la perds pas de vue. Ne la laisse pas traîner n'importe où et ne la pose pas à un endroit où elle risquerait de tomber. Si tu la casses, ou si on te la vole, je ne pourrai pas te la remplacer avant l'année prochaine. Les bouteilles coûtent cher, tu le sais parfaitement.

— Ne t'en fais pas, maman, j'en prendrai bien soin. Mais où est-elle ?

— Je ne l'ai pas encore achetée, je n'ai même pas eu le temps de finir la housse. Je n'ai pas encore fait la boutonnière ni cousu le bouton, mais si tu veux, tu peux l'étrenner ce soir. Pour l'instant, à l'école, je préfère… »

Elle fit un geste de la tête en direction de la cheminée, et je regardai pour la dernière fois, sans rancœur ni nostalgie, la pierre noire et plate, qui garantissait la fin de mon enfance.

« Non, ce n'est pas la peine. Je suis sûr qu'aujourd'hui il ne fait pas si froid. »

Les élèves de l'école de mon village ne reconnaissaient que deux sortes d'enfants, les petits et les grands. Ils étaient classés d'après des critères très différents de ceux dont usait don Eusebio pour nous répartir en cours et en divisions. Les pierres et les bouteilles, voilà quelle était la loi suprême qui régissait les âges, les tailles et les connaissances. Les petits étaient les gamins qui sortaient de chez eux en serrant une pierre chaude, enveloppée dans des chiffons, sur leur poitrine. En revanche, les grands avaient mérité qu'on leur fît confiance pour prendre soin d'une bouteille de limonade remplie d'eau bouillante, que la housse, fabriquée à la maison avec un morceau de couverture épaisse que le temps avait rendue toute douce, transformait en une source de chaleur extrêmement agréable. Les bouteilles conservaient la chaleur bien plus longtemps que les pierres et, lorsqu'on s'asseyait à son pupitre, il était agréable de les faire rouler sur les jambes ou de les poser par terre pour les maintenir droites entre les chevilles. Je l'avais souvent vu faire, tandis que je tentais en vain de m'imprégner de la chaleur de la pierre à peine tiède que je rapportais tous les après-midi à la maison, pour que ma mère la déshabillât et la mît à nouveau près du feu, pour l'envelopper à nouveau juste avant de me coucher dans le lit, autre lieu qui distinguait les grands et les petits, selon la loi de la pierre et de la bouteille.

Ce jour-là, j'étais si excité à l'idée de changer de catégorie, que j'avais quitté la maison les mains dans les poches, et n'avais même pas eu froid à l'école, bien que don Eusebio eût décrété que le moment était venu d'allumer l'unique petit poêle, pour s'y asseoir à côté, non sans nous avoir prévenu comme d'habitude que ce n'était pas lui l'égoïste, mais plutôt ses os qui sentaient venir la vieillesse sans jamais vouloir se réchauffer. Et le soir même, pour la première fois de ma vie, je m'étais réjoui de quitter le paradis de la cuisine, que ma mère s'ingéniait à chauffer en combinant la cheminée avec les braises du fourneau et le brasero qu'elle manipulait mieux que personne, car je portais une bouteille toute neuve entre les mains. Elle l'avait remplie avec un entonnoir, avait enfoncé le bouchon en liège que mon père avait taillé avec son couteau afin qu'il s'emboîtât parfaitement et dont elle avait scellé les bords avec de la cire fondue. Ensuite, lorsque la cire était redevenue blanche et solide, elle avait placé la bouteille dans la housse qu'elle avait boutonnée. Lorsqu'elle me l'avait tendue, j'avais failli la laisser tomber tellement elle était chaude. Puis je l'avais glissée entre mes draps avant de me déshabiller. Lorsque je m'étais couché, tout le lit était déjà chaud.

Cependant, cette nuit-là, je ne parvins pas à trouver le sommeil. Était-ce cette sensation nouvelle de ne pas sentir mes pieds glacés gémir au bout de mes jambes ? Ou était-ce le destin ? Lorsque mes parents se levèrent de table, je ne dormais pas encore. Je les entendis éteindre la lumière, fermer la porte et entrer dans leur chambre, contiguë à la mienne, car on avait tellement de fois déplacé les cloisons de la maison-caserne qu'elles étaient devenues toutes minces, poreuses comme une éponge, ne permettant pas de préserver le moindre secret. Je sus donc que ma mère s'était couchée tout habillée, puis je pus entendre l'une après l'autre les instructions confuses auxquelles mon père obéissait avec résignation, avant de dire une chose que je n'aurais cependant jamais dû entendre.

« Voilà, Antonino, mets-toi sur le dos, je vais t'attraper… Non, pas comme ça, mon gars. Comme ça, oui, très bien… Tu as vraiment de la chance, on dirait un vrai poêle, les pieds à présent… Non, plie les genoux…

— Aïe ! Ils sont glacés, Mercedes.

— Bien sûr qu'ils sont glacés. Sinon tu crois que je me serais amusée à faire toute cette gymnastique. Prends sur toi, mon gars… Bon, je vais commencer à me déshabiller.

— Il était temps.

— Que veux-tu que je te dise ? Pour moi c'est horrible, Antonino, je suis d'Almería, tu le sais bien, si tu n'aimes pas ça, il te fallait y penser avant.

— Bon, je peux éteindre la lumière ?

— Vas-y, éteins-la, oui. »

Pendant le silence qui suivit, mon lit devint plus mou, plus souple, et je sentis que je m'y enfonçais comme si mon corps était rempli d'une mousse tiède, rosée. Mes yeux, fermés à l'extérieur, commencèrent à se fermer également à l'intérieur, mais avant de clore les paupières, j'entendis mon père parler à nouveau :

« Mercedes, dit-il, visiblement réveillé.

— Quoi ? demanda-t-elle d'une voix pâteuse et endormie.

— Je suis inquiet pour Nino. » Et à partir de cet instant aucun de nous trois ne put s'endormir.

« Pour Nino ? Mais pour quelle raison ? Don Eusebio dit qu'il travaille très bien à l'école.

— Bien sûr, le gamin est intelligent, très éveillé, je le sais parfaitement. Mais il ne grandit presque pas.

— Il grandira, ne crains rien !

— Peut-être pas. Et ce qui me fait peur… S'il continue comme ça, c'est qu'il ne va jamais atteindre la taille réglementaire, Mercedes. Et s'il n'a pas la taille réglementaire, il ne pourra jamais entrer dans le Corps.

— Mais qu'est-ce que tu racontes, Antonino ? Je te rappelle que ton fils n'a que neuf ans.

— Et alors ? Il vaut mieux prévenir que guérir, non ? Si, lorsqu'il sera adulte, il fait plus d'un mètre soixante, il pourra devenir garde civil, mais s'il ne les fait pas… Voilà pourquoi j'ai pensé qu'il serait peut-être préférable qu'il apprenne à taper à la machine.

— Quoi ?

— À taper à la machine, Mercedes ; et puis il faut qu'il étudie le français, et lorsqu'il sortira de l'école… Eh bien, je ne sais pas, la comptabilité, ou quelque chose de ce genre. Ainsi il pourra passer le concours pour devenir secrétaire de mairie, ou employé de bureau à la Diputación. S'il est petit, mais intelligent, même s'il n'a pas la taille réglementaire, personne ne se moquera de lui, et il gagnera sa vie mieux que moi, tu ne crois pas ?

— Écoute-moi, Antonino, je ne sais pas qui t'a fourré ces idées dans le crâne, mais je vais te dire que…

— Non, ne me dis rien, Mercedes. Écoute ce que je te dis et ne me donne pas de conseils, s'il te plaît. »

Le verdict sans appel, avec lequel mon père mettait fin à toutes les discussions, plongea la chambre dans un silence qui mit longtemps à gagner mon esprit, traversé par des évocations aigres-douces et contradictoires : le froid des menottes tenaillant mon poignet gauche et ensuite la respiration d'un homme brun et maigre, sale et blessé, un petit ruisseau de sang séché sur son front, une alliance flambant neuve à la main droite.

Durant les mauvaises époques, les enfants grandissent vite, et celle de mon enfance fut vraiment une des pires. À neuf ans, je savais parfaitement que je ne voulais pas devenir garde civil, que je ne voulais plus voyager menotté à un prisonnier, que je ne voulais plus vivre dans une maison-caserne, que je ne voulais pas faire peur aux gens, ni savoir qu'ils crachaient par terre dès que je leur tournais le dos, ni que l'officier de police et le pharmacien me prennent la tête, ni que ce soit moi qui la prenne à don Justino ou au maire, ni supporter les fanfaronnades de quelque sergent buté et mal luné, et ne parlons même pas du fait que mon épouse se voie elle-même obligée de supporter la pédanterie de la femme d'un gros lieutenant qui pue des pieds. Je ne voulais pas être garde civil, je ne voulais pas partager le seul cabinet en service avec les culs de sept autres familles, ni arrêter mes voisins, ni les escorter menottés dans la rue, ni demander le lendemain à mes enfants comment cela s'était passé à l'école pour qu'ils me répondent bien, très bien, alors que c'était absolument faux.

À neuf ans, je voulais être pilote de course, déménager à Grenade ou à Madrid, et sinon vivre comme Pepe el Portugués, posséder une petite maison au bas de la montagne avec un potager, un cheval, quelques animaux, quelques amis et vivre loin, loin du village, loin du lieutenant et de son épouse, loin du maire et de don Justino, loin de l'officier de gendarmerie et du pharmacien. Je voulais vivre loin, afin de pouvoir me rendre dans la montagne pour pêcher la truite et cueillir des champignons sans me cacher, lorsque cela me ferait plaisir, et surtout ne pas rentrer chez moi au petit matin, ma cape toute raide à cause du gel, du givre dans la moustache et tout un catalogue de jurons à la bouche, ou ne pas rentrer du tout. Voilà ce que je voulais et cependant je n'avais jamais pensé qu'un jour je pourrais ne pas avoir l'occasion de ne pas choisir d'être garde civil.

Romero, le collègue de mon père, était fils de garde civil. Sanchís, le sergent qui allait devenir chef lorsque Bibendum retournerait à Malaga, et que je n'aimais pas du tout parce que c'était un voyou qui s'amusait à menacer les gens grâce à l'impunité que lui conférait son passé de héros de la guerre, avait également grandi dans une maison-caserne. Curro, qui n'avait pas encore vingt-deux ans, était dans la même situation que lui, mais comme il avait de la place, car il n'était pas encore marié, il me permettait d'aller faire les devoirs chez lui, un trois pièces contigu à notre appartement. Cependant l'histoire de mon père était tout à fait différente.

Mon père était né à Valdepeñas de Jaén, tout près de Fuensanta de Martos, et il n'avait jamais bougé de là jusqu'au jour où on l'envoya à Melilla pour faire son service militaire. C'est alors qu'il avait commencé à correspondre avec la sœur d'un autre appelé qui portait presque le même nom que lui, Antonio. C'est un malentendu qui les avait rapprochés : la jeune fille pensait qu'il n'y avait qu'un village au monde qui s'appelait Valdepeñas, et elle s'était dit qu'avec toutes les vignes et toutes les caves qu'il y avait là-bas le travail ne ferait jamais défaut. C'est pour cette raison et, bien qu'il lui ait avoué dès le début qu'il était journalier et sans terre, comme son père, son grand-père, et son arrière-grand-père, en remontant plus ou moins jusqu'à Adam et Ève, que la jeune fille avait pensé qu'elle se sentirait toujours bien en sa compagnie. Après son service militaire, mon père s'était embarqué sur le *Melillero* pour retourner à la Péninsule et, sous prétexte d'aller accueillir son frère qui se trouvait sur le même bateau, ma mère était allée au port d'Almería pour faire la connaissance de mon père. Lorsqu'elle avait appris la vérité – qu'il s'agissait en réalité de Jaén, exactement de Valdepeñas de Jaén, et non pas du village de Valdepeñas situé près de Ciudad Real, qu'on y cultivait des oliveraies et non pas des vignes, et qu'il y avait des moulins à huile plutôt que des caves –, mon père l'avait déjà prise dans ses bras et cela lui avait plutôt bien plu. C'est ainsi qu'ils s'étaient mariés et que, pour ne pas avoir à choisir entre la montagne et la mer, ils s'étaient installés dans un endroit équidistant et étranger, aussi nouveau pour l'un que pour l'autre.

Je connaissais l'histoire jusque-là. J'avais souvent observé la photographie que ma mère rangeait dans un tiroir de la commode, mon père et elle endimanchés, tous deux très jeunes et souriants, avec ma sœur Dulce dans leurs bras, emmaillotée malgré la lumière du soleil qui filtrait à travers une treille, dans une cour carrée, petite et propre. Lorsqu'elle me l'avait montrée pour la première fois, ma mère m'avait décrit cette maison qu'ils avaient louée à Valderrubio, un village de la province de Grenade entouré de champs de betteraves, avec plusieurs usines de sucre qui payaient les ouvriers sérieux et efficaces mieux que les propriétaires terriens de Valdepeñas – et sans recourir à des contremaîtres qui se rendaient tous les jours sur les places des villages pour humilier les hommes en les pointant du doigt : aujourd'hui tu travailles, aujourd'hui tu ne travailles pas... La première fois que j'avais vu cette photo, ma mère m'avait raconté leur existence de l'époque et affirmé qu'ils avaient été heureux là-bas, plus que dans tout autre endroit, plus qu'à n'importe quel moment. C'est sans doute pour cette raison et parce que ce bonheur n'avait pas duré longtemps, à peine deux ans, qu'elle ne m'avait pas donné davantage de détails sur cette période. Lorsqu'elle prenait la photographie pour la regarder, elle se contentait de dire : comme nous étions bien là-bas, comme nous étions heureux en ce temps-là. Puis elle fermait un instant les yeux, comme si elle voulait mieux apprécier ce souvenir, car ce qu'elle avait vécu ensuite lui faisait encore mal.

Je connaissais l'histoire jusque-là. À propos de ce qui s'était passé ensuite, je n'avais entendu que des phrases tronquées, des raisonnements incomplets, presque des énigmes que, de toute façon, je n'aurais jamais pu résoudre. Une guerre avait divisé l'Espagne en deux et mes parents s'étaient trouvés dans un des camps, tandis que leurs familles respectives étaient dans l'autre. Juste avant le soulèvement, mon père s'était engagé comme volontaire pour que sa femme et sa petite fille soient à l'abri du besoin. On l'avait enrôlé dans une compagnie de la garde civile et, par la suite, il n'avait pas cherché plus loin. Il était resté là. En ce qui me concerne, enfant fortuit et non désiré, j'étais né en pleine guerre, à l'occasion d'une permission de mon père, dans cette maison de Grenade dont je n'avais plus le moindre souvenir. Et mon père, qui avait fait ma connaissance alors que j'avais déjà plus d'un an, aurait donné n'importe quoi pour être muté le plus loin possible de son village. Mais quand son supérieur avait su qu'il connaissait la Sierra Sud comme sa poche, on l'avait envoyé dare-dare à Fuensanta de Martos, à deux pas de Valdepeñas de Jaén, où la guerre perdurait malgré ce que don Eusebio s'obstinait à prétendre.

Mon père était devenu garde civil par hasard, et pas du tout parce que mon grand-père l'était avant lui. C'était pour cette raison que je n'avais jamais envisagé qu'il espère que je suive ses pas ni qu'il soit à ce point préoccupé par mon avenir. Son inquiétude, à la fois émouvante et angoissante, me désorienta profondément, comme si j'avais mordu dans la crème aigre d'un gâteau sucré ou dans le cœur pourri d'un fruit vert. Mon père ne pouvait pas dormir parce qu'il pensait à moi. Et moi je ne pouvais pas dormir car derrière ces affreuses nuits blanches flottait sa déception d'être mon père, d'avoir engendré un gamin qui grandissait peu, moins que sa sœur, moins que les enfants des autres gardes civils et bien moins que ses camarades de classe.

Mais ce n'était pas ma faute, à moi. J'aurais bien aimé être aussi grand que Paquito, le fils de Romero, qui avait fini l'été précédent en portant un pantalon bicolore car, à la mi-août, sa mère lui avait non seulement défait l'ourlet mais avait aussi cousu une pièce coupée dans une vieille cape de son père, pour qu'il lui arrive aux genoux. Mon pantalon, à moi, resta pratiquement au même endroit pendant toutes les vacances. Ma mère prétendait que c'était une chance et souriait. Mais nous savions tous deux qu'elle aurait aimé rajouter un morceau de tissu vert à mon pantalon gris et que j'aurais adoré ressembler à un polichinelle bicolore. Comme Paquito.

Ce n'était pas ma faute. Cependant, ce soir-là, je me sentis coupable et, tout comme la magnificence de la mer avait renforcé ma joie d'être originaire de l'intérieur des terres, l'amertume de faire souffrir mon père m'envahit, accompagnée de la certitude de son amour, de tout l'amour que pouvait renfermer cet homme sérieux et taciturne, peu habitué aux embrassades et aux baisers que son épouse délivrait sans relâche, cet homme qui ne souriait presque jamais – comme sur cette photographie prise à une époque où ils étaient heureux.

La découverte confuse de l'amour de mon père, la flamme secrète qui brûlait parmi les ténèbres de ses préoccupations et de mes centimètres, réchauffa mon lit alors que la bouteille ne conservait plus que la température de mon corps. C'est alors que je finis par m'endormir, pour m'apercevoir, à mon réveil, qu'il avait à nouveau gelé cette nuit. Paquito entra en courant chez moi, alors que je n'avais pas encore terminé de déjeuner, afin de me montrer sa nouvelle bouteille, protégée par une housse grise, jaspée, bien plus laide que la mienne, avec ses rayures bleues et blanches. Si cela s'était passé la veille et que j'avais pu observer cette scène par un petit trou, si j'avais pu me regarder à l'instant où j'avais répondu au fils de Romero en brandissant ma propre bouteille avec l'arrogance d'un pistolero plus rapide que son ennemi, j'aurais eu un frisson d'orgueil et de plaisir. Mais la nuit dernière mon père avait dit une chose que je n'aurais jamais dû entendre et, au petit matin, tout ce qui était merveilleux le jour précédent avait sacrément perdu son éclat.

J'étais petit, très petit, chétif, comme avaient dit mes cousins d'Almería avant de me voler les chaussures, sans même savoir que c'est ainsi que m'appelaient mes amis. Même eux, qui ne mangeaient jamais de viande, étaient plus grands que moi. Mon père le savait sans que personne lui en ait fait la remarque et ma mère le savait aussi, puisqu'elle m'avait fait l'honneur de me promouvoir de la pierre à la bouteille sans que je m'y attende. Et même si je tentais de me convaincre que les confidences de l'un et la décision de l'autre n'avaient été qu'un pur hasard, je ne parvins pas à m'ôter ce doute inconfortable, humiliant. Ainsi, lorsque je partis pour l'école avec Paquito, j'étais persuadé que la bouteille que je serrais dans mes bras n'était pas une récompense, mais plutôt une astuce amoureuse de ma mère, afin que je ne me sente pas inférieur à mes camarades.

Avant ce jour-là, l'avenir ne signifiait rien pour moi. Depuis, il avait pris la forme d'une tige verticale graduée, munie d'une coulisse horizontale qui montait et descendait de tête en tête, comme lorsqu'on mesurait les appelés à la caserne. À quoi rêves-tu, aujourd'hui, Nino ? me demanda plusieurs fois l'instituteur. Je me redressais alors, levais la tête puis baissais les yeux vers le sol en lui demandant pardon d'avoir été distrait. Mais je n'osais pas lui dire la vérité, que j'étais prisonnier de mon avenir.

« Don Francisco Romero, levez-vous. »

L'homme le plus savant de Fuensanta de Martos nous vouvoyait toujours lorsqu'il pressentait que nous n'allions pas être à la hauteur.

« Sept fois cinq ?

— Trente.

— Faux.

— Trente-six ?

— Zéro.

— Non, non, attendez, ça doit faire trente-cinq.

— Voyons voir… Et sept fois six ? Sept fois six ? » s'impatientait don Eusebio, avant de perdre contenance et de donner un grand coup de poing sur la table. « Ne compte pas sur les doigts, animal, je te vois faire ! Pose tes mains sur le pupitre, sept fois six ? Don Antonio Pérez, cessez de souffler à votre camarade et aidez-le à haute voix. Sept fois six ?

— Quarante-deux.

— Sept fois sept ?

— Quarante-neuf, sept fois huit, cinquante-six, sept fois neuf, soixante-trois, et sept fois dix soixante-dix.

— Parfait. Mais ne pensez pas que je ne vous ai pas vu bayer aux corneilles, toute la matinée. Que se passe-t-il ? Vous ne vous réveillez que pour faire des bêtises, ou quoi ? Eh bien, je vais vous mettre juste un cinq… Ça vous fera les pieds ! »

Paquito ne savait pas ses tables de multiplication, mais ce n'était pas grave, car il était très grand et aurait toujours la taille réglementaire pour devenir garde civil comme son père et comme son grand-père. Miguel, le fils du pharmacien, n'était ni aussi nul ni aussi grand que lui, pas aussi studieux que moi non plus, mais il hériterait de la pharmacie et on l'appellerait don Miguel. Il vivrait sans souci en vendant des aspirines. Et moi… Moi, je ne voulais pas être secrétaire de mairie, ni employé de bureau à la Diputación. Moi, je voulais conduire des voitures de course ou alors louer un moulin comme Pepe el Portugués, avoir un potager, un cheval, et habiter loin du village. Je voulais pouvoir grimper dans la montagne lorsque cela me ferait plaisir, pour cueillir des champignons ou pêcher des truites. Mais j'allais devoir apprendre à taper à la machine et à parler le français. Je n'étais pas mauvais en mathématiques ni en grammaire ni en sciences naturelles. Mais je ne savais pas si je parviendrais à taper à la machine. Malgré cela, je me disais que je n'avais pas le choix, qu'il le faudrait bien, car je ne pouvais pas décevoir mon père deux fois de suite. Si j'avais pu avoir la taille réglementaire et dire alors que je ne voulais pas devenir garde civil, il ne se passerait probablement rien. Mais comme je ne l'aurais certainement pas, j'allais devoir travailler dans un bureau, même si je n'en avais aucune envie. Peut-être alors m'appellerait-on don Antonio. Mon père serait ainsi fier de me voir gagner ma vie mieux que lui. J'allais cependant la gagner plus mal, car les choses ne se passent jamais comme on l'imagine.

À la sortie de l'école, je crus que ma tête allait exploser, tellement j'avais pensé à la même chose pendant des heures. J'étais persuadé qu'en rentrant à la maison, ma mère me sourirait, m'embrasserait beaucoup comme d'habitude, peut-être plus, et m'annoncerait que mon père avait eu une bonne idée. Puis ce serait lui qui rentrerait, elle le renverrait en vitesse, et moi je ferais comme si je n'étais au courant de rien, je dirais que ça me plaisait vraiment, je la remercierais et me retrouverais assis devant la machine à écrire sans même m'en être rendu compte. Voilà ce que je pensais qui allait se passer. Mais il ne se passa rien, sauf qu'à partir de ce jour-là le monde se mit à tourner à l'envers.

Cela s'était produit à d'autres reprises. Tellement de fois que j'avais presque pu sentir celle-là venir, avant de la lire distinctement sur les visages. Je perçus des sourires que je n'avais plus vus depuis avant l'été. Au bar de Cuelloduro, les habitués se tenaient dans la rue, le verre à la main, et payaient leurs tournées chacun à leur tour. Et je n'avais pas eu besoin d'en voir davantage, car la mère de Paquito était venue nous récupérer à l'école, nous avait attrapés tous les deux par la main, comme si nous étions encore des petits, sans prendre la peine de nous fournir la moindre explication.

« On rentre tout de suite à la maison, vite, vite ! Et sans rouspéter, s'il vous plaît !

— Mais qu'est-ce qui se passe, maman ? demandait Paquito.

— J'ai dit : sans rouspéter ! »

Le monde s'était mis à tourner à l'envers. Ce soir-là, mon père était rentré à la maison bien après l'heure du dîner. Il n'y eut pas d'annonce de ma mère, ni de machine à écrire, ni de besoin de faire comme si je n'étais pas au courant, il y eut juste la rumeur persistante des plaintes de ma mère, qui pour une fois ne pensait plus au froid.

« Mais qu'est-ce qui m'a pris de me marier à un garde civil, oui, qu'est-ce qui m'a pris, alors que j'étais si bien dans mon village, un de ces jours je vais me retrouver veuve, avec trois enfants à élever, voilà ce qui va m'arriver... »

Cet après-midi-là, elle ne nous laissa même pas sortir dans la cour de la caserne pour jouer. J'avais passé tout l'après-midi assis à la table de la cuisine, en train de faire mes devoirs sans poser la moindre question. Je savais parfaitement que ma mère ne serait pas plus loquace que celle de Paquito. Mais ma sœur Dulce, qui était au courant de tout, me murmura à l'oreille ce qui était en train de se passer.

Elle me raconta qu'à une heure de l'après-midi les gars de la montagne avaient coupé la route, en plein jour et à visage découvert, pour agresser le maire d'Alcaudete.

Que quelqu'un avait dû dire aux bandits que le maire portait vingt-cinq mille pesetas sur lui pour payer l'entrepreneur qui était en train de construire une maison à son beau-père.

Que juste après que les gars de la montagne eurent volé l'argent, ils avaient croisé un berger mort de faim sur la route. Et que, lorsqu'ils lui avaient demandé ce qu'il faisait dans le coin, celui-ci avait répondu avoir essayé de se faire embaucher, en vain – en observant attentivement ses sandales trouées, les gros orteils à l'air, la peau sèche, jaunâtre, les gars d'en haut avaient compris que personne ne voulait lui donner du travail parce qu'il était malade.

Que son chef avait alors fait ce que Cencerro avait fait à de nombreuses reprises –, prélever quarante *duros* dans la liasse de billets du maire, demander au berger de se souvenir de ce qui était sur le point de se passer et lui donner les deux cents pesetas, après avoir reconnu devant tous les autres qu'il en avait davantage besoin qu'eux.

Que lorsque le berger avait disparu, ils avaient enfermé le chauffeur et son passager dans la voiture, jeté les clés par terre. Qu'ils leur avaient déclaré qu'ils les laissaient en vie pour qu'ils aient le loisir de raconter l'agression. Qu'ensuite ils avaient crié : Vive la République ! Et qu'ils n'avaient même pas mis cinq minutes pour disparaître.

Que lorsque les gardes civils du village étaient arrivés, le maire avait dit, comme toujours, qu'il n'avait reconnu aucun des voleurs et que, d'après leur accent, ils ne devaient pas être de la région.

Que, bien entendu, les gardes civils d'Alcaudete ne l'avaient pas cru.

Et que, vers cinq heures et demie de l'après-midi, alors qu'il était en train de débarrasser le couvert, le patron d'une auberge de Castillo de Locubín avait trouvé sur un coin de table un billet de vingt *duros* coincé sous un caillou, sur lequel on avait écrit au stylo, afin que cela ne puisse jamais s'effacer, une phrase devenue célèbre dans toute la région de Jaén : « De la part de Cencerro. »

« Mais Cencerro est mort, Pepe, tu le sais très bien.
— Mort ? Non il n'est pas mort… »

Nous étions tous les deux et personne ne pouvait nous entendre, mais j'avais à nouveau regardé autour de moi ; je ne pouvais pas croire qu'il parlait sérieusement.

« Alors, tu n'as pas su qu'avant-hier il a mené une attaque sur la route et qu'il a volé suffisamment d'argent pour passer tout l'hiver ? On ne t'a pas encore raconté qu'il a laissé un pourboire, semblable à ceux qu'on laissait dans le temps, dans une auberge du village ?

— Je te dis que ça ne peut pas être lui, insistai-je avec cet aplomb que donne parfois la certitude, et à coup sûr la mort.

— Bien sûr que c'était lui. Il a signé le billet ou pas ? »

Il éclata de rire et justifia son rire comme s'il me faisait une faveur.

« Cencerro est beaucoup plus qu'un nom, Nino, c'est un symbole. Tomás Villén Roldán est mort, oui, je le sais, je sais la même chose que toi, je sais qu'il s'est suicidé le 17 juillet, à Valdepeñas, et qu'on a emmené son cadavre dans son village et que tous les voisins ont vu sa dépouille. Ça, c'est vrai. Mais il n'y a pas que ça qui est vrai. Tomás Villén Roldán était Cencerro, mais à présent Cencerro est devenu bien plus important que lui. Il demeurera vivant à jamais ; en tout cas, tout le temps qu'il y aura un gars dans la montagne pour reprendre son nom. Et apparemment voilà deux jours qu'il est ressuscité, n'est-ce pas ?

— On dirait que ça te fait plaisir.

— À moi ? fit-il en se tournant dans ma direction, l'index pointé sur sa poitrine, les sourcils arqués en signe d'interrogation. Pourquoi veux-tu que ça me fasse plaisir, avec ce qui nous attend ? »

Il avait raison mais, avec lui, je ne pouvais jamais être sûr de rien. Pepe el Portugués était l'individu le plus particulier que je connaissais, même si personne ne semblait s'en apercevoir autour de moi. Au début, je croyais qu'il était vraiment portugais, car je trouvais le nom de son village, Torreperogil, très bizarre. Puis mon père m'expliqua que, si je réfléchissais un peu, ce nom signifiait La Tour de Pedro Gil, et qu'il se trouvait dans la province de Jaén, comme notre propre village, mais plus au nord, après Úbeda. Excepté les gardes civils et le maître d'école, qui ne pouvaient choisir leur destination, cette distance faisait de lui le seul étranger vivant à Fuensanta de Martos. Mais ce n'était pas la seule chose qui le rendait particulier.

« Pourquoi t'appelle-t-on el Portugués ? lui avais-je demandé lors des premières fois que nous avions parlé ensemble.

— Ah ! Je n'en sais rien. C'est le surnom de ma famille. Les gens disent qu'une fois, pendant la fête au village, mon grand-père avait invité à danser une fille de forain qui était portugaise… Ou peut-être que le Portugais, c'était lui, va-t'en savoir, je ne m'en souviens plus. En tout cas, le forain n'avait pas apprécié la chose, ils se sont disputés et mon grand-père a conservé ce prénom.

— Donc tu sais pourquoi on te surnomme comme ça, avais-je objecté, très surpris.

— Non. » Pepe m'avait observé attentivement et s'était mis à rire. « Je sais tout simplement ce que les gens disent, et ce n'est pas toujours la vérité. »

Pepe avait pas mal voyagé, mais il n'était jamais allé au Portugal. Il s'était rendu en France, à Madrid, à Valence, à Barcelone et au Maroc. Il avait souvent vu la mer, mais n'aimait pas trop en parler ; il prétendait que tous les endroits se ressemblaient. Je savais que c'était faux, mais je ne voulais pas le lui faire remarquer – lorsque Pepe n'aimait pas parler de quelque chose, c'était extrêmement difficile de lui tirer le moindre mot. J'avais compris ça dès le début, le jour même où j'avais fait sa connaissance.

« Halte ! Les mains en l'air ! »

Paquito et moi étions assis au bord de la rivière, les pieds dans l'eau. Nous y étions allés tout seuls, après la procession du Corpus domini, car ce jour-là il n'y avait pas classe et il faisait très chaud. Le vieux moulin était un de nos endroits favoris, car il était complètement abandonné. Doña Angustias Mariamandil, la propriétaire, une des femmes les plus riches du village, habitait une ferme isolée, un peu plus haut, et ne s'était jamais souciée de le louer, car elle n'avait pas besoin d'argent. Depuis le village, le chemin était extrêmement raide, bien plus impraticable que les sentiers qui menaient à d'autres mares. Comme il n'y avait jamais personne, nous pouvions nous y baigner et revenir à la maison, les vêtements secs. Nous n'avions rien fait de plus grave ni de plus dangereux que cela et pourtant, lorsque nous nous étions retournés, très lentement, les mains en l'air, nous nous étions retrouvés face à un homme qui nous menaçait avec sa carabine.

« Qu'est-ce que vous faites là ? avait demandé Pepe el Portugués en baissant son arme car il s'était aperçu que nous n'étions que des enfants. Filez ! C'est une propriété privée, ici.

— C'est faux ! avais-je répondu en haussant le ton moi aussi. Le moulin est abandonné et il appartient aux Mariamandil. Mais la rivière est à tout le monde.

— Ah oui ! Et comment ça ? »

Au même moment, bien que Pepe el Portugués ait abandonné ses menaces en même temps que son fusil, qu'il avait appuyé contre un rocher, Paquito s'était enfui en courant. En revanche, moi j'étais resté, car moi j'avais déjà pris le train, et j'avais vu la mer, et j'avais une réputation à défendre, même si j'étais le plus petit de tous, ou justement pour cette raison.

« Et l'autre, où va-t-il si vite ? avait-il demandé en scrutant les alentours lorsqu'il arriva près de moi, alors que mon camarade avait déjà déguerpi.

— C'est un pauvre merdeux.

— Oui, avait-il dit avec un sourire. Mais pas toi, n'est-ce pas ?

— Moi, je ne suis pas un merdeux.

— Quel âge as-tu ?

— Neuf ans.

— Neuf ans, avait-il répété en me regardant de haut en bas comme pour me mesurer. Tu n'es vraiment pas grand pour ton âge, dis donc.

— N'empêche que moi je ne suis pas un merdeux.

— Ça va, ça va ! fit-il en levant les mains en l'air comme si à présent c'était moi qui le menaçais. Je suis désolé de vous avoir fait peur mais, depuis trois jours que j'ai loué le moulin, je n'avais encore vu personne. Et comme les gens disent que cette montagne est bourrée de bandits…

— C'est vrai. Même si au village certains les appellent différemment.

— Comment ça ! s'exclama-t-il en écarquillant les yeux, surpris qu'il pût exister un autre nom pour eux. Et comment les appelle-t-on, alors ?

— Des guérilleros. Ou des maquisards. Mais ce sont les Rouges qui les appellent comme ça.

— Et je suppose que chez toi, vous n'êtes pas dans le camp des Rouges.

— Pas du tout ! répondis-je en m'esclaffant devant une telle ânerie. J'habite dans la maison-caserne. Mon père est garde civil.

— Regardez-moi ça… avait-il plaisanté, quel bon ami je viens de me faire. Et comment t'appelles-tu ?

— Antonino, mais on m'appelle Nino pour ne pas me confondre avec mon père, qui s'appelle pareil. »

Je ne pensais rien ajouter d'autre, mais je m'étais dit qu'il allait l'apprendre très vite, car dans mon village personne n'appelait les gens par leur nom.

« Mais on m'appelle aussi Canijo, *Malingre*.

— Moi, je m'appelle Pepe », avait-il dit en me tendant la main comme à un adulte. Et, j'avais trouvé qu'elle était grande et solide, sa peau était rêche, semblable à celle des hommes qui ont l'habitude de travailler dur. « Et à présent que nous avons fait connaissance, je retourne là-haut. J'ai beaucoup de travail en retard.

— Je peux t'aider, si tu veux », avais-je proposé alors qu'il se dirigeait déjà vers sa maison. Il s'arrêta pour me regarder à nouveau. « Aujourd'hui, il n'y a pas école, je n'ai rien à faire. »

J'étais resté deux bonnes heures avec lui, à classer les vieilleries entassées dans la maison et le moulin, à brûler les vieux meubles vermoulus et poser des vitres neuves aux fenêtres. Nous n'avions eu le temps d'en réparer qu'une seule. Quand Paquito était revenu me chercher en courant, il m'avait annoncé que j'allais me faire méchamment gronder, parce que je n'étais pas rentré chez moi de tout l'après-midi. En chemin, il m'interrogea sur ce que j'avais fait et me demanda pourquoi j'avais gâché tout un après-midi à travailler en échange de rien du tout. J'avais été incapable de lui répondre et n'avais pas pu lui raconter grand-chose. Tandis que j'étais avec Pepe, j'avais eu l'impression que nous n'arrêtions pas de parler, mais devant les questions de Paquito je compris que c'était moi qui avais parlé presque tout le temps. Pepe, lui, s'était contenté de me dire qu'il aimait la montagne, qu'il ne détestait pas vivre isolé, loin du village, et qu'il avait décidé de changer d'air car il avait connu un très grand malheur avec sa fiancée. Mais il n'aimait pas parler de cela. Et je n'avais pas pu en savoir davantage.

Le savon que me passa ma mère fut à la hauteur de l'avertissement de Paquito. Avant de m'envoyer me coucher, elle m'annonça que j'étais privé de sortie jusqu'à nouvel ordre. Cependant, le dimanche suivant je remontais déjà chez Pepe. Mon père était allé lui rendre une visite de routine avec Romero – identique à celles qu'ils faisaient environ deux fois par semaine à tous ceux qui vivaient aux alentours du village – et avait apprécié le nouveau locataire du moulin.

« C'est un garçon très sérieux, bien comme il faut. »

Mon père avait visiblement envie de parler, ce qu'il fit avant même de goûter au gazpacho.

« Et cependant très sympathique, vraiment. Il est inquiet pour toi, Nino, à cause de Paquito quand il est venu te prévenir que ta mère était très fâchée… Il paraît qu'il a une certaine prédisposition avec les oliviers, les olives, comme il dit. C'était ce qu'il faisait dans son village et il raconte que tout se passait bien pour lui, mais qu'il avait une fiancée, et paraît-il qu'alors que les bans étaient déjà publiés, la fille a changé d'avis et s'est mariée avec un autre type.

— Il doit bien y avoir une raison, répliqua ma mère qui, même si elle ne portait pas le tricorne, était bien plus méfiante que son mari.

— Oui, il y en a une… le pognon, comme toujours. Tu crois qu'on ne s'est pas renseignés sur lui peut-être ? Et il n'a pas pu l'oublier, non, il s'en souvient comme si elle l'avait largué hier soir. Voilà pourquoi il a quitté son village, et à présent tout ce qu'il souhaite c'est vivre en paix. On lui a demandé d'être vigilant, de tout noter, enfin, comme toujours, qu'il prévienne pour les traces, les changements, les restes de bivouacs qu'il pourra trouver… Et vous auriez dû voir la trouille qu'il a eue le pauvre ! Ce n'était peut-être pas une bonne idée de m'installer ici, nous a-t-il dit à la fin… expliqua mon père avec une mine contrite, aussitôt effacée par ses éclats de rire. J'aurais dû y réfléchir à deux fois.

— Ce n'est pas étonnant ! s'exclama ma mère en souriant. Vous vous ingéniez à faire peur aux gens, alors…

— Ce n'est pas de la peur, Mercedes, ce sont des précautions… Et on lui a dit qu'il n'y avait pas de quoi en faire tout un plat. On est persuadés que le camp de base de Cencerro se trouve du côté de Valdepeñas. Et le vieux moulin est tellement loin de là, qu'il risque de passer toute sa vie là-bas sans voir âme qui vive. Au fait, Nino… il m'a aussi dit que si tu veux bien aller les chercher, dimanche, par exemple, il pourra te donner deux ou trois truites pour ta mère, d'accord ? ajouta-t-il en m'adressant un clin d'œil auquel je répondis par un sourire. Comme ça elle lui pardonnera de t'avoir retenu le jour du Corpus domini. Il a précisé que tu l'avais beaucoup aidé et c'est vrai qu'il a absolument besoin d'aide, pauvre gars.

— Eh bien, il n'a qu'à en trouver ailleurs, tenta de résister sa femme. Nino est puni.

— Mais maman, il va me donner des truites !

— Oui, bien sûr… Ce genre de truites, j'en ai vu beaucoup, moi, mais pour ce qui est d'en manger, je n'en ai encore jamais goûté aucune. Alors, si c'est pour ça…

— Mercedes, laisse-le y aller.

— Pas question, Antonino ! Pas question. Tu ne te rends pas compte de la peur…

— Mercedes ! insista-t-il en haussant le ton et elle renonça à finir sa phrase. Écoute-moi et ne me donne pas de conseils.

— Bon ! Comme tu voudras. »

Ma mère se fâcha, mon père continua de manger et moi je me tus car c'était le mieux à faire. Mais déjà je songeais que Pepe el Portugués avait l'air de tout, sauf d'un pauvre homme. Avec le temps, j'allais découvrir que, tout comme il savait faire parler les gens sans jamais révéler quoi que ce soit sur lui-même, il avait également le don de toujours dire à son interlocuteur ce qu'il désirait entendre. Qu'il n'ait pas voulu me raconter l'histoire de sa fiancée et qu'il l'ait fait ensuite avec mon père, sans négliger le moindre détail, ne m'étonnait pas vraiment – moi, j'étais un enfant et pas lui. Mais personne, qui aurait grandi dans la maison-caserne de Fuensanta de Martos, n'aurait pu admettre, sans s'étouffer, qu'un homme craintif puisse recevoir les étrangers avec une carabine à la main. Des hommes craintifs, des peureux, il y en avait pas mal dans mon village et, lorsqu'ils tombaient nez à nez avec un inconnu, ils s'enfermaient chez eux, barricadaient la porte, appuyaient les matelas contre les fenêtres et éteignaient toutes les lumières. Ceux qui savaient prier, priaient, et ceux qui ne savaient pas, le faisaient aussi. Pepe el Portugués n'avait pas du tout l'allure de quelqu'un qui sait prier et il n'avait nul besoin que la garde civile vienne l'avertir de la présence de bandits dans les montagnes. Il en avait déjà parlé de lui-même.

Cependant, le dimanche, en le voyant à la messe de midi, impeccablement peigné et bien habillé, je me mis à douter de mes propres doutes. Je fus tellement intrigué de le voir dans cette tenue, que je me retournai à plusieurs reprises pour m'étonner davantage de le découvrir si attentif en train de répondre au curé lorsqu'il le fallait, sans trop prêter attention aux mur-

mures et aux regards des jeunes filles, qui se réjouissaient, comme des idiotes, de la venue d'un nouveau célibataire. Ensuite, ma mère m'assena une pichenette sur la tête et je cessai de me retourner mais, à la sortie, je le vis qui m'attendait.

« Hier, j'ai attrapé quatre truites. Des grosses, ajouta-t-il en remettant sa casquette qu'il avait soulevée, avec trop de cérémonie à mon goût, pour saluer ma mère. Passe vers sept heures ou sept heures et demie et tu les rapporteras chez toi.

— Je peux venir plus tôt, proposai-je. Après déjeuner, et comme ça, je t'aiderai.

— Pour quoi faire ? fit-il en se retournant, avant de s'éloigner comme si nous n'avions plus rien à nous dire. J'ai fini de tout ranger. Et si tu viens plus tôt il fera trop chaud. »

Je tentai de le rattraper, mais ma mère, rendue à la cause de Pepe grâce à ces truites à la chair rosée qui, contre tout attente, venaient de cesser d'être une hypothèse, ne me laissa pas faire.

« Tu es vraiment fatigant, mon fils... Il t'a dit d'y aller à sept heures ! Eh bien tu y vas à cette heure-là, un point c'est tout ! »

« Ça fait longtemps que tu m'attends ?

À sept heures moins le quart, lorsque Pepe me trouva assis sur le seuil de sa porte, cela faisait déjà deux heures que je l'attendais.

« Non, mentis-je. Je viens d'arriver.

— D'accord, dit-il en riant. Je suis content. Entre, allez ! Je te donne ça. »

Les truites se trouvaient dans un seau d'eau fraîche, au fond d'un cellier aussi long et sombre qu'une grotte. Tandis qu'il choisissait les trois plus belles, les vidait et les enfilait sur un fil de fer, j'eus le temps de visiter toute la maison pour découvrir que l'intérieur était aussi rangé que ce que j'avais supposé en lorgnant à travers les vitres pour tuer le temps, entre deux baignades dans le ruisseau.

« Qui t'a fait le ménage ?

— Personne.

— Personne ?

— Eh bien non. Pourquoi, ce n'est pas propre ? » me demanda-t-il. Il se sécha les mains avec un torchon et me tendit le fil de fer qui maintenait les truites raides, aussi brillantes que trois perles sur un collier de géante. « C'est simplement rangé. C'est une astuce de célibataire, tu sais ? Si tu possèdes peu de choses et qu'elles sont toujours rangées, tout semble propre et tu n'as pas besoin de nettoyer... », expliqua-t-il en passant son doigt sur le buffet que nous avions sauvé du feu le jour du Corpus domini. Il désigna un disque sombre du bout de son doigt, puis éclata de rire. « Tu vois ? »

C'est alors que, tandis que nous riions de conserve, je songeai qu'habiter Grenade ou Madrid et piloter des voitures de course n'était peut-être pas un projet si excitant qu'il semblait. Et je me mis à penser que je serais certainement plus heureux en vivant comme un célibataire, avec peu de choses, toujours rangées, sans jamais nettoyer. Lorsque je fis sa connaissance, Pepe el Portugués n'avait pas encore trente ans. Il était mince mais costaud, souple et agile, et il passait toute la journée en plein air, à travailler sans chemise dans le potager, dans les oliveraies, ou à marcher dans la montagne. Les rayons du soleil avaient dessiné des mèches jaunes, capricieuses, dans ses cheveux châtains, qui brillaient à la lumière tout comme sa peau bronzée et douce. Lorsqu'il souriait, il dévoilait des dents extrêmement blanches, qui auraient été parfaites si une incisive n'avait été cassée en biseau, comme la lame d'un couteau, mais même ce détail lui allait bien.

« Attends-moi un moment, veux-tu ? Je vais me laver un peu, passer une chemise propre et je descends avec toi jusqu'au village.

Le premier jour que je m'étais rendu chez lui, j'avais remarqué la seule chose de valeur de la maison – une valise de bonne qualité, grande, en cuir marron, qui se trouvait toujours au même endroit, près de la fenêtre. Je crus un instant qu'il se dirigeait vers elle, mais le vis soulever le matelas et choisir une des deux chemises étendues sur le sommier. Puis il remit tout en place et tira le drap avec moins de soin que pour arranger la couverture afin que le lit semble correctement fait.

« Une autre astuce de célibataire, n'est-ce pas ?

— On ne peut pas dire que les chemises soient parfaites ainsi, mais ce n'est pas si mal. Comme ça, pas besoin de les repasser. »

Tandis que nous descendions la côte ensemble, j'eus l'idée de le comparer à mon père, aux autres gardes civils, à tous les hommes que je connaissais déjà, et je compris qu'il ne ressemblait à aucun d'eux, il s'en fallait même de beaucoup. Jamais, de toute ma vie, je ne m'étais senti aussi proche de quelqu'un que cet après-midi-là. Mais ce que je ressentais était tellement plus grand, tellement confus, que je ne savais comment le nommer. C'était la première fois que j'étais confronté à ce qui différenciait les idoles et les modèles. Et si quelqu'un m'avait demandé si j'admirais l'homme qui marchait à mon côté, je lui aurais répondu oui, sans pour autant dire toute la vérité. Car j'admirais d'autres hommes, à distance et en secret, même si j'aurais préféré me faire tuer que de l'avouer, même si je refusais de me l'avouer car je savais que c'était mal, que je ne devais pas le faire, que c'était pire qu'un péché. Je les admirais, mais je n'aurais jamais accepté d'échanger ma vie contre la leur. Et cependant, tandis que Pepe me racontait qu'il n'avait pas de femme, car les hommes tels que lui ne se marient jamais, je me disais que je ne voulais pas lui ressembler, mais plutôt être lui : abandonner ma vie actuelle pour m'installer dans la sienne, et habiter le vieux moulin, et repasser les vêtements en dormant dessus, et passer mes journées au soleil, torse nu, et sourire avec une dent cassée, et ne pas avoir à me demander d'où venait mon don pour fasciner les gens, les faire parler tant que je voulais et leur donner confiance y compris à ceux qui d'habitude se méfient de leur ombre.

« Tu as vu, maintenant ? »

Pepe s'arrêta devant la première maison du village et pointa son doigt sur sa poitrine.

« N'est-ce pas qu'on dirait qu'elle s'est juste un peu froissée en chemin ? »

J'éclatai de rire. Il m'invita à boire une limonade et nous allâmes nous asseoir devant la porte du bar de la place, comme deux vieux amis, deux pairs, deux camarades en train de profiter tranquillement des derniers instants de lumière d'un dimanche du mois de mai. Et lorsque je retournai à la maison avec les truites, la réception joyeuse de ma mère me fit moins d'effet que le souvenir des instants de bonheur que je venais de partager avec Pepe. Ce dernier était déjà devenu une des personnes les plus importantes de ma vie, un éblouissement sans fin qui instaura une distance un peu craintive à son égard. Voilà pourquoi, même si cette année-là je lui avais souvent rendu visite au vieux moulin, toujours tout seul, je ne l'avais jamais appelé et n'étais jamais entré chez lui sans prévenir. J'attendais toujours que ce soit lui qui croise mon chemin. Et lorsque je n'avais pas cette chance, je me contentais de l'imiter en présence de mes amis.

« Miguel, dis à ta sœur de venir… »

Paquito, qui avait déjà dix ans, avec la poussée d'hormones qui l'accompagne, était tombé amoureux d'Encarnita, qui en avait douze, à peu près la même taille, et aucune sensibilité pour ce qui le consumait tous les après-midi et renaissait dès le lendemain.

« Non, elle m'a dit qu'elle n'avait pas envie de te voir.

— Dis-lui, toi, Canijo, qu'elle vienne avec ta sœur et avec les autres filles. On va jouer à quelque chose tous ensemble.

— Laisse-moi tranquille, Paquito.

— Ah bon ? Eh bien quand tu en trouveras une qui te plaira, tu vas voir…

— Qu'est-ce que je vais voir ? lui demandai-je en me levant pour le regarder de bien haut. Les hommes comme moi ne se marient jamais, mon vieux.

— Regardez-moi ce petit puceau ! »

Ils étaient encore en train de se moquer de moi lorsque Pepe el Portugués arriva et s'approcha de nous, les pouces accrochés aux poches de son pantalon, le menton bien haut. On aurait dit un de ces bandits qui illustraient la couverture des romans vendus par Piriñaca et qui promettaient toujours plus que ce qu'ils pouvaient donner. Si Curro les achetait tous, il ne voulait pas me les prêter. De temps en temps, je parvenais à détourner son attention et lui en empruntais un, que je glissais à l'intérieur d'un livre de classe, pour le lire tout en faisant semblant d'étudier. Je traquais alors les descriptions de femmes en corset que Curro utilisait comme prétexte pour ne pas me prêter ces romans. Mais je ne les trouvais jamais. Il n'y avait que des coups de feu et encore plus de coups de feu, des embuscades et des duels qui semblaient être toujours les mêmes, racontés à de nombreuses reprises. Même si, par sa façon de marcher, Pepe el Portugués ressemblait à ces aventuriers qui s'appelaient généralement Jack ou Billy, il n'était pas du tout comme eux. Lui, il ne me décevait jamais.

« Je te cherchais, Nino. Tu as quelque chose d'important à faire ?

— Non, répondis-je en me levant précipitamment, comme mu par un ressort, sans même tourner la tête vers la mine envieuse de Paquito et Miguel. Pas du tout !

— Alors, viens avec moi, allez ! J'ai quelque chose pour toi… Mais dis au revoir à tes amis, non ?

— Au revoir », dis-je, voyant qu'ils ne se moquaient plus de moi.

Au bout d'un moment, il se tourna vers moi et me dit de ne pas me faire d'illusions.

« C'est juste un panier de figues pour ta mère, précisa-t-il, mais j'ai pensé que tu n'aimerais pas que tes amis le sachent, ce n'est pas grand-chose, tu sais. »

Ce jour-là, le 15 juillet 1947, était la veille de la fête de la Vierge del Carmen. Tout était encore normal. Je m'en souviens car aucun habitant de la Sierra Sud n'oubliera jamais ce qui se passa le lendemain, ni ce soir-là, ni le surlendemain. Et je me rappelle qu'en arrivant au vieux moulin, j'ai aperçu un drap blanc, sec, tout raidi par le soleil, étendu sur un fil, qui contrastait avec l'obscurité d'un noir inconnu dans l'encadrement de chaque fenêtre.

« Qu'est-ce que c'est ?

— Ah ! répondit-il tout en ouvrant la porte sans me regarder. J'ai mis des rideaux.

— Des rideaux ? demandai-je, comme si c'était la première fois que j'entendais ce mot. Pourquoi mettre des rideaux, alors que tu habites tout seul, ici ?

— Parce que parfois, je ne suis pas seul, et puis je n'aime pas qu'on m'espionne. »

Il entra le premier et se dirigea droit vers la cuisine comme s'il voulait me laisser seul pendant qu'un incendie embrasait violemment mon visage jusqu'à la racine des cheveux, révélant ainsi mon sentiment de culpabilité. Car je l'avais en effet quelquefois espionné, par hasard, sans mauvaises intentions. Il m'était arrivé de rester un moment à le regarder par la fenêtre, pas plus que ça, pour voir ce qu'il faisait, à quoi il s'occupait lorsqu'il était tout seul chez lui – et je n'avais d'ailleurs pas découvert grand-chose. Un après-midi, je l'avais aperçu assis à la table, me tournant le dos, en train d'écrire sur une feuille de papier tout en consultant de temps à autre des livres restés ouverts devant lui. Une autre fois, je l'avais aperçu en compagnie de deux personnes que je ne connaissais pas, un homme et une femme, mais j'avais à peine pu les voir, car lorsque j'étais arrivé, ils étaient déjà en train de prendre congé, et j'avais dû partir en courant. À l'époque les habitants de Fuensanta, qu'ils fussent courageux ou lâches, n'appréciaient pas vraiment les inconnus, mais je ne m'étais pas enfui à cause de cela, seulement pour éviter que Pepe el Portugués me découvrît, tapi derrière une pierre, comme une commère.

Mais je ne savais pas : m'avait-il vu ce jour-là ? En tout cas, lorsqu'il revint de la cuisine avec un panier en osier rempli de figues, il fit mine de ne pas remarquer la couleur de la honte sur mon visage. Il posa les fruits sur la table, se dirigea vers la fenêtre et tira un coin du rideau afin que la lumière du jour s'éteignît en s'écrasant contre l'épais tissu bleu marine.

« Bon ! Dis-moi au moins si mes rideaux te plaisent.

— Oui », fis-je avec la voix d'un autre, un mince filet anxieux. Mais, voyant qu'il souriait, je me raclai la gorge pour ajouter : « Ils ne sont pas mal, mais ils sont vraiment très sombres.

— C'était le but, n'est-ce pas ?

— C'est toi qui les as cousus ?

— Moi ? Non pas moi, je ne sais pas coudre ! C'est Filo qui me les a faits.

— Filo ? répétai-je, si étonné qu'avant même d'avoir fini de prononcer le nom de la femme, l'incendie de tout à l'heure avait déjà disparu.

« Filo de chez les Rubio ? repris-je.

— Bien sûr, laquelle veux-tu que ce soit ?

— Ah ! Mais tu la connais, alors ?

— Pas beaucoup. Mais, oui, je la connais… Elle passe ici de temps en temps, pour me proposer des œufs. Parfois je lui en achète, ou je les échange contre autre chose. Comme j'ai eu l'impression qu'elle ne gagnait pas beaucoup d'argent avec le commerce des œufs, je lui ai demandé si elle savait coudre, et elle m'a répondu oui. Alors je lui ai demandé de me faire des rideaux.

— Elle est belle, n'est-ce pas ?

— Bigre ! s'esclaffa-t-il et je joignis mon rire au sien. Oui ! Tu as raison. Elle est vraiment belle… »

Filo Rubio, malgré son nom qui signifie *blond*, avait les cheveux bruns, une cascade de boucles sombres, aussi brillantes que des gorgées d'huile, lui arrivant à la taille. C'est certainement pour cette raison, ou parce que c'était encore une enfant, ou parce qu'à douze ans elle avait déjà de grands yeux, un long cou, un nez fin et des lèvres on ne peut plus pulpeuses, qu'on ne lui avait pas tondu la tête à la fin de la guerre, en même temps qu'à sa mère, à ses sœurs aînées, à sa belle-sœur, à ses tantes et à ses cousines. La ferme où elle habitait alors s'appelait toujours la ferme des Rubio, même si plus un homme n'y habitait. Ils étaient tous morts, et certains, disait-on, s'étaient exilés en Amérique. Mais Filo, elle, était restée. Elle s'était promenée le lendemain dans le village, les cheveux pleins d'échelles, à moitié tondue. C'est elle qui s'était mise dans cet état avec les ciseaux de la cuisine, pour que personne ne puisse douter de ses opinions, ou pour ne rien devoir à ces fascistes soudain transformés en coiffeurs. La seule chose qu'elle récolta fut de se retrouver assise sur une chaise, au centre de la place, pour finir de se faire tondre tout à fait.

Les Rubio, veuves et orphelines, vivaient seules. C'étaient des femmes robustes, courageuses et fières de leur malheur. Elles avaient un caractère exécrable. Et Filo était une vraie beauté.

Ma mère lui achetait des œufs en cachette de mon père qui le lui avait formellement interdit. Mais, lorsque ce dernier trempait ses mouillettes de pain dans le blanc gonflé comme un beignet autour du cratère orange et onctueux, il se régalait tellement qu'il hochait la tête avec satisfaction, désavouant ainsi toutes ses protestations.

« Tu as encore acheté des œufs à Filo, Mercedes, disait-il.

— Bien sûr, car ils sont bien meilleurs que ceux de Piriñaca, confirmait ma mère sans se troubler. Et puis il faut bien que cette gamine gagne sa vie d'une façon ou d'une autre, non ? »

Alors, mon père reprenait, la bouche pleine :

« Fais comme tu voudras, mais n'oublie pas que je suis garde civil et qu'un de ces jours nous risquons d'avoir une désagréable surprise... »

Filo vendait les meilleurs œufs de Fuensanta car elle se levait alors qu'il faisait encore nuit, marchait toute la matinée, parcourant plusieurs kilomètres, passait dans toutes les fermes pour acheter les œufs tout juste pondus, et allait ensuite les revendre au village dans l'après-midi. Voilà pourquoi – parce que ces jaunes d'œufs étaient à proprement parler orange, que ces blancs se recroquevillaient dans l'huile chaude plutôt que de s'étaler n'importe comment dans la poêle, que leur goût était différent – il était si facile de faire la différence entre les œufs de Filo et ceux vendus à l'épicerie. Et voilà également pourquoi mon père tolérait que sa femme entretienne des relations avec une Rouge.

Le commerce des œufs, ce modeste commerce des plus pauvres, de ceux qui ne possédaient plus que leurs jambes et la campagne pour subsister, avait toujours existé. Cependant, avec la gueule de bois de la victoire et, sous prétexte qu'il était difficile de faire la différence entre le commerce des œufs et le marché noir, un individu qui travaillait dans un vague bureau de la capitale, et qui s'était mis en tête de rendre encore plus impossible la vie des femmes tondues, décida de l'interdire alors qu'on rasait encore la tête des retardataires. Les fermiers protestèrent, car si personne ne leur achetait plus d'œufs, ceux qu'ils ne consommaient pas eux-mêmes seraient gâchés. Tout le monde savait qu'ils ne pouvaient pas quitter leur terre et leurs bêtes pour aller les vendre. Cependant les gardes civils continuèrent d'arrêter les femmes qui portaient des paniers en osier le long de la route – ils jetaient par terre la marchandise que leurs poches ne pouvaient contenir, et envoyaient les femmes en prison – et pendant un temps les œufs pourrirent dans les poulaillers. Puis, un jour, la faim et le désespoir devinrent plus forts que la peur.

Ce jour-là, Catalina Rubio s'assit pour se reposer, en milieu d'après-midi, près de la Fuente de la Negra. Elle portait un panier recouvert d'un torchon, dans lequel elle avait rangé deux douzaines d'œufs qu'elle avait obtenus à crédit. Et elle ne se rendit pas au village, elle n'y vanta pas leur qualité ni leur prix abordable, comme auparavant, mais elle les vendit très vite jusqu'au dernier. Dès le lendemain, elle put rembourser sa dette et en racheter d'autres. Cela se sut tout de suite. Et les femmes prirent l'habitude de faire des détours pour s'assurer que personne ne les suivait, ni ne les dénoncerait ensuite. Bien entendu, tout était plus difficile, plus compliqué qu'auparavant : il fallait éviter les routes, marcher à travers champs et s'asseoir tous les après-midi sur un rocher différent. Cependant, devant les actions des rebelles dans la montagne, les gardes civils relâchèrent rapidement leur vigilance sur le commerce des œufs. Ainsi Catalina céda-t-elle très vite son affaire à sa fille Filomena. Cette dernière devint alors la marchande la plus prospère de Fuensanta de Martos, car non seulement elle acceptait de vendre des œufs mais elle pouvait également fournir des pommes de terre, des tomates ou des figues – comme celles que m'avait données Pepe el Portugués cet après-midi-là.

« Ta mère m'a dit qu'elle les aimait beaucoup et mes figuiers sont un peu en retard, cette année, alors… Mais rapporte-moi le panier demain, s'il te plaît. Je dois le rendre à Filo. »

Cette fois-là, il ne me raccompagna pas au village. Il demeura sur le pas de la porte, comme s'il voulait s'assurer que je m'en allais bien, et c'est alors que je remarquai à nouveau le drap.

« Tu veux que je t'aide à le plier ? proposai-je. Il est bien sec maintenant.

— Non, non, fit-il en me rejoignant comme pour souligner son refus. Laisse-le là. Pour l'instant, je n'ai plus de place, sous mon matelas. »

Je lui souris et rentrai chez moi très satisfait, car j'avais une bonne raison de revenir le voir.

Le lendemain, j'emportai avec moi le panier à la procession. Mais alors la Vierge se trouvait encore très loin de l'ermitage. Sanchís, qui était resté pour monter la garde à la caserne, se mit en travers du chemin et nous arrêta sans crier gare. Ensuite, tout se passa très vite. Mon père n'eut pas le temps d'échanger plus de deux phrases avec lui. Mais il suffit à ma mère d'en entendre une seule de son mari pour nous prendre tous les trois par la main et nous obliger à retourner à toute vitesse à la maison.

« Nous sommes consignés à la caserne, déclara ma mère tout en retirant son foulard et ses chaussures avec un air prématurément épuisé, comme si elle se préparait pour un long siège. Il est absolument interdit de quitter la maison, même pour aller dans la cour, compris ?

— Que se passe-t-il, maman ? » demanda Dulce avant moi.

Je songeai que, quoi qu'il se passe, comme d'habitude, on ne nous dirait rien avant le lendemain. Cette fois, je me trompais.

« Ils ont repéré Cencerro. Il était dans les alentours de Valdepeñas, avec un autre type, Crispín, chez un de ses amis, qui s'appelle Gregorete, paraît-il.

— Il va s'échapper, fis-je sans me rendre compte que, sous l'effet de la surprise, j'avais parlé à haute voix. Ils ne parviendront pas à l'attraper. »

En voyant la façon dont ma mère et ma sœur me regardaient, toutes deux bouche bée, muettes de consternation, je compris que j'aurais mieux fait de garder pour moi mes prédictions.

« Je voulais dire, tentai-je de corriger, que j'espère qu'ils vont l'attraper. Mais je ne pense pas qu'ils y arriveront, parce qu'il s'échappe à chaque fois, n'est-ce pas ?

— Les choses ne se répètent pas toujours, Nino, répondit ma mère sur un ton qui me permit de comprendre que l'incident en resterait là. Cencerro n'est qu'un homme, comme ton père, comme n'importe qui d'autre. Et personne ne peut s'échapper éternellement. »

Lui, oui, pensai-je. Mais, cette fois, je me tus.

Lorsque c'était le tour de mon père d'aller faire une ronde dans la montagne, ma mère ne se couchait jamais avant son retour. Ces nuits-là, moi non plus je ne dormais pas. Je restais éveillé, couché sur le dos, les yeux grands ouverts, à regarder le plafond et à écouter le silence. J'étais attentif à tous les sons, jusqu'au moment où je reconnaissais le pas de mon père, sa voix sourde et enrouée de fatigue, disant bonne nuit à Romero, puis le claquement des baisers entrecoupés de plaintes avec lesquels le recevait sa femme, « je n'en peux plus, un de ces soirs je vais mourir d'angoisse ; ça ne peut pas continuer comme ça, Antonino… » Parfois je me levais et les surveillais à travers une rainure dans la porte. Lui, grelottant en hiver, trempé en automne ou transpirant en été, mais toujours épuisé, quelle que soit la saison. Il s'affalait sur une chaise pour que sa femme lui retire ses bottes, puis il racontait toujours la même chose – « Rien du tout, il n'y a pas moyen, putain de merde de Cencerro, maudit soit-il celui-là et toute sa putain de famille avec. » Je savais qu'il avait ses raisons d'être aussi grossier, qu'il avait ses raisons de le vomir à ce point. « Tout ça pour un avenir de merde, pour une solde de merde et une vie de merde… », râlait-il ensuite. Mais lorsque je retournais me coucher, je m'endormais aussitôt, car ils étaient sains et saufs tous les deux, mon père et son ennemi, tout en sachant que ce que je faisais était mal. Très mal. Je ne devais pas penser et ressentir les choses de cette façon. Mais je n'y pouvais rien.

J'admirais Cencerro. Je l'admirais parce que c'était le plus puissant, le plus intelligent, le plus courageux de tous les hommes que je connaissais. Je l'admirais parce que toutes les femmes de la Sierra Sud étaient amoureuses de lui. Il est si blond, si beau, disaient-elles, si fort. Je l'admirais parce qu'il faisait ce qu'il voulait. Il rentrait ou sortait de chez lui, de son village, du mien et des autres, lorsque cela lui plaisait. Les gardes civils n'arrivaient jamais à l'attraper. L'armée non plus. Sa tête était la plus cotée de toute la province de Jaén et lui, au lieu de se dégonfler, suivait l'évolution de son prix en augmentant aussi la valeur de ses pourboires : ces fameux billets de cinquante, de cent et même de cinq cents pesetas qu'il signait de son nom. Ceux-ci ne circulaient jamais, car leurs propriétaires les cachaient comme si c'étaient des trésors, ou les vendaient à quelqu'un prêt à payer plus cher que leur valeur la signature du plus grand guérillero, cauchemar de toute la garde civile, et légende de la montagne. « De la part de Cencerro. » C'est ainsi que Cencerro vengeait la souffrance, le harcèlement, les passages à tabac des siens, les rafles et les tortures que ceux-ci supportaient sans ouvrir la bouche, ou en l'ouvrant juste pour mentir : « Oui, c'est lui. » Et le lendemain, les journaux de la capitale publiaient à la une la photo d'un homme mort : « *Dangereux bandit abattu par la garde civile.* »

Cela désespérait mon père, désespérait également Romero et Sanchís, tandis que cet imbécile de lieutenant, qui était originaire de Malaga et n'avait jamais vu le visage de Tomás Villén – ni celui de ses frères, ni celui de sa femme, ni celui de sa fille Virtudes, qui allait et venait dans la montagne, déguisée en berger quand ça lui chantait, comme son père –, se promenait le long des rues de Fuensanta en souriant comme le crétin qu'il était. Car tous savaient qu'on s'était une fois de plus moqué de lui. Évidemment, l'homme photographié sur le journal n'était pas Cencerro. Les visages des cadavres présentés ne lui ressemblaient absolument pas. Et même si ce n'était pas très amusant, les habitués du bar de Cuelloduro se tordaient de rire en chantant en canon une chanson interdite. Une mélodie innocente aux paroles idiotes qui était à la mode à travers toute l'Espagne, mais qui, dans la Sierra Sud, était plus subversive que *L'Internationale* elle-même.

« Attention ! lançait le tavernier en levant les mains pour battre la mesure derrière son comptoir. Un, deux, trois, j'ai une vache laitière…

— Laitière ! répondaient ceux qui faisaient la deuxième voix.

— Ce n'est pas une vache ordinaire…

— Ordinaire !

— Dans le pré elle paît, tue les mouches avec sa queue, patapon, patapon. »

Et tout le monde reprenait : « Patapon, patapon… »

Parfois ils n'avaient même pas le temps de finir le deuxième couplet, le fameux couplet qui avait transformé ces paroles si stupides en une véritable arme, en hymne, en chanson d'amour envers un « bandit » de légende.

« Un *cencerro*[1] lui ai donné…

— Lui ai donné !

— Et ma vache l'a aimé…

— L'a aimé !

— Dans le pré elle paît, tue les mouches avec… »

1. *Cencerro* est le terme espagnol pour sonnaille, le mot n'est pas traduit afin d'évoquer le surnom Cencerro. *(N.d.T.)*

Le temps mis par un mouchard pour se rendre en courant du bar de Cuelloduro à la caserne – trajet le plus couru de Fuensanta de Martos – ne permettait pas d'aller plus avant dans la chanson. Voilà pourquoi, à ce moment-là de l'interprétation, Bibendum ou Sanchís, Romero ou mon propre père faisaient irruption dans le bar comme des furies, la main droite sur la crosse de leur pistolet et les lèvres écumant de rage.

« Silence ! hurlaient-ils en regardant autour d'eux comme si les chanteurs représentaient une terrible menace.

— Avec la queue…

— J'ai dit, silence ! Vous êtes sourds ? »

Une fois, avant de retourner dans la montagne, Enrique Fingenegocios avait réussi à arriver au patapon, patapon, et Sanchís avait dégainé son arme et logé une balle dans le plafond du bar. Depuis, alors que Cuelloduro avait renoncé à réparer ce qu'il appelait la blessure de guerre de son commerce, l'ouïe de tous les habitués s'était considérablement affinée.

« Cette chanson est interdite et vous le savez parfaitement !

— Mais pourquoi est-elle interdite, s'offusquait le chef de chœur, derrière le parapet de son comptoir, on l'entend toute la journée à la radio !

— La radio, je m'en bats les couilles, compris ? Et si j'entends encore une fois ces putains de paroles, j'envoie l'ensemble du chœur en prison. Je vous aurai prévenus, bordel de merde ! »

Ensuite, bien qu'il s'en fût allé à reculons pour ne pas les perdre de vue, les sourires fleurissaient à nouveau discrètement sur les lèvres de chacun. Et, quelques minutes plus tard, on irait rapporter dans tout le village cette scène ridicule : toute la garde civile sur le pied de guerre contre *La Vache laitière*. Contre cette stupidité musicale que de nombreux habitants de Fuensanta de Martos continueraient à siffloter et à fredonner, tout seuls ou en compagnie, pour aussitôt éclater de rire, ne serait-ce que parce qu'on en avait par-dessus la tête de pleurer, et qu'on estimait qu'il y aurait toujours quelque chose à sauver, surtout tant que Cencerro serait vivant dans la montagne, en train de cracher contre les suppôts du régime.

Parfois, il faisait davantage que leur cracher dessus. Je le savais parfaitement, car j'étais obligé de me rendre aux enterrements, et que les gardes civils abattus laissaient également des veuves et des orphelins tels que ma mère et moi. Quand ce n'étaient pas des gardes civils qui mouraient, alors ma mère nous enfermait à double tour à la maison. Car il y avait un autre enterrement, dans le camp adverse. Je ne lui demandais jamais si mon père était mêlé d'une façon ou d'une autre à cette mort. Je préférais ne pas y penser. En réalité, les gens tombaient comme des mouches avec une balle dans le dos – ils étaient toujours désarmés et on leur tirait toujours dans le dos, et on prétendait ensuite qu'ils avaient tenté de s'échapper. Néanmoins, personne n'avait jamais été témoin de cela, personne ne l'avait vu et on n'avait rien pu prouver. Je préférais ne pas y penser. Dans les romans que Curro achetait à Piriñaca, j'avais déjà appris que les hommes courageux tuaient toujours de face, et que c'étaient les lâches qui tuaient les gens désarmés. Tirer dans le dos était encore pire et, dans mon village, on tuait tout le monde de cette façon. Tout le monde, à l'exception de Laureano, le fils de Pesetilla, qui n'avait que dix-sept ans et pas d'autre arme que sa gorge. Laureano, lui, s'était retourné et s'était mis à pousser des hurlements pour que les gardes civils l'abattent en le regardant droit dans les yeux. Il n'avait pas fait mine de s'en aller, il savait qu'ils allaient l'assassiner.

Je sais cela parce que nous étions en train de dîner lorsque nous avions entendu les hurlements, une voix rauque d'homme mûr, distordue par la rage : « Vive la République, À bas Franco, À bas la phalan... » C'est alors que le coup de feu avait retenti, puis un autre... ensuite plus rien. Mon père s'était levé de table pour aller voir ce qui se passait et ma mère avait commencé à murmurer, comme si elle priait : « Ce gars n'était pas d'ici, il n'était pas d'ici, je ne connais pas cette voix, il ne peut pas être d'ici... » Lorsque mon père était revenu, il était tout pâle avec un nom sur les lèvres : Laureano. Et elle s'était dit que non, non, que ce n'était pas possible, que Laureano n'était qu'un enfant et qu'il ne pouvait pas se souvenir de l'époque de la République, à peine pouvait-il se souvenir de la guerre, c'était impossible... Mon père l'avait regardée et elle s'était brusquement tue. Elle devait penser la même chose que lui, la même chose que Dulce et la même que moi, qu'il n'y avait même pas un an que les gardes civils avaient tué Pesetilla en lui tirant dans le dos, tandis qu'il tentait de s'enfuir, et que le même soir son autre fils Elías avait rejoint la montagne avec son cousin Juan el Pirulete, avec Arturo Salsipuedes et avec Nicolás Saltacharquitos, le mari de sa sœur Fernanda. Laureano avait dû se souvenir de tout cela, et ma sœur et mon père s'en étaient souvenus également, tout comme moi. Lorsqu'elle regarda son mari, ma mère se l'était rappelé aussi avant de lui dire quelque chose qui m'impressionna énormément :

« Mais ça ne finira donc jamais, Antonino ! Tu m'entends : jamais ! Pour chaque individu que vous tuez, sept autres individus vont s'embusquer dans la montagne, et lorsque vous aurez réussi à tuer ces sept-là, il y en aura déjà quatorze autres pour les remplacer… »

Il lui avait demandé de se taire, mais elle secoua la tête, car elle n'avait pas fini de parler :

« Vous menez une guerre pire que la guerre, Antonino, et nous allons tous y laisser notre peau. Souviens-toi de ce que je viens de te dire. Nous y aurons tous laissé la peau, que tout cela ne sera pas encore fini ! »

Ensuite, nous étions allés à Almería et, peu de temps après, lorsque avait sonné l'heure du dégel, le camp de Cencerro avait tendu une embuscade et tué un camarade de Sanchís : un caporal qui s'appelait Martínez. Il avait une femme, deux enfants et une carte de la phalange dont tous les autres gardes civils, sauf le sergent, pensaient qu'il était un peu trop fier. En nous rendant à l'église, le jour de l'enterrement, nous avions aperçu la mère de Laureano appuyée contre la porte de sa maison où il n'y avait plus un homme, vêtue entièrement de noir, les bras croisés sous sa poitrine, qui nous regardait. Lorsque nous étions revenus, elle se tenait toujours là, tellement immobile qu'on aurait dit qu'elle ne respirait pas, qu'elle n'avait même pas battu des paupières tout le temps qu'avait duré la messe. Elle ne nous avait rien dit, n'avait pas fait le moindre geste, ni ouvert la bouche. Elle s'était contentée de nous regarder, appuyée contre la porte de sa maison, bras croisés sous sa poitrine, sans pleurer, ni sourire ni bouger. Elle s'était contentée de nous regarder, ses yeux aussi immobiles que ceux d'une statue, contenant un monde entier d'amour et de haine, de douleur et de rancœur, de fragilité et de solidité, de désespoir et de certitude, de foi, de vengeance.

Ainsi, avant qu'Izquierdo vînt remplacer Martínez, je songeai que ma mère avait raison, que c'était une guerre qui ne se finirait jamais, qui ne se terminerait que le jour où Cencerro descendrait de la montagne. Ce qui était peu probable puisqu'il risquait de se faire tuer comme Laureano, comme tous ceux qui étaient morts auparavant et ceux qui allaient mourir encore.

C'est une guerre et elle ne finira jamais. Le 16 juillet 1947, fête de la Vierge del Carmen, tandis que je lambinais dans mon lit sans trop savoir comment tuer le temps – le temps qui manquait avant que Cencerro ne s'échappe une bonne fois et que je puisse enfin aller rendre le panier de Filo à Pepe el Portugués –, deux hommes retranchés dans une maison de Valdepeñas de Jaén, seuls avec leurs armes et les cent cinquante mille pesetas qu'ils avaient réunies pour fuir en France avec leurs camarades, livraient une bataille féroce contre toute une compagnie de gardes civils. Ils s'appelaient Tomás Villén Roldán et José Crispín Pérez. Cela faisait plusieurs années, plus de huit, que plus personne ne les appelait par leur vrai nom.

« À table ! » entendis-je et, lorsque j'ouvris les yeux, je tombai sur ceux de ma mère qui me réprimandait gentiment. « Mais comment as-tu fait pour t'endormir, il n'est même pas neuf heures et demie.

— Je n'en sais rien, étant donné que tu ne me laisses pas sortir, ni faire quoi que ce soit… Et papa ?

— Il n'est pas encore rentré. »

L'échange de coups de feu avait débuté à l'heure de la sieste. Les guérilleros étaient descendus de la montagne au petit matin, à l'heure et par le sentier indiqué par le traître qui les avait dénoncés à la garde civile. Ils étaient entrés dans la maison par une petite fenêtre ouverte à l'arrière, qui donnait sur la rivière. En la traversant, ils avaient aperçu au loin deux meuniers, en bleu de travail, qui décoinçaient la roue du moulin prise dans les branches et les buissons. Ils ne s'étaient pas méfiés, car ils avaient l'habitude de les voir, et d'être vus par eux – et il ne s'était jamais rien passé. Mais les hommes qu'ils avaient aperçus ce jour-là n'étaient pas ceux qu'ils voyaient d'habitude. Il s'agissait de gardes civils. Ceux-ci avaient revêtu les vêtements des vrais meuniers, qui avaient été arrêtés. Les heures avaient passé et rien ne s'était produit jusqu'à ce que, vers quatre heures de l'après-midi, un garde civil vienne frapper à la porte. Personne ne lui avait ouvert. C'est alors que le cirque avait commencé. Les gardes civils avaient pris position, encerclé la maison et tenté de s'en approcher, en vain. Face aux deux hommes dans la maison, il y en avait de plus en plus à l'extérieur, car les renforts venaient d'arriver : des policiers de la région, la police carliste, des phalangistes armés ainsi qu'un détachement militaire. Pourtant, en fin d'après-midi rien n'avait changé. Les guérilleros tiraient tant qu'ils pouvaient sur tout ce qui bougeait et le lieutenant-colonel Marzal, un militaire très prétentieux, venu de Jaén pour prendre le commandement des opérations, sentait la moutarde lui monter au nez.

« Tu ne veux pas de dessert ?

— Non, je n'ai pas faim.
— Bon, eh bien va te coucher !
— Mais maman, je viens juste de me lever ! Laisse-moi rester un peu... »

À la tombée de la nuit, les assiégeants avaient pratiquement tout tenté, y compris d'envoyer une délégation brandissant un drapeau blanc, composée de quatre guérilleros également trahis par celui qui avait dénoncé Cencerro. Ceux-ci entrèrent dans la maison pour entendre les occupants annoncer qu'ils préféraient mourir que se rendre. C'est Cencerro et Crispín qui le hurlèrent de l'intérieur, tandis que leurs camarades-émissaires comprenaient que leur dernière heure était venue. Malgré leur drapeau blanc, les soldats leur tiraient dessus, chaque fois qu'ils tentaient d'ouvrir la porte pour ressortir. Puis la maison explosa. Les assaillants avaient roulé des bidons d'essence pleins de dynamite contre la façade.

Cependant, lorsqu'ils commencèrent à progresser au milieu des gravats et des cadavres, ils furent reçus par des coups de feu. Perplexes, ils mirent du temps à comprendre que Cencerro et Crispín avaient creusé un trou dans le mur pour se réfugier dans la maison mitoyenne. Pendant ce temps, la nuit était tout à fait tombée.

« Couche-toi, Nino, ça suffit maintenant... Il est presque une heure du matin.
— Et papa ?
— Je n'en sais rien ! Arrête de me poser des questions, s'il te plaît. »

Ma mère était très nerveuse et mes questions ne l'aidaient pas à se calmer. Moi aussi, j'étais nerveux et, pour la première fois, j'avais peur. J'avais tellement peur de ce qui pouvait se passer que je m'étais risqué à demander une nouvelle fois :

« Dis-moi juste une chose. Je voudrais savoir si papa est à Valdepeñas !

— Non, grâce à Dieu… Le lieutenant a dû s'y rendre, bien entendu, avec Sanchís et Izquierdo, ils ne sont pas chefs pour rien, mais ton père est passé entre les gouttes. Il paraît qu'il est en train de patrouiller dans les environs du village.

Le 17 juillet, au petit matin, la bataille reprit. Lorsque le soleil pointa, les assaillants entassèrent à nouveau des bidons d'essence et des bâtons de dynamite contre la façade de la deuxième maison. Et tout recommença : les explosions, les flammes, les gravats. Encore les coups de feu. Et à nouveau la même stupeur, la même incrédulité, la même lenteur dans les réflexes qui avait permis à Cencerro de s'échapper si souvent.

Au bout de la maison, les soldats découvrirent une basse-cour et dans le fond une grotte en cul-de-sac vers laquelle coulait un ruisseau de petits morceaux de papier verts. Là encore, ils ne virent pas tout de suite ce que c'était. Et lorsqu'ils comprirent enfin, ils furent sidérés. Ils étaient en train de piétiner cent cinquante mille pesetas, cent cinquante billets de banque coupés en seize morceaux chacun. Ce qui aurait dû permettre à Cencerro et Crispín de gagner la France ne servirait plus à payer le fils de pute qui les avait trahis, ni pour fêter leur mort au champagne.

« Maman dit que tu dois te lever, qu'il est onze heures passées.

— Je viens », dis-je en tentant de me retourner dans mon lit, tandis que Dulce continuait de me secouer. « Bon, je t'ai dit oui, que j'allais me lever… On sait quelque chose ?

— Non, pas encore. Papa est rentré très tard cette nuit. Il était presque quatre heures, il s'est couché tout de suite et a dormi jusqu'à huit heures ce matin. Puis il est reparti, mais on n'a aucune nouvelle de Cencerro. »

L'échange de coups de feu dura encore deux heures puis cessa lorsqu'on apporta à nouveau de l'essence et de la dynamite. Le chemin semblait dégagé, mais personne n'osait encore avancer. Tous pensaient que les deux hommes étaient toujours vivants au fond de la grotte et que c'était un piège. Ils ne se trompaient pas. « Vive la République ! » crièrent deux voix à l'unisson, avant d'entonner *debout les damnés de la terre, debout les forçats de la faim…* En entendant Cencerro et Crispín chanter *L'Internationale*, le lieutenant-colonel Marzal s'écria : « Nom de Dieu ! » Au même instant, il comprit qu'au lieu de gagner cette bataille, il l'avait déjà perdue, car certaines morts ont plus d'importance que plusieurs vies réunies. Il comprit que Cencerro et Crispín allaient mourir, qu'ils étaient en train de faire leurs adieux, alors qu'il n'était pas parvenu à en finir avec eux, avec tous ces enfants qui continueraient de s'appeler Tomás, et qui auraient des frères qui s'appelleraient José Crispín, et que, tôt ou tard, ils sauraient pour quelle raison on leur avait donné ce nom. Il n'aurait pas dû laisser à ses ennemis choisir leur mort, mais il n'avait pas su le leur interdire non plus. C'est pour cette raison qu'il fit la seule chose qu'il pouvait faire. Il donna l'ordre de faire feu à volonté, mais il estima mal le temps. Il ne connaissait pas cet hymne et il ordonna de cesser le feu prématurément. Il eut le temps d'entendre encore les derniers mots du refrain. Puis deux coups de feu résonnèrent à l'intérieur de la grotte. Deux balles qui n'étaient pas destinées à ses hommes.

« J'ai faim, maman.

— Eh bien tu attends ! Tu n'avais qu'à te lever plus tôt.

— Donne-moi un peu de pain. Sans beurre, sans rien…

— Je t'ai dit non ! La soupe est en train de chauffer, tu ne l'entends pas ? Si tu manges maintenant, tu n'auras plus faim ensuite. Et il faut que tu manges parce que tu es en pleine croissance. Alors bois ton bol de lait et dépêche-toi.

— Ah bon ? Me dépêcher ? Et pour aller où ? Tu ne me laisses même pas sortir dans la cour. »

Les cadavres de Tomás Villén Roldán et de José Crispín Pérez se trouvaient l'un près de l'autre, adossés au mur du fond de la grotte. Ils s'étaient donné l'accolade avant de se suicider en se tirant une balle dans la tempe avec les dernières balles qui leur restaient. Les gardes civils ne purent rien récupérer d'autre que les corps, entourés de billets de banque déchirés et de chargeurs vides. Faute de mieux, ils se disposèrent à tirer le meilleur parti de leur dépouille. D'abord, ils portèrent les cadavres jusqu'à la place de Valdepeñas, et là, devant tous les habitants, ils lavèrent leur visage avec un tuyau d'arrosage, pour que personne ne vienne ensuite mettre en doute leur identité. À cet instant, et devant le regard bienveillant des gardes civils, un des phalangistes du village fouilla dans les poches de Cencerro pour vérifier si ce qu'on prétendait était exact, à savoir qu'il portait toujours une montre de bonne qualité dans sa poche. C'était vrai. Et il la garda pour lui. Puis, lorsque les cadavres ne purent plus rien révéler, ils les chargèrent chacun sur un camion différent. Le premier prit la direction de Castillo de Locubín, le village de Cencerro, et le second partit pour Martos, le village de Crispín. En chemin, les militaires et les civils qui les accompagnaient se mirent à chanter *La Vache laitière.*

Il était déjà quatorze heures quand quelqu'un suggéra de convoquer les forces vives des villages alentour. Les habitants de Valdepeñas, Alcaudete et Alcalá la Real furent sommés de se rendre à Castillo de Locubín. Les habitants de Torredonjimeno, de Los Villares et de Fuensanta, en revanche, devaient aller à Martos. C'était un ordre. Lorsque mon père l'apprit, j'étais en train de manger ma soupe.

« Antonino ! fit ma mère en le voyant entrer dans la maison et en se levant si brusquement qu'elle en renversa sa chaise sans prendre même la peine de la relever. Grâce à Dieu… »

Mais mon père lui rendit à peine son baiser. Il avait le visage décomposé, les lèvres serrées et un regard étrange, trouble, presque liquide. Il était surtout extrêmement pressé.

« Tout le monde dehors », murmura-t-il en nous regardant chacun à notre tour, d'abord ma grande sœur, ensuite moi, et enfin ma petite sœur. « Partez immédiatement. Dulce, va-t'en chez Encarnita, ça n'étonnera personne que tu restes là-bas. Et toi, Nino, tu emmènes Pepa avec toi.

— Mais où ça ? demandai-je, aussi stupéfait que si la terre s'était mise à tourner dans l'autre sens.

— Je n'en sais rien, au moulin, à la rivière, chez l'instituteur, où tu voudras. Tout de suite, allons-y !

— Mais, papa, je n'ai même pas fini de manger, et j'ai vraiment faim... »

Jusqu'à cet instant, je n'avais pas pris la situation au sérieux, je n'avais pas pu, car cette scène n'était pas seulement insolite, elle était également à l'opposé de celle qui s'était répétée tant de fois sans varier d'un pouce. C'est alors que je me souvins que ce n'était pas la première fois que mon père désobéissait à un ordre.

Il y avait un peu plus d'un an qu'on avait imposé à mon père et à Romero un service de quatre jours, quatre nuits sans dormir à la maison, dans les fermes les plus éloignées du village. La destination était habituelle, mais c'était aussi la plus dangereuse pour deux gardes civils à cette époque. Cependant ils n'avaient pas eu le choix, c'était leur tour. Lorsque je m'étais levé ils étaient tous les deux prêts à partir avec leur musette, leur gourde et plusieurs sandwichs pour le trajet. Ils devaient également emporter, même si je ne l'avais jamais vu, un formulaire officiel que les fermiers, qui étaient obligés de les loger et de les nourrir pendant leur service, devaient dater et signer, pour justifier de leur passage à chaque étape. Ce jour-là, c'était lundi. Je m'en souviens car, avant de partir, mon père m'avait embrassé et dit : « À vendredi. » Ce dont je ne me souviens pas, car personne ne me l'a jamais raconté, c'est comment il s'y était pris, mais lorsque j'étais retourné de l'école, à l'heure du déjeuner, je l'avais trouvé dans sa chambre, toutes persiennes baissées. Ma mère m'avait expliqué que, s'il me prenait l'idée d'en parler à qui que ce soit, elle me chasserait de la maison pour toujours et se ferait à l'idée de ne m'avoir jamais mis au monde. Je ne l'avais jamais entendue dire des choses aussi cruelles et je lui avais promis de n'en souffler mot à personne. « Même pas à Paquito, avait-elle insisté.

— Même pas à Paquito, avais-je dit, mais… et son père ?

— Son père est dans la même situation que le tien, alors motus, compris ? »

Il ne s'était rien passé jusqu'à ce que, le vendredi, de bon matin, mon père s'habillât, s'enfonçât son tricorne sur la tête, mît sa cape, prît la musette et le fusil et quittât la maison vers six heures du matin. À neuf heures moins cinq, lorsque Paquito et moi étions sortis de la maison-caserne pour nous rendre ensemble à l'école, nous les avions croisés sur le pas de la porte, leur cape maculée de poussière. Tout en nous embrassant, ils nous avaient déclaré qu'ils allaient bien, mais qu'ils étaient épuisés.

Cela s'était produit une bonne année auparavant, durant une période de calme où les guérilleros ne donnaient plus signe de vie. J'avais tellement bien gardé le secret que j'avais même oublié cet épisode, peut-être parce que demeurer chez soi, toutes persiennes baissées, n'avait rien d'impressionnant en comparaison des coups de feu qui gâchaient systématiquement mon dîner, des hurlements qui m'avaient tant de fois réveillé. Trop de fois. Dans les romans du Far West, les bandits qui se cachaient dans la chambre des danseuses de french cancan du saloon n'étaient pas des lâches, juste de petits malins bien plus fréquentables que ceux qui tiraient dans le dos des gens. Mais le jour où Cencerro s'était suicidé, j'avais lâché brusquement ma cuillère, m'étais levé de table et la ruse de mon père m'était revenue en mémoire. J'avais compris que tout était très différent de ce que j'avais bien pu imaginer.

Dans mon village, dès que quelque chose bougeait dans la montagne, d'aussi loin que le mouvement s'amorce, les femmes réunissaient leur progéniture, l'enfermaient à la maison en lui interdisant de sortir, tant qu'un jour entier de calme ne s'était pas écoulé. Chez tout le monde, c'était la même chose : chez les phalangistes comme chez les communistes. Les gamins avaient l'interdiction de sortir, en prévision de ce qui pourrait se passer – car c'était une guerre qui n'en finirait jamais. Ma mère ne nous avait donné aucune précision et pourtant cette fois-là, mon père avait pris le temps de nous expliquer les événements.

« On ne doit pas vous trouver ici, d'accord ? C'est pour votre bien. Compris ? »

J'avais surpris dans ses yeux une ombre qui m'était jusque-là inconnue, un mélange confus de tristesse, de rage et de honte. Jamais mon père ne m'avait semblé aussi petit et aussi grand à la fois, aussi humilié et aussi fier. Jamais jusqu'alors je n'avais perçu une telle autorité. Aussi m'étais-je levé de ma chaise et avais tu les questions qui me venaient encore.

« Ne sortez pas par la porte. Par la fenêtre ce sera mieux. Je vais voir si je vois quelqu'un, à l'extérieur. »

Lorsque j'avais vu mon père entrer dans sa chambre, j'avais attrapé Pepa par la main et m'étais approché de ma mère pour lui souffler à l'oreille, en tâchant de prendre un ton complice, la seule hypothèse, un peu tirée par les cheveux, qui me permettait de comprendre la situation.

« Maman, papa ne serait-il pas par hasard un Rouge ? »

Ma mère, jusque-là, totalement absorbée par sa terreur, s'était retournée en écarquillant les yeux. Elle avait levé une main comme pour me flanquer une gifle, et m'avait parlé dans un murmure haletant, sans hausser la voix.

« Ne dis pas de sottises, Nino ! Comment veux-tu que ton père soit un Rouge ? Il est garde civil, non ? »

Cette idée absurde, qui avait un instant aveuglé mon entendement d'un éclat inquiétant et sauvage, s'était évanouie aussi vite qu'elle avait surgi. Pourtant, cet après-midi-là, nous nous étions enfuis de chez nous comme des enfants de Rouge, par la seule fenêtre qui donnait sur la cour de derrière – là où se trouvaient les écuries, auxquelles on ne pouvait accéder qu'à l'aide d'un portillon qui donnait sur la grande cour, laquelle ne comportait que deux fenêtres. La première faisait partie de l'appartement contigu au nôtre et donnait sur une pièce que Curro n'utilisait presque jamais. Mon père nous avait aidés à sauter par l'autre fenêtre, depuis sa chambre, et nous avait rejoints pour ouvrir la porte qui donnait sur la rue.

« Qu'est-ce que c'est que ça ? me demanda-t-il en apercevant le panier que je portais à la main.

— C'est à Pepe el Portugués. Il me l'a donné l'autre jour, avec des figues pour maman, il faut que je le lui rapporte.

— Eh bien si quelqu'un te demande ce que tu fais avec, tu le lui expliques. Prends soin de ta sœur, et ne bougez pas de là-bas tant que nous ne serons pas venus vous chercher.

— Et si Pepe n'est pas chez lui ?

— Vous restez là-bas quoi qu'il arrive. »

La côte du vieux moulin ne m'avait jamais paru aussi raide. Pepa, qui n'avait que quatre ans, marchait très lentement et ne cessait de se plaindre. Mais ce n'était pas tout. La mort de Cencerro, qui à l'époque représentait pour moi une sorte de fin du monde, la fin de ma vie passée, de tout ce que j'avais connu, me pesait davantage que le corps de ma petite sœur, qui s'était plantée, immobile, au milieu du chemin, pour me forcer à la porter –, et pourtant pas autant que l'attitude énigmatique de mon père qui, Rouge ou pas, agissait comme s'il était devenu complètement fou. Et j'étais encore loin de tout savoir... Il faisait extrêmement chaud. Le soleil me grillait la tête et mon ventre gargouillait. J'avais faim et soif. Pepa pleurnichait et s'agitait dans mes bras. Elle se demandait où nous allions, elle ne comprenait pas ce qui se passait. Mais rien n'était plus lourd, ni plus terrible que la crainte de ne pas trouver Pepe el Portugués au bout du chemin.

« Nino ? » Je posai ma sœur par terre et, reconnaissant sa voix, je souris et fermai les yeux. « Nino, c'est toi ?

— Oui, c'est moi ! »

Pepe était planté au sommet de la côte, une carabine à la main, et je ne compris pas pourquoi j'avais douté de lui, ni pourquoi j'avais eu peur pour lui. Sans doute parce qu'il était étranger, parce qu'il vivait seul, parce qu'il n'avait pas les mêmes racines que nous, même si cela ne voulait rien dire. Au même instant, dans les vieilles maisons de mon village et des villages alentour, il y avait des gens – surtout des hommes mais aussi quelques femmes – qui réunissaient quelques affaires : un change propre, un peu de nourriture, une photographie ou un livre. Certains, ceux qui avaient le plus peur, allaient sans doute profiter de la torpeur de la sieste, des rues désertes, du soleil brûlant et violent, qui tapait sur les portes et les fenêtres closes. D'autres choisiraient d'attendre la fin de l'après-midi et la tombée de la nuit. Dans tous les cas, lorsqu'on viendrait les chercher, ils seraient déjà loin. Il n'y aurait plus personne.

C'était toujours pareil, la montagne et la vallée respiraient le même air, et lorsque les choses se gâtaient en haut, ceux d'en bas en payaient aussitôt le prix s'ils n'étaient pas assez rapides, ni assez courageux pour grimper une côte qu'ils ne redescendraient jamais plus par la suite. La vie dans la montagne était dure mais, dans la vallée, elle pouvait être pire ou cesser d'exister à tout moment. Car si les fuyards n'étaient pas encore des guérilleros, les vrais guérilleros ne pouvaient pas vivre sans eux. Les gardes civils le savaient, ils savaient que ces derniers leur fournissaient des vivres, parfois le gîte, des médicaments. C'est pourquoi ils venaient les arrêter pendant la nuit. Ils les emmenaient à la caserne, juste pour faire une déclaration, disaient-ils, puis ils les incitaient à prendre de l'avance, à s'éloigner de quelques pas : « Tu peux y aller, mais marche de ce côté qu'on puisse bien te voir. » Puis il leur tiraient dans le dos et prétendaient le lendemain qu'ils avaient tenté de fuir. Je savais parfaitement cela et Paquito également, tout comme Miguel, les parents, les mères, les frères et les voisins. Nous le savions tous, mais nous faisions comme si nous ne le savions pas, et moi pareil ou même plus que tous les autres. Nous savions que ce soir il allait y avoir une rafle et que le lendemain la guérilla devrait compter sur quelques appuis de moins dans la vallée mais, en revanche, sur quelques combattants de plus dans la montagne. Sans savoir pourquoi, j'avais craint que Pepe el Portugués n'en fît partie, mais il était dans son moulin et il paraissait ravi de nous voir.

« Et d'où sort cette jeune fille si mignonne ? » demanda-t-il en venant à notre rencontre, les mains vides. Il prit Pepa dans ses bras pour franchir le dernier tronçon de la côte.

« C'est ma petite sœur. Mon père m'a obligé à l'emmener avec moi.

— Ah, bon ? dit-il en fronçant les sourcils et en tournant la tête vers moi. Et pourquoi donc ?

— Je n'en sais rien... Il devait partir pour Martos et il n'a pas voulu qu'on reste à la caserne. Tu sais, à cause de ce qui s'est passé avec Cencerro... Tu es au courant, n'est-ce pas ? »

Pepe était calme et tenait ma sœur dans ses bras. Je l'observai attentivement et constatai que pas un muscle de son visage ne bougeait plus que nécessaire, lorsqu'il me répondit :

« Qu'on l'a tué à Valdepeñas ? Oui, j'ai appris ça.

— Non, on ne l'a pas tué, l'avais-je corrigé tandis que Pepe el Portugués m'observait avec attention. C'est lui qui s'est tiré une balle dans la tempe, ce n'est pas la même chose. »

Il resta un moment silencieux, examinant mon visage comme s'il ne l'avait jamais vu. Le sien esquissa un vague sourire, même si ses lèvres demeuraient immobiles.

« C'est toi qui l'as dit. »

Ma sœur se plaignit d'avoir faim. Je n'eus pas le temps d'ajouter que oui, c'était moi qui l'avais dit et que je le répéterais chaque fois que ça serait nécessaire, que Cencerro était mort comme il avait vécu, avec un courage du tonnerre de Dieu et de mille diables, autrement dit qu'il avait toujours eu des couilles, même au moment de mourir. Certes, je m'en serais ensuite repenti, car tout ce que j'avais été sur le point de dire lorsque Pepa m'interrompit, je l'avais entendu plusieurs fois, et l'avais imaginé bien davantage, en passant devant le bar de Cuelloduro. De toute façon, cet après-midi-là, je n'eus pas le courage d'insister, car moi aussi j'étais mort de faim.

« Vous n'avez pas mangé ? Moi non plus. Il me reste du pain et un chapelet de saucisses. On peut les faire griller dehors, si ça vous dit. Je pense qu'il y en aura assez pour nous trois. »

Bien des années plus tard, je compris que Pepe avait su exactement ce qu'il faisait à ce moment-là ! J'avais remarqué qu'avant d'allumer le feu il avait rangé la couverture rouge qui séchait bêtement sur l'étendoir en plein mois de juillet, je m'étais dit simplement que c'était plutôt une bonne idée. Lorsque j'étais entré dans le garde-manger pour rapporter du bois, j'avais constaté qu'il possédait également des pommes de terre, un peu de lard et, sur la table de la cuisine, déjà préparé un saladier de concombres et de tomates qu'il sortit tout de suite pour le partager avec nous en attendant que les braises soient prêtes. Nous avions avalé la salade à une telle rapidité qu'il nous avait fallu encore attendre un bon moment avant que la première tournée de saucisses ne fût juste à point. Alors que nous allions entamer la seconde, nous entendîmes soudain le bruit d'un moteur s'approcher, puis comme un hurlement.

« Qu'est-ce que c'est ! s'était exclamé un capitaine de l'armée de terre en pointant le canon de son pistolet sur nous. Que se passe-t-il, par ici ? »

Après avoir jaugé son ennemi – à savoir un homme désarmé et deux enfants en train de manger des saucisses –, il baissa son arme.

« Il ne se passe rien, dit Pepe en se levant pour s'approcher du militaire. Nous sommes seulement en train de faire griller des…

— … saucisses, je le vois bien », fit-il en rengainant le pistolet. Puis il se remit à rouspéter : « Eh bien vous auriez pu choisir un autre menu, car ce n'est pas le jour d'allumer du feu. Nous vous avons d'abord pris pour des bandits.

— Je suis vraiment désolé, je… Je n'y ai pas réfléchi, dit Pepe el Portugués d'un air on ne peut plus innocent. Les gamins avaient faim, moi, je n'avais rien préparé, mais…

— Ce sont vos enfants ?

— Non, ce sont les enfants d'un ami, Antonino Pérez, qui est garde civil à la caserne de Fuensanta. Ils sont venus passer la journée chez moi. C'est un endroit très tranquille, et là-bas, un peu plus bas, il y a des étangs très agréables pour se baigner. »

Le capitaine nous observa un moment, puis hurla à nouveau :

« Sempere, viens ici, un instant ! »

Le seul chemin par lequel une voiture pouvait arriver jusque là-bas finissait abruptement de l'autre côté d'un raidillon. C'est précisément à cet endroit qu'apparut un garde civil de Castillo de Locubín que je me souvenais d'avoir aperçu une seule fois, mais qui me sourit comme si nous nous fréquentions de longue date.

« À vos ordres, mon capitaine.

— Tu connais ces gamins ?

— Bien entendu, ce sont les enfants d'Antonino…

— Très bien », fit le capitaine en levant la main pour faire taire Sempere. Puis il s'adressa à Pepe sur un ton différent, presque aimable : « Eh bien, pas de problème, continuez à manger, mais ne me refaites plus ça, d'accord ? Si la situation est calme, il n'y a pas de problème. Mais si elle devient plus tendue et que nous apercevons de la fumée dans la montagne, même à cette basse altitude, nous pouvons devenir nerveux. Moi, j'ai pris la peine de m'informer, le prochain pourrait ne pas prendre le temps de quoi que ce soit.

— Ne vous inquiétez pas, mon capitaine, je ne l'oublierai pas.

— J'espère bien. Et bon appétit.

— Si cela vous dit, vous… »

Ils s'étaient déjà éloignés de quelques pas lorsque la proposition de Pepe el Portugués les poussa à pivoter sur leurs talons.

« Eh bien, pourquoi pas ? fit le capitaine en souriant pour la première fois. Ces saucisses vous nourrissent seulement par leur parfum… Non, il ne vaut mieux pas. Nous n'allons pas priver les enfants d'un collègue, n'est-ce pas, Sempere ? »

Sempere hocha la tête, sans le moindre enthousiasme.

« Eh bien, se réjouit Pepe, lorsque nous nous étions retrouvés à nouveau tout seuls tous les trois, heureusement qu'ils ont refusé, pas vrai ? »

Nous avions éclaté de rire et continué à manger des saucisses jusqu'à ne plus en pouvoir. Lorsque ma mère vint nous récupérer, nous avions passé un des meilleurs après-midi de toute notre vie. Mais il suffisait de regarder son visage, pour comprendre que le pire était à venir.

De cette nuit interminable et terrifiante, je n'ai surtout retenu que la fin, une fin amère et triste. Cependant les instants qui la précédèrent furent encore plus terribles. Car les murs de la maison-caserne ne savaient pas garder les secrets.

Dans le silence absolu de l'épouvante, des gorges nouées de terreur, ces murs, si minces et si inutiles, se gorgent de cris, de protestations lancinantes, du bruit des corps cognant contre les murs. Et à nouveau des cris, des voix connues capables encore de prononcer des phrases sensées, puis plus que des hurlements, des syllabes dénuées de sens, des sons longs, élastiques, sauvages, comme des grognements d'animaux venus d'ailleurs, et enfin rien d'autre que du bruit. Et encore le bruit des corps qui chutent, des corps qui s'effondrent comme des fagots, comme des meubles, comme des pierres, des pierres qui hurlent, gémissent, ne sachant plus émettre qu'une seule voyelle, longue, interminable. Et soudain le silence à nouveau, un mirage de paix que venait rompre la voix du lieutenant : « Emmenez celui-ci et remmenez-moi le précédent. » L'acuité de son accent transperçait la cloison, envahissait mes oreilles telle une malédiction, une menace, une promesse de l'enfer qui allait ressusciter dans l'instant. Et à nouveau des hurlements, encore des coups, les échos d'une douleur de plus en plus nue, plus épuisée. Encore plus de douleur : « Ne me frappez plus, je ne sais rien d'autre, je vous ai tout dit, je vous assure que je ne sais rien, ne me frappez plus. »

Puis j'entendis un bruit différent, léger, doux et plus terrible : le bruit des pas de ma petite sœur Pepa sur les tommettes. « Que se passe-t-il, Nino ? Que font-ils ? Qu'est-ce que c'est ? Je ne peux pas dormir. » Les larmes frémissaient dans sa petite voix, à peine un filet, terrorisée et sale, qui réveilla la mienne. « Ce n'est rien, petite sœur, juste un film », ma voix prenait de l'assurance tandis que je mentais, « ils passent un film », tout comme Dulce m'avait menti quelques années auparavant, « viens, mouche-toi », j'avais alors entendu tellement de coups que je pouvais les distinguer les uns des autres. « Tu es sûr que c'est vraiment un film, Nino ? – Bien entendu, que veux-tu que ce soit d'autre ? » Je savais quand on leur donnait des coups de poing et quand c'était un coup de pied. « Je peux venir dans ton lit ? » Je savais quand ils tombaient tout seuls et quand on les jetait à terre. « Oui, bien sûr, viens. » Je percevais même les frottements du tissu sur le sol, des pantalons ou des robes glissant jusqu'au mur de derrière, un autre angle qui leur interdisait de reculer davantage. « On va chanter une chanson, tu veux ? » Ma sœur pleurait et moi je continuais à tout entendre, je connaissais tout. *J'me lève de bon matin*. Et c'était impossible car les cellules n'étaient pas loin, mais il y avait des murs, des portes fermées. *J'me lève de bon matin*. Et je ne savais plus ce que j'entendais et ce que j'imaginais. *Quand le soleil se couche cocolaricolala*. Mais lorsque je commençais à douter de mes oreilles. *Quand le soleil se couche*. Tout recommençait à nouveau. *J'me lève de bon matin quand le soleil se couche*. « Ne me frappez plus, je vous dis que je ne sais rien, s'il vous plaît, pensez à votre mère, ne me frappez plus. » *Je bois mon café chaud, je bois mon café chaud, qui sort de la glacière cocolaricolala.* Je chantais jusqu'à ce que ma sœur s'endorme, collée contre moi, accrochée à mon corps comme un naufragé à une planche. Et je continuai à chanter tout bas la chanson la plus longue que je connaissais. *Je vais me promener.* Pour écouter ma voix. *Je vais me promener.* Et pas celle de mon père. *Au fond de la rivière cocolaricolala.* « Et tu crois que ton frère ne sait pas ce qui est en train de se passer ? » *Je vais me promener au fond de la rivière.* « S'il en avait quelque chose à faire, il ne permettrait pas qu'on te traite ainsi, n'est-ce pas ? » *Au fond de la rivière.* « Alors, pourquoi le protèges-tu ? » *J'y vois un cerisier.* « Pourquoi ne dis-tu pas ce que tu sais ? » *J'y vois un cerisier.* « Pourquoi ne dis-tu pas une fois pour toutes où il se trouve ? » *Qui était couvert de prunes cocolaricolala.* « Ta putain de mère va te le dire, connard ! » *J'y vois un cerisier qui était couvert de prunes.* Et le bruit qui reprend, encore des corps qui tombent, des voix qui se noient. *Qui était couvert de prunes.* Et cette voyelle isolée, longue, interminable. *J'y lance mon bâton.* Une fois, et une autre, et une autre encore, jusqu'à ce que tout s'arrête. *J'y lance mon bâton.* Les larmes et les chansons. *Il tombe des groseilles cocolaricolala.* Les vérités et les mensonges. *J'y lance mon bâton il tombe des groseilles.* La résistance de ceux qui frappaient et celle de ceux qui subissaient. *Il tombe des groseilles.* Et moi je ne m'étais toujours pas endormi.

Ensuite, j'entendis quelqu'un vomir dans la cour, devant ma fenêtre. Je crus que c'était mon père, mais ce devait être Curro, car la porte ne s'ouvrit que quelques instants plus tard. Je perçus alors son pas, lent, lourd, et ce n'était pas celui de ma mère qui l'attendait installée devant la table de la cuisine, comme toujours. Mais, ce soir-là, elle n'alla pas au-devant de lui et ne s'agenouilla pas pour lui retirer les bottes.

« Tu es content de toi ! se borna-t-elle à lancer sur un ton sec, aussi râpeux qu'une brosse à lessiver.

— Ne me parle pas, Mercedes, s'il te plaît. Ce soir, ne me parle pas.

— Tu veux manger quelque chose ?

— Non.

— On ne peut pas vivre de cette façon, Antonino, on ne peut pas vivre de cette façon, parce que, si demain c'est jour de fête, après-demain il me faudra bien aller faire les courses, et je devrai faire la queue avec les épouses, les mères et les sœurs de ces gars que vous venez de tabasser. Et je n'aurais pas le courage de les regarder dans les yeux, tu entends ? Je n'aurais pas ce courage. Et tes enfants sortiront dans la rue, pour jouer, et les autres enfants refuseront de s'en approcher, ils les traiteront comme des pestiférés. Et toi tu ne te rends pas compte de ça, bien sûr, parce que toi, comme tu portes l'uniforme, eh bien…

Ce n'était pas la première fois que j'entendais ce discours, cette voix monotone qui s'effilochait à chaque syllabe, qui arrivait à peine entière à la fin de chaque mot mais conservait suffisamment de force pour prononcer la première syllabe du mot suivant et agoniser à nouveau, très lentement. J'avais souvent entendu des discours semblables mais aucun d'eux ne s'était conclu de cette façon.

« Que se passe-t-il, Antonino ? »

Soudain, ma mère redevint elle-même, parla comme d'habitude et ses pas recommencèrent à résonner rapidement sur le sol.

« Qu'est-ce que tu as ? »

Il n'y eut pas de réponse, seulement un son rauque, guttural, anachronique, comme si le temps était devenu fou, comme si le bruit des cachots avait ressuscité pour s'installer dans la cuisine, où mes parents se trouvaient seuls. C'est pour cette raison que je m'étais levé, et m'étais dirigé sur la pointe des pieds en direction de la porte qui, heureusement ou malheureusement, était restée entrouverte. Et voilà que, pour la première et la dernière fois de ma vie, je vis mon père en train de pleurer.

« Tu n'étais pas à Martos, Mercedes, tu ne l'as pas vu… », disait-il en levant vers elle son visage qui était jusqu'alors caché dans le creux de ses bras, croisés sur la table.

Les sillons que ses larmes avaient dessinés sur ses joues mal rasées m'impressionnèrent plus que le son caverneux de sa voix.

« Moi, en revanche, j'y étais. Sans rien dire, sans rien faire, comme la merde d'homme que je suis et que j'ai toujours été…

— Tais-toi, Antonino », fit ma mère en regardant autour d'elle, comme si elle avait peur que les murs aient des oreilles. « On pourrait t'entendre.

— Sur la place de Martos, il y avait deux hommes qui avaient des couilles… Seulement deux. Et malheureusement je n'en faisais pas partie.

— Parle plus bas, Antonino, pour l'amour de Dieu !

— Il n'y avait que deux hommes qui avaient des couilles et l'un d'entre eux était mort. L'autre était ce capitaine qui a donné l'ordre de faire cesser la musique…

— Tais-toi, Antonino, tais-toi, tais-toi… »

Ma mère s'arrangea pour bâillonner son mari en l'étreignant dans ses bras. Puis, comme si c'était un autre de ses enfants, elle le mena jusqu'au lit. Je me résignai à retourner dans le mien mais, même en collant mon oreille à la cloison, ne parvins à saisir que quelques mots isolés d'un murmure qui se poursuivait quand je m'étais endormi.

Au matin suivant, je ne vis pas mon père, et ma mère, les yeux gonflés, se conduisit comme si de rien n'était. J'étais certain qu'elle allait nous interdire de sortir. Cependant, elle nous habilla en dimanche pour nous accompagner à la messe. Car c'était le 18 juillet, jour de fête nationale, autrement dit le onzième anniversaire du coup d'État.

« Tu ne peux même pas imaginer ce que tu as raté, hier, mon pauvre Canijo ! »

Ma mère sortit de la maison juste à temps pour nous emmener à l'église en courant, afin de ne pas avoir à saluer qui que ce soit pendant le trajet. Nous aurions pu toutefois nous y rendre plus lentement, car les rues étaient désertes et la moitié des maisons fermées à double tour. Il n'y avait personne à éviter sur les trottoirs. En revanche, certaines façades n'avaient pas besoin de mots pour hurler. En effet, en ce jour de fête nationale, seules deux couleurs auraient dû revêtir Fuensanta : le rouge et le jaune des guirlandes de petits drapeaux flottant au vent, partant de la place centrale pour longer les rues telle une toile d'araignée festive, or une troisième couleur était venue orner le village. Car beaucoup de familles endeuillées avaient décidé de faire leur lessive ce matin-là. Les vêtements noirs qui séchaient sur les balcons – deuil, à la fois public et clandestin, des héros de Valdepeñas de Jaén – contrastaient avec les couleurs vives des petits rectangles de papier de couleur.

« Dites donc… fit Romero en se plantant devant l'épouse de Pesetilla, la seule femme qui avait osé sortir sur le pas de la porte pour nous regarder passer. Vous ne savez pas qu'aujourd'hui c'est jour de fête, madame ? Vous n'avez rien trouvé de mieux à faire qu'étendre, ce matin ?

— Non, dit-elle d'une voix calme, comme si elle avait préparé la réponse depuis bien longtemps. Vous êtes bien placés pour savoir que, chez moi, il y a belle lurette que les vêtements n'ont d'autre couleur que le noir.

— Eh bien je vais vous dire quelque chose… »

Mais il ne lui avait rien dit, car Sanchís lui avait saisi le bras et obligé à avancer. Je compris alors que des événements très graves avaient dû se passer. Je songeai aussi que je ne saurais peut-être jamais quoi. Lorsque Paquito se plaça derrière moi dans la file des personnes allant communier, il me murmura :

« Tu ne peux même pas imaginer ce que tu as raté, hier, mon pauvre Canijo ! Tu ne peux pas imaginer ! »

Alors je lui avais demandé s'il s'était rendu à Martos et il me répondit que oui, avec ses parents et ses frères et sœur. Le reste, il me le raconta le soir, à la fête.

« Lorsque nous nous sommes tous retrouvés là-bas, au garde-à-vous, enfin bon… mon père au garde-à-vous avec le tien et avec d'autres gardes civils, et ma mère et nous tout près, au premier rang, un camion est arrivé et a jeté le corps de Crispín au beau milieu de la place. C'est dommage qu'on n'ait pas eu l'occasion d'aller à Castillo de Locubín, parce que là-bas ils ont fait la même chose, mais avec Cencerro. D'ailleurs, le lieutenant a expliqué à mon père qu'effectivement il était blond, comme le disaient les femmes, mais qu'il n'était pas beau du tout. Que c'était un homme tout ce qu'il y a de plus banal, plutôt petit, presque cinquante ans, alors tu vois comment elles sont, on ne peut pas leur faire confiance... En réalité, j'aurais préféré le voir, lui, mais mon père avait reçu l'ordre d'aller à Martos, voir Crispín. Bref, lorsque son cadavre s'est retrouvé par terre, le commandant a fait un signe de tête et la musique a démarré. On avait engagé la fanfare et elle a commencé à jouer des pasodobles, tu vois ? Les gens, eux, s'étaient mis à danser autour du bandit. Il y avait des femmes, des enfants... pas nous parce que ma mère n'a pas voulu – je ne sais pas pourquoi, elle ne trouvait pas ça bien, alors que mon père était là, debout, en plein soleil, je ne sais pas... Et tout d'un coup, un homme qui portait l'uniforme des requetés[1] est monté sur le corps de Crispín pour battre la mesure, je ne te dis pas la scène... on pissait de rire, c'était vraiment rigolo... Mais tout de suite après, un autre homme, en uniforme aussi, mais de capitaine de l'armée de terre, s'est planté au milieu de la place en agitant les bras et a ordonné d'arrêter la musique. Il hurlait si fort que le chef de fanfare s'est exécuté immédiatement. Alors le commandant s'est mis en colère – évidemment, parce que le militaire n'avait pas à donner d'ordres là-bas. Car tout capitaine de l'armée qu'il soit, il était en vacances, même pas en service, en

1. Miliciens carlistes. *(N.d.T.)*

plus. Le commandant s'est donc dirigé vers lui, mais l'autre grand con a commencé à lui dire que c'était indigne, que ce spectacle était misérable, que nous étions une bande de lâches, et qu'il ne supporterait pas qu'on continue à s'amuser de la sorte. Et alors, je ne te dis pas... ils ont commencé à s'engueuler tous les deux, à qui hurlerait le plus fort, et voilà... tout a été foutu, gâché ! Ils ont arrêté le capitaine et la musique s'est remise à jouer, mais ce n'était plus la même chose... Cela dit, mon père m'a expliqué que le capitaine allait certainement passer un sale quart d'heure. Il faut reconnaître qu'il s'est permis de dire à un commandant de la garde civile de respecter le cadavre d'un bandit, alors que les militaires n'avaient pas été capables de le tuer eux-mêmes ! On va le renvoyer de l'armée, ça c'est évident. En plus le sergent prétend qu'on va aussi le mettre en prison. Ça paraît incroyable, mais on trouve des Rouges de tous les côtés...

Ce soir-là, les larmes de mon père me piquèrent les yeux, parce que moi aussi j'avais été incapable de répondre à Paquito, et de remercier mon père pour nous avoir évité d'assister à un tel spectacle.

Le lendemain, nous avons appris que la représentation de Castillo de Locubín avait connu un épilogue très différent et exemplaire, d'une dignité modeste, tragique, à la hauteur du mythe que la vie et la mort avaient sculpté sur le destin d'un homme ordinaire. Les deux filles aînées de Tomás Villén Roldán, Rafaela qui avait vingt ans et Virtudes qui en avait dix-sept, avaient creusé la tombe de leur père à la main, dans le petit enclos des pendus à l'extérieur de l'enceinte du cimetière. D'abord, elles avaient lavé le corps, l'avaient embrassé sur le front puis avaient enveloppé leur père dans un linceul blanc que leur avait cédé une voisine. Ensuite, elles l'avaient recouvert de terre, avaient déposé des fleurs sauvages sur sa tombe et s'en étaient retournées chez elles, bras dessus bras dessous, sans s'approcher du curé qui les avait regardées les bras croisés, tandis qu'elles travaillaient. Ce dernier attendait l'occasion de leur refuser l'autorisation d'enterrer le défunt dans le caveau familial. Les curieux qui se trouvaient autour de lui entretenaient le même espoir, mais les filles de Cencerro ne leur donnèrent pas ce plaisir et choisirent d'inhumer leur père dans le carré des suicidés, comme si la terre consacrée n'était pas suffisamment bonne pour lui.

« En tout cas, elles ont eu du courage, commenta mon père lorsqu'il nous raconta la scène.

— Et elles ne manquaient pas d'exemple », renchérit ma mère, une casserole à la main.

L'été qui suivit fut long, caniculaire et sec, bon pour les gens de la montagne et pour ceux qui habitaient la vallée. Trois morts successives, celle de Cencerro et celle des amis de l'homme qui l'avait dénoncé, apportèrent avec elles ce qui semblait vraiment être la fin du monde, la fin de tout ce que nous avions toujours connu, des interdictions de sortie de la maison, des vêtements noirs sur les balcons, des passages à tabac dans les cellules et l'absence de sourires de ceux qui en avaient assez de pleurer. C'est ainsi que l'automne arriva, suivi des premières gelées. C'est ainsi que j'étrennai ma première bouteille d'eau chaude, une bouteille de limonade à l'intérieur d'une housse cousue dans deux bouts de couverture rayée bleu et blanc. Et ce fut ce jour-là que le monde se mit à tourner à l'envers, comme d'habitude, comme toujours, dirais-je.

En cela, Pepe el Portugués avait parfaitement raison, Cencerro avait ressuscité. Peu importait qu'on ne l'appelât plus Tomás Guillén Roldán, qu'il eût un autre visage, un autre nom, un autre âge, une autre silhouette, que personne ne sût qui il était ni d'où il sortait. C'était à nouveau Cencerro et il était vivant. Le maire d'Alcaudete le savait mieux que personne, et le patron de l'auberge de Castillo de Locubín également. De même que la mère de Paquito qui nous avait conduits à la caserne en nous tenant par la main, comme si nous étions des petits, et que la mienne aussi, qui nous garda un jour entier enfermés chez nous.

Lorsqu'elle nous permit de sortir à nouveau, la première chose que je fis, ce fut d'aller trouver Pepe el Portugués pour lui montrer ma bouteille toute neuve. Je l'avais croisé à la sortie du village et accompagné chez le forgeron pour aller récupérer une houe qu'il lui avait commandée. Ensuite, il me proposa de rentrer en faisant un détour par le vieux chemin et nous nous installâmes sur un rocher pour admirer la montagne comme si, depuis cet endroit, nous pouvions résoudre l'énigme de la deuxième vie de Cencerro. Mais ce que nous vîmes était bien différent.

Une colonne de véhicules militaires avançait très lentement sur cette route abandonnée, remplie d'ornières et de nids-de-poule, comme si elle voulait nous surprendre tous, et nous dire que c'était toujours la guerre et qu'elle ne finirait jamais.

« Tu sais ce que ça signifie, n'est-ce pas ? me demanda Pepe el Portugués sans même me regarder, en fronçant les sourcils.

— Non, pas du tout, admis-je. Et toi, tu le sais ?

— Bien entendu. Allez, je t'accompagne jusqu'à la caserne. Dans peu de temps, personne ne pourra plus circuler dans les rues. S'ils sont venus ici, c'est que quelqu'un est allé leur raconter que le nouveau Cencerro était de Fuensanta de Martos. »

En entendant cela, un frisson me parcourut et il fut si intense que je ne me demandai même pas comment il pouvait bien faire pour toujours tout savoir et passer en même temps pour un pauvre type.

Les camions, arrivés à la mi-novembre, débarquèrent une vingtaine d'hommes de trois corps d'armée différents, puis repartirent à vide. La rafle fut aussi brutale que celle du 17 juillet, mais cette fois la violence n'alla pas plus loin que quelques portes défoncées, plusieurs fenêtres fracassées et une tripotée de côtes enfoncées. Quatre voisins – les deux frères Fingenegocios, Lorenzo et Enrique – réussirent à échapper de justesse à Sanchís ; ainsi qu'un couple de jeunes mariés, Celestino Cabezalarga et Asun del Machillo, que le village de Fuensanta de Martos perdit, mais que la montagne gagna. Une fois de plus Pepe el Portugués avait eu raison. Le commandement était convaincu que son principal ennemi, l'homme qui avait repris le surnom et les habitudes de Cencerro – payé Cuelloduro pour qu'il offre trois tournées successives de vin et d'omelettes au lard à ses habitués, dans une explosion de générosité sans précédent – était originaire de Fuensanta de Martos. Et ce même commandement avait besoin de connaître son identité afin de mettre un prix sur sa tête. Sans argent il n'y avait pas de traîtres, et sans traître aucune tête ne tombait, mais on ne peut pas avouer quelque chose qu'on ne sait pas, et dans mon village on ne savait rien de rien, au-delà des conjectures auxquelles se livrait mon père chaque fois qu'il avait un peu de temps devant lui.

« Ce doit être Regalito. Ce ne peut être que lui, car sinon…

— Mais pourquoi veux-tu que ce soit lui, ce ne peut pas être lui. Ce n'est encore qu'un gamin.

— Mercedes, avec toi, c'est toujours la même chose ! Son frère Laureano était bien plus gamin que lui, souviens-toi de ce qu'il a fait ! Elías doit déjà avoir vingt et un ans, et c'est le seul qui… Parce que Pirulete est débrouillard, bien entendu, mais il n'est pas assez intelligent pour avoir l'idée de faire quelque chose de ce genre. Et ne parlons même pas de Salsipuedes. Saltacharquitos… Je ne sais pas. Il est téméraire, oui, et assez mauvais… mais l'intelligent du groupe c'est Regalito. Il l'a toujours été, n'est-ce pas ?

— Eh bien moi, je crois que ce doit être le nouveau, celui qu'on appelle Antonio el Guapo, *le Beau*, voilà ce que je pense.

— Antonio el Guapo ! Antonio el Guapo ! répétait mon père d'une petite voix moqueuse, en imitant ma mère, et en levant les yeux au ciel, car le seul fait d'entendre ce nom le mettait hors de lui. Vous êtes vraiment stupides, vous, les femmes ! Vous ne changerez jamais ! Mercedes : Antonio el Guapo ne peut pas être Cencerro pour la bonne et simple raison qu'Antonio el Guapo n'existe pas, tu vas te fourrer ça dans le crâne, oui ?

— Ça, c'est toi qui le dis ! Mais Paquita Miracielos m'a raconté qu'une de ses amies l'a aperçu l'autre soir, dans une ferme, et qu'il est… dit-elle en joignant tous les doigts de sa main droite, pour les porter à sa bouche et en embrasser l'extrémité. Voilà !...

— Ah bon ? Et qui a été l'heureuse élue, si l'on peut savoir ?

— Tu crois qu'elle va me le dire, peut-être ! Il ne manquerait plus qu'elle me le raconte, pour que tu ailles l'arrêter ensuite, toi et ton copain Romero...

— Je vais te dire quelque chose, ma belle... s'énerva-t-il en reculant avec sa chaise, afin que le grincement des pieds sur le carrelage exaspère sa femme. Le problème est que ce village manque d'hommes jeunes, voilà le problème. Comme la moitié d'entre eux s'est enfuie dans la montagne, et que les femmes de gauche ne veulent pas coucher avec des hommes de droite, elles sont toutes émoustillées, excitées, je ne sais pas, moi... et elles ont constamment des visions. Le problème, c'est qu'un de ces jours ta Paquita Miracielos va se laisser aller à ses chaleurs, un point c'est tout.

— Antonino, ne sois pas grossier, s'il te plaît ! » rétorqua ma mère qui était incapable de dissimuler ses sentiments lorsqu'elle était scandalisée. Puis elle reprit, pour rappeler à mon père qu'il y avait des enfants présents – même si nous avions tous compris : « Il y a du linge étendu ici... »

Mais lui continuait son raisonnement, comme s'il était le seul à ne pas avoir saisi l'allusion de sa femme.

« Je te dis que Cencerro c'est Regalito, point final. Parce que ce ne peut être que lui... »

Lorsque les experts, venus de Jaén, furent forcés d'admettre l'évident échec des techniques traditionnelles et même des plus sophistiquées, ils comprirent également que, dans cette guerre à la fois nouvelle et ancienne, ils se trouvaient face à une situation inédite. Alors on fit venir d'autres experts, de Madrid cette fois, et même un commissaire des Brigades politico-sociales qui, paraît-il, était très réputé. « Ce doit être grâce à ses oreilles, commenta ma mère, car elles sont aussi longues et larges que des côtes de veau qu'on lui aurait collées de chaque côté de la tête. » Mais mon père contredisait les suppositions moqueuses et calomnieuses de ma mère en avançant que le commissaire avait gagné un gros paquet de médailles avec le démantèlement de plusieurs groupes de communistes. « Peut-être qu'il a fait ça à la Puerta del Sol, rétorquait ma mère, car ici, au village, on attend toujours… on ne peut pas dire qu'il ait fait grand-chose. »

La montagne et la vallée respiraient le même air. Ceux d'en haut descendaient pour rendre visite à leur femme et à leurs enfants, pour dormir dans leur lit de temps à autre. Ceux d'en bas montaient aussi, et les femmes s'habillaient en homme pour qu'on ne puisse pas les reconnaître. Mais tout le monde s'accordait pour déclarer que ces rencontres n'existaient pas, que c'était pure légende. Cependant nous étions tout à fait au courant de ce qui se tramait, et nous tenions les comptes des miraculeuses grossesses des femmes sans homme qui, par ailleurs, ne sortaient jamais de chez elles, de toutes ces femmes vertueuses qui devenaient rouges comme des tomates, improvisaient un aplomb qu'elles n'avaient jamais possédé, pour expliquer à leurs voisines, en bégayant comme si leur langue les gênait à l'intérieur de la bouche, qu'un jour elles n'avaient pas pu se retenir et avaient couché avec un marchand ambulant qui passait par là, par hasard. Toutes, sauf Carmen la Rosa, la femme de Cencerro qui, lorsqu'elle était devenue veuve, était déjà emprisonnée depuis six ans pour avoir dit la stricte vérité.

« Encore un de vos exploits, lançait ma mère qui ne ratait jamais une occasion de rappeler cela ouvertement, aller mettre en prison une femme tout simplement parce qu'elle est fidèle !

— Elle n'est pas en prison pour cette raison, Mercedes, mais pour avoir fait de la propagande subversive.

— De la propagande subversive ? Dire que tu couches avec ton mari, c'est faire de la propagande subversive, ça ? Et le faire cocu, c'est quoi alors ? Collaborer avec Franco ? Eh bien, dis donc... tant de curés et tant de messes, pour en arriver là...

— Tais-toi, Mercedes, tu ne sais pas ce que tu dis.

— Eh bien je ne me tairai pas. Je n'en ai pas envie, voilà ! La seule chose qu'a faite Rosa a été de dire qu'elle était enceinte de son mari, un point c'est tout. Et tu trouves que c'est une raison pour l'envoyer en prison, peut-être ? Être fidèle et aimer son mari, et coucher avec lui, c'est une raison pour se retrouver en prison, Antonino ? » insistait ma mère. Et mon père n'osait pas lui répondre, ce qui encourageait encore plus sa femme : « Et elle a très bien fait... D'abord de dire la vérité et ensuite parce que... ça... c'est sûr... on vous aurait entendus vous gausser et traiter Cencerro de cocu, alors que ce n'était même pas vrai... »

Cela faisait plusieurs semaines que Carmen la Rosa ne se montrait pas dans le village quand, en 1941, les gardes civils de Castillo de Locubín l'avaient arrêtée pendant une rafle. Elle était alors enceinte de huit mois et, lorsqu'on l'avait interrogée, elle avait déclaré, la tête haute, que l'enfant était de Cencerro. « De qui voulez-vous qu'il soit ? » avait-elle ajouté. Et depuis, on ne l'avait plus vue dans la rue. Elle avait accouché d'un garçon en prison et, comme si cela ne suffisait pas, elle l'avait appelé Tomás, comme son père. Aucune autre femme de la région n'avait eu son audace. Dans mon village, toutes les femmes préféraient passer pour des femmes adultères et le soutenir contre vents et marées, même si quelques mois après elles accouchaient d'un enfant ressemblant trait pour trait à leur mari.

En 1947, dans la Sierra Sud, nous savions tous comment les choses se passaient. Et nous le savions encore lorsque le fameux commissaire madrilène repartit bredouille pour la capitale. On ne peut pas raconter quelque chose qu'on ne sait pas, et si l'on ne savait rien dans mon village, c'était parce que dans la montagne personne ne parlait jamais. C'était pour cette raison, parce que seul quelqu'un de très intelligent pouvait combiner une telle provocation et l'extrême prudence de ne pas se faire connaître de ses compagnons, que mon père était convaincu que le nouveau Cencerro de Fuensanta de Martos était tout simplement Elías el Regalito.

« Et il a choisi le maire d'Alcaudete, bien entendu, ne cessait de répéter mon père en se persuadant lui-même de cela. C'est lui qu'il lui fallait pour se venger de la tuerie de Noël dernier. L'argent n'avait pas grande importance, ils auraient pu agresser quelqu'un d'autre, n'importe qui avec de l'argent, mais ça ne s'est pas passé comme ça. Il lui fallait un habitant d'Alcaudete, et le maire, on ne pouvait pas faire mieux, pour qu'on se fourre bien dans le crâne que la montagne a accouché d'un nouveau chef.

— Et ce gars qu'on appelle El Pleitista, *le Chicaneur* ? » insistait désespérément ma mère une fois Antonio el Guapo écarté, avec une obstination que je ne comprenais pas. Je me rappelai que Carmela la Pesetilla n'avait plus que deux garçons sur les cinq qu'elle avait mis au monde, Regalito et son aîné Fernando qui était prisonnier près de Séville, condamné aux travaux forcés pour creuser le canal du Guadalquivir. « Tu ne disais pas qu'il a une âme de chef, celui-là ?

— Si, mais il est d'Alcalá.

— Et alors ? Pourquoi faudrait-il qu'il soit de Fuensanta ? Si l'on ne sait rien, alors comment sait-on qu'il est originaire de notre village ?

— Parce qu'on le sait, voilà tout !

— Je vois… Ce pourrait également être Cristobita, qui a été élevé ici, même s'il est né à Lopera.

— Qui ça ? fit mon père en fronçant les sourcils, comme s'il ne parvenait plus à identifier les voisins par leur vrai nom. Ah ! Tu veux parler de Pocarropa ! Non, arrête, ça ne peut pas être lui… Il est très courageux, oui. Mais il est aussi trop dans la lune. Et en plus il habite là-haut depuis très longtemps, sans jamais se faire remarquer. Non, ce ne peut être que Regalito, c'est moi qui te le dis, car en plus, c'est lui qui se trouvait…

— Qui se trouvait où ?

— Non, non, rien. »

Don Eusebio, l'instituteur, disait toujours qu'Elías Sánchez – surnommé el Regalito par la suite – était à la fois le meilleur et le plus mauvais élève auquel il avait jamais eu affaire de sa vie. Le meilleur car son esprit était aussi rapide et habile que les doigts d'un prestidigitateur et qu'il était capable d'assimiler des connaissances à toute vitesse – mais seulement après les avoir décortiquées et comprises parfaitement. Le plus mauvais car c'était le seul qu'il avait été obligé de renvoyer de l'école, et de la façon la plus sotte qui soit, car Elías n'avait jamais eu droit au chapitre.

Don Eusebio était arrivé à Fuensanta à l'époque où l'on tondait les femmes et s'apprêtait à fusiller les habitants de mon village à Martos, et ceux de Martos à Torredonjimeno, et ceux de Torredonjimeno à Los Villares, et ceux de Los Villares dans mon village. Don Eusebio, lui, arrivait de chez lui, un hameau des alentours de Palencia, dont les habitants ne connaissaient la guerre dans le reste de l'Espagne qu'à travers les journaux. C'est sans doute pour cette raison qu'il lui fut si facile de ne pas voir, de ne pas entendre, de ne rien savoir de ce qui se passait à l'aube : les camions qui se croisaient sur la route, les salves des pelotons d'exécution devant les cimetières, les pas précipités et silencieux des femmes qui venaient récupérer les corps, qui ne les retrouvaient pratiquement jamais et retournaient chez elles épuisées, plus lentement, plus mortes que vivantes. Voilà ce que lui reprocha Elías, qui avait perdu un frère dans ce village, et l'instituteur lui demanda alors de ne plus remettre les pieds à l'école.

À cette époque, Elías n'était pas seulement son meilleur élève, c'était aussi le plus bizarre, le plus singulier de tous. Le fils de Pesetilla avait fréquenté l'école seulement quelques années, lorsqu'il était petit, mais avait fini par suivre les cours gratuits de l'après-midi que l'instituteur d'avant-guerre dispensait à la

Maison du peuple – et ce jusqu'à ce que tous deux s'aperçoivent qu'ils perdaient leur temps. Dès lors, il se mit à étudier tout seul, de son côté. L'instituteur lui prêtait des livres, parlait avec lui, levait ses doutes, lui donnait des exercices et, tous les ans, au mois de juin, l'accompagnait à Jaén, à l'école de la Vierge del Carmen, pour passer en candidat libre les examens qu'il obtenait toujours haut la main. Un jour, cependant, tout cela s'arrêta. On fusilla l'instituteur devant le mur du cimetière de Martos, et Elías commit l'erreur d'essayer de sauver plus ou moins les meubles du naufrage.

Lorsqu'un dimanche Elías aborda don Eusebio, à la sortie de la messe, ce dernier fut extrêmement surpris. Il ne s'attendait pas à cela, personne ne se serait attendu à quelque chose de semblable de la part d'un jeune homme tel que lui – un garçon invisible, dans une famille de gens invisibles. Une nouvelle caste qui aspirait à vivre comme des ombres, tels des hommes et des femmes flous, possédant un corps malgré eux, qui auraient donné n'importe quoi pour acquérir l'heureuse faculté des caméléons et devenir mur en passant devant un mur, bois en glissant devant un tronc d'arbre, air en traversant la rue. Cela afin que personne ne les reconnaisse, ne se rappelle leur existence, et n'ait l'idée de prononcer leur nom durant certaines nuits sombres. Personne ne se serait attendu à cela, mais Elías, lui, attendit don Eusebio et se planta devant lui pour lui annoncer qu'il voulait passer le certificat d'études élémentaires et qu'il ne pouvait le faire seul. « On ne me laisse pas m'inscrire en candidat libre, expliqua-t-il, comme si l'instituteur ne le savait pas, mais si vous me présentiez à l'examen… »

Un attroupement de villageois stupéfaits et attentifs s'était formé autour d'eux au milieu duquel se trouvait ma mère qui me tenait dans ses bras. Elle racontait souvent, par la suite, que don Eusebio était resté un long moment silencieux, qu'il avait regardé autour de lui puis fixé Elías, puis à nouveau à droite, à gauche, par terre, en l'air et qu'il était sorti de ce mauvais pas de façon inattendue, que personne n'avait vraiment compris, sauf Elías.

« La guerre des trente ans », se contenta-t-il de dire. Et, d'après ma mère, Elías se mit à la raconter de son début jusqu'à sa fin, et pour quelle raison, et qui étaient les belligérants, et un tas de noms de batailles. Ensuite, toujours d'après ma mère, ce qu'était *n* sur deux ou je ne sais plus quoi, et Elías avait répondu que c'était la formule de quelque chose de très bizarre. Puis il avait récité toute la liste des rivières et des fleuves d'Espagne et un tas d'autres choses, y compris une anecdote à propos de saint Anselme – et pourtant chez lui on était athée. Elías n'était jamais allé au catéchisme et n'avait jamais fait sa communion mais il avait même su répondre à cela. Don Eusebio, l'instituteur, avait devant lui un garçon de quatorze ans qui connaissait tout. Il ne pouvait refuser. Il finit donc par accepter : « Passe donc par chez moi demain après-midi, je vais voir ce que je peux faire », lui dit-il. Pendant plusieurs mois, ils firent beaucoup de choses, tellement de choses que don Eusebio lui donna le surnom qui allait détrôner celui de son père – Regalito, *petit cadeau* – et lorsque quelqu'un lui demandait pourquoi il avait choisi celui-là, il répondait qu'Elías était un cadeau, « oui, mais tout à fait relatif » et tous les deux se mettaient à rire.

Les gens avaient finalement pris l'habitude de les apercevoir en fin d'après-midi, en train de parcourir le même tronçon de l'ancienne route, allant et venant, avec un livre qui changeait de mains au rythme des questions et des réponses. Don Eusebio qui devait avoir déjà cinquante ans était habillé en costume cravate, tandis qu'Elías, toujours soigné et bien peigné, était vêtu d'une chemise différente de celle qu'il portait pour travailler aux champs. On aurait dit qu'ils n'étaient jamais fatigués de marcher et de parler, et de parler et de marcher, car parfois ils se laissaient surprendre par la nuit comme s'ils avaient perdu la faculté de mesurer le temps qui passe.

Don Eusebio avait rencontré son meilleur élève et Regalito l'instituteur qu'il lui fallait, mais cette époque-là avait ses deux facettes. C'était une époque de sourires hypocrites et de silences de pierre, une époque de sauve-qui-peut général, pendant laquelle se lever le matin était un triomphe, et se recoucher le soir sain et sauf un exploit du même genre. Pour y faire face, la règle était de respecter la volonté de la terreur, de réduire la vie au strict minimum et de ne rien faire, ne rien savoir, ne rien dire, de regarder sans voir, d'écouter sans entendre, et de ne rien comprendre. Dans les villes, sans doute en était-il autrement, mais dans un village tel que Fuensanta de Martos, cette façon de vivre à peine, sans rien ressentir, était la seule solution à la portée de ceux qui aspiraient à une survie que d'ailleurs personne ne pouvait leur garantir. Dans une ville, un adolescent comme Regalito aurait sans doute pu avoir un avenir. Il aurait sans doute pu continuer ses études, passer le baccalauréat, aller à l'université, obtenir un diplôme. Sans doute. Mais dans mon village, cela était impossible et il le savait parfaitement. Cependant le jour où il choisit de tout gâcher, il ne pensa sûrement pas aussi ouvertement à cela.

L'été 1941 approchait à grands pas et il faisait très chaud, je le sais parce que ma mère me l'a également raconté. Le reste je l'ai appris par la suite, lorsque j'ai commencé à fréquenter la ferme des Rubio, trois après-midi par semaine. Doña Elena le savait parce que c'était Mlle Rosa qui le lui avait raconté. Celle-ci était toujours la maîtresse de l'école de filles et elle était là lorsque Elías avait bondi de sa chaise, comme si une guêpe venait de le piquer. Don Eusebio ne s'en était pas aperçu tout de suite, car il était encore en train de faire une remarque désobligeante au fils de la Potajilla qui était venu en classe dans la tenue des pauvres de mon village en été – pantalons courts avec une seule bretelle croisée en diagonale, sur une épaule, et sans chemise, car sa mère l'avait déjà rangée afin qu'elle dure plus longtemps et qu'il puisse la porter l'hiver prochain.

« Vous trouvez convenable de venir à l'école comme cela, à moitié nu, jeune homme ? » Severino el Potajillo était encore très petit. Il ne devait pas avoir plus de six ou sept ans et ne comprenait pas pourquoi le maître le vouvoyait soudain, ni pourquoi il lui faisait cette remarque. « Eh bien dites à madame votre mère que s'il lui importe peu de vous envoyer à l'école dans une tenue présentable, moi, cela m'importe. Je n'ai pas l'intention de vous accepter dans ma classe avec un accoutrement pareil, c'est clair ? » Cela ne pouvait pas l'être, car le gamin, ne comprenant rien à ce qui se passait, finit donc par fondre en larmes. Regalito, lui, venait de découvrir une chose qu'il n'aurait jamais soupçonnée. D'habitude, il n'allait pas en classe car il travaillait aux champs mais, la date de l'examen approchant, don Eusebio avait convaincu Pesetilla, son père, de lui donner congé ce jour-là. Il l'avait donc installé à un pupitre de la classe, à l'écart des autres élèves, près de son bureau. Mlle Rosa avait obtenu les questions de l'examen de l'année précédente et était chargée d'expliquer à Elías comment y répondre. Mais elle n'avait pas eu le temps de finir, car le meilleur élève de don Eusebio s'était levé et approché de son instituteur. « Vous connaissez ce gamin, vous savez comment on vit chez lui, et qu'on a fusillé son père, que sa mère travaille comme une mule et n'y arrive pas, car elle a quatre autres enfants. Pourquoi le maltraitez-vous ? Vous n'êtes pas comme ça d'habitude ? Je vous connais et je sais que vous êtes un brave homme, un bon professeur, quelqu'un de bien, n'est-ce pas ? » avait dit Elías, sans élever la voix, sans se fâcher.

Doña Elena, qui était également institutrice bien qu'on ne lui permît plus de faire classe, était convaincue que c'était ce que don Eusebio n'avait pu pardonner à Elías. Que si au lieu de lui parler ainsi, si calmement, il avait pris la défense de Potajillo en hurlant, don Eusebio l'aurait sommé de se taire et de retourner à sa place et l'incident aurait été clos. Mais la naïveté d'Elías, sa déception, perceptible sous la courtoisie de ses questions, l'évidence de son désaccord avaient été trop humiliantes pour un homme qui n'osait pas montrer en public ce qu'il était en réalité – un homme faible, petit, qui les fins d'après-midi sur la vieille route choisissait ses mots pour parler d'histoire et de philosophie, de poésie et d'éthique avec un garçon très intelligent qui n'était cependant pas parvenu à saisir la nature ambiguë, partiale et perfide des vérités qu'il apprenait à chaque promenade. Don Eusebio n'avait pu soutenir le regard d'Elías. Il avait été obligé de le renvoyer de l'école. Ce qu'il avait fait, le visage plus rouge de honte que d'indignation. « Ne reviens plus par ici », avait-il déclaré. Et Regalito l'avait fixé et lui avait répondu de ne pas s'inquiéter, qu'il ne reviendrait jamais. Ensuite, étant donné qu'il était déjà inscrit, il s'était rendu à Jaén, avait passé son examen, répondu correctement à toutes les questions, mais sa note ne fut jamais rendue publique.

Dès lors, lorsqu'ils se rencontraient quelque part, don Eusebio tentait d'éviter son ancien élève et, s'il n'y parvenait pas, ils se croisaient sans se saluer, comme s'ils ne s'étaient jamais connus. Jusqu'à cette soirée du printemps 1946 où les gardes civils étaient venus arrêter Elías, en vain, et qu'ils avaient emmené Pesetilla à sa place. Cette même nuit, le fils était monté dans la montagne et s'y trouvait toujours.

— Ça ne peut être que lui, ne cessait de répéter mon père à tout moment, un an et demi plus tard. Ça ne peut être que Regalito, car en plus c'est lui qui se trouvait…

Il ne finissait jamais sa phrase. Et si ma mère lui demandait de poursuivre, il balançait sa main droite en l'air pour expliquer qu'il n'en dirait pas plus. Mais on ne le lui demandait presque jamais, parce que nous savions parfaitement à quoi il pensait et chacun de nous avait ses raisons pour changer de sujet, même si je ne pouvais raconter les miennes à personne.

Les Enfants du capitaine Grant. Le livre était épais, relié dans une toile rouge, avec une illustration en couleur collée sur la couverture : des enfants blonds, un homme avec l'allure d'un savant distrait, un capitaine de bateau et deux marins en train de marcher sur la glace à l'aide d'engins en fer fixés à leurs chaussures, dans un paysage improbable avec des palmiers dans le fond, une plage avec des mouettes et un navire au loin, devant une montagne sur laquelle on pouvait voir des Indiens avec des plumes sur la tête.

« Qu'est-ce que c'est que ça ? disais-je alors que Pepe el Portugués, qui venait de rentrer chez lui, s'était arrêté dans mon dos.

— C'est un livre. »

Les gens prétendent qu'en Andalousie il fait toujours beau temps, mais dans mon village, au mois d'août, on mourait de chaud. Le soleil nous tombait dessus comme l'instrument d'une vieille vengeance. Et c'était bien plus que la lumière qui rebondissait sur les murs chaulés comme si elle voulait les diluer goutte à goutte, bien plus que la température qui faisait naître ces jets de sueur qui imbibaient nos vêtements au moment où nous nous aventurions dans la rue, c'était une chose dure, solide, métallique, semblable à un marteau en flammes frappant sur la tête, un bain de feu invisible qui brûlait avec la même cruauté sur et sous la peau. Voilà quel était le martyre que ma mère voulait nous éviter lorsqu'elle nous interdisait de sortir après le déjeuner. Mais j'avais déjà passé trop de jours enfermé sans sortir ne serait-ce que dans la cour à cause des gars de la montagne et des gardes civils qui jouaient au chat et à la souris. Alors, lorsque je l'entendais ronfler, qu'elle s'abandonnait aux délices de cette sieste que personnellement je n'ai jamais appréciée, j'attendais un bon quart d'heure et m'échappais par la fenêtre de ma chambre.

« Où vas-tu ? »

Lorsqu'il n'était pas en service, Curro était le seul à me voir sortir Il était amoureux fou d'Isabel Mariamandil, la petite-fille de doña Angustias, une jeune fille très bizarre, taiseuse et discrète, dont l'allure monacale la faisait paraître plus âgée qu'elle ne l'était, et qui ne lui avait jamais donné le moindre espoir. Isabel avait vingt ans, mais vivait comme une vieille dame, car elle passait toutes ses journées à la ferme, à s'occuper de sa grand-mère, et n'allait presque jamais se promener dans le village. Elle ne sortait pas avec ses amis, ne portait pas de talons hauts, ni de rubans dans les cheveux, et n'allait jamais au bal ni au cinéma. Nous pensions tous qu'elle se contenterait d'être célibataire toute sa vie. C'est pourquoi son amoureux restait tous les après-midi à soupirer dans la maison-caserne. Il profitait de la chaleur, qui maintenait le lieutenant reclus dans sa chambre, pour accrocher son hamac à deux clous, l'un planté dans la façade de son appartement et l'autre dans un pilier du préau qui entourait la cour. Puis il s'y couchait, à l'ombre, pour lire des romans de pistoleros et levait paresseusement les yeux vers moi lorsque je passais près de lui.

« Je vais me baigner à la rivière, l'informais-je dans un murmure pour qu'on ne m'entendît pas chez moi.

— Un de ces jours, tu vas carrément fondre, Canijo.

— Chut ! » faisais-je en posant mon index sur les lèvres. Et même si je savais que ce n'était pas un mouchard, je pressais le pas. « Tu verras bien que ce n'est pas vrai. »

Je ne fondais pas mais parfois, au milieu de la côte, je ressentais une chose similaire. Je ne savais plus quoi faire de mon corps. Ma chemise me tenait chaud mais, si je la retirais, le soleil allait m'achever. Mes chevilles étaient gonflées et mes pieds lacérés par le bord tranchant de mes sandales. Chaque pas devenait un supplice, et la tentation de m'arrêter là, de me coucher à l'ombre d'un arbre et d'attendre la fraîcheur du soir, immobile, devenait de plus en plus pressante. Mais je continuais, songeant au plaisir que j'allais éprouver en pénétrant dans le ruisseau, au rideau imaginaire de vapeur qui envelopperait mon corps lorsqu'il toucherait l'eau fraîche. Et c'est ainsi que, plus avec mon imagination qu'avec mes jambes, je parvenais à aller jusqu'en haut. Ensuite, il me suffisait de redescendre quelques mètres de pente douce à l'ombre des arbres. Je me déshabillais alors rapidement, rentrais lentement dans l'eau en gardant la tête pour la fin. Celle-ci était si chaude que j'aimais y appliquer mes mains humides et glacées, avant de me plonger tout entier dans l'eau. Parfois, comme s'il voulait me prouver que nous étions tous les deux de la même veine, Pepe el Portugués se présentait en caleçon, une serviette sur l'épaule et un sourire au coin des lèvres qui signifiait que, même si ces étangs lui appartenaient, il acceptait toutefois de les partager avec moi. Cet après-midi-là cependant, lorsque j'étais arrivé il était déjà en train de faire trempette.

« Je suis là depuis deux heures de l'après-midi », annonça-t-il.

Assis sur une pierre cachée par l'eau, le dos appuyé sur une grande pierre plate et les jambes tendues, on aurait dit un empereur sans trône.

« J'ai les doigts tout fripés comme des pois chiches tout juste cuits, mais impossible de se tenir ailleurs avec cette chaleur. »

Lorsque nous sortîmes de l'eau, ma peau elle aussi ressemblait à celle des pois chiches et, pour couronner le tout, je grelottais. Je m'allongeai donc au soleil, encore si ardent que dix minutes lui suffirent pour me griller à nouveau. J'attendis cinq minutes de plus, et retournai me baigner. Puis je ressortis une nouvelle fois de l'eau. Jusqu'à ce que Pepe el Portugués interrompe ce cercle vicieux avec une de ses bonnes idées.

« J'ai faim, déclara-t-il alors que mon ventre se mettait à grouiller. Tu veux manger quelque chose ? »

Depuis que nous avions partagé les fameuses saucisses qui avaient attiré l'attention de toute une patrouille de l'armée, les goûters faisaient partie du rituel de mes visites au vieux moulin. Ainsi – c'était un truc de célibataire –, il y avait toujours de la charcuterie dans son garde-manger, du pain et, avec un peu de chance, quelques tomates bien mûres. Pepe el Portugués confectionnait alors de délicieux sandwichs de pain imbibé d'huile et de pulpe de tomate avec n'importe quoi d'autre, conformément à la recette que lui avait transmise un sergent catalan, pendant son service militaire. Cet après-midi-là, il prépara des sandwichs au jambon cru. Ils étaient tellement exquis que j'avais englouti le mien tout entier et même mangé la moitié du sien. Puis, en appuyant ma tête sur le dossier du canapé que Pepe avait récupéré aux ordures de la paroisse, car il avait un ressort décroché en plein milieu du siège mais deux endroits encore profitables près de chaque accoudoir, je succombai à une douce et délicieuse somnolence, d'où me tira finalement le bruit impertinent de plusieurs doigts en train de tambouriner à la vitre.

« Qui est-ce… bordel ? » grommela la voix pâteuse de Pepe el Portugués. Il se reprit aussitôt lorsqu'il aperçut Sanchís, le camarade de mon père, nous adresser un salut militaire de l'autre côté de la vitre. « Merde… que veut-il, celui-là, à présent ? »

Il leva la main pour lui demander de patienter et se dirigea vers la cuisine pour s'asperger le visage, avant de passer une chemise qui devait être accrochée par le col depuis plusieurs jours au dossier d'une chaise.

« Je n'aime pas ce type, murmura-t-il pour lui-même tandis qu'il se boutonnait.

— Moi non plus », fis-je. Ce n'était pas tout à fait juste. En réalité j'en avais terriblement peur.

« Attends-moi, ici, me dit-il avant de sortir et en me regardant comme s'il le savait. Peut-être a-t-il juste envie d'emmerder le peuple. »

Je hochai la tête, car j'étais d'accord avec lui.

Miguel Sanchís était fils de garde civil. Il avait été élevé dans une maison-caserne mais ne ressemblait pas à ses camarades. À trente et un ans, il était déjà sergent et tout le monde disait qu'il monterait encore plus haut, car bien qu'il n'eût pas suivi d'études ni une académie, ses états de service étaient époustouflants : deux médailles militaires individuelles – une avec la distinction rouge et l'autre avec la distinction blanche –, une médaille de Souffrance pour la Patrie et un surnom – « l'ange des dames » – qu'il avait gagné à Madrid, en sauvant des femmes, alors qu'il officiait dans la Cinquième colonne, pendant la guerre. Plus grand que mon père et plus élégant que n'importe lequel de ses collègues, Sanchís était l'homme le plus séduisant de Fuensanta de Martos.

C'est sans doute pour cette raison – parce que Paquita Miracielos et ses amies ne pouvaient pas supporter l'idée que le galant officiel du village fût un garde civil – qu'avait tant circulé la légende d'Antonio el Guapo, un guérillero qui était arrivé de Madrid à la fin de l'été, après qu'une danseuse dont il était éperdument amoureux l'avait caché pendant une bonne année dans une taverne de flamenco, tout près de la Puerta del Sol, où travaillait le commissaire aux grandes et longues oreilles, genre côte de veau. Lorsque Dulce me l'avait racontée, je m'étais dit que mon père avait raison, car en remplaçant la taverne de flamenco de Madrid par un saloon – disons, à Wichita – l'histoire qu'on colportait sur cet homme ressemblait énormément à celle d'un héros de roman du Far West. « On dit que rien qu'à le regarder, on en a le souffle coupé », m'expliquait mon imbécile de sœur en serrant l'oreiller contre sa poitrine comme si elle voulait l'étouffer. « Je ne veux même pas imaginer de le rencontrer un de ces soirs dans les parages, avec son fusil, tu imagines. Ohhh ! Quelle horreur, quelle trouille, n'est-ce pas ? » Le sourire idiot qui se dessinait alors sur son visage ne pouvait s'expliquer que parce qu'elle, qui vivait dans une maison-caserne, ne pouvait admettre que le plus bel homme de Fuensanta de Martos fût également le plus voyou, et que, malgré son héroïsme légendaire, il correspondait parfaitement au terrifiant portrait que les gardes civils avaient fait de lui.

Moi, qui vivais parmi ces derniers, je faisais régulièrement le compte de leurs faiblesses, de leurs contradictions. Je savais que les gardes civils s'employaient à cultiver la peur, de la même façon qu'un boulanger s'applique à fabriquer du pain, ou un agriculteur à planter des pommes de terre. Je savais également que les soirs de rafle, Curro vomissait au pied de ma fenêtre avant de se coucher, et que mon père baissait la tête lorsque ma mère lui demandait s'il était content de lui, et que Carmona, qui était si mince, et si peu de chose, avait chié dans son froc le soir où il avait vu le lieutenant appliquer la loi des fuyards à Laureano, et qu'à partir de cette nuit-là, ce même lieutenant s'assurait personnellement qu'on laissât Carmela la Pesetilla en paix. Moi, qui vivais avec eux, qui faisais partie de la caserne, je les avais souvent entendus discuter, se répéter les mêmes conseils, les mêmes phrases qui circulaient dans toutes les bouches sans jamais tarir, « n'aie pas de remords, il ne faut pas avoir de remords, ce n'est pas de notre faute, c'est de leur faute à eux, ce sont eux qui sont hors la loi », cependant qu'ils continuaient à vomir, à baisser la tête et à chier dans leur froc. « Car on ne peut pas tolérer cela, tu comprends, si ce n'était pas nous, d'autres le feraient à notre place, on n'y peut rien, qui est-ce qui donne les ordres, ici ? »

Le lieutenant se soûlait presque tous les soirs, Arranz tous sans exception, Romero les suivait de près, Izquierdo fumait du cannabis que lui procurait un de ses cousins légionnaire, et les autres se rassuraient en se disant qu'ils ne faisaient qu'exécuter des ordres, que les responsables étaient ailleurs, qu'ils habitaient à Madrid et travaillaient dans de grands bureaux chauffés l'hiver et ventilés l'été, et qu'ils ne s'abîmaient jamais les pieds, à courir de rocher en rocher, ni ne se tachaient jamais les mains de sang. Ces derniers pouvaient raconter l'histoire à leur manière, et fêter l'anniversaire des années de paix, qui avait lieu tous les mois d'avril, en évoquant les églises incendiées, les curés éventrés, les bonnes sœurs violées, la terreur des hordes marxistes qui avaient précipité leur intervention sacrée et salutaire. À Madrid, il y aurait toujours des gens pour croire que la guerre s'était terminée en 1939, mais dans mon village c'était différent. Dans mon village, les hommes s'enfuyaient dans la montagne pour sauver leur peau, et les autorités poursuivaient les femmes qui tentaient de gagner leur vie en vendant des œufs, celles qui ramassaient du spart dans la forêt, celles qui le travaillaient et même celles qui vendaient des asperges sauvages le long des chemins. Car, pour celles-ci, tout était interdit, tout était illégal, tout devenait un délit et la survie de leurs enfants relevait du miracle. Voilà comment cela se passait dans mon village, où l'on pouvait se faire tirer dans le dos n'importe quand pour avoir donné à manger à son enfant, à son père, à son frère. C'était suffisant pour légaliser n'importe quelle mort, cela transformait n'importe qui en dangereux bandit, en féroce ennemi public, même si celui-ci n'avait jamais eu le moindre fusil entre les mains. C'était la loi, et c'était une loi injuste, une odieuse loi, une loi atroce et barbare, mais c'était la seule et unique loi. Et les gardes civils ne craignaient pas de l'appliquer.

Ils se contentaient d'obéir aux ordres, mais ils connaissaient la vérité. Ils savaient que, si un jour il y avait un juste retournement des choses, ceux qui écrivaient la loi dans un bureau auraient un avion pour s'échapper, tandis qu'eux auraient pour seul destin le mur du cimetière et, pour toute raison, la raison d'une guerre qui ne se finirait jamais. Ils le savaient et, en plus de leurs remords, ils avaient peur. Oui, ils avaient peur des représailles, de la vengeance qui pouvait les anéantir et les liquider à tout moment. C'est de cette peur que provenait la haine qui les rendait si cruels, mais cohabitait avec une peur très différente. Une peur semblable à celle des villageois qu'ils persécutaient, une peur qui les empêchait de se révolter contre les ordres qu'ils recevaient, leur interdisait d'arrêter la spirale de terreur dans laquelle ils étaient eux-mêmes pris, les retenait de refuser d'appuyer sur la détente tandis qu'une personne effrayée désarmée leur tournait un instant le dos. Voilà à quoi ressemblait la peur, qui se transformait en honte devant le spectacle insolite d'un homme courageux, comme ce commandant de l'armée qui n'avait pas craint de faire cesser la musique à Martos et qui – même moi, je comprenais cela – n'avait aucune raison d'être un Rouge, mais qui était sans nul doute un homme admirable, bien plus respectable que tous ceux qui étaient restés sans rien faire à part ravaler leur nausée jusqu'à la fin du spectacle. Mon père disait souvent qu'il donnerait n'importe quoi pour changer de destin et nous savions tous que ce n'étaient pas des paroles en l'air. Tous ses camarades auraient préféré habiter dans un autre village, dans une autre région plate et calme, sans forêt, sans montagne, sans guérilla. Tous sauf Martínez, jusqu'à ce qu'on le tue. Tous sauf Sanchís.

Malgré ses cheveux très bruns, ses yeux très verts, son corps d'athlète, sa peau bronzée et son profil de statue grecque, Sanchís prenait tellement plaisir à sa besogne qu'il en était devenu laid. Cela venait de sa bouche, de la moue mécanique et brutale, qui déformait ses grosses lèvres, bien dessinées, en une ligne subtile qui exprimait un mépris absolu pour tout et tous. Sanchís ne respectait rien et rien ne lui faisait peur, mais il adorait que les autres le craignent, et il savait comment s'y prendre. « Et si je partais sans payer, que se passerait-il ? » demandait-il dans les bars où l'on finissait toujours par l'inviter. Il arrêtait n'importe qui au beau milieu de la rue, pour lui demander d'aller lui acheter des cigarettes, comme si tout le monde était son domestique, ou pour le désigner du doigt en lui faisant une remarque qui n'avait aucun sens : « Fais attention à toi… » En le voyant prendre ses jambes à son cou, il éclatait de rire, mais d'un rire on ne peut plus désagréable, aussi grossier et lippu que celui d'un crapaud. Les autres gardes civils étaient obligés de le respecter car il était sergent, mais le lieutenant le gardait à l'œil et craignait toujours qu'il ne dépassât les bornes. « Des bêtises, mais pas plus qu'il n'en faut, Sanchís ! » lui disait-il. Et le sergent acquiesçait en hochant la tête, mais dès que son supérieur avait le dos tourné, son manège reprenait : « Toi, apporte-moi une bouteille, toi, ciremoi les chaussures, toi, viens ici tout de suite… » La seule faiblesse de Miguel Sanchís se prénommait Pastora et elle était aussi singulière et particulière que lui.

« Elle est vraiment belle… disait parfois mon père en la voyant traverser la cour, ce qui rendait ma mère si nerveuse qu'elle lui donnait une petite tape d'exaspération sur le bras.

— Mais qu'est-ce que tu racontes, Antonino ? Tu dis des sottises ! Elle est boiteuse, tu n'as pas remarqué ? Boiteuse, je te dis.

— Qu'est-ce que ça peut faire ?

— Tu me demandes ce que ça peut faire ? Eh bien ça peut faire qu'elle a une jambe plus longue que l'autre, mon gars ! Tu trouves que ce n'est pas suffisant ?

— Si, bien sûr, mais elle est vraiment belle. »

Malgré des yeux magnifiques, grands et noirs, aussi profonds que l'eau calme d'un puits, Pastora n'était pas si belle. Son nez était fin, mais très long, et sa bouche était grande, ses lèvres disproportionnées, trop minces pour sa taille. Ses cheveux bruns, lisses et sans charme, toujours ramassés dans un chignon, encadraient un visage trop allongé, aux joues creusées et aux pommettes saillantes, qui pourtant lui conféraient une beauté mystérieuse lorsqu'elle tournait légèrement la tête. Mais ce qui attirait le regard de tous les hommes de Fuensanta de Martos n'était pas son visage, mais plutôt son corps. Il n'était pas parfait, il était mieux que cela encore.

La femme de Sanchís était née avec deux jambes merveilleuses, même si l'une était plus longue que l'autre, et il était probable qu'un sculpteur jugeât ses mensurations quelque peu excessives : des seins trop gros, une taille trop mince, des hanches trop rondes, un postérieur trop musclé à force de peser sans cesse sur la jambe droite, sur ce pied toujours chaussé d'une chaussure noire et moche, munie d'une semelle compensée – que ce soit avec des chaussures plates ou avec les talons hauts qu'elle mettait pour sortir. Mais, malgré cela, elle avait un charme qu'aucune autre femme de Fuensanta de Martos ne possédait, même pas Filo Rubio, ou Milagros, la fille du maire, en dépit de sa grande beauté.

À neuf ans, j'étais trop petit pour expliquer ça, mais je me rendais compte qu'on pouvait regarder Filo et Milagros comme on regarde un tableau, comme on écoute de la musique, comme on savoure une pâtisserie, comme un plaisir aimable, exquis et cependant apaisant, honnête et lumineux. Regarder Pastora était en revanche différent, c'est ce que ma mère ne comprenait pas. Pastora traversait la cour avec son balancement inné et inévitable. Et moi, je la regardais, car moi aussi, je ne pouvais faire autrement. Et je me mettais soudain à rougir de façon coupable, comme si la regarder marcher était un péché. Cependant, je voyais bien qu'elle ne faisait rien pour provoquer cela, qu'elle ne se teignait pas les cheveux en blond et ne se maquillait pas les yeux, comme Ana la Doble, qu'elle ne s'achetait pas de chemisiers trop moulants, comme la grande sœur de Paquita, Sole Miracielos, qu'on avait souvent vue avec les boutonnières prêtes à exploser. Sole travaillait à la boulangerie, nous avions l'habitude de prendre notre temps pour choisir une brioche ; et nous l'énervions avec notre doigt sur le présentoir, « celle-ci, non, celle-là, non, plutôt une couronne », pour qu'elle se penche un peu plus, afin que le tissu se tende davantage sur sa poitrine. Pastora ne faisait rien de tout cela. Elle n'avait pas besoin de se teindre les cheveux ni de se maquiller pour produire cette excitation, qui procurait plaisir et honte à la fois.

« Vraiment je me demande pourquoi un homme aussi beau a eu besoin de se marier avec une boiteuse qui, en plus, ne peut même pas avoir d'enfants, rouspétait ma mère lorsqu'elle en avait assez de se disputer avec son mari. Eh bien parce que c'est un voyou, voilà pourquoi. Parce que c'est un type sinistre, bizarre comme je ne sais pas quoi... Va-t'en voir ce qu'ils doivent faire tous les deux, lorsqu'ils sont seuls.

— Moi, je crois que je le sais, rétorquait mon père.

— Je ne pensais pas à ce que tu crois, Antonino.

— C'est possible, mais le reste aussi, je crois que je le sais. »

Sanchís offrait des tas de chaussures à talon à sa femme, ouvertes et fermées, de toutes les formes, de toutes les couleurs. Il était extrêmement fier de se promener avec son épouse dans la rue. Pastora était la seule personne au monde capable d'adoucir les traits du visage de Sanchís, de faire disparaître de ses lèvres l'éternel rictus de mauvaise humeur que tout lui inspirait, que nous lui inspirions tous – sauf elle. Et lorsqu'elle l'accompagnait, elle aussi changeait. Elle devenait une femme sociable, qui parlait et souriait comme les autres, car dans la maison-caserne elle n'aimait pas se mêler aux autres familles et restait toujours seule.

Ma mère retrouvait généralement la femme de Paquito, ou celle de Carmona, pour faire les magasins ou aller au marché, ou simplement pour se promener l'après-midi, lorsque le beau temps revenait. La femme d'Izquierdo, qui avait six enfants et un beau-père malade, les accompagnait lorsqu'elle le pouvait. Et celle du lieutenant, si ridiculement snob, fréquentait d'autres amies plus distinguées, comme la femme du maire et celle du médecin. Pastora, en revanche, refusait courtoisement toute invitation si son mari ne venait pas avec elle. Elle n'avait pas d'amies dans le village.

« Bien entendu, disaient ma mère et les autres, en s'envoyant de grands coups de coude, on pourrait faire comme elle, sortir en célibataire… »

Moi, je me souvenais vaguement du jour où Sanchís et Pastora étaient arrivés à Fuensanta – quatre, peut-être cinq jours avant la venue de Pepe el Portugués. Quelques mois plus tard, un éleveur de chevaux, qui était passé à Fuensanta de Martos, avait raconté à un de ses clients qu'il connaissait Pastora depuis son enfance, car elle était originaire de Ciudad Real, un village proche du sien, et lui avait demandé comment elle avait atterri ici. Le client lui avait alors expliqué qu'elle était la femme d'un garde civil, et l'éleveur en était resté bouche bée. « C'est incroyable, avait-il dit, ce que peut être le destin. Commencer sa vie à entrer dans un commissariat, et à en sortir, aller même en prison, et tout cela pour finir par habiter une maison-caserne… » Il n'ajouta rien d'autre et ne repassa jamais plus par notre village. Mais cela fut suffisant. La femme de Carmona s'empressa de faire des recoupements, et toutes s'entendirent sur le fait que Pastora devait être une ancienne pute et que c'était pour cette raison qu'elle avait honte de se mêler à des femmes décentes.

Pute ou pas, Pastora débordait de sexe, il émanait d'elle comme un halo invisible au rythme claudicant de ses pas. Mais son mari lui suffisait amplement. Quelques jours avant que Sanchís ne vienne menacer de nous gâcher l'après-midi, au vieux moulin, je les avais aperçus, lui et Pastora, en train de s'embrasser comme je n'avais encore jamais vu de couples s'embrasser. Cela s'était passé en pleine fête, à la lueur des guirlandes d'ampoules jaunes, côtoyant les petits drapeaux de papier. Paquito venait de me raconter ce qui s'était passé à Martos et moi, pour éviter de le regarder, je les avais observés, appuyés contre un mur, collés l'un à l'autre, immobiles et silencieux. Sanchís avait un verre de cognac à la main. Il y avait trempé ses lèvres, l'avait passé à sa femme, qui y avait trempé ses lèvres, longuement, avant de le lui rendre. Cela m'avait étonné, parce que les femmes de mon village ne buvaient pas. Les moins farouches buvaient du vin à table, tout au plus une bière le dimanche, après la messe, mais jamais de cognac. Sanchís avait vidé le verre, l'avait posé sur le rebord d'une fenêtre puis s'était retourné vers elle. Remarquant que Pastora l'observait, il l'avait observée à son tour. Ils s'étaient regardés et, sans dire un mot, chacun avait penché la tête en avant et leurs lèvres s'étaient unies comme si elles n'avaient jamais eu d'autre destin, ni d'autre but que ce baiser auquel ils s'étaient abandonnés tout entiers. Longtemps, ils s'étaient dévorés, yeux fermés, bras ballants, corps immobile, étrangers à tout ce qui ne concernait pas la bouche, leur propre bouche dans une autre bouche, et le cou de Pastora tendu, sa tête sur le côté, sous son meilleur profil, le volume de la langue de son mari distendant et détendant sa joue, exhibant son impudique plongée à travers la peau et la chair. Je n'avais jamais vu de gens s'embrasser de la sorte. Jamais en pleine lumière. Jamais non plus, devant la foule. La main de Sanchís avait glissé vers le corps de Pastora et l'avait parcouru sans qu'elle s'y oppose, depuis les cuisses jusqu'à la poitrine, sur laquelle elle s'était refermée à l'instant où une autre main se posait sur ma tête.

« Que regardes-tu, voyou ? m'avait dit ma mère en me soulevant par les aisselles après m'avoir envoyé une pichenette. Allez, il faut danser ! »

Lorsque je me levai, ils partaient déjà, bras dessus bras dessous, et je songeai que, quoi que le couple aille faire ensuite, ni mon père ni ma mère ne seraient capables de l'imaginer de toute leur vie.

Ce soir-là, tandis qu'il embrassait sa femme, Sanchís m'avait paru presque sympathique. Mais lorsqu'il était venu frapper à la vitre de Pepe el Portugués, Pastora ne se trouvait pas avec lui, ni Curro, qui était son camarade de ronde depuis qu'ils avaient tué Martínez. Il s'était rendu seul au vieux moulin, alors que les gardes civils faisaient toujours leur ronde par deux. Voilà pourquoi, lorsque je fus suffisamment réveillé pour y réfléchir, je fus pris de panique. Mon père disait toujours que Sanchís était un fanatique, un fou incontrôlable et dangereux, mais lorsque je m'approchai de la fenêtre pour voir ce qui se passait dehors, je compris immédiatement que j'avais eu peur inutilement. Pepe me tournait le dos. Il devait être en train de parler, il ne se défendait pas, car le garde civil hochait la tête tranquillement, les lèvres détendues et les mains dans les poches. C'est alors que j'aperçus quelque chose de rouge au milieu des chutes du tissu bleu des rideaux que Pepe el Portugués avait mis de côté dans un panier au cas où. Il s'agissait d'un livre. Je le saisis et, en le retournant, je pus lire le nom de l'auteur, Jules Verne, et un titre, *Les Enfants du capitaine Grant*, gravé en lettres dorés sur une illustration en couleur qui montrait une étrange expédition dans un paysage impossible, glacé et tropical en même temps. Cette image m'intrigua à tel point que j'étais encore en train de l'observer lorsque Pepe entra à nouveau dans cette maison où je n'avais jamais vu un seul livre.

« Où est-ce que tu as déniché ça ?

— Ça… fit-il en se caressant le menton comme s'il avait besoin de réfléchir. Je crois que c'est un gars de Torredonjimeno avec lequel j'ai négocié des olives qui l'a laissé ici. Il a dû tomber de son sac, car je l'ai aperçu dehors, par terre, l'autre jour.

— Et comment tu le trouves ?

— Comment je trouve quoi ?

— Le livre, insistai-je, tandis qu'il continuait à me regarder comme s'il ne comprenait pas. Comment est-il ? Il est bien ?…

— Ah ! Je n'en sais rien Je ne l'ai pas bien regardé, je… Bon, je ne sais presque pas lire, tu sais ? J'associe les lettres, oui, mais avec beaucoup de difficulté, c'est pour cette raison que je n'aime pas les livres. »

Ce n'était pas vrai. Je savais que c'était faux, car à l'époque où il n'avait pas encore de rideaux aux fenêtres, je l'avais surpris en train d'écrire sur une feuille de papier avec quelque chose qui ressemblait à un stylo. Et il y avait plusieurs livres ouverts sur la table, devant lui. Il les consultait rapidement, en prenait un, le feuilletait jusqu'à trouver ce qu'il cherchait. Il écrivait puis le posait à nouveau. Il continuait à écrire jusqu'au moment où il en cherchait un autre des yeux, qu'il consultait également. Puis se remettait à écrire. Quelqu'un qui ne sait pas lire et ne sait pas parfaitement écrire – mieux en tout cas que je ne le savais moi-même à neuf ans – ne peut pas faire ça. C'était évident pour moi. Mais je n'avais pas voulu relever ce mensonge, parce qu'avec Pepe on n'était jamais sûr de rien et je ne voulais pas imaginer ce qu'il pourrait me raconter si je l'obligeais à me dire la vérité. C'est pour cette raison, et aussi parce que je n'habitais pas à Madrid, mais à Fuensanta de Martos, parce que mon père était garde civil, parce que nous étions en août 1947, que j'avais continué à examiner ce livre comme si je croyais vraiment que son accidentel propriétaire était analphabète.

« C'est un roman, me contentai-je de dire. Il a l'air bien. J'aimerais bien le lire.

— Ah, bon ? fit-il en me regardant comme s'il n'avait jamais rien entendu de la sorte. Gros comme il est ? poursuivit-il tandis que j'acquiesçais, avant de nous mettre tous les deux à rire. Bon, eh bien prends-le. Si quelqu'un le réclame, il me suffira de dire que je n'ai rien trouvé… Mais avant, passe-le-moi je voudrais vérifier quelque chose. »

Il me prit le livre des mains, le secoua, comme s'il pensait qu'il allait en tomber quelque chose de précieux.

« Rien, fit-il avant de me le rendre avec une expression ambiguë. Les gens aiment cacher de l'argent dans les livres. Je me suis dit qu'il y avait peut-être un billet de mille pesetas à l'intérieur, mais je n'ai pas eu de chance. »

Cependant, dans ce livre, on suivait le destin de plusieurs personnages, bons ou mauvais, que je ne découvrirais qu'à la fin de l'histoire que j'allais commencer à lire le soir même.

« Et que voulait le sergent ? demandai-je à Pepe el Portugués avant de prendre congé.

— Du miel, répondit-il, aussi tranquillement que d'habitude.

— Du miel ?

— Oui. Il paraît que sa femme adore ça. »

Un scientifique français excentrique, nommé Jacques Panagel rend visite à Mary et Robert Grant, enfants d'un célèbre capitaine britannique qu'on avait cru mort dans un naufrage, pour leur remettre un message trouvé dans une bouteille découverte dans le ventre d'un poisson gigantesque. Le bout de papier sur lequel le capitaine Grant a écrit apporte la preuve qu'il est toujours vivant quelque part en Amérique du Sud. Alors ses enfants, conseillés par le professeur et exultant d'espoir, organisent une expédition pour le retrouver, à bord d'un magnifique bateau, le *Duncan*.

Ce dernier était sur le point d'appareiller dans le port de Bristol, sous les ordres de lord Glenarvan lorsque j'entendis la voix de Pepe el Portugués dans la cuisine de chez moi.

« Bonsoir, Mercedes, je venais voir votre mari.

— Pepe ! s'exclama ma mère ravie de le voir même si cette fois il ne lui apportait pas de cadeau. Entre, assieds-toi, s'il te plaît. Antonino n'est pas là, mais il ne devrait pas tarder. Nino ! Viens, regarde qui est venu nous rendre visite… »

Je ne l'avais pas vu depuis deux jours, mais je ne pus discuter qu'un court instant avec lui car, alors que j'étais déjà en train de lui raconter le début du roman, mon père rentra à la maison. Pepe s'approcha immédiatement de lui. Il lui murmura quelque chose que je ne compris pas à l'oreille et ils sortirent tout de suite, l'air on ne peut plus grave. Comme d'habitude, c'est Paquito qui me raconta ce qui s'était passé ensuite et, grâce à ma lecture de Jules Verne, je pus mieux le comprendre, de façon plus colorée, plus intense, plus détaillée qu'à d'autres reprises. Aussi exactement que je voyais, grâce à des yeux extrêmement sagaces qui n'étaient pas les miens, les disputes et les tempêtes intérieures d'un homme tranquille qui s'était rendu en Patagonie ou en Australie autant de fois que moi. C'est-à-dire, aucune.

Pepe el Portugués était venu raconter à mon père que l'après-midi même, alors qu'il parcourait la montagne à la recherche d'une ruche afin de faire plaisir à Pastora, il avait aperçu deux hommes armés, tout seuls, dans un secteur escarpé, plus ou moins à hauteur des grottes de la Vierge. Comme il lui avait demandé de l'informer de tout, il était donc venu le lui dire. Aussitôt mon père le conduisit chez le lieutenant, qui fit venir les sept hommes sous son commandement et lui demanda de raconter une nouvelle fois son histoire par le menu, avec tous les détails dont il se souvenait. Puis il demanda des volontaires. Sanchís et Izquierdo, le sergent et le caporal, furent les seuls à s'avancer, et le lieutenant choisit lui-même les hommes qui feraient partie du reste de l'expédition. Il décida que seuls Carmona et Arranz, un garde civil âgé, près de la retraite, auraient la chance de rester au village. Il prendrait la tête de la colonne et Pepe el Portugués les accompagnerait pour les guider. Avant de se mettre en route, le sergent lui remit un fusil, au cas où, et il refusa de le prendre. Il déclara qu'il préférait ne pas être armé. « Car moi… je ne sais pas… Je n'ai pas d'expérience avec ces choses-là… » Il était mort de trouille et les gardes civils se moquèrent de lui, lui envoyèrent de grandes tapes dans le dos et lui offrirent une gorgée de cognac, avant de lui assurer qu'il n'aurait pas à tirer un seul coup de feu.

En cette nuit du mois d'août, paisible et tranquille, la lune était dans son premier quart ascendant et l'on pouvait apercevoir de nombreuses étoiles. La clarté de la nuit aida Pepe el Portugués à s'orienter. C'était un homme de la montagne et il n'avait pas besoin de sentiers pour grimper en toute sécurité. Il les guida sans perdre de temps, sans que quelqu'un trébuche, chute, fasse le moindre bruit qui pût alerter l'ennemi, jusqu'à un endroit où ils purent observer les silhouettes de deux hommes armés, assis par terre. Les gardes civils prirent position, épaulèrent leur fusil, se concentrèrent sur leur cible et, à cet instant précis, comme s'il les avait flairés, comme s'il avait détecté leur présence grâce à une lointaine faculté animale, l'un des deux hommes se leva, carabine à la main, sans très bien savoir dans quelle direction regarder, dans quelle direction viser, ni de quoi il devait se défendre.

Ensuite, tout se passa très vite, de façon confuse, difficile à saisir, comme la densité de l'air lorsqu'il commence à exhaler l'odeur de la mort. Le lieutenant cria halte-là et pour toute réponse essuya un coup de feu qui passa tout près de lui. Alors Sanchís, qui faisait concurrence à Carmona pour obtenir le titre de meilleur tireur de la caserne de Fuensanta de Martos, tira et abattit sur-le-champ l'homme qui était debout, d'une balle dans la tête. Bibendum voulut lui signifier qu'il lui devait la vie, mais un instant plus tard – celui qu'il prit pour se retourner et prononcer deux mots « merci Miguel » –, il la risqua à nouveau ; ses hommes essuyèrent deux tirs supplémentaires, coup sur coup. Le sergent tira à nouveau, et à nouveau dans la tête de l'autre, qui s'affala paumes ouvertes, mains en l'air. La fusillade cessa.

Quelques secondes plus tard, lorsque l'oxygène regonfla leurs poumons, et que leur pouls retrouva son rythme, quand les soldats cessèrent d'entendre les battements de leur cœur résonner dans leur crâne, ils commencèrent enfin à comprendre ce qu'ils avaient vu et ce qui s'était passé. Romero fut le premier à parler : « Il y a un autre tireur, c'est obligé, il y a au moins un troisième tireur. » Les autres comprirent que le père de Paquito avait sûrement raison, mais ne bougèrent pas. Le premier mort pouvait avoir visé le lieutenant, mais le second était tombé les mains en l'air, et cela signifiait qu'il y avait quelqu'un plus haut, retranché dans un endroit si bien choisi qu'il avait pu tirer sur eux à sa guise.

Que se passait-il ? Pepe el Portugués était extrêmement nerveux, mais personne ne pouvait perdre son temps à lui donner des explications. « Que s'est-il passé ? insista-t-il. Pourquoi nous sommes-nous arrêtés ici ?

— Ferme-la, bordel ! » lui lança le lieutenant.

Et lorsque sa voix s'éteignit tout le monde entendit un petit écho, très lointain, comme une cascade de petits cailloux se détachant du sol battu par un homme ou un animal en train de courir. Ce pouvait être un lapin ou un lièvre, mais les gardes civils pensèrent à une autre sorte de gibier. Et même si celui-ci leur avait déjà échappé, le lieutenant donna l'ordre de tirer et tout le monde déchargea en même temps sa carabine sans trop savoir où viser, ni sur quoi ou sur qui ils tiraient. Sauf mon père qui jura et re-jura toute sa vie qu'il avait aperçu sur la droite une silhouette, un homme jeune, rapide, avec une frange, qui disparaissait derrière un rocher, là où personne n'avait rien vu.

« C'est possible, mais ne t'en fais pas, Antonino, lui dit le lieutenant, nous sommes tous un peu nerveux. Dans des cas comme celui-ci, il peut toujours se passer des choses de ce genre…

— Mais je l'ai vu, mon lieutenant, insista-t-il, je vous jure sur la tête de mes enfants que je l'ai vu.

— Je te crois, Antonino, je te crois, mais je regardais dans la même direction que toi, et moi je n'ai rien vu.

— Mon lieutenant, s'il vous plaît, intervint à nouveau Pepe el Portugués là où personne ne l'attendait, je peux aller pisser, par-là derrière ? » Tout le monde se tourna vers lui et Sanchís éclata de rire.

« Que se passe-t-il, tu as besoin d'aide ? » lui demanda-t-il. Et Bibendum ne lui reprocha pas de se moquer de ses voisins, comme à d'autres reprises, car ce soir-là cet indésirable venait de lui sauver la vie. « Bien sûr que tu peux aller pisser, Pepe, où tu voudras, la montagne t'appartient… » Ensuite, sans l'attendre, ils avancèrent enfin, examinèrent les deux cadavres et reconnurent le dernier qui était tombé. La victime désarmée de Sanchís était un cordonnier de Valdepeñas qui se nommait Sotero, mais tout le monde le connaissait par son surnom, Comerrelojes, *Avale-montres*, car il était toujours pressé et arrivait toujours en avance à ses rendez-vous. En le reconnaissant, le lieutenant soupira, car c'était un des hommes de Cencerro, un des amis intimes du bandit, qui s'était enfui dans la montagne avec lui, en 39. C'est à ce moment-là que j'avais alors interrompu Paquito dans son récit.

« Ce n'est pas vrai, l'interrompis-je, très offensé.

— Pas vrai ? fit-il, tout aussi offensé que moi. Demande-le à ton père, tu verras si ce n'est pas vrai…

— L'histoire des bandits et de la fusillade, oui, ça je veux bien le croire, mais l'histoire de Pepe el Portugués, qui n'a pas voulu prendre de fusil et qui a demandé la permission d'aller pisser je ne sais où, ça…

— Eh bien, c'est la vérité.

— C'est impossible. Je le connais bien mieux que toi, figure-toi. Et ce n'est pas un lâche.

— Eh bien, on dirait… »

Et, soudain, alors que j'étais sur le point d'insister et de lui envoyer un coup de poing dans la figure, une étrange prudence me poussa à lui céder.

« Non, oui, bon… Au fond, tu as peut-être raison, c'est peut-être un lâche. Le problème, c'est que comme il a toujours son fusil près de lui, au vieux moulin…

— Oui, mais chasser des lapins ce n'est pas la même chose que de se battre contre des bandits, tu ne crois pas ?

— Oui, admis-je en pensant à autre chose. Tu as raison. »

En réalité, je n'avais pas du tout aimé apprendre que Pepe el Portugués s'était conduit comme un mouchard, même si le lieutenant l'avait remercié pour sa collaboration et déclaré qu'il était un voisin exemplaire, et tout, et tout. C'était un homme solitaire, qui s'occupait de ses affaires et ne se mêlait pas de celles des autres. J'avais du mal à croire qu'il ait aperçu deux hommes dans la montagne et qu'au lieu de poursuivre son chemin, il soit venu à la caserne pour les dénoncer. Ce n'était pas son genre et il n'était absolument pas comme l'avaient décrit les moqueries de Paquito. Pepe el Portugués était mon ami, et j'avais assisté à sa discussion avec le capitaine, le jour où l'on avait fait griller les saucisses, et avec Sanchís quelques jours avant cette fusillade. Il avait parlé sans se démonter, sans se mettre à transpirer en disant des âneries. Il n'avait pas gémi en rentrant ses épaules, comme le font les lâches de mon village. Mais cela n'était qu'un petit bout du mystère. Le plus gros, également le plus compliqué à résoudre, concernait la présence de ce troisième tireur qui avait précipité la mort de Sotero Comerrelojes et de son cousin Fermín Pilatos, les deux hommes de la montagne qui avaient été pris entre deux feux et qui, de ce fait, n'avaient pu réchapper de ce double assaut. Mon père et ses camarades refusèrent toujours d'admettre qu'on leur avait tendu un piège, mais ils ne mirent pas plus d'une journée et demie pour comprendre que c'était exactement ce genre de chose qui s'était passé.

« Putain de dieu de merde, bande de fils de pute ! »

Avant que mon père ne se présentât à la maison, nous sortîmes sur le seuil de la porte pour découvrir le sergent hors de lui, hurlant comme un fou, au beau milieu de la cour.

« Maudit soit votre putain de famille, fils de pute de merde ! Vous allez voir ce que vous allez voir ! Je vais tous vous zigouiller, tous autant que vous êtes, je vais vous faire sauter la cervelle, l'un après l'autre… »

Et il tira en l'air, à trois reprises, avec sa carabine. Lorsqu'il eut fini, Izquierdo la lui confisqua et mon père lui dit d'aller se calmer chez lui, qu'on n'y pouvait rien.

« Allons, Mercedes, laisse sortir les gamins, déclara mon père en rentrant chez nous, il n'y a plus aucun danger. Au bar de Cuelloduro, ils sont déjà en train de chanter *La Vache laitière*, et toutes les veuves du village ont décidé de ranger leurs vêtements de deuil.

— Mais que ?… »

Ma mère ne comprenait pas un mot, et moi non plus. À part chez les Pesetilla, chez les Chapines, les Fingenegocios, les Machillo et quelques autres villageois, on pourrait certainement voir du linge violet sur l'étendoir du balcon de la façade, là où d'habitude il y avait du linge noir.

« Vous avez vu dans quel état était Sanchís, hein ? poursuivit mon père. Eh bien, voilà. On vient d'apprendre que, hier soir, il a tout simplement exécuté deux camarades de l'homme qui a dénoncé Cencerro et Crispín… à la demande des bandits en personne, bien entendu !

— Comerrelojes ? fit ma mère qui connaissait l'identité d'une des victimes du sergent et elle écarquilla les yeux tandis que mon père acquiesçait. Mais ce n'est pas possible… Je me souviens, lorsque nous sommes venus habiter ici… Ce n'était pas un ami de Cencerro, lui ?

— Oui, et mieux que ça. On dit qu'après Hojarasquilla, le gars qu'ils ont tué à Frailes avec les pantalons en accordéon sur les chevilles, qui n'avait rien trouvé de mieux que d'aller aux putes, pour que l'une d'elles finisse par le dénoncer, il n'y avait personne de plus ancien que lui dans la montagne.

— Mais alors…

— Alors quoi ?…. Je ne sais pas comment t'expliquer ça, Mercedes, c'est compliqué… ajouta mon père en se servant un verre de vin, puis en s'asseyant à table.

Et pendant qu'il buvait, il continua à parler calmement, comme si ce qu'il racontait ne lui plaisait pas beaucoup, mais aussi comme si cela ne le concernait pas.

« Je t'explique, Mercedes, le premier mouchard, disons, l'authentique, n'était pas Comerrelojes, mais un gars de Castillo de Locubín qui avait travaillé comme agent de liaison pendant de nombreuses années et qui a fui dans la montagne voilà plusieurs mois, il s'appelle Toribio el Carambita. Il paraît que Cencerro avait plus confiance en lui qu'en son propre père, car ils avaient habité dans des maisons mitoyennes, lorsqu'ils étaient enfants, tu te rends compte !… Et tu te demandes ce qui s'est passé ? Eh bien comme d'habitude. Comerrelojes et lui sortaient avec la même femme. Comme le mari de celle-ci était prisonnier, que Carambita était marié et que l'autre se cachait dans la montagne, elle s'arrangeait pour qu'ils ne se rencontrent jamais, bien entendu. Cependant, il paraît qu'elle préférait celui qui était caché là-haut, et c'est pour cette raison que lorsque Toribio lui avait raconté qu'il allait dénoncer Cencerro en échange d'un tas d'argent et du fait qu'on leur permette de partir tous les deux ensemble, elle était allée tout raconter à Comerrelojes. Elle a dû lui dire : demande-lui la moitié de son butin en échange de ne rien dire, puis on part ensemble, toi et moi…

— Alors tu vois… Quand je pense que Carmen la Rosa se retrouve en prison pour avoir été fidèle à son mari… Je sais ce que je dis, parce qu'il faut voir comment…

— Mercedes ! Ne recommence pas avec cette histoire, on ne va jamais en finir.

— Bon, bon, je me tais… mais c'est juste qu'il faut voir, cette bonne femme, elle aurait pu…

— Oui, d'accord, mais on n'y peut rien. Donc, Comerrelojes s'est entretenu avec un de ses cousins, lui a proposé une partie ou peut-être même pas, peut-être que son cousin l'a su et lui a demandé une part du gâteau pour se taire, va-t'en voir... continua mon père en remplissant son verre et en parlant aussi calmement que s'il était en train de raconter une blague. Donc, ils ont attendu Carambita, ils l'ont attrapé dans un champ d'oliviers et ils l'ont menacé d'aller tout raconter au campement, ce qui revenait tout simplement à le condamner à mort, s'il ne leur remettait pas la moitié de la récompense. Carambita a fait semblant d'accepter le chantage, mais il avait passé un accord avec le commandement, à travers les gardes civils de son village, alors il n'a rien dit, parce qu'il n'était pas bête, ça c'est sûr... Finalement le jour de la fête de la Vierge del Carmen, il ne se trouvait plus dans les parages, mais avait paraît-il touché la moitié de l'argent. Il devait empocher la deuxième moitié plus tard dans un endroit tenu secret, je n'en sais rien. On ne nous a jamais rien dit à ce sujet, car officiellement pas une seule peseta n'a été versée, tu comprends bien. Mais l'important est qu'il avait disparu de Castillo de Locubín, jusqu'à aujourd'hui. Il n'est jamais allé chercher son amoureuse parce qu'il a senti venir le traquenard à temps, et Comerrelojes s'est retrouvé le bec dans l'eau. C'est la femme de son cousin qui a raconté tout ça, l'autre gars que Sanchís a tué en même temps que lui et qui s'appelait Pilatos.

— Pilatos ? sourit-elle. Il faut voir, la tête qu'ont certaines personnes... Car on a dû le surnommer comme ça maintenant, non ?

— Mais non, Mercedes, il s'est toujours appelé comme ça. Si on lui avait donné un surnom dernièrement, ç'aurait plutôt été Judas, en tout cas, je pense...

— Ah, oui, c'est vrai, tu as raison.

— Ah bon ? Alors cesse de m'interrompre à tout bout de champ, ça suffit... protesta mon père avant de compléter la chronique de l'autre grand événement de l'été 1947. La femme de Pilatos a également raconté que, après la mort de Cencerro, ils ne savaient plus où aller. Ils ne pouvaient pas demander notre protection, c'est évident, mais ils ne pouvaient pas retourner à leur campement non plus, car après ce qui venait de se passer, on les aurait soupçonnés, et on aurait eu raison, c'est sûr. Finalement, ils ont décidé de se cacher pendant l'été pour disparaître ensuite... dit-il, avant de regarder sa femme, comme s'il l'invitait à mettre le point final.

— Et les gars de la montagne les ont trouvés.

— Je pense que oui. Ils ont dû les localiser en même temps que nous. Peut-être même avant. Carambita leur avait échappé, ça c'est sûr, je ne crois pas qu'ils arrivent à le retrouver un jour. Mais ces deux-là, ils devaient les surveiller et attendre le bon moment pour les éliminer. Ils étaient bien placés pour s'en charger. Ça, c'est évident. Mais lorsqu'ils nous ont vus arriver, ils se sont dit qu'on allait faire le travail à leur place... Bon, c'est probablement un seul gars qui a dû se dire ça, parce que je pense qu'il n'y avait personne d'autre. Et je crois que c'était Regalito, parce que je l'ai aperçu en train de courir, au loin, et à un moment je l'ai reconnu, à cause de sa frange.

— Ça, tu n'en sais rien, Antonino. Tu crois l'avoir vu, mais peut-être est-ce juste une impression, car va-t'en savoir, d'aussi loin, et en pleine nuit, et en plus il courait, non ?...

— Je l'ai vu, Mercedes.

— Ou peut-être pas. Parce que les autres qui étaient avec toi, eux… ils n'ont rien vu du tout.

— Je te dis que je l'ai vu. Et je l'ai vu.

— Écoute, Antonino…

— Je n'écoute rien du tout, Mercedes. Toi, écoute plutôt ce que je te dis, et arrête de me donner des conseils, s'il te plaît.

— Bon, comme tu voudras. »

À ce moment-là, au milieu du mois d'août, cette discussion, que mes parents conclurent par leur rengaine respective, n'eut aucune importance car je n'avais pas encore lu cinquante pages de ce roman qui en comprenait presque sept cents, et parce que cet après-midi-là, en sortant de chez moi, j'appris que personne ne pleure jamais un traître. Les morts de Comerrelojes et de Pilatos se transformèrent rapidement en un simple contretemps qui ne gâcherait pas l'été de ceux de la montagne ni celui des habitants de la vallée, ni même celui du sergent Sanchís, qui se remit rapidement d'une blessure qui n'avait, au bout du compte, saigné que son amour-propre.

Deux de moins. Voilà ce que pensait, disait tout le monde. Pour une fois, les habitués du bar de Cuelloduro et les locataires de la maison-caserne étaient d'accord. Deux traîtres de moins, deux bandits de moins, et tout le monde se satisfaisait de cela. Pour une fois, le compte y était, les nombres possédaient la même valeur dans les calculs des uns et des autres, et les gardes civils regrettaient aussi peu que leurs ennemis la mort de ces deux hommes à qui ils n'étaient même pas redevables de la reddition de Cencerro, car ils n'avaient passé aucun accord avec le commandement de Jaén. Comerrelojes n'était rien d'autre qu'un maître chanteur frustré, un malheureux faux-semblant de traître, mais lui ou son cousin pouvaient très bien avoir tué quelqu'un pendant une escarmouche ou une opération de représailles. Et même si ce n'était pas vrai, même s'ils n'avaient jamais tiré un coup de feu de leur vie, le monde serait plus propre après l'élimination de ces deux hommes capables de négocier avec quelqu'un qui s'apprêtait à dénoncer son meilleur ami.

« N'ai-je pas raison ? demandai-je à Pepe el Portugués, lorsque je l'avais croisé dans la rue.

— C'est possible, mais tu sais ce que disent ton père et ses camarades : Sans argent, il n'y a pas de traître…

— Et sans traître, il n'y a pas d'arrestation. Oui, je le sais… Mais je crois qu'il n'y a rien de pire, rien de plus sale au monde qu'un traître !

— Même si c'est pour attraper Cencerro ?

— Même pour ça.

— Eh bien, mon gars… », commença-t-il. Puis il me regarda attentivement et son sourire s'élargit. « Ça, c'est toi qui l'as dit. »

Il avait un pot de miel à la main et je l'accompagnai pour aller le remettre à Sanchís, qui était encore de très mauvaise humeur, mais qui changea de tête en voyant le ravissement de Pastora. Il finit même par le payer plus cher qu'il ne l'avait prévu. Pepe m'invita à boire une limonade pour fêter ça et, sur le pas de la porte du bar de la place, tandis que je le regardais sourire, saluant les uns et les autres, je me dis que c'était une chance que le meilleur tireur de la patrouille, que les gars de la montagne avaient abusé, fût précisément Miguel Sanchís. Car ainsi personne ne pourrait jamais soupçonner Pepe el Portugués. Je savais déjà que le lieutenant l'avait remercié, qu'il lui avait dit qu'il était un voisin exemplaire et tout le reste, mais de toute façon, c'était bien lui qui les avait guidés jusqu'au traquenard. Et je ne savais plus ce qui était le mieux : penser ou pas, croire ou pas que Pepe était vraiment une poule mouillée ne sachant ni lire ni écrire ou commencer à m'inquiéter pour lui.

Cet après-midi-là, je ne pris aucune décision, car je pouvais encore me le permettre. Je n'avais pas encore lu cinquante pages de ce roman qui en comprenait presque sept cents. Et, même si j'aimais beaucoup lire, je lisais moins vite en été qu'en hiver, car je devais aller me baigner à la rivière, aller à la pêche, jouer au football avec mes amis l'après-midi et m'asseoir dans la cour avec Paquito, après le dîner, pour profiter du simple mais extraordinaire plaisir d'être dehors le soir. La traversée du *Duncan* fut presque aussi longue que le reste de l'été, et nous étions déjà à la mi-septembre lorsque Robert et Mary Grant purent enfin embrasser leur père. J'assistai à leurs retrouvailles avec tristesse, à cause du sentiment d'être orphelin que me laissaient toujours les livres que j'avais beaucoup aimés, surtout parce que je ne savais pas si j'allais en trouver un autre du même genre, car Curro ne lisait que des romans de pistoleros, ma mère que des romans à l'eau de rose, et mon père rien du tout. Don Eusebio ne prêtait qu'aux adultes les livres qui se trouvaient à l'école, pour qu'on ne soit pas distraits au moment des devoirs. Mais, moi, j'avais de bonnes notes, je n'étais plus avec les petits, et peut-être que, si je le lui demandais, je pourrais lire un autre volume des œuvres de Jules Verne : *L'Île mystérieuse, De la*

Terre à la lune, Le Tour du Monde en quatre-vingts jours...

Tandis que j'examinais le livre que j'avais été si heureux de découvrir, il me sembla que la quatrième de couverture était plus épaisse que la première, comme s'il y avait quelque chose à l'intérieur. J'ouvris le livre délicatement sur mon lit et m'aperçus que le coin de la page de garde jaunie par le temps, qui était collée sur le carton, était légèrement écorné. J'y glissai mon doigt et parvins à le décoller facilement. Je sentis un bout de papier à l'intérieur. Je me mis à penser à Pepe el Portugués et imaginai la tête qu'il allait faire lorsque je lui dirais que c'était moi qui allais l'inviter à boire ce qu'il voudrait, lorsque je lui montrerais le billet de mille pesetas que j'avais découvert, là où lui n'avait rien su trouver. Mais ce que je dénichai dans le livre n'était pas de l'argent. C'était un bout de papier blanc, rectangulaire, plié en deux, à l'intérieur duquel on avait écrit quatre mots au crayon, *Sotero López Cuenca, Comerrelojes*.

Ce livre ne lui appartient pas ; ce fut la première chose que je me dis. Je commençai à transpirer et me mis à grelotter malgré la chaleur de cette soirée, encore estivale. Ce livre n'est pas à lui, il est tombé du sac d'un gars de Torredonjimeno avec lequel il a négocié des olives, mais il peut aussi appartenir à quelqu'un d'autre, à n'importe qui, même à un bandit qui aurait pu avoir l'idée d'aller dormir près du vieux moulin. Je transpirais toujours, j'avais de plus en plus froid, comme si mon corps était devenu fou. Le livre n'était pas à Pepe el Portugués, parce que Pepe el Portugués ne possédait pas de livres chez lui. Pourtant, il en avait eu. Je le savais, je les avais vus. Mes mains transpiraient, mes doigts laissaient une trace humide sur la toile rouge de la couverture. Alors, j'avais fini par lâcher le livre, le bout de papier était toujours là, déplié sur mon lit, avec le prénom d'un des mouchards inscrit dessus, ainsi que ses deux noms et son surnom. Je ne pouvais pas m'empêcher de le fixer, et je n'étais pas très sûr de ce que cela signifiait, car c'était juste un morceau de papier sur lequel on avait écrit au crayon. Je sentais cependant que ce n'était pas très bon, que tout ce qui pouvait relier un habitant de la vallée aux gars de la montagne ne pourrait jamais être bon pour lui, même si les noms ne blessaient pas, ne tuaient pas, même s'ils n'étaient que la trace d'un crayon sur un bout de papier et qu'il n'est rien de pire au monde, rien de plus sale, d'aussi digne d'être méprisé, que les actions d'un mouchard.

En me disant cela, je commençai à comprendre. Je respirai profondément et déchirai la feuille de papier en huit morceaux, sans même être conscient de choisir mon camp. Un ami est un ami, et un bien précieux, un trésor pour lequel ça vaut la peine de prendre des risques et moi je n'allais en prendre aucun. Pepe el Portugués non plus – en plus le livre ne lui appartenait pas, et s'il lui appartenait, personne ne le saurait jamais. Affaire classée, me dis-je à moi-même en empruntant cette expression à ma mère. Je recollai la page de garde jaunie, avec de la salive, sur la couverture en carton. Et j'enfonçai la faute de Pepe dans ma poche, tout au fond, pour l'éparpiller le lendemain, petit bout par petit bout, dans huit trous différents. Et, en me débarrassant de chacun d'eux, je me dis que je ne faisais rien de mal, car ce n'est pas faire de mal que de croire en ses amis, que d'accepter qu'ils fussent peureux, mouchards et analphabètes.

Voilà comment était le monde, mon monde, celui où j'avais grandi, où j'avais vécu pendant neuf ans, un marécage où les individus courageux, loyaux et intelligents devaient cesser de l'être s'ils ne voulaient pas mourir jeunes, et où les autorités s'appuyaient sur les trahisons, où les traîtres l'étaient pour de l'argent, et où les héros vivaient comme des animaux, tandis que les peureux, les mouchards, les analphabètes mangeaient chaud et dormaient dans leur lit, protégés par le respect des honnêtes gens. Voilà comment était le monde ou, du moins était-il ainsi pour moi qui n'avais pas la chance de voir les choses aussi clairement que Paquito, lequel trouvait très bien que les gens dansent sur les cadavres, et qui jurait que Laureano avait crié, oui, mais en tentant de fuir, et qui était parfaitement convaincu que tous les morts de mon village avaient mérité leur fin tragique, et qui ne se demandait même pas si son père avait été mêlé à toutes ces morts. Moi, j'aurais dû être comme lui, j'aurais dû penser comme lui, éprouver la même chose que lui, mais je ne le pouvais pas, et je ne savais pas pourquoi. La vie était plus dure pour moi, et plus facile pour Paquito, plus paisible, plus heureuse, ne serait-ce que parce que les soirs où il y avait du grabuge, son père arrivait tellement soûl à la maison qu'il n'avait même pas la force de se mettre à pleurer sur la table de la cuisine.

Le monde était ainsi, et ce n'était pas ma faute. De toute façon, je n'en connaissais pas d'autre et je ne pouvais choisir qu'entre le pire et le pire, qu'entre le fait que Pepe el Portugués fût vraiment le pauvre homme qu'il semblait être devant les autres et survive, ou qu'il fût en réalité l'homme que je connaissais et meure jeune, un de ces jours. Car, dans mon village, au-delà des oliviers, on cultivait la traîtrise, la délation, la peur et les fusils. Nous étions au centre d'une guerre qui n'en finirait jamais et cela semblait être suffisant pour tout expliquer, pour tout justifier, pour transformer un marécage en lieu habitable. Lorsque je m'étais débarrassé du dernier petit bout de papier, à peine deux traits illisibles, dans la boîte aux lettres de la poste, je songeai que je ne faisais rien d'autre qu'obéir à la loi du seul monde que je connaissais. Mais les choses ne sont pas toujours comme elles semblent être et avec Pepe el Portugués je ne pouvais jamais être sûr de rien.

« Dis-moi, Nino… »

Le jour de la rentrée, à la sortie de l'école, je l'avais trouvé devant la porte, qui m'attendait.

« Le livre que tu as emporté chez toi, il y a un bon mois et demi maintenant, tu t'en souviens ?

— Oui. »

Il m'entraîna à l'écart de mes camarades, avant d'ajouter dans un murmure :

« Tu l'as toujours ?

— Bien entendu.

— Il va falloir que tu me le rendes… fit-il tandis que je l'observais en fronçant les sourcils. Je sais à qui il appartient. Hier, María Cabezalarga est venue me demander si je ne l'aurais pas vu par hasard. Elle m'a expliqué qu'il était à son frère, que l'instituteur le lui avait prêté avant les vacances, et qu'ils l'avaient cherché partout, parce qu'il doit le lui rendre. D'après ce que j'ai compris, Julián l'avait prêté à un ami, et ce dernier encore à un autre, et… Finalement, le dernier qui l'a eu en sa possession l'a perdu à côté de chez moi, mais il a eu honte de le dire à Cabezalarga. Et voilà. La pauvre María était si angoissée que je lui ai promis de le lui rendre aujourd'hui même. Tu as fini de le lire, n'est-ce pas ?

— Oui », fis-je en souriant. Je sentis mon estomac se vider, comme si la boule, qui ne me lâchait plus depuis que j'avais lu le nom de Comerrelojes sur le bout de papier, avait disparu en un instant. « Je l'ai beaucoup aimé. Je l'avais gardé pour le relire, mais si tu m'accompagnes à la maison, je te le rends tout de suite.

— D'accord, répondit Pepe el Portugués en souriant à son tour. Et s'il t'a plu à ce point, peut-être va-t-elle pouvoir t'en trouver un autre, n'est-ce pas ? »

Une semaine plus tard, mon père me demanda de me rendre au vieux moulin après l'école, car il savait qu'il y avait quelque chose pour moi, là-bas.

« Mais prends-en bien soin, parce que c'est Filo qui me les a prêtés et nous devons les lui rendre. »

C'était *L'Île mystérieuse*. Deux tomes reliés dans une couverture de toile bleue, avec de superbes illustrations. Mais même l'émotion que laissaient présager la silhouette d'un volcan fumant et la mine courageuse de quelques hommes progressant dans le labyrinthe vert de la savane ne représenta pas de cadeau comparable à l'incertitude qui me permit de continuer à penser tout, et rien, et le meilleur de Pepe el Portugués. Pourtant, par la suite, je ne l'ai jamais plus défendu lorsque Paquito se moquait de lui. Ni même lorsque la première gelée était tombée et que Cencerro avait refait surface, et que les camions étaient arrivés, puis repartis vides sans être parvenus à empêcher que Celestino Cabezalarga, le frère aîné de Julián et de María, qui n'avait jamais fréquenté le bar de Cuelloduro, rejoigne par surprise les gars de la montagne, pour donner une certaine cohérence à l'histoire du livre perdu et récupéré. À cette époque, plus personne ne s'occupait des morts étranges de Comerrelojes et de Pilatos, à Fuensanta de Martos, de ce sombre épilogue d'un monde qui semblait s'être éteint pour toujours. Cependant il ressuscita soudain avec l'obstination de ces vieux oliviers qu'on ne peut arracher sans qu'ils laissent en terre une racine minuscule, apparemment insignifiante, mais capable de reprendre et de reprendre encore sans jamais se rendre. Plus personne ne s'en occupait. Sauf mon père qui lui non plus ne renonçait jamais :

« Je t'assure que Cencerro et Regalito sont un même et unique individu. »

Tous les soirs, il s'en prenait de la même façon à la silencieuse censure de sa femme.

« Et que c'est lui qui nous a tendu le piège au mois d'août. Lui et lui seul, je l'ai vu, je l'ai reconnu à sa frange. Je l'ai vu de mes yeux, je m'en souviens parfaitement… »

En novembre, son obstination avait une autre signification. C'est sans doute pour cette raison que ma mère ne le contredisait plus ouvertement. Un Cencerro tombe, un autre prend sa place : depuis l'agression du maire d'Alcaudete, plus rien d'autre n'avait d'importance. Dans la montagne, la discipline n'avait rien à voir avec celle des casernes, et les chefs passaient toujours en revue leurs hommes. C'est pour cette raison, et même s'ils préféraient éviter d'assumer la marge d'erreur que signifiait lui donner raison devant tout le monde, que les camarades de mon père se convainquirent peu à peu qu'il avait peut-être raison, car si c'était Elías qui les avait dupés l'été passé, seul Elías pourrait les provoquer à l'orée de l'hiver. Moi, je m'attendais à ce que quelqu'un se demandât un jour quel rôle avait joué Pepe el Portugués dans cette affaire. Mais certains noms renferment en eux leur puissance symbolique, plus que les hommes qui les portent. Et le prestige du vieux Cencerro, de l'authentique Cencerro, jouait en faveur de Pepe et balayait mes craintes. S'ils avaient mis huit ans à attraper le premier, ils n'allaient pas en finir si facilement avec le second. Les camions étaient repartis à vide. Les gars de la montagne avaient plus d'argent qu'il ne fallait pour passer l'hiver. Les journées étaient de plus en plus courtes. Et les gelées élevaient tous les matins une muraille invisible que le soleil de midi était incapable d'abattre. Jusqu'à ce que les forces s'inversent, ils étaient à égalité. Ç'avait été ainsi depuis le début et cela continuerait ainsi, car le monde tournait à l'envers et personne ne connaissait encore la façon de le refaire tourner à l'endroit.

C'est ainsi, dans une paix difficile, qui gonflait comme la crème au-dessus du lait, avec une violence ajournée, que se clôtura l'année 1947. Et c'est également ainsi que commença 1948. Lorsque les vacances de Noël s'achevèrent, j'eus enfin dix ans. Ce jour-là, ma mère fit du chocolat et des petits gâteaux à tremper pour inviter mes amis au goûter car, comme nous avions le même prénom, le jour de ma fête nous ne fêtions que celle de mon père. Miguel m'offrit des crayons de couleur, Paquito une toupie et Alfredo, le fils d'Izquierdo, qui avait onze ans mais était dans notre classe, m'expliqua qu'il m'offrirait quelque chose plus tard. Il ne le fit jamais. Mon père me conseilla de ne pas lui en tenir rigueur, car il avait beaucoup de frères et sœurs et ses parents ne pouvaient pas se permettre d'acheter des cadeaux pour les amis de chacun. Pepe el Portugués arriva tard, lorsque nous étions déjà en train de jouer dans la cour avec mon ballon tout neuf, qui n'était pas réglementaire, ils ne l'étaient jamais, mais cette année-là on aurait dit qu'il l'était, car il avait des polygones très bien peints en noir sur le caoutchouc. Il m'apporta deux cadeaux, sa vieille canne à pêche et un livre neuf, *Vingt Mille Lieues sous les mers*, enveloppé dans du papier de Cellophane.

« Je l'ai acheté à Martos, l'autre jour », me dit-il très satisfait de l'accolade que je lui avais donnée après avoir ouvert le paquet et découvert une pieuvre gigantesque qui asphyxiait le *Nautilus* et son capitaine, Nemo, déjà un vieil ami pour moi. « Je crois… Bref, on m'a assuré que c'est le plus intéressant de tous. Et comme maintenant il t'appartient, tu peux le garder pour toujours et le relire toutes les fois que tu voudras.

— Mais il n'a pas encore eu le temps de finir l'autre ! » s'exclama mon père qui fut surpris d'apprendre qu'il se trompait. Puis il hocha la tête d'une façon que je ne sus pas interpréter, jusqu'à ce que, plus tard dans la soirée, après le dîner, il me demande de sortir dehors avec lui.

« Où allons-nous ? demandai-je, faisant mine de ne pas l'avoir compris devant la façon dont ma mère nous suivait sans rien dire.

— Ici, dit-il en me plaçant devant le poteau qui se trouvait devant la porte. Et maintenant ne bouge plus, je vais te mesurer… C'est parfait. »

Je fermai les yeux pour ne pas le voir sortir son couteau et, comme tous les 14 janvier, je me mis à réciter en silence, à toute vitesse, toutes les prières que je connaissais, pendant qu'il faisait son entaille dans le bois. C'était inutile. Je le savais parfaitement, lui aussi, et cependant, lorsqu'il m'écarta du poteau, il ouvrit les yeux de la même façon qu'il les avait ouverts un an auparavant, comme si l'écart entre les deux dernières entailles l'avait impressionné à ce point qu'il ne pouvait plus maîtriser le battement de ses paupières.

« Regarde, dit-il avec un sourire qui ne parvint pas tout à fait à dissiper sa déception, comme tu as grandi, Nino ! »

Mais ce n'était pas vrai. J'avais très peu grandi, je grandissais toujours très peu. Et j'étais toujours petit, très petit, Canijo, *malingre*, comme m'avaient surnommé mes camarades et mes cousins d'Almería. Ce jour-là, ce fut tout. Il attendit encore une semaine pour annoncer, à table, souriant et satisfait, sur un ton cependant hésitant à cause de l'imposture, qu'il y avait bien longtemps qu'il pensait à moi et que, puisque j'aimais tellement lire, il s'était dit que je ne pourrais rien faire de mieux que d'apprendre à taper à la machine.

« Car, lorsque tu seras grand, tu ne vas pas vouloir te contenter d'être un simple garde civil comme ton père, n'est-ce pas ? Toi, intelligent comme tu l'es, en sachant écrire à la machine et bien d'autres choses encore, tu peux arriver à travailler à la Diputación, je ne te dis que ça… », fit-il en me regardant du coin de l'œil. Je tâchais de faire bonne figure mais ne sus quoi répondre. « Mais que t'arrive-t-il, tu as avalé ta langue ? Dis quelque chose, mon gars. Comment trouves-tu mon idée ?

— Très bonne, papa ! »

Adieu les voitures de course, adieu une maison comme le vieux moulin, adieu les trucs des hommes seuls qui ne se marient pas.

« Ça me semble être une excellente idée ! »

Il me sourit et je m'aperçus qu'il était si heureux que je ne regrettai même pas de m'être soumis si joyeusement au sacrifice.

« Je crois que, oui, c'est quelque chose qui peut te changer littéralement la vie. »

En cela, il avait parfaitement raison, même s'il n'en savait encore rien.

Et moi non plus.

II

1948

Marisol parlait toujours d'elle en complétant son prénom de ses deux noms, Rodríguez Peñalva, mais dans le village tout le monde l'appelait Mediamujer, *Demi-femme*. C'est le surnom dont l'avait gratifiée Cuelloduro, durant un de ces après-midi languides où il cultivait sa méchanceté pour tuer le temps, appuyé contre l'encadrement de la porte du bar. La paresse aiguisait toujours son génie, mais jamais comme ce jour-là, tandis que Marisol descendait la côte en compagnie de sa sœur. Elles étaient très raides toutes les deux, bras dessus bras dessous, pressant à dure peine le pas sur leurs talons aiguilles, pensés pour les trottoirs lisses des villes et non pour les cailloux ronds jonchant les rues de mon village – où personne d'autre qu'elles n'en portait d'ailleurs –, se dandinant toujours plus dangereusement qu'élégamment. Moi, je ne les ai pas vues, mais je peux les imaginer, marchant comme sur des œufs, bien habillées, je suppose, avec une robe crème ou rose pâle, ou bleu ciel, chacune avec un cardigan de maille fine fermé par des boutons de nacre, posé sur les épaules, un collier de perles minuscules autour du cou, la même chose aux oreilles, et le menton haut, visage tourné vers l'extérieur pour ne pas rendre la tâche facile à l'ennemi. Ce jour-là, Cuelloduro n'eut pas besoin de cela pour les foudroyer.

« Tiens, voilà les Mediamujer ! Il en faut bien deux, pour en faire une de potable. »

En entendant son surnom, Marisol fermait les paupières aussi fort que si quelqu'un lui avait exprimé tout le jus d'un citron dans les yeux, puis elle crachait ses deux noms de famille en serrant les dents pour bien insister sur chaque syllabe, Ro-drí-guez-Pe-ñal-va, je-m'a-ppelle-Ma-ri-sol-Ro-drí-guez-Pe-ñal-va, mais nous continuions tous à l'appeler Mediamujer, car à Fuensanta de Martos personne n'avait encore été capable d'inventer un moyen de désactiver un surnom si bien trouvé, et celui-là était non seulement subtil, mais tout à fait approprié.

Les demoiselles Rodríguez Peñalva, Sonsoles et Marisol, des prénoms soigneusement choisis pour les distinguer de ceux qu'on retrouvait habituellement, n'avaient que onze mois d'écart, mais elles étaient si différentes qu'elles n'avaient pas l'air d'être sœurs. L'aînée, plutôt laide de visage, était grande et faussement maigre, elle avait la poitrine et les hanches si bien formées que, lorsqu'elle s'habillait bien, elle ressemblait à ces mannequins qu'on peut apercevoir dans les vitrines. La plus jeune ressemblait à son père – le chef du mien –, qui était à l'origine du corps trop court et trapu, bas du cul, de la plus belle de ses filles, svelte et plate jusqu'à la taille, mais énorme à partir de là. Voilà ce qu'avait remarqué Cuelloduro et il avait raison, car si l'on avait pu prendre le corps de Sonsoles et le visage de Marisol, on aurait obtenu une très belle femme, mais comme elles étaient deux, chacune d'elles devait se contenter de sa moitié et du surnom correspondant.

Doña Concha, la femme de Bibendum, était la cinquième fille d'une famille de la bourgeoisie de Malaga qui avait été ruinée à cause de la passion démesurée du père pour le tapis vert des tables de casino. Elle avait été élevée dans un foyer très différent des pièces qu'elle régentait avec des manières grandes bourgeoises dans la maison-caserne. Elle se plaisait à expliquer qu'ils ne pouvaient pas déménager dans une demeure indépendante et plus confortable, car le règlement l'interdisait, ce qui était totalement faux. Si l'argent qu'elle avait hérité des rentes que sa mère était parvenue à arracher aux griffes de son mari avait été suffisant, elle n'aurait pas hésité un seul instant à plier bagage avec ses filles, et à laisser là le lieutenant, qui était en réalité le seul obligé à obéir au règlement qu'elle prétextait. C'est ainsi que, pour son malheur, les Mediamujer habitaient la maison-caserne, comme les enfants de tous les autres gardes civils. Mais elles avaient le double d'espace et une domestique que doña Concha avait apportée à la famille, en plus de la salle à manger en acajou, d'une parure en corail et de deux châles de Manille richement brodés – la seule chose qui faisait pâlir ma mère d'envie, dans ce bas monde. Pas Áurea, non, car elle était déjà si vieille qu'un de ces jours elle ne pourrait plus s'occuper de ses patrons et se coucherait elle-même afin que désormais on s'occupât d'elle. Cela dit, pour l'instant, la femme de Bibendum n'avait pas à faire les courses ni à laver le linge, comme les femmes des autres gardes civils.

« Un de ces jours, cette pauvre femme va mourir en plein milieu du lavoir », disait ma mère en rentrant chez nous avec un baquet rempli de linge humide, si lourd qu'elle ne savait plus sur quelle hanche le caler. « Et les trois autres qui sont là à se pavaner… la mère avec son éventail, et ses filles, même pas encore vingt ans et en train de se toucher… »

Elle ne précisait jamais ce qu'elles se touchaient, mais ça aussi je pouvais l'imaginer, même si j'ignorais pratiquement tout de la vie des Mediamujer, juste qu'elles se lavaient les cheveux avec de la camomille, dans le vain espoir de les faire redevenir aussi clairs que lorsqu'elles étaient gamines et toutes blondes. Et à part d'avoir une chevelure châtain, elles se lançaient sans arrêt des défis qu'elles ne parvenaient jamais à concrétiser – à cause de l'inculture provinciale dont elles étaient entourées, d'après elles. C'est ainsi qu'elles avaient réussi à bourrer leur appartement d'objets inutiles, un piano, une harpe, un mannequin, une boîte à ouvrage pour faire de la dentelle, une machine à coudre, des métiers à broder de toutes sortes et de dimensions différentes, et une collection de partitions, de livres de patrons et de littérature française que personne ne savait lire. Leur intérêt principal était cependant de trouver un mari mieux loti que le sous-lieutenant de l'armée dont leur mère avait dû se contenter.

Pour y parvenir, doña Concha les envoyait tous les ans passer l'été à Malaga, chez sa sœur aînée, la seule à avoir eu le temps de faire un bon mariage. Là-bas, Sonsoles avait eu d'entrée plus de chance que Marisol, et finalement bien moins de succès, car l'étudiant en droit qu'elle avait harponné à sa première visite avait rompu par courrier deux ans plus tard, alors qu'Áurea avait déjà commencé à broder son trousseau avec de superbes initiales de fil blanc, qu'elle dut ensuite défaire avec la pointe d'une aiguille, en faisant très attention et sans pouvoir éviter que sa mémoire n'y survive à travers de ravissantes capitales délimitées par de minuscules trous. Mais dans l'esprit de Sonsoles, les cicatrices demeurèrent plus profondes et bien plus persistantes. Marisol tira la leçon de la triste image de sa sœur et, dans le dos de sa mère, commença à regarder autour d'elle tout le long de l'année, sans attendre l'été à Malaga.

« Dis-moi, Nino… »

Bien que je l'aie vue arriver, traverser la cour en ligne droite depuis le bout de préau qui se trouvait devant chez elle jusqu'à celui qui se trouvait devant chez moi, elle m'avait pris par surprise, car elle ne s'était jamais adressée à moi auparavant, et encore moins en m'appelant par mon prénom.

« Le gars qui est venu habiter au vieux moulin, il s'appelle Pepe, n'est-ce pas ? J'ai entendu dire que vous étiez très amis.

— Oui, avais-je répondu fièrement. Nous sommes très amis.

— Très bien. On m'a dit qu'il avait une très longue cicatrice sur un côté, parce que c'est un héros de la guerre, n'est-ce pas ?

— Euh… Alors là, je n'en sais rien. »

J'avais souvent vu sa cicatrice. Je savais qu'on avait dû tenter le tout pour le tout et l'opérer pendant la guerre, mais je ne voulais pas le reconnaître ouvertement, car toutes les fois que j'avais essayé de savoir où il se trouvait en avril 1939, il me répondait toujours la même chose : « Et où veux-tu que je sois ? Au front pardi, comme tout le monde. » Il n'y avait pas moyen d'en tirer davantage.

« Tu ne sais rien, en somme ? avait répliqué Marisol en me regardant comme si elle venait de s'apercevoir que j'étais un demeuré.

— Je ne sais pas si c'est un héros, avais-je précisé car ce qu'elle pouvait penser de moi m'importait bien moins que l'idée qu'elle pouvait se faire de Pepe. Il a une cicatrice, oui, mais ça peut être une vieille appendicite.

— Oui, bon, on s'en moque, parce que... avait-elle dit en réfléchissant, comme si elle tentait de s'en convaincre, avant de me poser la seule question qui l'intéressait. Est-ce que tu sais s'il a une fiancée ?

— Non », avais-je répondu en tâchant de réprimer un éclat de rire. J'étais en train d'imaginer la tête que ferait doña Concha si elle connaissait les effarantes aspirations de sa fille. « Je crois qu'il n'en a pas. En tout cas, il vit tout seul.

— Ah, bon ! Non, rien... C'était juste par curiosité. »

Lorsque j'avais raconté ça à Pepe, nous nous étions tous les deux esclaffés. Puis il était resté songeur et m'avait ensuite expliqué que des deux Mediamujer, c'était elle qu'il préférait. Bien entendu, cela avait eu lieu avant cet après-midi d'été – à cette heure infernale où Curro avait l'habitude de me dire qu'un de ces jours j'allais fondre, alors que lui soupirait en vain pour Isabel Mariamandil –, où Marisol avait fait semblant de me croiser par hasard à la porte de la caserne, avec un chapeau de paille sur la tête et une serviette de plage à la main. Ah ! Quelle coïncidence ! Moi aussi, j'avais l'intention d'aller me baigner avec cette chaleur... Et elle m'avait donc accompagné jusque là-haut. Nous avions rencontré Pepe au milieu de la côte et elle avait immédiatement commencé à être pénible ; elle n'arrêtait pas de glousser, de pousser de petits rires étouffés qui s'accordaient mal, vraiment, à la silhouette de son corps en maillot de bain.

« Putain, elle t'a un de ces culs ! » m'avait murmuré Pepe el Portugués à l'oreille, lorsqu'elle s'était allongée à plat ventre pour bronzer et qu'elle ne pouvait pas nous entendre. « Elle a un beau visage, ça c'est certain. Mais ce cul, putain, on pourrait y tailler quatre ou cinq ballons de foot… »

Cela m'avait fait tellement rire que j'avais bu la tasse en plein milieu de l'étang et failli m'étouffer. C'était juste quelques jours avant la mort de Cencerro. Et quelques jours plus tard, grâce au fait que Sonsoles avait refusé de retourner à Malaga sans fiancé et que doña Concha n'avait pas voulu y envoyer Marisol toute seule, cette dernière avait finalement harponné un des fils de don Justino, que personne n'osait appeler Mariamandil après que la guerre en avait fait le cultivateur d'olives le plus riche du village, même si c'était également un fils de doña Angustias, tout comme le père d'Isabel. Pedrito faisait ses études de droit à Séville et ne retournait à Fuensanta de Martos que pour les vacances, mais la mère et la fille étaient tellement sous son charme, y compris pendant ses absences, que j'avais pensé que Mediamujer allait nous laisser tranquilles pour toujours. Je ne m'étais donc plus soucié d'elle jusqu'à ce que, quelques jours après mon dixième anniversaire, mon père m'annonçât qu'il m'avait trouvé un professeur de dactylographie.

« Qui ça ? » sursautai-je. Lorsque j'entendis son nom, je ne pouvais y croire. « Mediamujer ?

— Pas Mediamujer, non, Nino, fit-il en levant son index en l'air pour bien montrer qu'il parlait sérieusement. Marisol. Elle s'appelle Marisol. Ne l'appelle jamais autrement.

— Mais c'est une incapable, papa ! protestai-je sans trop de conviction. Que veux-tu que j'apprenne avec Mediamujer ? »

En fin de compte, à part d'être rhétorique, cette question fut prémonitoire. Marisol ne m'enseigna jamais quoi que ce soit, car lorsque son père rentra chez lui en lui annonçant qu'il lui avait trouvé un travail facile et pas très fatigant, grâce auquel elle pourrait gagner un peu d'argent pour ses fantaisies, sa femme lui demanda s'il était devenu fou. « Maintenant, justement maintenant que ta fille vient de s'engager avec Pedrito, c'est maintenant que tu lui proposes de travailler ? lui dit-elle, tout en s'éventant avec une application impropre à ce mois de janvier. Et que va penser don Justino de cela, hein, as-tu réfléchi à ça ? Comme si c'était une affamée, comme si elle manquait de tout, allons, Salvador, pour l'amour du ciel, tu as de ces idées, parfois…

— Mais… fit Bibendum pour tenter de se justifier, c'est pratiquement une œuvre de charité ! Il s'agit d'apprendre à un gamin à taper à la machine, ici même, dans la caserne, sur celle qui se trouve au bureau. Personne n'en saura rien… »

Puis, son humiliation encore en travers de la gorge, Bibendum raconta cette scène à mon père pour lui exposer à la fois la crise et la solution qu'il avait trouvée, mais il omit de spécifier un détail fondamental, car celle de ses deux filles qui s'était inscrite à un cours par correspondance, celle qui avait passé deux semaines à faire l'idiote avec la machine à écrire du bureau, celle qui avait tout abandonné sur-le-champ en prétendant que Fuensanta de Martos était un trou perdu, où il n'y avait ni professeurs, ni académies, ni même commerces où travailler pour un bon salaire, avait été Marisol, et pas Sonsoles. Et c'était Sonsoles, cette demi-femme sans fiancé, qui s'était trompée sur toute la ligne, qui allait être mon professeur.

« Laisse-lui quelques jours pour réviser la méthode, et ce sera parfait, dit le lieutenant à mon père. Cet été, ton gamin saura taper à la machine comme s'il tirait à la mitraillette. »

À ce niveau-là, l'essentiel n'était certainement plus la rapidité que devaient acquérir mes doigts sur le clavier. Pour Salvador Bibendum, qui savait inspirer de la peur, mais certainement pas de la considération, et qui, sa vie durant, allait réussir à faire qu'à Fuensanta personne ne l'appelât respectueusement don Salvador, mes cours de dactylographie ne signifiaient rien d'autre qu'un conflit d'autorité, le énième, avec sa femme, doña Concha Bibendum, avec laquelle au-delà du surnom matrimonial personne à Fuensanta n'avait jamais osé ternir les relations. Le lieutenant s'était engagé à résoudre le dilemme de mon père – qui n'avait pas d'argent pour me payer des cours comme il se doit, ni la possibilité de me conduire à l'académie la plus proche, située à Martos, et de me ramener ensuite à la maison – par pur instinct de supériorité, qu'il n'exprimait pas aussi ouvertement que sa femme – qui aimait parler des gardes civils de la caserne comme des subordonnés de son mari – mais qui le poussait à régler les problèmes de ses hommes avec une fausse noblesse ; celle-ci ne lui rapportant, à la longue, que des ennuis. Et c'est bien ce qui se passa avec mes cours, pour lesquels il avait engagé sa parole et qu'il entendait honorer contre vents et marées, c'est-à-dire non seulement contre l'incompétence de Sonsoles, mais également malgré la disparition de cette méthode qu'Áurea avait dû utiliser pour allumer le fourneau et dont Marisol se rappelait à peine les premières leçons.

« Bon, eh bien… Nous allons commencer par remplir des pages. »

C'est ainsi que me reçut la sœur de Marisol par un pluvieux après-midi de février, très triste, car la nuit tombait à cinq heures et quart. Il ne s'était même pas écoulé un mois depuis que mon père m'avait mesuré pour la dernière fois et j'étais encore fâché de sa lubie qui m'avait forcé à sortir de l'école à toute vitesse, pour prendre mon goûter debout, tandis que ma mère me préparait avec de l'eau et un peigne que, dans sa hâte, elle plantait nerveusement dans ma tête, comme si elle avait entrepris de me labourer le cuir chevelu. Cependant, en pénétrant dans le bureau, je m'étais aperçu qu'elle était plus mal à l'aise et inquiète que moi.

« Remplir des pages ? » lui demandai-je, comme si j'étais vraiment bête. Ce à quoi elle me répondit avec la première d'une longue série de moues impatientes. « Excuse-moi, mais je ne sais pas comment on remplit des pages avec ce machin, ajoutai-je.

— Eh bien en les remplissant. Ce n'est pas difficile. Comment veux-tu faire autrement ? dit-elle en s'approchant enfin de la machine à écrire, mais sans s'asseoir à côté de moi. Tu places tes doigts sur les touches, comme ça, tu vois ? Le petit doigt sur le Q, l'annulaire sur le W, le majeur sur le E, l'index sur le R, et de l'autre côté, tu fais pareil… Ensuite tu appuies sur les touches l'une après l'autre avec les quatre doigts de chaque main jusqu'à ce que tu aies fini de remplir la feuille.

— Et je ne fais pas d'espaces ?

— Non, ou plutôt oui. Attends… fit-elle en réfléchissant. Oui, il vaut mieux laisser un espace entre la dernière lettre écrite de la main gauche et la première lettre de la main droite.

— Comme ça ? » lui demandai-je en finissant une ligne, tandis qu'elle avait déjà disparu.

Voilà en quoi consistèrent mes premiers cours de dactylographie. Pendant trois quarts d'heure, trois jours par semaine, je me retrouvais tout seul, dans le bureau, à remplir des pages dans l'ordre, la première ligne, la deuxième, la troisième, de la main gauche et de la main droite, ou avec une seule, selon la façon d'improviser cet après-midi-là, d'un professeur toujours absent, car lorsqu'elle ne profitait pas de ce moment pour faire des courses, elle s'asseyait sur une chaise pour lire des romans à l'eau de rose, l'autre genre littéraire que proposait Matilde, qu'on appelait Piriñaca, dans son kiosque à journaux, sauf lorsque mon père était de garde. Ces fois-là, elle s'asseyait à côté de moi, très diligente, pour me corriger sans raison et sourire au garde civil Pérez, qui aimait venir nous demander comment ça se passait.

« Très bien, mentait-elle avec beaucoup d'aplomb, ça se passe vraiment très bien. Nino est très intelligent et nous avançons rapidement. »

Depuis le comptoir qui se trouvait dans l'entrée, il était obligé d'entendre le bruit de mes doigts malhabiles, lents comme les tirs d'un artilleur manchot, mais il rendait son sourire en silence à Sonsoles, puis s'en allait sans rien dire. Mon père savait lire et écrire, mais il était très peu allé à l'école et avait un grand respect pour les connaissances qu'on ne pouvait acquérir dans les livres. Son admiration était alimentée par son complexe d'infériorité et par la crainte de faire une gaffe, qui l'aurait de toute façon empêché de juger le caractère inepte de mon professeur, même si je le lui avais fait remarquer. Et puis je n'aurais jamais fait une chose pareille, car la naïveté de mon père me faisait moins pitié que la terne mélancolie de cette jeune fille laide, qui passait ses après-midi à soupirer, en se languissant dans une éternelle et souriante lamentation, levant au ciel ses yeux émaillés d'un bonheur étranger.

« Que lis-tu ? » lui demandais-je parfois, lorsque je la voyais refermer le livre pour le serrer fort des deux mains contre sa poitrine, comme si son cœur allait éclater, incapable de recevoir un gramme d'émotion supplémentaire.

« Un roman.

— Oui, je vois bien, mais de quoi ça parle ?

— Il est très beau, magnifique, c'est la magnifique histoire d'une jeune fille qui est devenue veuve avec un petit enfant, et qui gagne sa vie en donnant des cours d'anglais. Alors un millionnaire l'engage pour qu'elle se fasse passer pour l'épouse de son fils qui est très malade… Bon, alors elle part à l'étranger et tombe amoureuse du père, et tous les deux ont vraiment du chagrin, bien entendu, car comme le fils va mourir et qu'il pense que c'est sa femme, ils ne peuvent pas montrer ce qu'ils ressentent l'un pour l'autre. C'est un très beau roman. »

Tous les romans étaient très beaux, magnifiques, et tous finissaient merveilleusement bien, avec un mariage d'amour générant beaucoup d'argent, plus ou moins comme ce qui attendait sa sœur Marisol. Dans les premiers chapitres, les protagonistes tiraient le diable par la queue et se contentaient d'emplois misérables, fleuristes, couturières, institutrices, avant de rencontrer les bénéficiaires d'une grande fortune internationale, des hommes mûrs, séducteurs, polyglottes et élégants qui ne ressemblaient pas vraiment au fils d'un propriétaire terrien du village, comme don Justino. Mais ça, c'est moi qui le pensais, pas Sonsoles, qui ne pouvait plus s'habiller avec des robes qui lui faisaient une taille de guêpe pour aller se promener avec sa sœur, toutes les deux perchées sur des talons vertigineux, car comme Marisol fréquentait déjà, il n'était pas convenable qu'on l'aperçût trop souvent dans la rue. Et comme il n'était pas bien vu non plus que Sonsoles sortît seule, la pauvre Mediamujer passait tous les après-midi enfermée dans la caserne, à lire des romans d'amour et à torturer un pauvre gamin de dix ans qui lisait des livres bien plus longs et exigeants que les siens, plus vraisemblables dans leur fantaisie délirante que ces lambeaux de barbe à papa où les bons riches se mariaient avec les belles pauvres et vivaient heureux et mangeaient des perdrix, un pauvre lecteur de Jules Verne qui écrivait de plus en plus vite des mots n'ayant aucun sens, qwer et poiu, asdf et nlkj, sans comprendre pourquoi, ni à quoi cela allait bien pouvoir lui servir.

Et cependant mes lectures et celles de Sonsoles n'étaient pas si différentes. Elle lisait des romans à l'eau de rose pour ressentir par anticipation, avec son imagination exaltée, presque physique, un bonheur qu'elle ne savourerait peut-être jamais. Moi, je lisais un autre style de romans, des récits de naufrages et de tempêtes, des histoires de monstres et de cadavres, des aventures d'hommes d'honneur irréprochables et de mercenaires misérables et traîtres, des mémoires d'hommes savants ou reclus par leur faute dans une misanthropie radicale et bénéfique, pour supporter ma calamiteuse aventure personnelle d'habiter cette maison-caserne, à Fuensanta de Martos, en 1948. Sur le papier, les morts sont toujours légères, les agonies brèves, leur souvenir fugace, et, dans les livres que me passait Pepe el Portugués, les noms étaient également étrangers, si étranges qu'ils sonnaient faux. Sur le papier, les morts ne laissent jamais de veuves, ni d'orphelins qui pleurent plus de deux lignes, voilà pourquoi j'aimais ces livres, et voilà pourquoi je n'aurais jamais pu dénoncer Sonsoles et dire la vérité à mon père. Ainsi, réunis par la complicité d'une fuite vouée à l'échec, chacun livré à son propre découragement, nous arrivâmes à cet après-midi ensoleillé de mars où Sanchís interrompit brusquement un de ces cours.

Comme d'habitude, la raison était à chercher dans la montagne. À l'approche du printemps, l'activité du nouveau Cencerro – que nous appelions désormais Cencerro tout court, même si personne n'était parvenu à résoudre le mystère du visage qui se cachait derrière ce nom – s'était décuplée, franchissant des sommets jamais atteints. Il ne s'agissait plus de coups de force économiques, ni de billets portant sa signature, mais d'actes bien plus sérieux, il s'agissait tout simplement de propagande. À la mi-février, les murs de certaines fermes abandonnées s'étaient retrouvés couverts de slogans révolutionnaires, et début mars un bulletin commençait à circuler, contenant des textes si bien écrits que même les plus sceptiques finirent par y reconnaître la patte d'Elías el Regalito. À partir de ce moment, la priorité de la garde civile fut de retrouver l'imprimerie d'où sortaient ces fameuses brochures dont le contenu était bien moins important que leur existence elle-même, transparent même pour ceux qui ne savaient signer que d'une croix. Bien que, en théorie les gardes civils auraient dû tenir secret ce qu'ils cherchaient exactement, tout le monde le savait, comme d'habitude. Et en premier lieu moi-même, car mon père ne cessait de se plaindre de la pression qui venait d'en haut. Et je m'étais contenté de suivre le rythme de ses perquisitions à distance jusqu'à ce que j'entende un jour mon père expliquer à table que, dans l'après-midi, il n'allait pas pouvoir faire autrement que de se rendre chez Pepe el Portugués, avec son camarade Romero.

« Le commandement a ordonné une enquête complète et sans exception, précisa-t-il avec une grimace. Comme s'ils connaissaient les gens qui vivent ici, comme s'ils savaient les choses mieux que nous, c'est une vraie perte de temps… »

J'ai alors demandé à ma mère de m'apporter le goûter en même temps que le dessert. Et ce mardi après-midi-là en sortant de l'école, comme je n'avais pas cours avec Sonsoles, j'étais parti en courant au vieux moulin avec mon cartable et tout le reste. Mais, en arrivant là-haut, je n'avais trouvé que Pepe, très souriant, appuyé sur la balustrade de l'entrée.

« Et mon père ? Il est déjà parti ?

— Non, il est en bas, avec Romero, en train de vérifier la machinerie du moulin. Ils vont se salir, mais ils ne pourront pas dire que je ne les ai pas prévenus.

— Ils cherchent la machine à imprimer des gars d'en haut, murmurai-je, comme si je lui révélais un secret.

— Oui, oui, j'imagine, me répondit-il sans baisser la voix. Ils ne la trouveront pas ici. Et s'ils finissent tôt, nous pourrions aller pêcher des écrevisses. L'autre jour j'ai repéré un coin où il y en a pas mal. Mais je crois que ça va durer, parce qu'ils sont arrivés avec l'intention de... »

Finalement, Pepe eut raison pour tout, comme presque toujours. La perquisition dura plus longtemps que raisonnable, et nous ne pûmes avoir d'écrevisses. Mon père et Romero revinrent les mains vides, mais couverts de boue et d'herbes, de la tête aux pieds.

« Désolés pour le dérangement, Pepe, s'excusa mon père avant de prendre congé. Mais tu sais bien, les ordres sont les ordres, et il faut obéir. Allons-y, Nino...

— Je reste encore un instant.

— Non, tu redescends avec moi, parce que ta mère va se fâcher et c'est moi qui vais prendre ensuite. »

Je fus obligé d'obéir, et tandis que je marchais à côté de lui, je me dis que je ne devais certainement pas être aussi intelligent qu'Elías, mais que, si j'étais à sa place, le dernier endroit où j'aurais l'idée de cacher une machine à imprimer serait un endroit aussi évident qu'une maison isolée à flanc de montagne. Et je me rappelai soudain ce bout de papier où l'on avait écrit au crayon le nom complet du traître, une preuve que personne ne trouverait désormais car je l'avais détruite moi-même, car je l'avais coupée en huit morceaux que j'avais jetés dans huit trous différents. *Sotero López Cuenca, Comerrelojes.* Un message adressé aux Cabezalarga ou pas, je ne le saurais jamais. J'aurais aimé demander à mon père s'ils avaient trouvé des livres chez Pepe el Portugués. Étonné comme il l'était par ma passion pour la lecture, cette question ne lui aurait pas paru si étrange, mais j'avais préféré me taire. Les gardes civils poursuivirent leurs perquisitions, complètes et sans exception, dans ces maisons où il semblait logique à tout militaire travaillant dans un bureau que fût cachée la machine à imprimer et où, précisément pour cette raison, elle ne se trouvait pas. Mais ils ne furent pas toujours aussi aimables.

« Avance, je te dis… »

Cet après-midi-là, Sonsoles avait abandonné son roman sur le rebord de la fenêtre pour aller faire des courses et revenir à dix-huit heures pile afin de prendre congé. J'étais donc seul dans le bureau, en train de remplir des feuilles, sdfg et lkjh, lorsque Sanchís était entré à la suite de Filo.

« Ah ! dit la jeune femme en se débattant comme un fauve. Mais tu ne vas pas avoir le culot de me mettre au cachot, non ?

— Je t'ai dit d'avancer, répéta-t-il en la poussant. Rentre ! Allez, ne fais pas d'histoires ! »

Cet après-midi, et même si ce n'était pas prévu, Sanchís, qui n'était pas sergent pour rien, était allé avec Curro perquisitionner la ferme des Rubio pour la deuxième fois en dix jours. La première perquisition avait été si minutieuse, et si stérile en même temps, qu'il était convaincu que Catalina avait certainement baissé la garde. Il pensait qu'il trouverait la machine à imprimer chez elle et il s'était dit que c'était fait car, lorsqu'il se présenta, les femmes étaient devenues soudain très nerveuses et avaient commencé à se regarder l'une l'autre, arquant les sourcils et cachant leurs mains dans leur dos, comme si elles se faisaient des signes, contrairement au demi-sourire ironique, chargé de défi, qu'elle avaient affiché quelques jours auparavant en le regardant travailler. Cela lui avait paru constituer un indice prometteur, et il les avait obligées à attendre dehors tandis qu'il perquisitionnait la maison avec Curro, qui ressortit les mains vides quelques instants avant lui. Catalina lui avait déclaré que ce qu'ils faisaient était inutile, qu'ils auraient beau chercher, ils ne trouveraient jamais la machine à imprimer chez elle. C'est alors qu'on avait entendu un fracas de verres brisés en mille morceaux dans la cuisine, comme une revanche, de mesquines représailles, puis un long silence, prolongé, beaucoup plus dangereux. Au bout d'un moment, Miguel Sanchís était sorti les bras chargés de quelque chose qui n'était pas une machine à imprimer, mais un grand rouleau de spart qu'il avait découvert caché au fond du garde-manger, sous un tas de pommes de terre.

« À qui est-ce ? demanda-t-il en regardant les femmes, pour savoir laquelle il allait arrêter sur-le-champ.

— À moi, répondit Filo.

— Non, corrigea Catalina, ce rouleau n'est pas à elle, il est…

— Il est à moi, maman, insista la benjamine en s'avançant vers le sergent. C'est moi qui ai ramassé le spart, qui l'ai tressé puis cousu. Ce rouleau est à moi.

— Eh bien s'il est à toi, c'est toi qui vas le porter, dit-il en jetant le rouleau par terre afin que Filo se baisse pour le ramasser. Allons-y, tu m'accompagnes jusqu'à la caserne... »

Faire des tresses de spart qu'on cousait entre elles une fois terminées, avec une aiguille courbe et aussi bien aiguisée qu'un croc de boucher, pour former une espèce de natte rudimentaire que les artisans achetaient pour la dépiauter et la travailler, n'était pas interdit, mais on ne pouvait ramasser du spart que si l'on possédait un permis délivré par la garde civile, car sa vente était contrôlée.

Les raisons pour lesquelles on en était venu à interdire la cueillette spontanée d'un genêt qui poussait tout seul en pleine montagne, sans que personne ait pris le soin de le planter, et qui servait à confectionner des objets de première nécessité que pratiquement tous les habitants savaient fabriquer de leurs propres mains, étaient plus complexes que celles qui avaient poussé à rendre la vente des œufs illégale. Pour s'en persuader, il suffisait de savoir qui possédait la licence pour ramasser et vendre le spart au Service national du spart, où tout le monde devait se rendre pour en acheter. À Fuensanta de Martos, ceux qui possédaient la licence n'étaient autres que don Justino, son frère Carlos Mariamandil et deux ou trois autres personnes, qui gagnaient de l'argent avec chaque paire de sandales, chaque couffin, chaque panier et chaque persienne vendus au village, car quelles que soient les personnes qui les avaient confectionnés, elles avaient été obligées de leur acheter le spart, même si celui-ci ne leur appartenait pas. Car il appartenait à la montagne.

Même ma mère clamait à qui voulait l'entendre que c'était une honte. Mais elle aussi, si elle n'avait pas été l'épouse d'un garde civil, n'aurait pu faire autrement que de contribuer à la richesse de ceux qui se mettaient une chemise et une veste blanche pour présider les processions, car elle était d'Almería et ne savait pas travailler le spart. Les autres, en revanche, continuaient à en ramasser dans la montagne et à le travailler pour leur propre compte, à confectionner ce dont ils avaient besoin et à vendre le reste au marché noir, au risque d'avoir la malchance de Filo cet après-midi-là. Lorsque cela arrivait, habituellement on réquisitionnait le rouleau, ce qui constituait un préjudice plus que suffisant si l'on tenait compte du nombre d'heures de travail perdues que cela représentait. On conduisait les coupables à la caserne pour prendre leur déposition et on les relâchait après les avoir bien sermonnés. Mais, cet après-midi-là, Sanchís ne relâcha pas Filo.

« Mes arrière-arrière-arrière-grands-parents ramassaient déjà du spart dans la montagne… »

Lorsque Sanchís la poussa dans le dos, elle fut sur le point de tomber, mais n'entra pas dans la cellule. Elle ferma la porte du dehors en s'appuyant contre elle. Elle attrapa les barreaux à deux mains, étira son cou pour regarder le garde civil avec un air féroce. Puis elle s'adressa à lui, comme si elle crachait les syllabes l'une après l'autre, sans diriger son regard un seul instant vers Curro, resté sur le seuil, ou vers moi, assis devant la machine à écrire, mains immobiles.

« Mes arrière-grands-parents ramassaient déjà du spart dans la montagne », répéta-t-elle, tandis que je la regardais.

Elle ne m'avait jamais semblé aussi belle que ce jour-là, tandis que la fureur l'illuminait de l'intérieur et transformait son visage rond et harmonieux. Unissant le charme brun et étincelant des gitanes à la blancheur de sa peau de pomme tout juste cueillie, pour les transformer en un masque tragique aux angles saillants.

« Mes grands-parents également et mes parents. Et à présent tu veux me jeter en prison parce que je fais la même chose qu'eux ?

— Parfaitement », coupa le sergent. Ses lèvres esquissèrent vainement un sourire qui se transforma rapidement en rire gras de crapaud. « Alors tu vois…

— Et pour quelle raison ?

— Parce que c'est un délit, et tu le sais parfaitement.

— Un délit. Tiens donc ? » ricana-t-elle en hochant la tête comme si elle ne pouvait pas croire ce qu'elle venait d'entendre. Ses yeux lançaient des étincelles. « Ah bon. Et qui a dit ça ?

— C'est mes couilles qui l'ont dit ! » explosa Sanchís qui commençait à perdre patience. Et Curro avait dû s'en apercevoir car moi aussi je l'avais vu. Mais nous continuions à les regarder sans rien faire. « Rentre là-dedans, je te dis, Filomena, et ne me cherche pas, parce que tu vas me trouver. Je te jure que tu vas me trouver ! »

Même ma mère clame à qui veut l'entendre que c'est une honte. Voilà ce que j'avais pensé tandis que je les regardais, Filo accrochée aux barreaux, le menton haut, un sourire dessiné sur ses lèvres, et Sanchís de plus en plus près d'elle, de plus en plus furieux, soufflant par les naseaux, main droite sur la boucle de son ceinturon, ne pensant plus qu'à une chose. Rentre, Filo, rentre, répétais-je à de nombreuses reprises, la bouche fermée, rentre, par Dieu et par la Vierge, et par tout ce que tu voudras, répétais-je encore comme si je priais pour me sauver moi-même, et non pas pour la sauver elle. Rentre, s'il te plaît, Filo, rentre une fois pour toutes… Mais…

« Non, je ne rentrerai pas, déclarait Filo sans me regarder, sans m'écouter, sans me prêter attention. Je n'ai rien fait de mal. Je ne suis pas une voleuse ni une criminelle, pour que tu m'enfermes dans une cellule.

— Non, hein ? Tu préfères peut-être autre chose », fit Sanchís en défaisant la boucle de son ceinturon et Curro n'intervint pas, je n'intervins pas, mais les mains de Filo relâchèrent imperceptiblement les barreaux. « Tu veux que je rentre avec toi ? C'est peut-être ça, Filo ? »

« Ils passent des films à côté, Nino. » Ce soir-là je m'étais endormi de bonne heure, le jour de Noël approchait, il faisait froid, mais ma sœur Pepa me réveilla en me caressant le visage. « Ils sont à nouveau en train de passer des films et je n'arrive pas à m'endormir. » Je m'étais redressé et j'avais entendu moi aussi. Plus près que d'habitude. « Viens ici, lui dis-je, couche-toi à côté de moi, on va chanter. » Pepa se blottissait contre moi. Je les entendais parler très fort, très près. C'était la voix de Sanchís, celle de Curro, ils étaient chez ce dernier, ils ne pouvaient être que chez lui, de l'autre côté de la cloison. Alors je me mis à chanter plus fort, et je crus que j'allais réveiller mes parents. Mais ç'aurait certainement été préférable, car cette scène, quoi qu'il en fût, aurait dû se passer dans les cellules et pas dans l'appartement d'à côté.

« Écoute, celle qui parle en ce moment », ma sœur pleurait et ne prêtait pas attention à ma chanson, « c'est Fernanda Pesetilla, non ? » « Mais non, ce n'est pas elle », répondis-je, me disant que c'était une coïncidence, et une catastrophe également. Fernanda servait à la boucherie de sa belle-mère depuis que son mari avait rejoint la montagne. « C'est une actrice, tu as confondu parce qu'elles ont presque la même voix. » Et c'est pour cette raison, parce que ma mère emmenait tous les jours Pepa faire les courses avec elle, que ma sœur connaissait parfaitement cette voix. *Voilà presque deux ans que je n'ai pas vu Nicolás, vous le savez bien.* « Tu en es sûr, Nino ? – Bien entendu, petite sotte, comment veux-tu que ce soit Fernanda ? » Cependant, je savais que c'était Fernanda, et j'avais pris ma sœur dans mes bras, je l'avais serrée contre moi en mettant mon bras gauche sur son oreille pour l'empêcher d'entendre les dialogues de ce vrai film d'horreur. *Et comment se fait-il que tu sois enceinte alors ? Parce que l'enfant n'est pas de mon mari.* Et je continuai à chanter jusqu'à sentir son corps se relâcher. *Et de qui est l'enfant alors ? Eh bien de quelqu'un d'autre.* Jusqu'à ce qu'elle cessât de pleurer. *Et comment s'appelle ce quelqu'un ? Je ne m'en souviens plus.* Jusqu'à sentir sa respiration devenir plus régulière. *Mais comment peux-tu ne pas t'en souvenir. Il n'est pas d'ici et je ne l'ai vu qu'une seule fois.* Devenir plus profonde. *C'est un étranger ? Oui. Un étranger, comme d'habitude.* Et lorsque Pepa s'était enfin endormie, Curro laissa sa place à Sanchís. *Eh bien je vais te dire quelque chose, Fernanda, je ne crois pas du tout ce que tu dis.* Mais moi je ne cessais pas de chanter. *Je crois que les choses se sont passées différemment.* Je continuais à chanter pour que ma sœur continuât à dormir. *Je pense que ton mari redescend de temps en temps chez toi, pour tirer un coup.* Et je continuais à chanter tout seul juste pour chanter. *Pendant que nous sommes dans la montagne, morts de froid, de sommeil et de fatigue.* Mais cette fois ma chanson ne servit à rien. *Tu trouves ça juste, Fernanda ?* Car ils étaient tout près, trop près. *Tu trouves ça bien que Saltacharquitos soit en train de te baiser pendant qu'on se les gèle en le cherchant partout ?* Et je les entendais très bien, j'entendais la voix de Sanchís. *Eh bien ce n'est pas juste.* J'entendais les lamentations de Fernanda. *Arrêtez de me frapper dans le ventre, pas dans le ventre, s'il vous plaît !* Puis le silence de Curro, que j'appréciais, qui n'était pas un salaud, lui. *Ne t'en fais pas, Fernanda, ici personne ne va te frapper, pas aujourd'hui, je te l'ai déjà dit au début.* Curro était un brave type et il se tenait là, sans intervenir. *Ce que nous allons faire est beaucoup plus amusant.* Curro était amoureux d'une fille qui ressemblait à une bonne sœur et assistait à tout ce qui se passait sans intervenir. *Puisque nous savons à présent que tu aimes tant ça et que tu le fais avec le premier venu, tu veux baiser, Fernanda ?* Comme moi qui entendais tout ce qui se passait. *Si tu ne nous dis pas où est ton mari, c'est peut-être parce que tu aimes ça.* J'entendais les pleurs de Fernanda, puis le bruit métallique de la boucle du ceinturon de Sanchís, et… enfin la voix de Curro, étouffée, aussi ténue que le pépiement d'un oisillon sorti de l'œuf, misérable de faiblesse face à la cruauté de Sanchís. *Ça suffit, Miguel, laisse tomber.* Et à nouveau Sanchís qui parlait bien plus fort, plus sûr de lui que jamais, plus souriant. *Mais pourquoi donc ? Tu as bien vu qu'elle aimait ça ?* Alors je décidai que je n'entendrais plus rien et libérai mon bras avec lequel j'entourais ma petite sœur pour frapper du plat de la main contre la cloison, une fois, et une autre, et une autre, et une autre, et une autre, et une autre, et une autre encore, jusqu'à ce que mon père fît son apparition, effrayé.

« Que se passe-t-il, Nino, que fait Pepa dans ton lit ?

— Chez Curro, lui dis-je, ils ont emmené Fernanda Pesetilla chez lui, et ils sont en train de hurler, on ne peut pas dormir… »

Mon père était reparti en courant et était revenu tout de suite après, lorsqu'on n'entendait plus que du silence. « Ce n'était rien, me dit-il, tu as dû faire un cauchemar. Curro est tout seul chez lui, en train de dormir, rendors-toi toi aussi. » J'aurais dû lui dire, pourquoi les protèges-tu, papa ? Pourquoi mens-tu ? Pourquoi ne vas-tu pas le dire au lieutenant demain, ni à Izquierdo qui est caporal, ni à quelqu'un d'autre ? Mais je n'en fis rien. « Oui, papa, je vais me rendormir maintenant », lui ai-je dit, et il me donna un baiser que je lui rendis.

Voilà la vie, la seule vie que je connaissais, un cauchemar épais et rougeâtre, criblé de cris, de coups, de sang, qui s'évanouissait tous les matins lorsque le soleil pointait et que le lieutenant redevenait un pauvre gars manipulé par sa femme, et Curro un chic type, et mon père un brave homme, qui nous aimait et nous protégeait, tandis que Sanchís accumulait toutes les charges contre lui.

Voilà comment se passait la vie dans mon village où les femmes se levaient tôt pour se retrouver dans une queue devant un magasin, et où Fernanda servait dans sa boucherie et les saluait toutes de la même façon.

« Bonjour, qu'est-ce que je te sers ? » disait-elle avec les yeux gonflés et les mains encore tremblantes.

Voilà quelle était ma vie, une vie presque normale tandis que le soleil traversait le ciel et que ma sœur Pepa ne comprenait pas pourquoi certaines gamines refusaient de jouer avec elle, pourquoi elles lui tournaient le dos sans la saluer, pourquoi ma mère lui répétait toujours : « Eh bien laisse-les tranquilles, si elles sont parties en courant chez elles c'est certainement parce qu'on les y a appelées… »

Voilà à quoi ressemblait la vie lorsque la mort ne venait pas se loger en plein milieu. Et la mort arrivait toujours la nuit, pendant les heures sombres, les heures longues et féroces des serrures fermées à double tour, pendant les heures impitoyables des voyelles interminables et des hommes sans cœur, car ils avaient laissé le leur dans leur pyjama, plié sous l'oreiller, pour le récupérer au petit matin, lorsqu'ils redevenaient ce qu'ils étaient au fond, de pauvres gars, de chics types, de braves hommes.

Voilà comment se passait la vie et mon père avait raison, les pleurs de Fernanda avaient été un cauchemar, la mort de son frère Laureano avait été un cauchemar, et celle de leur père un autre de ces cauchemars duquel Fuensanta de Martos s'était réveillée le lendemain, contrairement aux victimes de la nuit. Les victimes qui, elles, ne se réveilleraient plus jamais.

« Cela ne peut pas continuer, Antonino, on ne peut pas vivre comme ça. » Mais c'était bien ainsi que nous vivions, c'était ainsi que nous continuions à nous lever de bon matin, à nous plaindre du froid ou de la chaleur. Et lorsqu'on n'avait pas pu s'endormir, on évitait de le dire, car la nuit était un cauchemar. Mais, après la nuit, le jour se levait, et le soleil pointait pour illuminer la vie d'un village ordinaire, où vivaient des gens ordinaires qui accomplissaient les choses ordinaires du quotidien. On ne pouvait pas continuer à vivre ainsi, mais il fallait vivre tout de même. Et l'on vivait. Les hommes se levaient au petit matin pour aller travailler aux champs. Les femmes réveillaient leurs enfants, les lavaient, les habillaient, les peignaient, les obligeaient à finir leur bol de lait, quand il y avait du lait, et les envoyaient à l'école. Chacun se mettait le masque de lui-même pour interpréter son rôle, comme si la nuit ne leur avait pas fendu le cœur, comme si elle ne leur en avait pas dérobé un bon morceau pour toujours, comme si les gens devaient le porter à jamais, éternellement cassé, éternellement lourd, et malmené, et douloureux, telle une blessure ouverte qui refusait de se refermer. C'est ainsi qu'ils se mêlaient aux autres, à ceux qui ne souffraient pas, qui s'endormaient sans se réveiller au bruit des bottes dans la rue, à ceux qui ne se nourrissaient pas de la peur, au sein de ce fabuleux simulacre de normalité, de ce paisible paquet de haine, de rage, de terreur, de farce agonisante des désespérés, des femmes en deuil qui auraient préféré être mortes. Mais qui restaient vivantes et continuaient à se lever tous les matins et à s'habiller de noir.

On ne pouvait continuer à vivre de cette façon, mais c'est ainsi que nous vivions. Et les parenthèses de calme, les mois sans coup de filet, sans arrestation, sans enterrement, n'avaient d'autre sens que l'attente. On attendait les minutes, les jours, les semaines qui manquaient afin que tout recommence, que la colonne des camions refasse son apparition, que les patrouilles et la roulette russe des visites surprises recommencent. Qu'on entende à nouveau des doigts toquer à la porte d'à côté, ou à sa propre porte. « On emmène votre mari faire sa déposition, madame, ne vous en faites pas nous le ramenons tout de suite », et puis « tu peux t'en aller, mais reste devant nous, qu'on puisse te voir partir », et les coups de feu au petit matin, « car votre mari a tenté de s'enfuir, madame, il est parti en courant et nous n'avons pas eu d'autre solution que de lui tirer dessus ». Toujours les mêmes mots, les mêmes verbes, les mêmes adjectifs, la même répugnante syntaxe bureaucratique de la terreur. Le vocabulaire mesuré des fausses condoléances, la courtoisie tiède des assassins et les vêtements noirs qu'on retrouverait immanquablement étendus sur les balcons, tant que durerait cette guerre qui ne s'achèverait jamais car personne n'avait encore envisagé de se rendre, malgré l'acharnement de don Eusebio à raconter les années de paix.

On ne pouvait continuer à vivre ainsi et pourtant même ce maladroit simulacre de vie possédait ses propres règles, ses propres dangers et ses propres certitudes bien délimitées, des espaces de sécurité négociés à l'avance, tels ces murs sur lesquels les enfants qui jouaient comme moi pouvaient poser une main et hurler, perché ! Pendant la journée nous étions perchés. Tant que le soleil se déplaçait dans le ciel, il ne pouvait rien arriver de plus grave que de se faire confisquer un autre rouleau de spart ou un panier d'œufs – de minuscules cauchemars diurnes qui ne disputaient pas le monopole de la peur et de la douleur à la nuit.

C'est pour cette raison que, cet après-midi-là, dans le bureau de la caserne, lorsque Sanchís déboucla son ceinturon et approcha son visage de celui de Filo jusqu'à le toucher, je ressentis une peur méconnue, un frisson différent de ceux qui me prenaient la nuit dans mon lit et bien plus intense. Car il était impossible que ce à quoi j'étais en train d'assister survînt à la lumière du soleil, alors que les fenêtres étaient grandes ouvertes et que flottait le parfum léger et tiède de la campagne, par ce précoce après-midi de printemps. Cela ne pouvait pas être en train de se produire, c'était impossible, et c'est pourquoi je craignais que ce ne soit pire.

« Qu'est-ce qu'il y a ? » susurra Sanchís d'une voix grave et rauque, la même que j'avais déjà entendue de l'autre côté de la cloison de ma chambre. « Tu réfléchis à la chose ? »

Rentre, Filo, rentre une bonne fois pour toutes, rentre, par Dieu et par la Vierge, rentre, Filo, rentre, répétais-je, la bouche fermée. Rentre, par Dieu et par la Vierge, allez rentre, par ta mère, Filo, rentre, rentre… Puis je m'étais finalement tourné vers Curro. Fais quelque chose, toi ! l'exhortai-je des yeux. Pourquoi tu ne dis rien ? Et il comprit. Je le sais car il tourna la tête et ne me regarda plus, il refusait de savoir ce que disaient mes yeux. Vu son attitude, je sus que j'étais seul, complètement seul, et je me levai. J'ignorais ce que j'allais faire, mais je me levai, et les pieds de ma chaise grincèrent sur les tomettes. Les yeux noirs de Filo me regardèrent, effrayés. Les yeux verts de Sanchís me regardèrent, avec méfiance. Je songeai que je pouvais choisir entre me mettre à crier ou partir en courant. L'une ou l'autre de ces deux options suffirait pour empêcher ce qui était en train de se passer. Ou peut-être pas. Peut-être que cela ne ferait que l'ajourner, car les autres couvriraient leur camarade, le protégeraient comme auparavant, comme d'habitude, finiraient par me dire que j'avais rêvé tout éveillé, Nino, comme si j'étais un petit enfant… Debout devant la table, je pensai tout cela en un quart de seconde, jusqu'à ce que la voix de Sonsoles résonne. Et alors tout explosa, à la manière d'un ballon de baudruche.

« Tu pars déjà ? Je suis désolée, je me suis retar… », dit-elle, avant de s'interrompre quand elle vit que nous n'étions pas seuls. « Mon Dieu ! Il y a plein de monde, ici ! »

Sonsoles n'avait pas encore fini sa phrase que Sanchís s'était écarté de Filo, qui lâchait les barreaux. Je ressentis le même soulagement que lorsque je me réveillais d'un cauchemar et retrouvais l'obscurité intime de ma chambre.

« Comme tu le vois, répondit le sergent en attrapant sa prisonnière par le bras pour qu'elle rentre docilement dans la cellule.

— Bon, eh bien… fit Sonsoles en ramassant son roman, sans poser de question. Moi, je m'en vais.

— Moi aussi », ajoutai-je. Mais Sanchís m'arrêta d'un geste, alors que j'avais déjà commencé à me diriger vers la porte.

« Non, Canijo. Toi, tu restes.

— Pourquoi ? » demandai-je alors qu'il me tournait le dos pour aller prendre quelque chose dans un dossier. « Mon cours est fini.

— Ah bon », fit-il. Il s'approcha de moi, une feuille de papier à la main. « Puisque tu es si serviable, si volontaire pour ce qui t'intéresse, je suis persuadé que tu ne rechigneras pas à me rendre un petit service, n'est-ce pas ? Comme ça, en même temps, tu pratiques un peu, c'est toujours bon, ça… »

Connard, connard, connard, me disais-je sans piper. Alfredo et Paquito sont déjà en train de m'attendre pour jouer au football, connard, me répétai-je lorsqu'il me montra le rapport que j'allais devoir taper à la machine à sa place. Tandis que ce connard me disait qu'il n'y avait rien de plus facile, que je devais juste mettre Filomena Rubio là où l'on avait inscrit « nom ». Oui, connard. Ensuite l'adresse là où l'on avait inscrit « adresse ». D'accord, connard. La date là où l'on avait inscrit « date ». Très bien, connard. Et là où l'on avait inscrit motif, « retrouvé rouleau de spart à son domicile ». C'est ça connard. En l'absence de permis du Service national du spart, connard, connard et connard.

« Lorsque tu auras fini, tu me l'apportes chez moi pour que je le signe. C'est clair ?

— Oui », dis-je… espèce de connard.

Et il sortit.

Curro le suivit sans oser dire quoi que ce soit, et je demeurai seul avec Filo et le rapport la concernant. J'avais vu remplir cet imprimé un paquet de fois et cela semblait facile, mais en réalité ça ne l'était pas tant que cela, car j'avais beau tourner les rouleaux, je ne parvenais jamais à caler le papier juste à la hauteur des mots pré-imprimés. Finalement, je décidai de noter sur la ligne la plus proche et commençai à enfoncer les touches doucement, en faisant très attention de ne pas me tromper, f, u, e, n, s, a, n, t, a, car cette fois elles n'étaient pas les unes à côté des autres. Sonsoles m'avait appris à remplir des pages, mais toutes celles pleines de qwer et de poiu de ce dernier mois et demi ne me furent d'aucun secours pour taper le nom de mon village.

« Et tu es en train de prendre des cours de dactylo ? »

J'étais si concentré à trouver les touches et à les enfoncer sans me tromper, si terrorisé par l'éventualité d'abîmer l'imprimé et de devoir aller en demander un autre à Sanchís, que je ne m'étais même pas aperçu que Filo s'était approchée de la porte de la cellule pour me regarder faire.

« Oui, dis-je en levant les mains au-dessus du clavier pour ne pas risquer de faire une erreur.

— Avec qui ? me demanda-t-elle d'un air incrédule, mais cependant bienveillant. Avec Mediamujer ?

— Oui, avec elle.

— Eh bien, tu n'as pas beaucoup progressé, à ce que je vois », me dit-elle en souriant – c'était comme si elle me remerciait de m'être levé tout à l'heure. Je lui rendis son sourire en pensant que, rien que pour celui-ci, cela avait valu la peine.

« Bon, il me semble que nous n'avons pas encore commencé sérieusement, car ça fait un mois et demi que je prends des cours, mais je ne fais que remplir des pages de lettres dans n'importe quel ordre.

— Au bout d'un mois et demi ?

— Oui, fis-je, et elle fronça davantage les sourcils. Dis-moi, Filo, quel est ton deuxième nom ?

— Martín, précisa-t-elle mais ce n'est pas comme ça que tu vas apprendre à taper à la machine, Nino. »

Je la regardai et il me sembla qu'elle parlait sérieusement, et cela en disait long sur mon incompétence, car Filo connaissait beaucoup de choses. Ma mère disait qu'elle connaissait le calcul mental, et faisait des additions, des soustractions, des multiplications et même des règles de trois en un tournemain.

« Tu sais taper à la machine, toi ?

— Plus ou moins. J'ai un peu commencé lorsque Elena, l'amie de ma mère, est venue habiter à la maison. Elle avait apporté une machine à écrire, mais l'année dernière on a été obligées de la mettre en gage, car on a perdu toute notre récolte après les gelées du printemps. Et on n'a pas pu la récupérer encore, alors tu comprends… »

Au même instant, nous entendîmes le bruit particulier syncopé des pas de Pastora – un son léger auquel succédait l'empreinte pesante de son talon orthopédique, tel le tempo d'une chanson mal rythmée. Un signal involontaire qui remit en place mes doigts sur le clavier, tandis que Filo retournait s'asseoir sur le banc de la cellule.

« Tu as fini ? me demanda Pastora en restant sur le seuil de la pièce.

— Non, mais il ne me manque plus grand-chose », mentis-je. Elle acquiesça avant de s'adresser à la prisonnière :

« Tiens ! fit-elle en tendant à Filo un paquet enveloppé dans du papier journal. J'ai croisé ta sœur Paula dans la rue, qui venait t'apporter ça. »

Il s'agissait d'un sandwich au jambon, qui sentait très bon. Filo retint la femme du sergent avant d'y planter les dents.

« Dis-moi, Pastora… Et le rouleau ? Tu sais ce qu'en a fait ton mari ?

— Ne t'inquiète pas, Filo, répliqua Pastora d'un air suffisant tandis qu'elle se dirigeait vers la porte. Mon mari ne mange pas de ce pain-là. »

J'avais déjà entendu parler de cela. On disait que c'était surtout Izquierdo qui le faisait. Paquito m'avait assuré que Carmona lui aussi le faisait, mais pas son père, ni le mien. Son père et le mien allaient remettre le rouleau au Bureau du spart, comme il se devait, mais les deux autres rendaient le spart à leur propriétaire initial, contre la moitié des bénéfices. Je n'y avais pas cru, car Paquito aimait faire comme s'il était au courant de tout avec moi. Il prétendait que ses parents ne se gênaient pas pour parler de tout devant lui, contrairement aux miens. J'étais persuadé qu'il inventait la moitié des choses, juste pour faire le malin, mais je venais de comprendre que celle-là était vraie. Une vérité qui me faisait tellement honte que je n'avais pas bien mesuré les paroles que je n'aurais jamais dû prononcer.

« Tu veux que je regarde moi-même, Filo ? Tu veux que je vérifie ?

— Toi ? fit-elle, plus effrayée que surprise. Mais comment veux-tu faire ?… Allons, allons, termine ce rapport une bonne fois pour toutes, parce qu'à ce rythme-là on va dormir tous les deux ici, cette nuit ! »

Je ne compris pas si ses derniers mots faisaient référence à la lenteur de mon travail ou au naturel avec lequel j'avais proposé quelque chose qui était un délit – je venais de le comprendre vraiment. Je me mis à rougir comme si on m'avait pris en train d'enfreindre une loi sacrée, comme si, parce que j'étais le fils d'un garde civil, je ne pouvais me faire ma propre opinion sur ce qui était juste ou injuste, sur ce qui était bien ou mal. C'est ce que j'étais en train d'apprendre dans les livres car la réalité s'était jusqu'ici gardée de me l'enseigner. Rejetant ces pensées, je finis de remplir le rapport plus rapidement que je ne le pensais.

« Je vais le lui apporter… déclarai-je à Filo. Je reviens tout de suite. »

Elle hocha la tête et je partis en courant. Je me heurtai à la bedaine de Bibendum qui venait d'apprendre de la bouche de Romero, qui était de garde, que nous avions une prisonnière. Il était sept heures passées et cela signifiait que le sergent avait terminé sa journée, mais je n'avais pas osé laisser le rapport dans le bureau pour qu'il le signât le lendemain.

Je me rendis donc chez lui, à pas lents, en réfléchissant à la meilleure façon de l'aborder. Je pensais m'annoncer en toquant à la porte, mais celle-ci était entrouverte et ne grinça pas lorsque je la poussai. Je n'étais jamais allé au-delà de l'entrée, un couloir minuscule et étroit qui, cette fois, était désert. Sanchís et Pastora se trouvaient de l'autre côté du rideau qu'elle avait confectionné elle-même en attachant des bouchons de bouteille de toutes les couleurs à des ficelles blanches. Il était très beau, bien plus que le nôtre. Ma mère avait préféré en acheter un composé de tubes marron qui ressemblaient à des macaronis brûlées – elle disait ne pas avoir de temps à perdre en travaux manuels et que l'important était d'empêcher les mouches de pénétrer dans la cuisine. Mais cet après-midi-là, lorsque j'aperçus Sanchís et Pastora, je me dis que j'étais en train de contempler un mirage à l'intérieur d'un autre mirage. Un vent léger et complice agitait les ficelles afin que les bouchons, en métal peint, brillent dans la lumière du soleil, telles des pièces d'or colorées lançant des reflets jaunes, orange, rouges, blancs, et tintant avec la délicatesse d'un orchestre de clochettes. Il ne s'agissait que de capsules de bière, de jus de citron, de limonade, mais elles étincelaient autant que les bijoux d'un monde caché, d'un paradis secret dans lequel je serais entré par hasard, sans y avoir été invité.

Voilà ce que je ressentis lorsque j'aperçus Pastora et Sanchís derrière les reflets dorés de cette marée ondulante. Il était assis sur un tabouret et elle était installée en face de lui sur une chaise haute, pieds nus. Et à chacun de ses pieds, le sain et le malade, des petites boules de coton blanc séparaient les orteils entre eux, contrastant avec le rouge violent du vernis que son mari était en train de lui passer sur les ongles.

Voilà ce que Pastora et Sanchís étaient en train de faire. Et, pour la deuxième fois de la journée, je me dis que j'assistais à quelque chose qui ne pouvait exister. Mais, bien que le protagoniste des deux scènes impossibles soit le même homme, cette image-là ne me fit pas peur. Elle m'apporta plutôt une sensation de chaleur et, au-delà de la perplexité, une étrange gaieté, une jubilation extrême et un plaisir que je ne pus expliquer.

À Fuensanta de Martos les femmes ne se faisaient pas les ongles des pieds. Quelquefois ceux des mains, et seulement pour les grandes occasions, toujours avec des couleurs claires, nacrées, réservées aux dames comme il faut. C'est sans doute pour cette raison que les jeunes femmes célibataires étaient plus osées. Ma sœur Dulce et ses amies se rendaient tous les quatre matins à la droguerie avec de petits flacons vides et parfaitement nettoyés pour les faire remplir de vingt centimes de vernis rose, pâle ou criard, selon l'humeur du moment, qu'elles cachaient dans l'armoire, une fois revenues à la maison. Ma mère n'interdisait pas à ma sœur de se vernir les ongles mais en revanche se fâchait quand cette dernière utilisait les quelques poils de la brosse à habits – déjà presque aussi chauve qu'un bataillon de réservistes – pour se confectionner un pinceau. Cependant, à l'approche des fêtes, ma mère n'hésitait pas à utiliser les pinceaux fabriqués par ma sœur avec un cure-dents et un peu de fil de fer.

Tous les ans, en septembre, pour la fête du village, don Justino faisait venir le même orchestre de Jaén dont la chanteuse arborait des ongles vernis en rouge. Je m'en étais aperçu, car ce dimanche-là don Bartolomé, le curé, consacrait systématiquement son sermon aux arguties du diable qui corrompait les jeunes filles innocentes avec la tentation d'une beauté artificielle. Nous étions tous conscients que don Bartolomé censurait ainsi par anticipation la chanteuse de l'orchestre. Aussi nous ne nous lassions pas de l'étudier ensuite de haut en bas. Mais, même prévenus comme nous l'étions, nous n'avions jamais remarqué qu'elle se vernît les ongles des orteils.

Le rouge sur les lèvres, sur les ongles, sur les vêtements, était la couleur des putains, et c'est cela que ma mère et ses amies dirent lorsqu'elles avaient remarqué les ongles longs et sombres d'Eva Perón quand celle-ci était venue en Espagne, il y a un an. Mais la scène qui se déroulait derrière le rideau de la maison de Sanchís n'avait rien à voir avec le péché, le diable, les sermons de don Bartolomé, ou le passé d'Eva Perón. C'était quelque chose de différent qui appartenait à un monde différent, étranger au mien, un monde dans lequel personne n'avait jamais vu de vernis rouge sur le pied sain que Pastora montrait l'été. Si quelqu'un m'avait raconté qu'un homme de mon village faisait ce que Miguel Sanchís était en train de faire, j'aurais pensé que c'était un pédé. Et si quelqu'un m'avait rapporté qu'une femme de mon village faisait ce que Pastora était en train de faire, je me serais dit que c'était une putain. Mais Sanchís vernissait les ongles des orteils de sa femme, et rien n'était ce que cela aurait dû être. C'était le contraire même : l'expression d'une parfaite harmonie, chargée de douceur et de sens.

Ensuite, Sanchís s'écarta, se pencha en arrière pour examiner son travail, et frappa sur son genou pour qu'elle y posât son pied difforme, plus petit que le premier, plus tordu que jamais en comparaison de l'autre, si blanc et si beau. Entre les doigts rustres et trop gros de Sanchís, le pinceau semblait trop fragile, mal adapté mais il repassa une nouvelle couche de vernis sur chaque ongle des orteils torturés, rabougris et rachitiques de sa femme, avec une rapidité et une précision surprenante. Lorsqu'il eut fini, il prit le pied et l'embrassa une, deux, trois fois. Pastora lui sourit, rejeta la tête en arrière et remarqua soudain ma présence.

« Bonjour », fis-je.

Le sergent tourna la tête vers moi et, l'espace d'un instant, je découvris un homme que je n'avais jamais vu, pas même le soir où il avait embrassé Pastora devant tout le monde. Cependant, peut-être que, ce soir-là, Sanchís avait déjà cette tête d'ange saisie brièvement, que je n'avais vue que sur les peintures du retable de l'église d'Alcalá la Real. Mais ce n'est qu'après avoir vraiment passé le rideau que j'y repensai, devant cet homme différent, jeune, souriant, décontracté, aussi resplendissant qu'une statue antique vivante.

« Que fais-tu, ici ? » fit-il de sa voix râpeuse – la même que d'habitude.

Il était redevenu lui sans l'être, c'était lui et un autre, celui d'avant, celui de toujours.

« Je suis venu vous remettre... »

Tandis que je brandissais l'imprimé, il secoua la tête d'un air furieux.

« Eh bien tu le ramènes au bureau, tu es idiot, ou quoi... Laisse-le là-bas, je le signerai demain. »

Pendant une seconde, je demeurai immobile, partagé entre le reproche et la nostalgie, sans oser lui dire que j'étais venu parce qu'il me l'avait demandé et sans vouloir déjà renoncer au mystère lumineux et tiède de cette cuisine.

« Allons, fiche-moi le camp ! Tu as vraiment l'air d'un pauvre débile... Qu'est-ce que tu attends ? »

Je retraversai la cour en sens inverse, très lentement, troublé par la scène à laquelle je venais d'assister, par ce prodige que je ne savais pas nommer et qui venait contredire tout ce que je pensais de Miguel Sanchís, tout ce que j'avais appris et dont je me souvenais.

Lorsque j'arrivai au bureau, je trouvai la porte de la cellule ouverte et Romero m'expliqua qu'il avait libéré Filo. Je me demandai brusquement quel genre d'homme était capable de traiter si différemment deux femmes au cours du même après-midi, comme l'avait fait Sanchís. J'eus beau fouiller dans ma mémoire, parmi les personnages de tous les livres que j'avais lus, de tous les films que j'avais vus, de toutes les histoires qu'on m'avait racontées, je ne parvins pas à résoudre cette énigme.

Le lendemain, comme d'habitude, les petits événements du quotidien supplantèrent cette étrangeté qui, pour une fois, n'était ni difforme, ni douloureuse, ni sanglante, mais était plutôt une mystérieuse expression de la beauté.

Ce que je vécus comme un cadeau du sort, un privilège capricieusement offert par le hasard, intensifia l'aversion de Sanchís à mon encontre depuis cette soirée où je l'avais interrompu en cognant comme un sourd contre la cloison. Jusqu'alors, il se contentait de me regarder de travers. Mais, dorénavant, comme s'il me pardonnait davantage d'avoir été témoin de sa brutalité que mon intrusion dans une intimité qu'il dissimulait aux yeux des autres, il me regardait de façon bien plus inquiétante. Et même si je n'avais jamais raconté quoi que ce fût à quiconque, car je n'aurais pas su trouver les bons mots pour le faire, je décidai de l'éviter. Ma vie continua comme avant : l'école, les amis, les cours de Sonsoles et mon admiration sans limite pour Pepe el Portugués. Pourtant, j'eus du mal à oublier les ongles de Pastora. Je n'y serais peut-être jamais parvenu si ce printemps-là n'avait apporté à ma vie un événement authentiquement grand, presque de la taille de ceux qui avaient l'habitude de survenir dans la vie des autres.

« Dis-moi, Pepe… »

À la fin du mois de mars, l'imprimerie de la montagne continuait de fonctionner, même si l'on n'avait pas refait une brochure, mais un simple tract qui circulait en telle quantité que même Miguel Sanchís en avait eu un. Les gardes civils ne savaient plus chez qui perquisitionner et c'est ainsi que Pepe el Portugués put enfin me montrer un coude de la rivière où il y avait tellement d'écrevisses qu'il suffisait de plonger une épuisette à papillons dans l'eau pour la ressortir remplie à ras bord.

« Qu'est-ce que tu racontes ?... »

Nous mettions les écrevisses dans un panier et les ramenions au moulin. Pepe les faisait cuire dans de l'eau salée, avec un oignon, une feuille de laurier et quelques grains de poivre, puis nous les mangions aussitôt, d'abord la tête, et ensuite la queue à la chair ferme, chaude et exquise.

« Si tu étais fou amoureux d'une femme, mais vraiment très amoureux, énormément, amoureux comme dans les films, par exemple... », lui dis-je. C'est seulement là, face à mon besoin de poser cette question, que je commençais à comprendre. Mais Pepe, occupé à poser le couvercle sur la casserole pour que les écrevisses ne s'échappent pas, acquiesça sans me regarder. « Tu lui vernirais les ongles des orteils ?

— Moi ? » sursauta-t-il. Il se retourna, le couvercle à la main, et me regarda avec des yeux effarés. « Mais qu'est-ce que tu racontes ? Comment veux-tu que je fasse une chose pareille ? Tu me prends pour un pédé ou quoi ?...

— D'accord ! » fis-je, m'attendant à cette réponse. Je restais tout de même songeur. « Parce que tu crois qu'il n'y a qu'un pédé qui puisse faire une chose pareille ?

— Bien entendu. Parfois tu as de ces idées, Nino ! »

Il se trompait. Je savais que, pour une fois, il se trompait. Cependant, je n'arrivais pas à saisir comment, en étant si amoureux de Pastora, Sanchís pouvait prendre en même temps du plaisir à menacer d'autres femmes de les violer. Si j'avais bien compris, le pinceau du vernis à ongles était une garantie d'amour inconditionnel, une façon pour Sanchís de dire à Pastora qu'il s'en fichait qu'elle soit boiteuse, qu'il aimait son pied tordu. Mais peut-être n'avais-je pas bien compris, peut-être n'avais-je rien compris, d'ailleurs. Peut-être que ma mère avait raison, que c'était juste un type mal intentionné, juste un type sinistre qui faisait des choses bizarres. Cela correspondait mieux à ce que je savais de lui, à son style, à ses passions à cette façon bien à lui de retrousser les lèvres lorsqu'il souriait, et c'est pourquoi, même si j'étais persuadé qu'il n'était absolument pas un pédé, je n'insistai pas et me tus tandis que nous nous goinfrions d'écrevisses.

« On dirait qu'aujourd'hui nous avons fait une belle pêche, non ? » déclara Pepe alors qu'il restait autant d'écrevisses dans la casserole que nous en avions déjà mangé. « Attends, je vais t'en donner pour que tu les apportes à ta mère. Après cette fournée, je ne goûte plus une écrevisse d'ici une bonne semaine ! »

J'étais d'accord, je ressentais la même impression de satiété, de plaisir équivoque, à mi-chemin entre l'intoxication et le bonheur. Lorsque Pepe versa le reste des écrevisses dans une gamelle en aluminium, il ajouta quelque chose qui, sur le moment, m'échappa.

« Mais rapporte-la-moi à la croisée des chemins après-demain, hein ? Parce que je n'en ai pas d'autre et c'est très commode lorsque je ne peux pas rentrer à la maison pour déjeuner.

— À la croisée des chemins ? lui demandai-je. Et qu'allons-nous faire à la… ? »

En voyant la tête qu'il faisait, je laissai ma question en suspens.

« Ah, mais ton père ne t'a encore rien dit ?

— À propos de quoi ?

— Non, non… Il vaut mieux que ce soit lui qui te l'annonce. »

Sur le chemin du retour, je croisai Sanchís qui, furieux de me voir, brailla que si ce crétin de Pepe m'avait donné le miel qu'il lui avait commandé, il n'aurait pas eu à grimper cette côte. Si l'on retirait le mot crétin, il avait raison pour le reste. Mais je ne répondis pas, j'étais trop occupé à réfléchir à ce que je devais faire avec Pepe deux jours plus tard, à la croisée des chemins, là où l'ancienne route coupe une voie très ancienne, que don Eusebio, et seulement lui, appelait la chaussée romaine.

Ce chemin qui ne conduisait qu'à quelques fermes disséminées sur les flancs de la montagne, était la frontière tacite entre le territoire des gars de la montagne et le domaine des habitants de la vallée, un endroit dangereux que, bien entendu, il m'était interdit d'approcher. C'est peut-être pour cette raison que Pepe el Portugués allait venir avec moi, mais je ne savais toujours pas où. Cependant, tandis que je dévalais la pente, ma préoccupation initiale avait laissé place au souriant optimisme de tous ces braves garçons qui s'embarquaient sans destination précise pour l'aventure la plus extraordinaire de leur vie. Ces garçons dont j'enviais, page après page, les péripéties hérissées de dangers de toutes sortes.

Et c'est ainsi, comme si la mer arrivait jusqu'à Fuensanta de Martos, que j'atteignis enfin la maison-caserne, cet après-midi-là.

Dans la ferme des Rubio vivaient six femmes et trois enfants.

Catalina, grande et corpulente, au squelette prévu pour supporter des chairs qu'elle n'avait pas conservées, avait eu neuf enfants, mais l'un d'entre eux, le plus jeune, était mort avant d'atteindre l'âge adulte. Dans le village, on racontait qu'elle avait été très belle, plus que n'importe laquelle de ses filles, et cela se devinait encore si l'on s'attardait sur son visage anguleux, au nez élégant et aux yeux en amande, à présent enfoncés dans les plis d'une peau ridée, sèche comme du carton, abîmée par le temps et l'indifférence. Cette moue de dégoût, révélant souvent plus d'arrogance que de fatigue, la vieillissait davantage que ses cheveux blancs, ébouriffés autour d'un chignon qui prenait chaque jour une forme différente, un entortillage qui se défaisait tout seul pendant les accès de rage qui la saisissaient régulièrement. Catalina avait très mauvais caractère, et ses fréquentes colères la faisaient paraître plus vieille, jusqu'à ressembler aux sorcières qui illustraient les contes, à tout juste cinquante ans.

De ses filles, Paula, la moyenne, était celle qui lui ressemblait le plus. Renfrognée et silencieuse, perpétuellement absorbée dans quelque affaire, elle semblait orgueilleuse, presque hautaine et c'était la seule qui pouvait se laisser submerger par la colère – même si ses accès étaient bien plus brefs. Catalina, l'aînée, qu'on appelait Chica, était plus calme, presque douce par moments, peut-être parce qu'elle passait beaucoup de temps avec son fiancé, qui était né à la capitale de la province, mais travaillait à Martos, dans une atmosphère bien différente de celle si pesante de cette ferme en guerre contre le monde entier. Filomena symbolisait le mieux ce combat, même si ses colères étaient plus sincères, plus innocentes en définitive, certainement parce qu'elle ne réagissait pas tant à ce qu'elle avait vécu qu'à ce qu'on racontait.

« La vie n'a pas été vraiment tendre avec moi. »

Voilà ce que disait Catalina pour se justifier, et c'était la vérité, même si, à Fuensanta, d'autres femmes avaient eu une vie bien pire. Son premier-né avait été une des dernières victimes au front, son mari, un des premiers fusillés de l'après-guerre, et avant la fin du mois d'avril 1939, comme si elle n'en avait pas subi assez, son fils Nicolás s'était éteint dans ses bras des suites d'une fièvre terrible, sans avoir reçu le moindre secours dans le village. Pendant cinquante jours, Catalina Rubio avait connu plus de tragédies que la plupart des gens n'en vivent dans toute leur vie. Ces cinquante jours la brisèrent, la transformèrent en bloc de granit, de métal, en une femme différente de ce qu'elle avait été jusqu'alors. Elle ne put jamais oublier l'indifférence générale du village durant l'agonie de son fils. Elle refusa d'oublier ces portes fermées devant la douleur d'un enfant et le désespoir d'une mère. Elle n'oublia jamais Nicolás expirant dans la rue, tandis qu'elle s'effondrait, ne sachant plus ni où aller, ni à qui s'adresser, après avoir tout tenté – le médecin, le pharmacien, le maire, le curé, le vétérinaire. Elle était restée assise sur la place à le bercer comme lorsqu'il était bébé, à le serrer en lui chantant des chansons, à le caresser et à pleurer avec lui, jusqu'à ce que ses filles viennent lui prendre des bras le corps de leur frère mort.

On ne faisait pas de quartier. Voilà ce qu'apprit Catalina ce jour-là. À Fuensanta de Martos, dans la Sierra Sud, dans la province de Jaén, dans toute l'Andalousie, et toute l'Espagne, il n'y avait aucune pitié, il n'y avait ni espoir ni avenir pour une femme comme elle. Cependant, il lui restait ses trois filles et quatre autres garçons, éparpillés à travers le monde, l'un au Mexique, l'autre en Algérie, et deux autres, les plus jeunes, en France, où ils étaient passés après être restés longtemps dans la montagne.

« Ils ont fait sortir mon Francisco au mois d'avril de l'année dernière et Anselmo au mois de juillet, une semaine avant les événements de Valdepeñas, disait-elle alors en souriant. Ceux-là ne se feront pas prendre. Non, monsieur. »

Elle ne précisait jamais qui les avait fait sortir, mais de temps en temps, grâce au même mystérieux réseau anonyme, elle recevait une lettre de l'un ou de l'autre, sa bonne humeur durait plusieurs jours. Parfois, on avait l'impression que la santé ou la réussite de ses fils ne la comblaient pas autant que la victoire qu'ils représentaient pour cette femme qui, à son tour, n'accepterait jamais de faire de quartier. Car Catalina n'était pas seulement une Rouge, elle était encore plus Rouge qu'auparavant, plus Rouge que jamais, c'était une Rouge aussi authentique que Cuelloduro, et plus encore. Son mari Lucas avait été un Rouge, et Blas aussi, le fils qu'elle avait perdu lorsque sa mort ne servait plus à rien, Manoli était une Rouge, cette autre veuve qui, en sortant de la prison de Séville, était venue vivre à la ferme de sa belle-mère avec deux enfants de mon âge, qui étaient déjà des Rouges eux aussi, comme les gamins de l'oncle Bernardo, Rouges au Mexique, comme la fille de son oncle Lucas, Rouge à Oran, comme les enfants qu'allaient avoir ses oncles et ses tantes de Toulouse, Rouges également. Tous Rouges. Jusqu'à la moelle.

« Et vous ? avais-je demandé à doña Elena lorsque je pensais être suffisamment intime pour le faire. Vous aussi vous êtes une Rouge ? »

Elle avait éclaté de rire et hoché la tête avant de me répondre.

« Bien sûr que non, Nino. Comment peux-tu penser une chose pareille ? fit-elle tandis que son sourire se défaisait pour laisser place à un sourire tendre mélancolique. Dans l'Espagne du Caudillo il n'y a plus un seul Rouge, tu ne savais pas ça ?

— Mais Catalina…

— Catalina rien du tout. Catalina est une patriote et une bonne Espagnole, catholique, apostolique et romaine, comme tout le monde. Il ne manquerait plus que ça ! »

Alors je compris que doña Elena était elle aussi une Rouge, même si elle ne ressemblait en rien aux membres de la famille Rubio.

Pour commencer, elle n'était même pas andalouse. Elle était née à Salamanque, car son père, originaire des Asturies, était professeur de physiologie à l'université. Pendant ses études pour être institutrice, elle avait flirté avec un des assistants de son père, un Sévillan qu'elle trouvait charmant. Si charmant qu'ils se fiancèrent et se marièrent lorsque ce dernier fut nommé à Carmona, où elle travailla comme maîtresse d'école, avant et après avoir élevé ses filles. L'aînée refusa de passer son bac. La petite, en revanche, s'installa à Madrid au début de l'année scolaire 1935-1936, pour étudier les beaux-arts, contre l'avis de sa mère, mais avec la bénédiction de son père, qui avait un faible pour cette jeune fille rebelle et extrêmement moderne, si différente de son aînée, qui s'était mis en tête de se marier à l'église avant d'avoir vingt ans. Son mari était un cousin de la branche familiale des Asturies, sérieux, catholique et tellement réactionnaire que deux jours après son mariage il cessa d'adresser la parole à son beau-père, avec lequel il avait eu une monumentale dispute à propos de Darwin, des singes et de la Genèse.

Lorsque le soulèvement militaire divisa l'Espagne en deux camps ennemis, les opinions évolutionnistes prônées ardemment par le mari de doña Elena, au cercle, le conduisirent tout droit à la prison de Carmona, pour athéisme, où il entra la tête haute et presque de bonne humeur, convaincu que cela ne durerait que quelques jours. Doña Elena se retrouva seule, sans nouvelles de sa fille cadette qui passait d'excellentes vacances à Madrid après avoir retardé son retour au 1er août, ni de l'aînée, qui se trouvait à Oviedo, la seule ville des Asturies tombée aux mains des rebelles, et dont le siège l'isolait du reste de la zone franquiste. Lorsqu'elle reçut enfin une lettre d'elle, avec en en-tête ce même *Arriba España*[1] *!* qui maintenait son père en prison, elle fut sur le point de le regretter, car cela signifiait que le front du Nord venait de tomber. Son mari était toujours en bonne santé. C'était un homme robuste, optimiste qui dispensait le bien auprès de ses camarades qu'il soignait, lorsqu'ils tombaient malades, avec des médicaments faits maison que doña Elena préparait en suivant ses instructions à la lettre et déposait tous les jours, à son nom, à l'entrée de la prison. Tout se passa ainsi jusqu'à la fin de la guerre. Le jour où Madrid tomba, doña Elena ne put lui rendre visite. Quarante-huit heures plus tard, elle trouva un homme différent, qui ne souriait plus et qui lui demanda d'un ton soupçonneux et solennel si elle était certaine de savoir combien il l'avait aimée. Deux semaines plus tard, sans cause apparente, il mourut au petit matin. Le soir précédent, avant l'extinction des feux, il avait prévenu ses camarades de cellule, je crois que je vais mourir, et tous l'avaient entouré, accompagné, ils avaient épongé sa transpiration, tenté de lui redonner le moral. Mais ils ne purent rien pour lui.

Ton père est mort de tristesse, avait écrit doña Elena à sa fille aînée. *Cela semble une mort idiote, mais c'est la pire de toutes.* Ce à quoi celle-ci avait répondu qu'ils ne pouvaient qu'espérer que Dieu, dans Son infinie miséricorde, prît pitié de son âme égarée et pécheresse. Cette réponse lui avait paru tellement cruelle que doña Elena s'était promis de ne plus jamais lui écrire. Cependant, elle ne tint pas sa promesse. Comme elle ne parvenait pas à retrouver sa

1. Devise franquiste.

fille cadette, elle s'était dit que sa sœur, mieux placée pour solliciter des faveurs, aurait plus de chance qu'elle. En réalité, elle avait seulement pu localiser une gamine de deux ans s'appelant Elena González Manzano, dans un hospice de l'Aide sociale. Son extrait de naissance stipulait qu'elle était la fille légitime de Felipe Ballesteros Sánchez, artilleur dans la IVe Brigade mixte, et de Marina González Manzano, dessinatrice affiliée au syndicat des Arts graphiques de l'UGT. Il fut impossible de savoir ce qu'il était advenu de sa mère, à part que, à son arrivée à l'hospice, l'enfant venait d'une garderie de la JSU, où l'on s'occupait des enfants devenus orphelins après les bombardements. Lorsque doña Elena s'était rendue à Madrid pour l'emmener, elle avait essayé de retrouver l'endroit où se trouvait ce gendre que finalement elle ne connaîtrait jamais, mais on lui avait répondu qu'on ne renseignait que la famille. En cet instant, elle s'était dit que son mari avait bien fait de mourir et qu'il vaudrait peut-être mieux qu'elle fît la même chose. Mais elle avait pris la gamine dans ses bras, était retournée à Carmona et s'était immédiatement réjouie d'avoir survécu.

Pendant presque deux ans, sa petite-fille devint sa seule famille et un trésor qui compensait largement ce qu'elle avait perdu. Cependant, durant l'hiver 1941, une de ses amies connues dans la queue de la prison, lui avait parlé de la terrible situation d'une veuve de Séville qui avait été emprisonnée avec ses deux enfants. Lorsqu'on l'avait arrêtée, le plus jeune tétait encore et l'autre avait trois ans. Dernièrement, alors qu'elle avait pensé pouvoir garder près d'elle le plus petit jusqu'à l'âge de cinq ans, on avait décidé de lui retirer ses deux enfants. Elle avait ajouté que son frère était dans l'impossibilité de les recueillir. Doña Elena, qui s'en sortait à peu près grâce aux quelques objets qu'elle pouvait vendre, n'avait pas réfléchi longtemps. Elle avait accueilli les enfants et les avait gardés chez elle plus d'une vingtaine de jours, jusqu'à ce que Catalina Rubio reçût une lettre de sa belle-fille. Elle trouva l'argent pour le voyage et se rendit enfin à Carmona.

Sur place, pour une raison que je ne parviendrai jamais à comprendre, car elle dépassait les limites habituelles de la solidarité et de la gratitude, elles devinrent des amies intimes. En septembre, Catalina retourna avec ses petits-enfants chez doña Elena et celle-ci l'accompagna par la suite à Séville, le jour de la Vierge de la Merced, le seul jour de l'année où les enfants avaient le droit d'aller rendre visite à leur mère en prison. Il faisait encore tellement chaud à Carmona que, au moment de prendre congé, Catalina avait invité son amie à passer l'été suivant à Fuensanta de Martos, où les nuits étaient tempérées par l'air de la montagne. Doña Elena apprécia beaucoup la ferme et elle y était revenue tous les ans jusqu'à ce que, en 1945, on relâchât Manoli, qui, avant son arrestation, ne s'était jamais intéressée à la politique qui absorbait totalement son mari.

Blas Rubio avait pris part à l'assaut de la caserne où les gardes civils et les phalangistes de Fuensanta s'étaient soulevés sans succès le 18 juillet 1936. Et, pendant une petite semaine – celle qui s'écoula avant qu'il ne décidât de rejoindre les miliciens avec trois de ses quatre frères –, il fut le président du comité qui prit le pouvoir dans le village, après avoir exécuté les chefs du soulèvement franquiste. En automne, ce même comité avait décidé d'offrir à Manoli le poste que son beau-frère Anselme avait libéré en s'engageant lui aussi. Il s'agissait alors d'un geste de courtoisie envers une des familles qui prenait le plus de risques pour défendre la République. Cette attention valut à Manoli une condamnation à mort à la fin de la guerre, sanction qui fut ensuite commuée en vingt ans de prison que la remise de peine pour son travail – des dizaines de nappes, de serviettes et de draps brodés à la main pour étoffer le trousseau des demoiselles sévillanes – réduisit à six années.

À son retour à Fuensanta, Manoli, jeune fille paisible, petite, menue et plutôt insignifiante lorsqu'elle avait quitté le village, était ressortie de prison transformée en une Rubio de plus. À la lumière du jour, devant tout le monde, elle s'était rendue droit chez son frère, avait craché sur la porte, et était allée vivre dans la ferme de sa belle-mère avec ses enfants. Tout comme doña Elena et sa petite-fille s'y étaient installées au même moment, comme si elles faisaient partie de la famille. Elenita avait un accent campagnard aussi prononcé que les enfants de Manoli – Blas et Pedrito –, qui la traitaient comme une cousine. Très vite, ils s'étaient tous mis à m'éviter avec la même détermination.

Cette situation, incompréhensible pour beaucoup d'habitants du village, était une source constante de potins, rarement innocents. Certains prétendaient que doña Elena était riche et que Catalina, qui faisait la bonne, l'avait installée chez elle dans l'espoir d'hériter un de ces jours. D'autres racontaient l'histoire à l'envers, convaincus que la Rubio était en train de soutirer peu à peu tout l'argent de son invitée en échange de son accueil. Et il y avait des versions encore plus tordues qui spéculaient sur l'hypothèse qu'elles fussent lesbiennes ou qu'un des fils de Catalina fût le père d'Elenita. Personne ne fait de cadeaux, disaient les gens, personne ne donne sans rien attendre en retour. Et ils avaient raison, mais pas tout à fait. Car si doña Elena ne payait pas de loyer à Catalina, Catalina pouvait en revanche disposer du peu d'argent qui restait à doña Elena. Aucune des deux femmes ne touchait de pension et les deux travaillaient de la même façon : c'est-à-dire énormément. Même si les mains rugueuses de la veuve du médecin, calleuses à force de coudre du spart, conservaient les traces d'une vie différente, la mémoire d'un ancien bien-être.

« C'est qu'aujourd'hui les gens ne comprennent plus ces choses-là, m'expliqua Pepe el Portugués pendant qu'il m'accompagnait jusqu'à la ferme. Avant, pendant la République, tout le monde les comprenait, car il y avait des grèves, des fonds de résistance et des syndicats qui prêtaient de l'argent sans intérêt, qui aidaient les veuves et construisaient des écoles pour les orphelins, mais maintenant... C'est comme si cela n'avait jamais existé, comme si on ne se souvenait plus de rien, et c'est pour cette raison... Aujourd'hui, plus personne n'est prêt à donner aux autres. Mais tu comprends bien, n'est-ce pas, que ces deux femmes ne font que s'entraider, que se tenir compagnie, que tenter de faire prospérer la ferme pour élever leurs petits-enfants du mieux qu'elles peuvent ? Et après ça les gens disent... je ne sais pas... »

Cet après-midi-là, j'étais arrivé à la croisée des chemins un peu avant lui. J'étais tellement nerveux que, en le voyant, je m'étais rendu compte que j'avais oublié la gamelle en aluminium sur la table de la cuisine.

« Ce n'est pas grave », me dit-il. Il était tranquille, souriant et de bonne humeur. « Tout à l'heure, je t'accompagnerai chez toi, et je la récupérerai.

— Oui, répondis-je, histoire de dire quelque chose. C'est mieux… Parce que… »

Soudain, alerté par ma voix qui tremblait, il saisit mes deux épaules pour mieux me regarder.

« Que t'arrive-t-il ? fit-il en souriant à nouveau. Ne me dis pas que tu as peur.

— Un peu, admis-je.

— De quoi ? »

Mais je fus incapable de le lui expliquer, ce qu'il parut comprendre.

« Allons-y, Nino ! Ce ne sont que de pauvres femmes. Personne ne va te manger, je te le jure… »

Alors, pour me tranquilliser, il me raconta l'histoire de doña Elena et la raison pour laquelle elle vivait avec Catalina, mais je continuai à être très nerveux et aussi craintif qu'un soldat en territoire ennemi.

« Mais Antonino, nom de Dieu ! »

L'avant-veille, lorsque j'étais arrivé chez moi avec les écrevisses, mon père m'attendait déjà dans la cuisine. Il avait refusé de me donner les raisons du rendez-vous dont avait parlé Pepe el Portugués jusqu'à ce que mes sœurs fussent couchées. Puis, en écoutant son murmure, succinct et méfiant, comme s'il livrait un terrible secret, sa femme s'était pris la tête à deux mains.

« Je ne te comprends vraiment pas, avait dit ma mère sans baisser le ton pour mieux exprimer son désaccord. Comme si c'était…

— On fera ce que je dis, avait répliqué mon père. Écoute-moi, Mercedes, et cesse de me donner des conseils. »

Tout cela m'avait rendu nerveux. À tel point que lorsque ma mère s'était mise à me raconter qu'elle avait croisé Filo par hasard dans la rue, et qu'elle lui avait dit qu'elle allait choisir des pelotes de laine, et que comme elle aussi avait besoin d'acheter des aiguilles, elles avaient fait le chemin ensemble, et qu'alors Filo lui avait raconté qu'elle m'avait vu au bureau le jour où on l'avait arrêtée, et que, là, elle s'était aperçue que mes cours n'étaient pas du tout satisfaisants, qu'elle se disait bien depuis le début que Mediamujer n'avait aucune compétence car mon propre père le lui avait dit, car il m'entendait travailler lorsqu'il était de garde et qu'il avait l'impression que je tapais trop lentement vu le temps que j'avais passé à apprendre, et que ceci, et que cela, et que le reste… Je fus sur le point de la secouer pour lui demander d'en venir au fait, une bonne fois pour toutes.

« Personne ne doit être au courant, Nino, m'avait dit mon père de façon catégorique, car, entre autres choses, je ne voudrais pas que le lieutenant se sente offensé. Ce ne serait pas bien. Il voulait juste nous rendre service, tu le sais bien, il avait les meilleures intentions du monde, mais… »

Mon père semblait avoir été contaminé par la logorrhée de sa femme.

« Bref, je lui ai annoncé que tu allais laisser tomber les cours de dactylographie, que tu n'es pas du tout doué pour ça, que tu es fatigué, bon…

— Formidable ! m'étais-je exclamé et j'étais si ravi à l'idée de retrouver mes après-midi libres que je ne m'étais même pas interrogé sur le très long prologue de ma mère.

— Non, non, me détrompa immédiatement mon père, tu n'arrêtes pas tes cours. Je ne veux pas que tu les arrêtes, ça me semble important, très profitable pour toi, pour ton avenir, je te l'ai déjà dit au mois de janvier. C'est juste que… Tu vas changer de professeur.

— Filo ?

— Non, pas Filo, mais… Quelqu'un de ce genre. »

Il avait porté sa main à son front et s'était frotté la tête, comme pour souligner le gros effort que lui avait demandé une telle décision.

« Je ne peux pas faire autrement, mon fils. Je n'ai pas d'argent pour te payer une académie, tu le sais parfaitement, et… tu dois te montrer responsable, Nino. Tu dois me promettre de ne parler de cela à personne, même pas à tes amis, ni à Paquito, promets-le-moi.

— Je le promets, avais-je répondu sans savoir à quoi je m'engageais.

— Je suis garde civil. Et je ne devrais pas faire cela, je sais que je ne devrais pas, mais… J'ai essayé de prendre le problème dans tous les sens et je ne vois pas comment faire autrement. Nous, les pauvres, on n'a pas le choix, tu le sais bien. Alors j'ai raconté à Romero et au lieutenant que tu allais donner un coup de main à Pepe el Portugués, l'aider à travailler un terrain qu'il a loué au-delà de la croisée des chemins. Je leur ai dit que tu préférais travailler aux champs, gagner un peu d'argent, plutôt que de t'enfermer dans un bureau avec Sonsoles, et ils ont très bien compris. Le lieutenant a même trouvé ça formidable, je crois que je lui ai retiré une épine du pied, mais en réalité… tu vas te rendre à la ferme des Rubio pour apprendre à taper à la machine, Nino. »

Il m'avait observé, je l'avais observé et avais compris.

« Bon, et alors ? était intervenue ma mère alors que personne ne s'y attendait. C'est une ferme comme une autre, où habitent des gens, comme les autres. Je ne vois pas où est le problème ? Donner des cours de dactylo n'a jamais été un délit que je sache, et les recevoir non plus. Les professeurs touchent de l'argent pour leur travail et les élèves les payent. C'est normal. C'est une chose naturelle, n'est-ce pas ? »

Ma mère avait raison. C'était normal, c'était une chose naturelle. Mais les choses ne sont pas toujours comme elles semblaient être ou, du moins, elles ne l'étaient pas pour nous, qui habitions la maison-caserne de Fuensanta de Martos en 1948. C'est pour cette raison que, avant de me coucher, j'avais promis une nouvelle fois à mon père que je ne soufflerais mot à personne de l'affaire.

« Tout ça est de ma faute, disais-je comme pour moi-même, en guise de conclusion, le surlendemain, tandis que j'apercevais la ferme de Catalina au bout du sentier. Tout ça, c'est parce que je suis chétif, un point c'est tout.

— Ne dis pas de bêtises, Nino, me reprit Pepe el Portugués avec le sourire aux lèvres. Premièrement, il n'y a pas de problème, et deuxièmement… Tu as bien encore le temps de grandir. »

Oui, et tout ça, pour devenir employé à la Diputación, fus-je sur le point d'ajouter. Mais je me tus car il ne méritait pas ça. Pepe nous avait prêté l'argent dont avaient besoin les Rubio pour récupérer la machine à écrire de doña Elena. Lorsque mon père était venu chez lui, pour lui raconter comment se présentaient les choses, celui-ci avait proposé de me servir de couverture en m'accompagnant jusqu'à la ferme les premières fois, afin que l'on pense qu'il me conduisait jusqu'au terrain qu'il venait de louer. Il lui avait également reproché de mettre en gage les quatre bijoux que possédait ma mère pour récupérer au mont-de-piété ce que les Rubio y avaient elles-mêmes laissé une année auparavant. « Ne sois pas têtu, Antonino, avait-il insisté, je te prête cet argent, tu règles la somme par anticipation avec mon argent, et tu me le rends petit à petit, comme si tu payais les cours du gamin. Et, dans six mois, tout le monde est content. » On aurait cru que mon père n'allait jamais en finir de le remercier, mais Pepe avait haussé les épaules : « Il n'y a rien de plus normal ! avait-il déclaré. Moi, je n'ai pas de frais. Je suis célibataire, je vis tout seul, alors… Si c'est pour mettre cela sur mon livret, avec les intérêts ridicules qu'on donne, je t'assure que ça m'est égal. En plus, je m'évite les trajets à la banque. » Ce que Pepe était en train de faire pour moi ressemblait beaucoup à ce que doña Elena et Catalina Rubio faisaient l'une pour l'autre, au village, à une époque et dans un pays où personne ne faisait jamais rien pour autrui, et c'est pourquoi je ne voulus pas le contrarier avant d'atteindre la maison d'où six femmes sortirent, l'une après l'autre, pour nous accueillir.

Jusqu'alors, je ne les connaissais que de vue, à l'exception de Filo avec laquelle j'avais déjà bavardé quelquefois avant l'après-midi que nous avions passé ensemble à la caserne –, elle était la seule qui venait jusqu'au village vendre des œufs et faire des courses.

Cependant, peu après ce jour, j'avais croisé Chica dans la rue, elle se promenait avec son fiancé. Moi, j'étais seul, et elle m'avait salué. Elle m'avait juste dit bonjour ; ce qui, venant d'une femme de cette famille, était déjà beaucoup. Manoli, en revanche, ne me regardait même pas lorsqu'elle venait chercher Pedrito à l'école. Ce jour-là cependant, elles se montrèrent toutes beaucoup plus sympathiques avec moi que je ne l'aurais pensé. Était-ce parce que je me trouvais sur leur terrain ? Parce qu'elles étaient heureuses d'avoir récupéré la machine à écrire, qui allait leur apporter de petites rentrées d'argent ? Ou était-ce tout simplement parce que c'était Pepe el Portugués en personne qui m'avait conduit jusqu'à elles ?

« Eh bien, dis donc, voilà l'enfant prodigue qui retourne dans son foyer ! s'exclama Catalina en se levant pour venir l'embrasser. Il était temps que tu viennes nous rendre visite, voyou…

— Je n'ai le temps de rien faire, Catalina, tu le sais bien, répondit-il en l'embrassant à son tour avec un sourire et un geste d'affection que je n'aurais jamais cru possibles envers un tel fauve. Toi, tu as de la main-d'œuvre, chez toi. Mais moi… Je dois tout faire tout seul. »

Puis une femme très petite, gardant quelque chose d'une obésité ancienne qui la distinguait des autres – même si toutes étaient très maigres à présent –, s'approcha de lui pour l'embrasser elle aussi. Je ne la connaissais pas, mais c'est à la délicatesse qui l'enveloppait comme une deuxième peau, soignée et transparente, que je compris qu'il s'agissait de doña Elena.

« Eh bien, tu peux te vanter d'avoir rendu heureuse

une certaine personne que je connais, lui dit-elle ensuite en souriant.

— C'est parce qu'il y a une certaine autre personne qui parle un peu trop, ironisa à son tour Pepe el Portugués, mais je ne crois pas qu'elle se plaigne de quoi que ce soit.

— Ça, tu le verras bien », riposta doña Elena, tandis que les trois filles de Catalina éclataient de rire.

Pendant ce temps, j'en profitai pour les regarder de près, avec l'impunité absolue des êtres invisibles, car personne ne semblait encore s'être aperçu que Pepe n'était pas venu seul à la ferme.

Les filles Rubio se ressemblaient beaucoup, mais pas comme des sœurs se ressemblent d'habitude. On avait le sentiment que leurs parents s'étaient d'abord entraînés avec les deux plus âgées, pour enfin réussir leur coup de maître avec la troisième. Je ne savais pas si c'était pareil pour les garçons – car je ne les avais jamais rencontrés – mais les filles avaient les mêmes traits, les mêmes expressions, le même corps, et pourtant il était impossible de les confondre. Même de loin. À première vue, Chica était aussi belle ou même plus que Filo. Néanmoins, en y regardant de plus près, on s'apercevait que quelque chose clochait sur son visage : quelque chose qui était placé un demi-millimètre trop haut, ou trop bas, plus à gauche, ou plus à droite. Son corps avait les mêmes proportions que celui de sa mère, mais en plus petit, comme une version un peu comprimée de celui que sa sœur Paula – la plus grande des trois – promenait au-dessus de ses très longues jambes. C'était elle qui avait la plus belle allure, mais c'était aussi la moins jolie, car elle avait hérité de la dureté des traits de Catalina et ne possédait pas la douceur du regard de ses sœurs. Filo était celle qui réunissait ce qu'il y avait de mieux chez ses deux aînées. Cependant, lorsque Chica et Paula l'entouraient, comme cet après-midi à la ferme, sa beauté semblait plus évidente et moins éblouissante. Je déduisis enfin, d'après la remarque de doña Elena, que Pepe el Portugués flirtait avec l'une d'entre elles, et je me dis aussitôt qu'il ne pouvait s'agir que de Filo.

« Bah ! »

Paula fit une grimace avant de tourner les talons pour rentrer dans la maison sans un regard derrière elle.

« Je ne crois pas qu'il verra grand-chose, aujourd'hui...

— Je vous confie Nino, dit Pepe el Portugués en me regardant les suivre tandis qu'elles riaient. Prenez bien soin de lui, c'est un brave garçon. »

Puis il s'en alla en me laissant tout seul, en proie à une perplexité qui ne cessait de croître depuis que Catalina avait serré Pepe dans ses bras. Je redoutai qu'elle fît de même avec moi, mais elle se conduisit comme si je n'existais pas. Doña Elena, en revanche, vint à ma rencontre avec un grand sourire.

« Alors, c'est toi mon nouvel élève, n'est-ce pas ?

— Oui, dis-je en tendant une main hésitante qu'elle serra franchement.

— Enchantée de faire ta connaissance. Manoli a fait des bugnes pour le goûter. Elle les réussit très bien. Tu veux une citronnade, avec ?

— Oui, merci beaucoup », répondis-je et en prenant place sur la chaise qu'elle m'avait indiquée du bout des doigts.

J'avais l'impression que dans cette maison tout se passait à l'envers.

« On ne va pas travailler ?

— Pas aujourd'hui », déclara-t-elle et je la trouvai soudain très sympathique. « Aujourd'hui, nous allons goûter et surtout commencer à faire connaissance. On m'a dit que tu aimais beaucoup lire, c'est vrai ? »

Les bugnes étaient si délicieuses que j'en avais mangé une bonne demi-douzaine, et Filo remplit mon verre de citronnade à deux reprises pour que je me sente à l'aise sur cette terrasse. Mais j'étais encore loin de découvrir ce qui allait m'arriver de mieux cet après-midi-là.

« Ah, mais il est déjà cinq heures et demie ! s'exclama doña Elena en se levant comme si elle était soudain extrêmement pressée. Suis-moi, Nino, je vais te faire visiter ma maison.

— Votre maison ? » fis-je. Mais elle ne perdit pas de temps à me répondre et je dus courir pendant quelques mètres pour la rattraper. « Mais vous n'habitez donc pas ici ?

— Non moi j'habite dans la vieille maisonnette, la première qui fut construite sur la propriété, précisa-t-elle en indiquant un sentier qui semblait se perdre parmi les arbres. Puis elle est devenue une étable, et plus tard un grenier, mais elle était trop loin de la maison principale, alors… Lorsque je suis arrivée ici, Catalina l'utilisait pour entreposer les choses dont elle ne se servait plus. Elle m'a plu tout de suite, même si c'était une vraie ruine. On avait muré les fenêtres et la lumière n'y pénétrait que par les lucarnes du grenier, le toit était à moitié écroulé, le sol était en terre battue, mais nous l'avons arrangée tous ensemble, avec quelques amis. Et à présent je l'habite, avec ma petite-fille. J'ai toujours été très indépendante, vois-tu ?

Et en même temps, ça fait plus de place à la famille Rubio. On n'en a jamais assez. »

La maison de doña Elena était blanche, ravissante, petite et propre, tout comme elle. Cachée parmi les arbres et entourée de massifs de fleurs, elle ne comportait qu'une chambre carrée, du même blanc éclatant que la façade. Le sol était recouvert de nattes de spart, si bien cousues entre elles qu'elles ne laissaient rien deviner de ce qu'elles cachaient, et il fallait s'approcher tout près des fenêtres pour remarquer que leur encadrement, sous de successives et minutieuses couches de peinture bleue, était fabriqué avec plusieurs morceaux de bois, parfois très petits, polis et collés entre eux pour former des tasseaux uniformes. Un travail aussi soigné ne pouvait qu'être l'œuvre de Lorenzo Fingenegocios qui avait été le meilleur menuisier de la contrée, avant de rejoindre la montagne. Il avait conservé le surnom de son grand-père, un homme paresseux qui passait tous les jours un costume et une cravate pour aller de bar en bar, à travers le village, une mallette à la main, comme s'il était un banquier très occupé.

À gauche de la porte, je repérai une cuisine, que sa propriétaire n'utilisait jamais car elle déjeunait et dînait dans la grande maison, et, juste en face, entre deux petites tables au plateau de marbre blanc, un lit à deux places en fer forgé. Couvert d'un dessus-de-lit en velours rouge sombre bordé de volants en soie, ce lit semblait venu d'un autre monde ; tout comme la table et les chaises de bois sculpté qui occupaient le centre de la pièce. Cependant, ces meubles ne valaient rien face au trésor qui recouvrait le mur du fond. Sous cette mezzanine en bois, étaient encastrées quatre colonnes contiguës de cagettes de fruits formant une bibliothèque où étaient rangés plus de livres que je n'avais imaginé pouvoir être possédés par une seule personne.

J'étais sidéré. Je sentis mes jambes se dérober toutes seules lorsque je m'approchai d'eux. Je tendis les doigts pour caresser les dos de cuir et de papier, les premiers étaient usés, doux comme de la peau tannée, les seconds striés comme s'ils avaient été souvent ouverts. *L'Origine des espèces, Don Quichotte de la Manche, Nouvelles exemplaires, Les Travaux de Persiles et Sigismond, La Rébellion des masses, Espagne invertébrée, L'Idiot, Lazarillo de Tormes, Robinson Crusoé, Flor de Leyendas, Dom Juan, Lope de Vega théâtre, Le Rouge et le Noir, La Divine Comédie, Le Romancero gitan, Les Papiers posthumes du Pickwick club, La Célestine, Azul de Ruben Darío, La Comédie humaine, Champs de Castille, Antonio Machado poésie complète, Anna Karénine, La Montagne magique, La Régente, Le Sentiment tragique de la vie de Miguel de Unamuno, Saint Manuel le Bon, Martyr, Vingt Poèmes d'amour et une chanson désespérée,* de Pablo Neruda, *L'Arbre de la science,* de Pío Baroja, *Rimes et Légendes,* de Gustavo Adolfo Bécquer, Edgar Allan Poe *Contes, Journal d'un poète jeune marié,* de Juan Ramón Jiménez, Benito Pérez Galdós *Œuvres complètes, Épisodes nationaux,* Tome I, Tome II, Tome III, Tome IV, *Romans,* Tome I…

Passant d'une cagette à l'autre, d'une colonne à l'autre, je lus tous les titres presque sans m'arrêter sur les lettres que je déchiffrais à toute vitesse, comme si j'avais peur qu'elles disparaissent d'un instant à l'autre, résultat d'un envoûtement, d'un sortilège, d'une illusion perverse, qui s'évanouirait dans les airs sans être parvenue à exister. Ensuite, je réussis à fermer la bouche et recommençai à respirer par le nez. Mon cœur retrouva enfin la maîtrise de ses propres battements. Puis je tournai la tête et m'aperçus que doña Elena me regardait, avec un large sourire.

« Vous devez être très heureuse, dis-je sans réfléchir à la signification de mes paroles.

— Pas vraiment, me répondit-elle en passant son bras sur mes épaules, comme si mon commentaire l'avait émue. Je ne suis pas très heureuse. Pourquoi dis-tu ça ?

— Je ne sais pas, avec tous ces livres... », expliquai-je en faisant un geste de la main pour gagner du temps, pendant que je cherchais des mots que je ne parvins pas à trouver. Je n'en avais jamais vu autant rassemblés.

« Eh bien, à Carmona, j'en avais encore plus. Dans de très belles bibliothèques, avec des portes vitrées et tout, précisa-t-elle en caressant doucement les parois grossières de la cagette d'oranges où était aligné – j'allais l'apprendre un jour – ce qu'on appelait le Siècle d'or de la littérature espagnole. Ici, j'en ai un peu plus de trois cents, mais nous en avions presque cinq mille.

— Ah bon ! m'exclamai-je. Et vous les avez laissés là-bas ? Eh bien, c'est dommage, car nous aurions pu...

— Non, fit-elle en secouant la tête et en continuant à sourire. Il ne reste plus rien là-bas. J'ai tout vendu, la maison, les meubles, les livres de médecine de mon mari, c'étaient ceux qui avaient le plus de valeur... Je n'en ai pas tiré grand-chose d'ailleurs, mais j'ai dû accepter ce qu'on me proposait et en plus remercier. Je n'ai gardé que mon lit, ma table, ma chaise favorite, les livres sans lesquels je serais incapable de vivre et ceux dont j'ai pensé qu'ils pourraient aider à vivre ma petite-fille, mais, tu le vois… Elenita n'aime pas lire. Pas moyen de lui faire ouvrir un livre.

— Ah bon ! Pourtant, moi…

— Oui, oui, je le sais, Pepe me l'a raconté. Mais tu n'as pas encore regardé où il faut, pour toi. Moi, à ta place, j'irais voir sur le troisième rayonnage près de l'escalier. »

Cinq semaines en ballon, Voyage au centre de la Terre, Le Tour du monde en quatre-vingts jours, De la Terre à la lune, L'École des Robinsons, Un capitaine de quinze ans, Michel Strogoff, Les Cinq Cents Millions de la Bégum, Les Tribulations d'un Chinois en Chine, Le Testament d'un excentrique, Un billet de loterie, Maître du monde, Les Aventures du capitaine Hatteras, les deux tomes de *L'Île mystérieuse* que j'avais déjà lus, et *Vingt Mille Lieues sous les mers* dans la même édition reliée en toile comportant une illustration en couleur collée sur la couverture, beaucoup plus belle que la mienne.

« Je ne sais pas quoi dire, fis-je alors que ma vue se troublait, que je vacillais, comme si je me tenais en équilibre sur le pont d'un bateau ou au zénith d'une immense soûlerie. C'est incroyable !

— Non, répondit-elle en riant. C'est une collection, rien d'autre. Moi aussi, j'aimais beaucoup Jules Verne et je continue de le relire de temps en temps, même si je connais presque tous les romans par cœur. Tu peux choisir celui qui te plaira.

— Vraiment ? m'étonnai-je et mon cœur grimpa soudain jusqu'à ma gorge pour se mettre à palpiter sous mon palais.

— Bien sûr, répliqua-t-elle comme s'il n'y avait rien d'anormal. À partir d'aujourd'hui, nous allons nous voir souvent, n'est-ce pas ? Lorsque tu l'auras fini, tu me le rends et tu en prends un autre. Car je peux avoir confiance en toi, n'est-ce pas ? J'ai prêté *Les Enfants du capitaine Grant*, l'année dernière, et on ne me l'a toujours pas rendu…

À ces mots, je me dis que je n'avais pas le temps de penser à cela. Après avoir longuement hésité, je décidai de commencer par le début. Je choisis *Cinq semaines en ballon* et ne le lâchai plus. Puis doña Elena posa sur la table une mallette en carton bleu marine. Je ne parvenais pas à identifier l'objet qu'elle renfermait. Lorsqu'elle l'ouvrit, je découvris une petite machine à écrire, plus ancienne mais moins lourde, et plus charmante que celle du bureau de la caserne.

« La voilà. Si tu veux bien, nous lui consacrerons juste la moitié des cours. L'autre moitié, je t'enseignerai la sténographie, car apprendre seulement une partie de quelque chose n'est pas très utile. »

Elle était encore en train de m'expliquer en quoi consistait ce système d'écriture abrégée, dont je n'avais jamais entendu parler, lorsque Pepe el Portugués toqua à la porte.

« Il est déjà six heures ? demanda doña Elena.

— Six heures vingt, répondit-il en me regardant. Il nous faut rentrer, mais nous allons prendre un chemin différent, qui arrive directement ici, sans passer par la ferme. Ainsi, lorsque je ne pourrai pas t'accompagner, tu pourras le prendre tout seul », m'expliqua-t-il. Puis il s'adressa directement à doña Elena, en la tutoyant avec un naturel qui me surprit à nouveau. « Qu'en penses-tu ?

— Oui, oui, ce sera beaucoup mieux. Personne ne passe jamais par-derrière, dit-elle en me caressant la tête en guise d'au revoir. À après-demain, alors, Nino. »

Le chemin du retour méritait à peine ce nom. C'était un sentier étroit, dissimulé par les herbes, qu'on ne devinait que grâce aux arbres qui le flanquaient de chaque côté. Pepe el Portugués me les indiquait au fur et à mesure, pour me permettre de m'orienter et de les retrouver tout seul ensuite. J'étais si attentif à eux que je n'eus pas le temps de lui demander quoi que ce soit.

En arrivant à la croisée des chemins, nous aperçûmes Auxi qui venait vers nous. Tout le monde le connaissait sous le surnom de Rodillaspelás, *Genoux-râpés*, car elle passait son temps libre recroquevillée sur un prie-Dieu en face de l'autel de l'église. Mais sa piété ne l'empêchait pas d'être à l'affût de tout ce qui se passait, pour aller le colporter ensuite de maison en maison. Je me félicitai que mon père ait pris toutes ces précautions. Lorsqu'elle passa sans s'approcher de nous, j'avais eu le temps de penser que, aussi étrange que me semblât la familiarité de Pepe envers Catalina, et même s'il ne m'avait jamais dit un seul mot de tout cela, le livre que je serrais contre ma poitrine m'avait, une fois de plus, rendu redevable envers lui. Cependant, avant même d'atteindre le village, ma curiosité resurgit.

« Tu passes ta vie à la ferme des Rubio, n'est-ce pas ? »

Je lui posai cette question par surprise, mais il s'esclaffa comme s'il l'avait attendue tout l'après-midi.

« Pas vraiment toute la vie, non… Mais il est vrai que dernièrement j'y suis plutôt souvent.

— Pour rendre visite à Paula ? » Il acquiesça sans me regarder. « Mais Filo est bien plus belle !

— Oui, mais moi, je préfère sa sœur.

— Mais c'est celle qui a le plus mauvais caractère.

— Oui, fit-il en me regardant enfin. C'est pour cela qu'elle me plaît. »

Cette réponse était à la fois si logique et si absurde à la fois, que nous éclatâmes de rire. Lorsque nous arrivâmes à la maison-caserne, cela devait encore se remarquer, car ma mère nous regarda en souriant également.

« Eh bien… On dirait qu'on est bien content, tous les deux… »

C'était exactement comme ça que je me sentais. Content. Et cela avait continué pendant tout le printemps, avril, mai, et les vingt-cinq premiers jours de juin. Douze semaines complètes de la plus belle vie que j'avais eue. Des journées à lire, à parler, à rire, des journées à me rendre complice des amours de Pepe el Portugués, de la maison de doña Elena, de l'avenir d'un gamin de dix ans qui se sentit si dorloté, si protégé, si sûr de lui, qu'il en vint à penser qu'il ne serait jamais secrétaire de mairie, ni employé de bureau dans aucune Diputación, pour autant que progressât sa rapidité de frappe. Ce furent des jours émouvants, des jours d'aventure et de secret, de quasi-clandestinité, où il m'arriva des choses que je ne pouvais partager avec personne. Je ne pouvais même pas les raconter à Paquito. Mais cela ne l'empêchait pas de continuer à se vanter d'en savoir bien plus que moi, alors qu'en réalité il n'en avait jamais su aussi peu. Si tu savais, pensais-je. Et il parlait toujours : comment se faisait-il que je n'avais pas su qu'un autre billet de banque signé était apparu à Torredonjimeno, que des bandits avaient attaqué le bureau de poste à Castillo Locubín, que son père était persuadé que la machine à imprimer ne pouvait pas se trouver à Fuensanta, mais comment fais-tu pour ne jamais rien savoir, Nino ? Et moi, je me contentais de sourire et de lui dire que je ne savais pas. De temps en temps, toutefois, je lui réservais une petite surprise.

« *Comment allez-vous**[1] ?

— Qu'est-ce que tu racontes ?

— Je dis : *Comment allez-vous** ?

— Mais qu'est-ce que c'est ?

— Du français ! Que veux-tu que ce soit ? Tu ne sais jamais rien, Paquito. »

Doña Elena connaissait vraiment bien la sténographie et la dactylographie. Je n'avais jamais rencontré quelqu'un qui sût autant de choses qu'elle, même pas don Eusebio, qui nous enseignait l'histoire en citant des noms de batailles et qui, lorsqu'il nous interrogeait en littérature, ne cessait de répéter avec de grandes tapes sur son bureau : « Nom de l'écrivain, date et lieu de naissance, principales œuvres ! » Avec doña Elena, c'était différent. Elle racontait des histoires, et elle en connaissait tellement qu'elle n'avait jamais fini, des histoires vraies et des histoires inventées, joyeuses et cruelles, comiques et tragiques, des histoires qui semblaient grandes mais se révélaient petites, car elles faisaient toujours partie d'une histoire plus importante, d'une histoire infinie que des adultes comme elle et des enfants comme moi avaient

1. Les mots ou expressions en italique suivis d'un astérisque sont en français dans le texte.

fabriquée ensemble durant les siècles. L'histoire du savoir et de la curiosité, l'histoire de la connaissance et de la soif d'apprendre, l'histoire de celui qui sait beaucoup de choses et s'efforce de les transmettre à celui qui ne sait rien, pour qu'elle demeure vivante pour toujours.

Pendant cet été doré de mon innocence, doña Elena m'enseigna beaucoup plus que la dactylographie et la sténographie. Et, ensuite, lorsque je cessai d'être innocent, elle m'enseigna bien d'autres choses encore. Elle m'expliqua qui avait été Ulysse et qui avait été Newton, qui avaient été le Cid et Almanzor, pourquoi il y avait eu une guerre qui avait duré cent ans et aussi qu'un musicien du nom de Wolfgang Amadeus Mozart avait fini de composer une messe de requiem la dernière nuit de sa vie. Elle m'enseigna des poèmes et des romances, des chansons et des rondeaux, des proverbes et des devinettes, et beaucoup de mots dans de nombreuses langues, mais elle m'enseigna surtout un chemin, un destin, une façon de regarder le monde, que les questions importantes le sont toujours plus que toutes les réponses qu'on peut y apporter.

« *How do you do*, Paquito ?

— Laisse-moi tranquille avec ton français !

— Ce n'est pas du français, c'est de l'anglais, imbécile…

— Écoute-moi, Canijo, il n'y a plus moyen de discuter avec toi. Tu es en train de devenir un type vraiment bizarre, mon vieux. »

C'était vrai que j'étais en train de devenir bizarre. Et le plus bizarre était que j'aimais ça. Je ne m'étais jamais senti aussi bien, ces jours-là. Ma mère n'avait plus besoin de me punir de sortie puisque je préférais rester lire à la maison, si je ne pouvais pas aller au moulin de Pepe, ni à la vieille maisonnette. Ainsi, tandis que je conquérais l'espace en traversant les étoiles, où je sondais le magma incandescent des profondeurs de la terre, les romans de Jules Verne prêtés par doña Elena étaient pour moi bien plus que des livres. Ils assuraient une existence privilégiée à un petit gamin qui n'avait jusque-là jamais eu de raison de se sentir chanceux. Ils étaient le lien entre mes deux vies, le tunnel secret reliant les murs nus de ma chambre de la maison-caserne aux cagettes de fruits qui abritaient une bibliothèque vivante.

En outre, les romans de Jules Verne me donnaient souvent le prétexte de poser des questions sur tout ce que j'ignorais, en histoire, en géographie, en physique, à propos des sextants, des ballons aérostatiques, des sous-marins, des routes maritimes, des exploits des découvreurs, des expériences dans les laboratoires, de tous ces savants fous et sages à la fois qui, après beaucoup d'erreurs, parvenaient aux plus grandes découvertes de leur vie. Ainsi, ces livres allaient me conduire vers d'autres livres, d'autres auteurs que j'allais découvrir avec la même avidité. Car ils me révélaient des mondes différents mais tout aussi fascinants, que je finissais par explorer avec les questions, que je posais à une femme qui savait toujours me répondre. « Je suis ennuyée, Nino, me disait-elle de temps en temps, si l'on parle tout le temps, on n'avancera jamais... » En réalité, je ne voulais pas avancer, car je ne voulais pas que cela finisse.

« Un Portugais s'étonna que, depuis leur plus tendre enfance, tous les enfants en France sachent parler français...

— Laisse-moi tranquille, merde ! »

Cet après-midi-là, tandis que Paquito traversait la cour furieux contre moi, mon père éclata de rire. Le soir même, il me dit que lorsque je dominerais bien la machine à écrire, et s'il pouvait négocier un prix raisonnable, peut-être que doña Elena pourrait également m'apprendre cette langue que les enfants français apprennent au berceau. Ses mots, qui résonnaient comme une promesse, vinrent à bout de ma résistance. Et, depuis ce jour-là, je progressai plus vite qu'auparavant, plus que jamais, à tel point qu'à l'école don Eusebio, commença à me regarder avec une certaine crainte, comme si le destin le punissait en le confrontant à un nouveau Regalito.

Lorsque l'année scolaire fut terminée, j'étais déjà capable d'écrire à une vitesse raisonnable des textes ayant du sens, de vrais mots plutôt que ces absurdes suites de lettres, qwer et poiu, que Sonsoles m'avait enseignées sans me dire, ne serait-ce qu'une fois, que l'important était d'apprendre le clavier par cœur. En sténographie, j'étais un peu plus en retard mais, de temps en temps, je prenais en note certaines phrases qu'avaient prononcées mes parents et mes sœurs pendant le repas, puis je leur montrais ensuite mon cahier pour les épater. J'espérais que mes notes de fin d'année refléteraient un progrès qui m'étonnait moi-même, mais le maître d'école se montra aussi chiche que lorsqu'il me mettait un pauvre cinq pour avoir tenté de souffler les tables de multiplication à Paquito.

« Excusez-moi, don Eusebio. »

Quelques mois auparavant, je ne me serais jamais permis de protester. Mais c'est ce que je fis tout à fait naturellement, sans en mesurer les conséquences, lorsqu'il me donna mon livret, avec une succession de mentions passables, humiliantes par rapport aux mentions bien et très bien qui fleurissaient sur tous les autres livrets.

« Je ne suis pas d'accord avec mes notes. Je ne comprends pas pourquoi vous m'avez mis cinq en histoire, car j'ai parfaitement réussi mon contrôle. »

Alors que je préparais ce contrôle, doña Elena avait pour la première fois tiré d'une cagette de fruits un de ces gros livres, reliés en cuir rouge, lisse, qui ressemblait à du velours, dont les dos étaient délicats et doux comme la peau d'un bébé.

« Tiens, m'avait-elle dit en l'ouvrant à la page exacte comme si elle connaissait le contenu par cœur. Le *Dos de Mayo*. Emporte-le si tu veux. Je suis persuadée que ce livre va non seulement t'amuser, mais aussi t'aider à mieux comprendre ce qu'il s'est passé le 2 mai 1808.

— Non, merci. Ce n'est pas la peine, je le connais très bien…

— Mais si, nigaud, prends-le ! insista-t-elle en me le mettant dans les mains. Ça va te plaire, tu verras. »

J'acceptai finalement, surtout pour ne pas la vexer, et saisis le livre avec beaucoup de précautions. D'abord parce qu'il devait valoir très cher et que je craignais de l'abîmer. Et ensuite, parce que sa lecture me semblait moins passionnante que les romans d'aventures du troisième rayon de la bibliothèque, près de l'escalier. Et enfin, car le nom de son auteur ne m'inspirait pas beaucoup. Jules Verne, lui, possédait vraiment un nom d'écrivain, beau et exotique, un nom singulier, élégant, qui ne ressemblait à aucun de ceux que j'utilisais tous les jours. Mais Benito ? Benito était un nom de journalier, ou de commerçant, car le brocanteur de mon village s'appelait justement ainsi et avoir pour nom de famille Pérez... Sans chercher plus loin, moi-même, je m'appelais Pérez...

« Je l'ai fini ! annonçai-je cependant à doña Isabel le surlendemain.

— Qu'est-ce que tu as fini ? me demanda-t-elle, tout en empilant correctement les feuilles de papier blanc afin qu'aucune ne dépasse, avec la même millimétrique méticulosité de tous les après-midi.

— *El diecinueve de marzo y el dos de Mayo*[1] », répondis-je en ayant l'impression que l'air autour de moi venait de prendre l'odeur de la poudre, du sang et de la peau parfumée des *majas*. J'entendais encore les cris des habitants, les sabots des chevaux, les pleurs des mères, les harangues des héros, le bruit des baisers avant la bataille. « Ça m'a beaucoup plu, vraiment. J'en ai eu les larmes aux yeux. Et plus d'une fois, je vous assure.

— N'est-ce pas ? fit-elle en me regardant avec un large sourire. C'est très émouvant.

— C'est... hésitai-je en choisissant les mots exacts, que je trouvai tout de suite. C'est comme un roman d'aventures, non ? Mais plus réel, plus authentique, car dans une histoire inventée, ce serait un problème que les bons perdent à la fin, n'est-ce pas ? Ça gâcherait tout. Mais ici, en sachant que les personnages ont vraiment existé, dans une ville qui a elle aussi existé, et à cette époque-là... Je ne sais pas, j'ai été très impressionné, même si ça finit mal, avec tous ces

1. Il s'agit du titre d'un livre de Benito Pérez Galdós, tout comme plus loin : *Cádiz* et *Zaragoza*.

morts. C'est pour cela que j'ai gardé le livre. Je voulais vous demander si cela ne vous dérange pas que je lise *Cádiz*.

— Bien sûr que non ! Et tu peux lire *Zaragoza* ensuite, si tu veux, ça c'est vraiment un roman d'aventures, avec Agustina en train de tirer au canon, intrépide comme un lion, ajouta-t-elle avec un éclat de rire, comme si ses propres mots l'amusaient. Des prodiges de femmes ! On sent bien qu'il aimait les femmes rebelles, dans la vie…

— De qui parlez-vous ?

— Eh bien, de don Benito, fit-elle sans prendre la peine de préciser ses noms, comme si elle prenait son café tous les après-midi avec lui. Qui veux-tu que ce soit ? »

Voilà pourquoi lorsque don Eusebio me remit mon livret, je me sentis si fort et compétent pour discuter avec lui et que je ne n'avais pas tiqué en repérant ses premiers signes extérieurs de colère.

« Parfaitement réussi ? » fit-il en faisant descendre ses lunettes sur son nez pour me lancer un regard incrédule et furieux, tandis qu'il serrait les poings, bras raides, le long de ses jambes. « Tu as l'impression d'avoir parfaitement réussi ton contrôle ?

— Oui, répondis-je avec aplomb.

— Eh bien, tu devrais me remercier, espèce d'imbécile, car j'aurais dû te faire redoubler avec un contrôle pareil, et j'ai bien failli le faire, d'ailleurs. Je n'ai jamais lu autant de sottises sur le 2 mai 1808. Le peuple en armes, les raisons des *afrancesados*[1], le

1. Espagnols profrançais qui avaient adopté les idées des Lumières.

patriotisme de Jovellanos, La Révolution française… Est-ce que j'avais posé des questions à propos de la Révolution française ?

— Non, mais Pérez Galdós explique parfaitement que la politique de Napoléon…

— Galdós ? s'étonna-t-il, au point qu'il en oublia qu'il était très fâché contre moi. Est-ce que je t'ai demandé de lire Galdós ?

— Eh bien, non. Mais… je l'ai lu.

— Eh bien, tu as mal fait ! tu m'entends ? gronda-t-il. Très mal fait !

— Je ne vois pas pourquoi, je ne crois pas…

— Parce que c'est moi qui te le dis ! Galdós, c'est rien, et Napoléon, c'est rien, et les Cortes de Cadix, c'est rien, et la Constitution de 1812, c'est rien du tout de rien du tout ! Je ne vous ai pas expliqué cela, je n'avais pas demandé cela, je… »

Pendant un moment, il se tut, tremblant de rage. Je ne savais pas comment continuer la discussion et j'évitai de l'interrompre, car je ne l'avais jamais vu si en colère. Mais, en cet instant, avec sa veste et sa blouse, transpirant comme s'il avait de la fièvre sous l'impitoyable soleil de juin, l'œil furieux, les poings serrés et les lèvres tremblant d'indignation, il n'était plus qu'un pathétique petit bonhomme, un solennel pauvre imbécile, d'autant plus imbécile qu'il se montrait solennel.

« Je ne sais pas d'où tu as tiré toutes ces bêtises, mais tu peux me remercier d'avoir déchiré ta copie, la prochaine fois je la conserverai dans un tiroir pour en parler à l'inspecteur. Je t'aurai prévenu. »

C'est cet après-midi-là, afin que je ne fasse pas d'erreurs en jugeant trop vite mon instituteur, que doña

Elena me raconta l'histoire du baccalauréat d'Elías et des pantalons de Severino el Potajillo.

« Chez les gens courageux, la peur n'est que la prise de conscience du danger, ajouta-t-elle, mais chez les lâches, c'est bien plus qu'une absence de courage. La peur exclut également la dignité, la générosité, le sentiment de justice, et parvient même à entraver l'intelligence, car elle altère la perception de la réalité et allonge les ombres de toutes les choses. Les gens lâches ont peur y compris d'eux-mêmes, et c'est bien ce qui se passe avec don Eusebio. Ce n'est pas un mauvais bougre. C'est un homme cultivé, aimable et courtois, à condition que cela ne comporte aucun danger pour lui. Mais, en même temps, c'est un lâche qui, à la moindre crise, est dominé par la peur au point de passer pour un imbécile devant un enfant de dix ans. Toi, qui es courageux, la peur doit te rendre plus intelligent, plus astucieux, plus conscient du danger que tu encours si tu continues d'exposer dans tes contrôles ce que je te raconte ici, où personne ne peut nous entendre, tu comprends ? »

J'acquiesçai et elle me sourit, comme si elle n'avait pas compris la signification de cette note injuste.

« Mais alors, et la vérité ? lui demandai-je ensuite. Que devient la vérité dans tout ça ?

— Quelle vérité ? fit-elle en continuant de sourire. Parlons du *Dos de Mayo*, par exemple… Est-ce que Manolita Malasaña a été une héroïne de cette époque, une patriote qui a lutté jusqu'à la mort contre les Français qui voulaient envahir l'Espagne ? Évidemment que oui. Et les *afrancesados* alors ? Tous ces libéraux convaincus que le mieux qui pouvait arriver à l'Espagne était que l'invasion napoléonienne en finisse une bonne fois pour toutes avec une monarchie absolue soutenue par une dynastie de despotes corrompus et à moitié idiots… ils n'étaient pas patriotes, eux, peut-être ? Ne voulaient-ils pas les meilleures choses pour leur patrie ? Bien sûr que oui. Et Jovellanos, et Quintana, et Goya, tous ces libéraux qui avaient commencé à devenir français pour abandonner ensuite l'idée, lorsqu'ils s'étaient aperçus que l'armée de Napoléon ne venait pas pour leur apporter la liberté, l'égalité et la fraternité, mais plutôt pour imposer l'ambition démesurée d'un nouveau tyran, qui ne craignait pas d'assassiner des innocents, de raser des maisons, de détruire un pays tout entier dans le seul but de l'occuper… n'ont-ils pas été les plus patriotes de tous ? Eux, qui se sont retrouvés tout seuls au milieu de nulle part avec leurs idéaux intacts, à rêver d'une liberté, d'une égalité et d'une fraternité que finalement personne ne leur a servies sur un plateau et qu'ils ont dû créer eux-mêmes à travers l'exemple de leur propre vie ? »

Nous en étions restés à ce 2 mai et, même si les événements de cette journée de 1808 étaient loin, doña Elena ne put retenir ses larmes.

« Excuse-moi, fit-elle en s'essuyant rapidement le visage. Ce que je voulais dire, c'est que la vérité doit toujours rester toute la vérité, et pas seulement la partie qui nous arrange. La vérité, c'est ce qui s'est passé et dont nous sommes fiers, bien entendu, mais aussi ce qui s'est passé et dont nous sommes moins fiers, c'est-à-dire le reste, ce que nous aurions à tout prix voulu éviter. Pour accepter cela, il faut également être courageux, et comme don Eusebio ne l'est pas, il n'admet pas la part de vérité qui concerne les hommes comme Jovellanos, pas parce qu'il ne l'apprécie pas, mais parce qu'il sait que l'admettre pourrait être dangereux. Cependant même les gens les plus courageux, les plus justes et les plus honnêtes accordent la réalité avec ce qu'ils pensent être bien et ce qu'ils pensent être mal, avec ce qu'ils désirent et ce qu'ils craignent, avec ce en quoi ils croient et ce qu'ils détestent. Et, ce faisant, ils construisent leur propre vérité.

— Car le bien et le mal ne sont pas la même chose pour tout le monde », dis-je en réfléchissant à voix haute. Mais doña Elena me répondit de façon tout à fait inattendue.

« Tu as parfaitement raison. Au fait, Nino, à présent que les vacances scolaires sont arrivées... Tu ne veux pas prendre de vacances, toi aussi ? »

Si j'avais répondu oui, tout aurait continué ainsi pour quelque temps, peut-être pour toujours ? Si j'avais répondu oui, la vérité aurait continué à être tout au plus un sujet de conversation intéressant pour les après-midi paresseux de cet été-là. Si j'avais répondu oui, peut-être aurais-je pu continuer à vivre dans cette bulle fragile et rose qui flottait de cours en cours, de livre en livre, sur une cordillère hérissée d'épines qui la convoitait, mettant en évidence le regard de pierre de Catalina, l'indignation pathétique de don Eusebio, les précautions exacerbées de mon père et la rigueur du calendrier. Les notes sur mon livret furent un premier avertissement, mais je n'avais pas voulu en tenir compte, car pendant la parenthèse dorée de ce printemps, je m'étais habitué à vivre comme si je n'habitais pas à la maison-caserne de Fuensanta de Martos, en plein mois de juin 1948.

Pourtant c'était bien à cette époque-là que je vivais et, qui plus est, chez les gardes civils. Retranché derrière mon modeste bonheur, le temps et l'espace m'épiaient en permanence, mine de rien, attendant la moindre occasion pour me soumettre, pour me mettre au pied du mur et venir à bout de mes rêves.

Parmi toutes les réponses que j'ai données dans ma vie, aucune n'a été aussi erronée, aussi triste que celle-là.

« Non », répondis-je.

Bien entendu je n'avais que dix ans, je ne pouvais pas savoir ces choses.

« Je préfère continuer à prendre des cours.

— Tu en es sûr ?

— Oui. »

La vérité doit toujours être toute la vérité, et pas seulement la partie qui nous arrange. Le 25 juin, il ne se passa rien à Fuensanta de Martos. Les gars de la montagne ne se firent pas remarquer, ceux de la vallée firent comme s'ils ne les connaissaient pas et les gardes civils se contentèrent de vaquer à leurs occupations. Le facteur aussi. Et c'est pour cette raison – parce qu'il s'agissait d'une enveloppe officielle, d'une enveloppe qui portait l'en-tête de la Capitainerie générale de La Corogne – qu'avant de commencer sa tournée de l'après-midi il grimpa jusqu'à la ferme des Rubio, exprès pour la remettre à Catalina. À l'intérieur, il y avait un feuillet tapé à la machine qui annonçait, de quelques phrases sèches et concises, la mort de Francisco Rubio Martín, originaire de Fuensanta de Martos, province de Jaén, fils de Lucas et de Catalina, âgé de vingt-huit ans, lequel ne portait aucun papier sur lui, car il était entré illégalement en

Espagne. On y précisait que, dans l'après-midi du 19 juin 1948, celui-ci conduisait une automobile qui n'avait pas répondu aux sommations d'un poste de contrôle de la garde civile installé sur la route, à la sortie de Barco de Valdeorras, en direction de Ponferrada. Dans l'échange de coups de feu qui s'était ensuivi, on avait constaté la mort d'un garde civil et de trois des occupants du véhicule, le susnommé Francisco Rubio Martín et deux bandits, connus des services de police, originaires de la province d'Orense. Le quatrième occupant, grièvement blessé, avait pu révéler le nom de ses camarades avant de tenter de s'enfuir et d'être abattu de plusieurs balles dans le dos par les autorités.

« Ceux-là, on n'aura au moins plus besoin de leur courir derrière… »

Francisco Rubio, qui avait rendu sa mère heureuse à peine quinze jours auparavant en lui envoyant une lettre depuis Toulouse contenant une photographie de ses noces, était retourné en Espagne juste après son mariage pour s'en aller mourir aux confins de la Péninsule, dans un paysage vert, humide et doux, que personne n'avait jamais foulé dans sa famille. C'était peut-être la première fois qu'il se rendait là-bas. Peut-être avait-il franchi les Pyrénées à travers champs, ou peut-être était-il arrivé comme un chef, en voiture ou par le train, avec de faux papiers français, espagnols ou d'une autre nationalité. En tout cas, il était retourné au pays avec un pistolet en poche, une voiture, suffisamment d'argent et la mission d'exfiltrer vers la France trois guérilleros galiciens. Et il avait agi comme s'y était pris un autre camarade, avec un autre accent, un autre passeport, un autre pistolet, une autre automobile, ainsi qu'un autre portefeuille rempli d'argent en vigueur, pour l'exfiltrer lui-même de la Sierra Sud, un an et demi auparavant. Voilà le temps qu'avait duré la chance de Francisco Rubio : un an et demi.

Il a fait ce qu'il devait faire, maman, avait écrit son frère Anselmo à Catalina lorsqu'il avait pris connaissance de la nouvelle. Mais ce n'était pas le facteur qui avait apporté sa lettre à lui, sans en-tête, ni timbre, ni expéditeur. *Il ne pouvait pas refuser d'aider des camarades qui se trouvaient en danger et qui pouvaient mettre en danger bien d'autres personnes s'ils tombaient. Il n'a pas hésité une seconde devant cette mission. Il savait que c'était son devoir et il l'a rempli. Tu peux être fière de lui, car il est mort pour la liberté de l'Espagne, en combattant, en héros du peuple, ainsi qu'il a toujours vécu, maman…*

Cette lettre avait adouci le deuil de Catalina, l'avait aidée à ravaler l'amertume d'une mort aussi cruelle que celle de son autre fils Nicolás, la mort capricieuse d'un survivant, d'un être élu, choisi pour vivre, d'un homme qui aurait pu rester en France ou émigrer en Amérique, qui aurait pu profiter de sa lune de miel, trouver un emploi, avoir des enfants et une vie heureuse, et mourir de vieillesse entouré de gamins dans un grand lit aux draps propres, d'un homme qui avait gâché le cadeau de sa propre vie dans une dernière action de générosité ou de folie. Francisco Rubio était arrivé très haut dans l'organigramme politique de la guérilla. Voilà pourquoi, mais aussi parce que sa tête était mise à prix, il avait eu le privilège de faire partie de cette exfiltration organisée, appuyée du dehors. C'était par ailleurs une garantie dont peu de guérilleros pouvaient se targuer, qui s'étaient sentis seuls, à un moment ou à un autre, abandonnés par la direction du Parti pour lequel ils travaillaient, avaient quotidiennement risqué leur peau et allaient désormais refuser de prendre des risques après cette nuit, où ils allaient se mettre en route, en croisant les doigts, pour tenter de rejoindre la France en comptant exclusivement sur eux-mêmes, sans l'aide de quiconque. Mais cela n'avait pas été le cas pour Francisco. Francisco, lui, commandait, à tel point qu'il parvint aussi à organiser la fuite d'Anselmo en France. Les mêmes raisons, qui gardaient à présent son petit frère sain et sauf à Toulouse, l'avaient poussé, lui, à revenir en Espagne pour y mourir.

Avec le temps, Catalina choisirait la version du seul Rubio qui restait, en France, la générosité plutôt que la folie, l'héroïsme d'un autre de ses fils, engagé dans une cause noble et sans avenir et, le 25 juin 1948, alors que j'étais arrivé à la vieille maisonnette par le chemin de derrière et que je l'avais trouvée déserte, Catalina n'avait encore reçu qu'une lettre de son fils demeuré en France, et rien, même pas l'ensemble des six enfants et petits-enfants encore vivants, ne pouvait compenser la mort du fils qu'elle venait de perdre.

Mais moi, je l'ignorais. Je n'avais pas non plus la moindre idée de ce qui était en train de se passer à la ferme des Rubio. Le deuxième jour où j'étais allé chez doña Elena, celle-ci m'avait expliqué que, de temps en temps, il lui fallait aller aider Catalina, l'accompagner chez le médecin ou faire des démarches, mais qu'elle s'arrangerait pour libérer nos heures de cours ou pour me prévenir auparavant de son absence en le disant à Pepe el Portugués. Elle m'avait également précisé qu'il me fallait toujours bien observer un buisson de thym qui poussait juste au bord des marches menant chez elle. Un foulard noué à l'une des branches signifierait qu'elle avait dû sortir, qu'elle n'avait pas eu le temps de me prévenir et que ce n'était pas la peine que je l'attende, car notre rendez-vous était automatiquement remis au lendemain, à la même heure. Cela s'était d'ailleurs déjà produit à deux reprises. Mais, le 25 juin 1948, j'eus beau regarder, je ne vis pas le moindre foulard blanc attaché à la branche de ce buisson. La porte de la vieille maisonnette était fermée à clé et cependant, en commençant à descendre vers la ferme, je m'aperçus que les volets étaient restés ouverts et c'est pour cette raison que, même si personne ne m'avait jamais dit de le faire, j'avais trouvé plus simple de me rendre directement chez Catalina pour demander ce qui se passait.

Je n'y étais jamais retourné depuis que Pepe el Portugués m'y avait accompagné la première fois. Nous étions montés ensemble de nombreux autres après-midi, mais moi, je bifurquais toujours avant d'atteindre la ferme des Rubio et prenais un raccourci qui débouchait sur le sentier menant directement à la vieille maisonnette. Puis je retournais chez moi, seul ou avec Pepe, en passant par la descente qui donnait derrière. Cet après-midi-là, en revanche, je refis à l'envers le chemin sur lequel doña Elena m'avait mené, après m'avoir invité à goûter des bugnes et de la citronnade. J'étais arrivé à la ferme de Catalina sans croiser qui que ce soit. J'avais cependant entendu des cris, puis une rumeur confuse de plaintes et de pleurs qui venait du devant de la maison. Ce bruit aurait dû m'inciter à la prudence. Mais cela ne m'effleura même pas, car j'allais juste demander si l'on savait où était passé mon professeur, et que, parce que j'étais un ami de Pepe el Portugués, j'étais certain d'être bien accueilli. Mais, lorsque je compris que je m'étais trompé, il était déjà trop tard.

Je ne vis pas ce qui se passait dans l'entrée avant de pénétrer à l'intérieur. Mes pieds se clouèrent sur place, mes yeux furent incapables de rendre leurs regards à ceux qui venaient de se tourner vers moi. Ensuite, tout se passa très vite, mais à présent, moi, je ne peux m'en souvenir que lentement, comme si le temps s'était suspendu dans ma mémoire, pour progresser de détail en détail, se bousculant dans une succession d'images, violentes comme des coups, et tellement brûlées par le soleil qu'on pourrait les confondre avec une vieille collection de photographies.

Je me souviens des yeux de Chica, humides et rouges d'avoir tant pleuré, je me souviens de la façon dont ils s'étaient écarquillés en croisant mon regard, et de leur expression changeante, qui alla pendant une seconde de la surprise à la peur, et de la peur à la prudence. Je me souviens que Chica était appuyée contre le mur, du côté par lequel j'étais entré, et c'est la raison pour laquelle je l'avais aperçue en premier. Toutes les femmes de la ferme étaient là. Manoli assise sur un fauteuil à bascule avec Pedrito sur les genoux. Paula près de la porte, immobile, abandonnée contre le corps de Pepe el Portugués, qui l'entourait de ses bras comme s'il avait peur qu'elle tombe. Et enfin Catalina assise au centre de la banquette en osier, elle-même au centre du petit monde de la ferme… Catalina très pâle, la tête rejetée en arrière sur le dossier, jambes écartées et bras ouverts, les mains mollement posées sur ses genoux, une lettre froissée sur son giron. Catalina immobile et vide, froide, exsangue comme morte. Doña Elena assise à côté d'elle et Filo de l'autre. Toutes les deux observaient ses yeux humides, rouges d'avoir tant pleuré, avec leurs propres yeux rougis par les pleurs, aussi humides que ceux de Manoli, que ceux de Paula, que ceux d'Elenita qui, en me voyant, cacha son visage dans la robe de sa grand-mère pour achever de composer une scène parfaite de désolation, quasi théâtrale. On aurait dit que des acteurs et des actrices étaient en train de jouer une pièce ou de poser pour un tableau. Telle une *Mater dolorosa*, éplorée, Catalina semblait sans vie entre son amie et sa fille. Ces deux dernières pleurant pour celle-ci et pour elles-mêmes, pour celle-ci et pour les autres. Et les autres justement pleuraient ces mêmes larmes personnelles et étrangères, prodigues et égoïstes, généreuses et inutiles. J'aperçus tout cela à la fois jusqu'à ce que Catalina ouvre la bouche. Je n'avais jamais assisté à une telle scène. Je n'avais jamais vu autant de tristesse en si peu d'espace, autant d'intensité, autant d'excès. Puis Catalina pointa son doigt dans ma direction, tandis que son petit-fils Blas avançait vers moi. Il avait douze ans et avait déjà cessé de pleurer.

« Que fait-il ici, celui-là ? » Alors je compris que je ne me trouvais pas devant une peinture ni une photographie. Je compris que ce n'était pas du théâtre non plus. Ni un film. Car Catalina, le doigt toujours pointé sur moi, répéta la question de son petit-fils.

« Que fait-il ici, celui-là ? »

Puis Filo ferma les yeux, doña Elena secoua la tête en me faisant signe de partir, Blas fit un autre pas en avant et Pepe traversa l'entrée sans lâcher Paula, en la tenant toujours dans ses bras, comme un otage.

« Je vous ai dit que je ne voulais jamais plus le revoir ! »

Catalina continuait de parler d'un ton sec, précis, très lentement, prononçant toutes les consonnes, avec un calme inhabituel.

« Je vous l'ai dit ou ne vous l'ai-je pas dit ? »

J'aurais dû partir à toute vitesse. J'aurais dû obéir à toutes ces têtes qui me faisaient des signes muets, qui bougeaient en rythme de gauche à droite, de haut en bas, pour me supplier, pour me prier, pour m'ordonner de partir. Les têtes de Doña Elena, de Paula, de Filo et de Pepe el Portugués. J'aurais dû quitter cet endroit. Mais Catalina parlait sur un ton presque hypnotique. Elle prononçait chaque mot lentement. Tout était suspendu, très calme. J'avais l'impression que mes pieds étaient cloués dans l'épaisseur du plancher. Je ne pouvais pas soupçonner les risques que je prenais, le prix que j'allais devoir payer chaque seconde de cette immobilité.

« Je vous ai dit que je ne voulais plus jamais le revoir. »

La phrase ne résonna pas comme la première fois. Cette fois, Catalina me regardait comme si elle tentait de me transpercer de ses yeux.

« Je vous ai prévenus, je vous l'ai clairement dit. Ne vous l'ai-je pas dit ? »

Elle serrait les dents comme pour pétrifier chaque syllabe qui sortait de sa bouche.

« Je vous ai dit que je n'aimais pas qu'il vienne dans les parages. »

Elle forçait sur ses genoux avec ses mains, comme si elle voulait les enfoncer dans le sol.

« Je vous ai dit que je n'aimais pas ça et je n'aime toujours pas ça, vous comprenez ? »

Elle se leva et me sembla soudain bien plus grande qu'auparavant, plus grande que jamais, effroyablement immense et puissante, comme si elle était bien plus qu'une simple femme.

« Je vous ai dit que je n'aimais pas son argent, que nous n'avons pas besoin de l'argent d'un...

— Tais-toi, Catalina ! » s'exclama alors doña Elena en se levant à son tour. Puis si pâle, si petite, si soignée, si bien peignée, elle s'approcha d'elle, et la prit par le bras.

« Je n'ai pas l'intention de me taire ! »

Catalina Rubio l'écarta de la main – peut-être lui fit-elle mal –, mais doña Elena insista encore :

« Si, tu vas te taire. »

Et doña Elena me regarda à nouveau, en me suppliant :

« Va-t'en, Nino, va-t'en s'il te plaît ! Va-t'en, va-t'en à la fin. »

Il y avait une telle angoisse dans sa voix, dans ses yeux, que sans savoir encore exactement ce qui allait se passer, je finis par comprendre. Mes pieds, mes jambes obéirent à cette injonction désespérée et bénéfique qui arriva très tard, trop tard, et je me mis à marcher sans très bien savoir où j'allais. Et, au lieu de retourner d'où je venais, je pris le chemin principal, alors que mon cœur battait à toute allure comme s'il voulait se préparer à ce qui allait se passer. Mais il sembla que rien n'allait se passer. D'ailleurs, pendant un moment, il ne se passa rien. Puis j'entendis à nouveau la voix de Catalina, sa voix feignant toujours une sérénité qu'elle ne pouvait pas ressentir, tandis qu'elle prononçait parfaitement chaque mot :

« C'est ça, va-t'en tranquillement, car ici personne ne va te tirer dans le dos, comme ton père l'a fait à Fernando el Pesetilla… »

Le sol s'ouvrit sous mes pieds, voilà ce que je ressentis, que la terre s'ouvrait et que je tombais, tombais, tombais, parmi les pierres incandescentes qui brûlaient à l'extérieur et à l'intérieur de moi. Mes yeux se fermèrent, mes paupières se pressèrent comme si elles n'allaient jamais plus se décoller. Je sentis de la chaleur, un feu sans flammes, un feu effrayant, minéral, métallique, un feu informe et absolu qui me mordait, me brûlait jusqu'aux os, tentait de me dévorer tout entier.

« Je ne comprends pas comment tu peux te comporter ainsi, Catalina. »

Très loin, sur les berges tiédies de cet abîme semblable à l'enfer, j'entendis la voix de doña Elena.

« Je ne comprends pas comment tu peux être aussi dure, aussi cruelle. »

Si elle ne s'adressait pas à moi, cette voix parlait de moi.

« Ce n'est qu'un gamin, tu ne le vois donc pas ? »

Cette voix me renvoyait à une réalité dont je n'avais pas encore réussi à me défaire.

« Ce n'est qu'un gamin, il n'est responsable de rien, et j'ai beaucoup de peine pour lui ! »

Et cette réalité, c'était Fuensanta de Martos, en 1948, un endroit d'où j'étais obligé d'écouter la diction parfaitement soignée de Catalina qui disait :

« J'ai eu neuf enfants, tu le sais ? »

Car je n'avais pas le choix, je n'avais aucun chemin, aucune porte, aucun trou par où échapper à la vérité.

« J'ai élevé neuf enfants, je les ai vus grandir, devenir des hommes, voilà la vérité, toute la vérité, et pas seulement la partie de la vérité qui nous arrange. Et sais-tu pourquoi je les ai élevés ?

La première personne que j'aperçus en rouvrant les yeux ce fut Blas tout près de moi, rouge de colère, respirant bruyamment.

« En tout cas, je ne l'ai pas fait pour que des fils de pute comme le père de celui-ci me les tuent au fur et à mesure. »

Catalina continuait à appuyer toutes ses consonnes avec un soin exquis comme si la haine aiguisait le bout de sa langue.

« Alors ne viens pas à présent me raconter que ce n'est qu'un gamin. C'est le fils d'un assassin. Et lorsqu'il sera plus grand, ce sera un assassin comme son père.

— Je ne comprends pas comment tu peux te conduire ainsi, Catalina. » La voix de doña Elena était plus enrouée, sourde, presque opaque. « Je ne comprends pas que tu ne te rendes pas compte que tu es injuste, cruelle, comme eux. »

Alors j'entendis ma propre voix et le son qui sortit de ma gorge me surprit, comme si j'avais un moment pensé ne plus jamais l'entendre, comme si j'avais pensé l'avoir perdue pour toujours pendant mon fabuleux voyage dans les profondeurs.

« Mon père n'est pas un assassin, dis-je.

— Ah bon ! ce n'est pas un assassin ? Eh bien, demande-le à Carmela, allez vas-y. » Catalina me parlait à moi. « Demande-lui qui en a fait une malheureuse veuve. »

Je haussai le ton, relevai la tête pour la regarder.

« Mon père n'est pas un assassin », et je le répétai en hurlant : « Ce n'est pas un assassin, ce n'est pas un assassin, ce n'est pas un assassin !... »

Jusqu'à ce que Blas m'envoyât rouler par terre d'un coup de poing.

« Si, c'est un assassin ! »

Et il me donna un autre coup de poing, et je le lui rendis. Puis des bras plus costauds nous séparèrent.

« Ça suffit ! » fit Pepe el Portugués en tentant de me retenir, tandis que je m'enfuyais en courant.

« Nino ! »

Je courus et courus sans jamais m'arrêter pour tourner la tête.

« Nino ! attends-moi ! »

Et je continuai à courir, je courus jusqu'à la croisée des chemins et je courus ensuite, car je ne pouvais rien faire d'autre, je ne pouvais que courir, courir jusqu'à tomber d'épuisement devant la vérité, qui était plus rapide que moi, qui était plus forte que moi et qui m'avait rattrapé.

« Que s'est-il passé, mon chéri ? me demanda ma mère affolée en me voyant arriver, le visage amoché, la chemise froissée, les jambes toutes griffées. Qu'as-tu fait ?

— Rien, répondis-je, sans la regarder dans les yeux. Je suis revenu en courant et je suis tombé.

— C'est bien sûr, ça ?

— Oui.

— Et ton cours, alors ? Il n'est pas cinq heures de l'après-midi encore.

— Doña Elena n'était pas là. Elle a dû avoir un empêchement, je suppose. »

Je savais qu'elle ne me croyait pas. Elle nettoya mes blessures, les soigna et n'ajouta rien, mais moi j'avais vu qu'elle n'avait pas été dupe. Ensuite, je lui dis que j'allais me coucher, que je ne dînerais pas, ce soir-là, que j'avais très mal au ventre. Elle me regarda, hocha la tête et m'observa. Je pus lire dans ses yeux qu'elle avait tout compris, que, sans avoir besoin de savoir exactement ce qui s'était passé cet après-midi, elle savait que j'avais découvert qu'ici on ne faisait pas de quartier.

Qu'à Fuensanta de Martos, dans la Sierra Sud, dans la province de Jaén, dans toute l'Andalousie et toute l'Espagne, il n'y avait aucune pitié, qu'il n'y avait ni espoir ni avenir pour un gamin tel que moi, qu'on ne faisait pas de quartier.

La rivière me sembla moins tumultueuse, plus trouble. Les arbres poussiéreux ressemblaient à de vieilles bûches, et les rayons du soleil filtrant entre les branches pour dessiner des ombres de lumière à la surface de l'eau, à un truc bon marché, sans le moindre charme.

« Tu veux qu'on s'assoie ici ? »

Pepe el Portugués me regarda et je haussai les épaules. Ça m'était égal. Tout m'était égal, et je n'avais même pas envie d'ouvrir la bouche pour le dire clairement, mais lorsqu'il s'assit, je pris place à son côté.

« Tu ne vas plus m'adresser la parole de ta vie ? »

Lorsqu'il était venu me chercher, il y avait plus d'un jour que je ne parlais à personne, sauf à ma mère, qui entrait de temps en temps dans ma chambre pour me demander comment j'allais. Je me prenais le ventre à deux mains, adoptais une mine de malade et lui disais que je me sentais très mal. Je ne mentais pas. Je me sentais extrêmement mal, pire que je ne m'étais jamais senti, car le coup que j'avais reçu n'était rien en comparaison de ce qui avait suivi, à la destruction foudroyante, radicale, de tout ce qui m'entourait, à la mort prématurée de tout ce qui avait germé en moi, qui avait poussé et mûri grâce à la joie de ce printemps. Voilà ce qui me faisait le plus mal tandis que je passais des heures allongé sur mon lit, à regarder le plafond, comme si c'était un miroir qui me reflétait de l'intérieur, qui me montrait l'idiot que j'étais et qui n'avait pas su rester à sa place, l'idiot qui n'avait pas su comprendre quel était son devoir, l'idiot qui avait défié le temps et l'espace pour choisir un chemin illusoire, irréel, une vie en marge des feuillets du calendrier. Voilà comment je me sentais, vide, creux de l'intérieur.

« Tu ne vas plus me parler de ta vie ? me demanda à nouveau Pepe el Portugués en me donnant un coup de coude pour me forcer à le regarder.

— Non, fis-je en observant à nouveau la rivière. Nous ne devrions même pas nous trouver ensemble, ici.

— Pourquoi ? » insista-t-il. Et je le connaissais si bien que je n'eus pas besoin de voir son visage pour deviner qu'il était en train de sourire. « Nous sommes amis, non ?

— Non. Nous ne le sommes plus.

— Et pour quelle raison ? demanda-t-il à nouveau. Parce que Paula me plaît et que tu es le fils d'un garde civil ?

— Exactement. »

Il éclata de rire et se tourna vers moi. Il me prit par les épaules, m'obligea à le regarder. En le voyant, les cheveux brûlés par le soleil, la peau bronzée, les dents extrêmement blanches et une incisive cassée en biseau, comme la lame d'un couteau, afin de compléter le modèle de l'homme que j'aurais aimé être un jour, je sentis de la nostalgie pour tout ce que j'étais sur le point de perdre : Jules Verne, doña Elena, une foule infinie de questions et de réponses, la véritable raison des cinq que me mettait don Eusebio, certains coudes de la rivière où il suffisait de plonger l'épuisette pour ramasser un tas d'écrevisses, les sandwichs de pain à la tomate, et tout le reste, une petite maison sur le flanc de la montagne, avec un potager, une petite oliveraie, quelques animaux, quelques amis, et très peu de choses, bien rangées, pour que tout semblât propre sans jamais avoir été nettoyé. Voilà tout ce que j'allais perdre, tout ce que j'étais déjà en train de perdre, et j'avais mal au cœur rien que d'y penser. Voilà pourquoi je ne voulais songer à rien, parler de rien, ni avec lui ni avec personne.

« Eh bien, si c'est tout ce que tu as compris, Nino, me dit-il en ricanant, c'est que tu n'as vraiment rien compris. »

Ce n'était pas la première fois qu'il s'adressait à moi comme s'il lisait dans mes pensées, mais j'étais persuadé que rien de ce qu'il me dirait cet après-midi-là ne pourrait me convaincre. Je fus sur le point de le lui dire clairement, de lui demander de me ficher la paix, car mon père avait tué Pesetilla en lui tirant dans le dos et que cela était rédhibitoire. La vérité, c'est aussi ce qui a vraiment eu lieu, même si nous n'aimons pas ça, même si nous aurions donné n'importe quoi pour avoir pu l'éviter. J'aurais donné n'importe quoi pour avoir pu éviter cette mort, mais il n'y avait pas de solution et je ne voyais qu'un seul chemin à prendre, pour moi.

Il me fallait apprendre à penser, à parler, à appeler les choses par leur nom. Il me fallait apprendre qu'un garde civil nommé Antonino Pérez s'était contenté d'appliquer la loi des fuyards à un délinquant qui tentait de s'échapper, et que son fils Elías s'était enfui dans la montagne après avoir manqué de respect à l'instituteur, car il n'était rien d'autre qu'un délinquant lui aussi. Il me fallait apprendre que les femmes qui vendaient des œufs à la sauvette étaient des délinquantes, tout comme ceux qui les achetaient, comme l'étaient ceux qui ramassaient du spart dans la montagne, ceux qui en faisaient des nattes, ceux qui trafiquaient avec cette matière en sachant parfaitement que c'était interdit. C'était la seule façon pour moi de pouvoir apprendre ensuite que Cencerro avait été un délinquant, même si c'était l'homme le plus intelligent, le plus fort, le plus courageux, qu'un idiot tel que moi avait fini par admirer. Que sa femme aussi avait été une délinquante pour l'avoir aimé, pour avoir fait l'amour avec lui, pour avoir dit la vérité sur l'enfant qu'elle attendait de lui. Ses amis étaient aussi des délinquants, ses frères, ses voisins pour l'avoir protégé. Les taverniers étaient des délinquants, pour faire semblant d'avoir perdu les billets qui portaient sa signature lorsque les gardes civils les leur demandaient. Cuelloduro était un délinquant, pour payer une tournée chaque fois qu'il en trouvait un, ainsi que ses habitués qui acceptaient de boire avec lui tout en chantant en chœur *La Vache laitière*. Fernanda Pesetilla était une délinquante pour ne pas avoir voulu trahir son mari. Sa mère était une autre délinquante pour s'être habillée en deuil et avoir étendu son linge de deuil sur le balcon chaque fois qu'on avait tué un bandit, et eux, les hommes de la montagne, étaient plus délinquants que tous les autres, même lorsqu'un *requeté* s'était mis à danser sur le cadavre de Crispín.

Il me fallait apprendre tout cela, il fallait que je me mette dans la tête pour toujours que les mouchards étaient des citoyens exemplaires, tout comme les traîtres étaient d'exemplaires partisans de la légalité, que les lâches étaient des personnes calmes et honnêtes, aimant la paix et l'ordre. Voilà tout ce que je devais penser, même si je ne le comprenais pas, même si je ne le sentais pas, même si le penser me répugnait, et il me fallait aussi admettre que la vérité est justement cette partie de la vérité qui nous arrange, et comme aucun livre n'allait pouvoir m'apprendre ce genre de chose, il me faudrait également cesser de lire.

« Si ton père avait refusé de tirer sur Pesetilla, me dit Pepe qui était venu pour parler avec moi et comptait bien le faire malgré mes silences, on aurait convoqué un conseil de guerre et on l'aurait jugé pour insubordination. Il est fort possible qu'il aurait été condamné à mort. Peut-être l'aurait-on exécuté. Peut-être pas. Mais, dans ce cas, il serait à présent dans une prison militaire, en train de purger une très longue peine, vingt, trente ans. Et ta mère habiterait un appartement loué, sans pension, sans ressources, sans avoir droit à rien. Elle devrait se tuer à la tâche afin que Pepa puisse tant bien que mal avoir à manger tous les jours et afin d'apporter un colis à ton père en prison. Dans le meilleur des cas, Dulce serait domestique chez une famille, et toi sûrement en train de travailler dans une ferme, de te lever à quatre heures du matin pour donner à manger aux mules, de gagner juste de quoi te nourrir toi-même et en remerciant tes patrons par-dessus le marché. »

Il dit tout cela d'un trait et resta là, à m'observer. Il ne souriait plus et ne se moquait plus de moi.

Lorsque je le regardai à mon tour, je m'aperçus que je ne l'avais jamais vu aussi sérieux, mais je ne fus pas encore capable de lui répondre.

« Ton père n'est pas un assassin, Nino. Il faut que tu comprennes ça. La mort de Pesetilla a été un assassinat, mais ton père n'est pas un assassin, il n'a pas tué parce qu'il l'a décidé lui-même, il n'a pas agi de son propre chef. On lui a donné un ordre et il a obéi. Il a obéi parce qu'il savait tout ce que je viens de te raconter, parce qu'il a pensé à tout ça, il a fait ses calculs, ses comptes, et il a tiré.

— Comment le sais-tu ? » lui demandai-je.

Et je m'aperçus de l'horreur que j'étais en train de faire, car Pepe défendait apparemment mon père et moi je questionnais ses arguments, mais ce qui avait eu lieu était bien trop surdimensionné pour moi, et je ne savais comment traiter cette affaire, comment l'interpréter, comment éventuellement la pardonner et la charger sur mes épaules pour la traîner toute ma vie.

« Comment peux-tu savoir ce qu'a pensé mon père à ce moment-là, ce qu'il...

— Je sais beaucoup de choses, Nino, m'interrompit-il. Ne me demande pas pourquoi je les sais, car je ne te le dirai pas, mais je sais beaucoup de choses. Par exemple que deux frères de ta mère ont été fusillés à Almería, en avril 1930. Et que ton grand-père et deux frères et deux cousins de ton père ont été fusillés à peu près à la même date devant le mur du cimetière de Castillo de Locubín. C'est là qu'on conduisait tous les gars de Valdepeñas. Ils l'ont fait si vite que ton père n'a pas eu le temps de le savoir, il n'a rien pu faire pour l'éviter, car ceux qui ont tué ton grand-père ne savaient pas qu'un de ses fils portait le même uniforme qu'eux. C'est lui qui m'a raconté tout cela l'après-midi où il est venu me demander que je vous aide, que je dise à tout le monde que je t'avais engagé pour que personne ne soupçonne la vérité, si on t'apercevait près de la ferme de Catalina. Je ne comprenais pas pourquoi il craignait à ce point que cela se sache ni pourquoi il n'osait pas demander une avance de cent trente pesetas, pourquoi il ne pouvait demander cela à personne. C'est lui qui me l'a expliqué, qui m'a raconté ce qui s'est passé à la fin de la guerre. Et c'est pour cette raison qu'il n'a jamais voulu retourner à Valdepeñas, et qu'il sait qu'il n'en aura jamais fini, comme Romero, ou comme Carmona, qu'il sera le prochain, et qu'on ne lui concédera jamais une mutation pour autant qu'il ne cesse de postuler. Ils préfèrent lui rendre les choses difficiles, le garder ici, sous surveillance, au cas où il trébucherait, car ils ne parviennent pas à lui faire totalement confiance. Et il le sait. Ton père est devenu garde civil parce que le 18 juillet 1936 il se trouvait dans un village où le soulèvement franquiste a triomphé, parce que là-bas personne ne connaissait les antécédents de sa famille, ni ceux de la famille de sa femme, parce qu'il s'est alors dit que s'engager était la meilleure façon qu'il ne vous arrive rien à vous si un jour cela se savait, et aussi parce qu'il a fait toute la guerre dans le camp qui l'a gagnée. Si ton père avait été dans son village ce jour-là… Bon, c'était un journalier sans terre, et tous les journaliers sans terre ont lutté dans le même camp. »

Il fit une pause et demeura un instant pensif, comme s'il avait besoin de temps pour choisir ses mots avec soin, mais moi qui ne parvenais pas à comprendre encore les conséquences de ces révélations, j'avais avancé le seul renseignement que je possédais.

« Ils ont lutté dans le camp qui a perdu la guerre.

— Oui, mais lui, il l'a gagnée. Il l'a gagnée contre ses parents, contre ses frères, contre ses cousins. Il l'a gagnée, mais il est possible, en tout cas c'est ce que je pense, qu'il aurait préféré la perdre. Il l'a gagnée et on l'a muté ici, à deux pas de Valdepeñas de Jaén, où tous les habitants se souviennent des Carajita, où tous les habitants savent qu'ils étaient membres du syndicat des journaliers et que toute la famille a voté pour le Front populaire. Ton grand-père Manuel était de plus, et pour son malheur, un ami intime de Pelegrín, le maire à vie, tu n'as jamais entendu parler de lui ?

— Oui, mais… »

J'étais déconcerté à tel point que je ne pus poursuivre. Je n'avais cessé d'entendre parler du maire à vie, car mon père s'y référait sans arrêt. Ça, c'était du temps du maire à vie, disait-il, tout comme ma mère parlait de la tarare, des années et de l'époque de la tarare, comme s'il s'agissait du pléistocène, une ère lointaine, préhistorique, qui n'avait d'autre rôle que d'y reléguer désormais toutes les choses anciennes, les bals, les chansons, les traditions perdues. Voilà ce qu'était le maire à vie pour moi.

« Oui, j'en ai entendu parler, tentai-je d'expliquer pour faire disparaître l'air interrogateur qui arquait les sourcils de Pepe. Mais je pensais que c'était une expression, une façon de parler… Mon père le cite souvent lorsqu'il se réfère au passé, il dit toujours : à l'époque du maire à vie… Je n'ai jamais pensé qu'il existait quelqu'un qui s'était appelé ainsi dans la réalité.

— Eh bien, il a existé, dit Pepe en souriant. Bon, et il continue à exister, même si je ne sais si l'on peut appeler vie ce qui reste de ce pauvre homme… Mais, au moins, il est vivant, ça c'est sûr. Je l'ai connu dans des temps meilleurs, et ça ne fait pas si longtemps, je t'assure… Pelegrín Martos Peinado était le maire le plus célèbre de toute la province de Jaén, car il fut le seul maire du Front populaire qui resta en fonctions du jour où il a remporté les élections jusqu'à la fin de la guerre. Ça ne fait pas tant de temps que cela, il ne faut pas croire. Un peu plus de trois ans. Mais comme dans le coin tous les autres avaient duré à peine deux jours, les gens commencèrent à l'appeler ainsi : le maire à vie. Aucun comité n'a jamais osé le destituer. Ils n'ont même pas tenté de le faire. Et lorsque les franquistes ont gagné, il s'est habillé en maire, avec son costume et sa cravate, s'est rendu à la mairie, comme tous les jours, a pris place sur sa chaise, et a attendu qu'on vienne l'arrêter. Les concitoyens le respectaient beaucoup. Ils l'appréciaient également car, à part avoir fondé le parti socialiste à Valdepeñas, il jouait très bien du violon, et comme dans ce village tous les habitants sont musiciens… me dit-il en souriant. Ça, tu le sais, n'est-ce pas ? »

Effectivement je le savais, je l'avais toujours su, même si je ne m'étais jamais demandé pourquoi. Les villages de la Sierra Sud étaient si isolés, si enfoncés chacun dans sa vallée, qu'ils avaient fini par développer des habitudes qui leur étaient propres, parfois même opposées à celles d'autres villages distants d'à peine dix kilomètres. Ainsi, à Alcalá la Real on zézayait, à Castillo de Locubín on « sessayait », et ceux qui « s'originaient » à Valdepeñas de Jaén – car là-bas on s'arrangeait pour parler l'espagnol correctement sans jamais utiliser le verbe être – savaient jouer d'un instrument.

« Ton grand-père était anarchiste, continua à me raconter Pepe el Portugués, comme si c'était l'histoire de sa famille et pas celle de la mienne. Mais il fréquentait Pelegrín depuis qu'il était petit et ils jouaient ensemble, dans les mariages, dans les fêtes, et même tout seuls. Les après-midi, ils se retrouvaient pour le simple plaisir de jouer de la musique, le maire avec son violon, ton grand-père avec son accordéon, et un autre garçon, qu'on appelait Silbido, *Sifflement*, avec une flûte traversière, de bonne qualité, en métal... une de ces flûtes qui se jouent sur le côté, précisa-t-il en prenant entre ses mains un instrument imaginaire. Tu vois ce que je veux dire ? » Je hochai la tête sans pouvoir lui préciser que mon père m'avait quelquefois expliqué comment on jouait de ces flûtes que personne n'avait jamais vues dans mon village. « Voilà pourquoi lorsque la guerre a été finie ils n'ont pas réfléchi à deux fois. Ils ont arrêté Pelegrín et l'ont emprisonné pour le juger en public, parce que tout le monde le connaissait, c'était un symbole de la République, et ils avaient besoin de faire des photographies pour les publier dans les journaux. C'est ça qui lui a sauvé la vie, car il a été condamné à mort, mais ils ont refusé de le tuer. Ils ont préféré l'humilier pour toujours, le garder en prison, pour en faire un exemple. Alors ils ont commué sa condamnation en peine de prison à vie et il est toujours là-bas, et il restera là jusqu'à sa mort, qui ne va pas tarder, je crois, pour poser tous les ans devant les photographes avec son uniforme de bagnard. Mais Silbido et ton grand-père... eux, ils les ont exécutés sans jugement, à toute vitesse. Ils les ont obligés à jouer des pasodobles dans la rue, jusqu'à la place du village, puis ils les ont embarqués dans un camion, et personne ne les a plus jamais revus. Quelqu'un a par la suite raconté qu'ils avaient continué à jouer jusqu'à la fin, qu'ils sont morts les instruments à la main. »

Pepe el Portugués se tut, me regarda, et je ne sus que dire, que penser, que croire, que retenir et qu'oublier. Mais il n'avait pas encore fini et n'avait donc pas besoin que je lui réponde.

« Et le soir où quelqu'un – et ça c'est la seule chose que j'ignore, la seule chose que je ne saurai jamais sans doute – s'est rendu à la caserne pour dénoncer Regalito, pour dire qu'il cachait des armes dans son grenier, ton père n'avait encore jamais tué personne, alors ce fut son tour d'abattre Pesetilla. C'est le lieutenant qui a décidé que c'était lui qui devait l'abattre, comme Carmona avait abattu Chapines, comme Romero avait abattu Fingenegocios, comme lui-même avait abattu Laureano lorsque ce fut son tour. C'était le meilleur moyen de s'assurer de sa loyauté, de le rendre complice des autres, de le convaincre qu'il ne parviendrait jamais à quitter le navire sur lequel la guerre l'avait fait embarquer. C'était le seul moyen de le transformer en assassin, oui, mais par force, car il était un Carajita, il était toujours un Carajita, fils et petit-fils des Carajita. Et il ne pouvait pas choisir de ne pas tuer Pesetilla sans risquer d'être abattu lui-même. Tu comprends à présent, Nino ? Ton père n'a pas tué par plaisir, ni par goût, ni parce qu'il était convaincu que Fernando Pesetilla devait mourir. Ton père a tué car il ne pouvait pas refuser de tuer, il a tué parce qu'il était mort de peur.

— Mais il l'a... » Et c'est seulement à cet instant que je réussis à raisonner à nouveau par moi-même. « Si ça s'était passé comme tu dis, si des types de son camp avaient fusillé des membres de sa famille, de ma famille... », dis-je. Un frisson me parcourut le corps lorsque je compris le sens de cet adjectif possessif. Moi aussi j'étais un Carajita, même si je venais d'entendre ce nom pour la première fois. « Il aurait pu quitter le corps des gardes civils, non ? Il aurait pu faire un autre travail, déménager quelque part où personne ne le connaissait, où...

— Oui, m'interrompit Pepe el Portugués qui continuait à réfléchir bien plus rapidement que moi. Oui, il aurait pu faire ce que tu dis, bien entendu, mais c'est difficile tu sais ! Prendre une telle décision est très difficile, car l'Espagne est devenue un pays d'assassins et d'assassinés, un pays où l'on arrête les gens pour un oui pour un non, et où on les torture après les avoir arrêtés, puis on les tue, ou pas, selon le bon vouloir de celui qui commande dans chaque endroit. L'Espagne est devenue un pays où il n'y a plus de tribunaux dignes de ce nom, ni de juges impartiaux, ni d'avocats qui défendent vraiment les accusés, ni droits, ni garanties, rien, seulement des fosses ouvertes près des murs des cimetières. » Il s'arrêta et me regarda d'un air circonspect, réfléchissant à ce qu'il allait ajouter. « La guerre n'est pas finie, tu comprends ? Nous sommes encore en guerre, et les gens continuent à lutter dans le camp où ils se sont retrouvés. Lorsque Catalina Rubio dit que la garde civile est un nid d'assassins, elle a raison, car on a également fusillé son mari, et on vient de lui tuer son fils. Mais elle n'aurait jamais dû te dire que ton père est un assassin, car ce n'est pas un assassin. Si ton père avait eu le choix, il aurait opté pour une vie différente, mais en Espagne plus personne ne peut choisir sa propre vie.

— Dans ces conditions, nous ne devrions pas être ensemble, ici. »

Ce que je ressentis, c'est que Pepe el Portugués avait fait un très grand tour pour arriver à cette conclusion qui m'avait anéanti en quelques secondes ; il m'avait révélé des histoires que j'aurais dû savoir et que personne n'avait voulu me raconter pour ne pas me conduire à une impasse, à un point de non-retour, à un puits profond et noir, aux parois lisses, nues, sans prises pour pouvoir grimper vers la lumière. À présent, en effet, je comprenais mieux certaines choses. Je comprenais pourquoi ma mère s'acharnait à protéger Elías à sa façon, je comprenais pourquoi mon père était retourné chez nous en pleurant ce soir-là, et pourquoi ma mère avait mis tant d'années à nous conduire à son village, pourquoi mon père ne nous y avait jamais accompagnés, pourquoi mes cousins d'Almería m'avaient volé mes chaussures, pourquoi un inconnu au sourire tordu m'avait dit, devant la porte d'une église, qu'il était heureux de ne pas être mon père, et la détresse de ma propre maison, la tragédie de ne pas pouvoir pleurer, de ne pas pouvoir parler, de ne pas pouvoir partager avec qui que ce soit la mémoire d'un père, de trois frères morts, la tragique obligation de tout ravaler, les larmes, les mots, la culpabilité, tout à l'intérieur de soi, toujours à l'intérieur, mon père et ma mère chuchotant lorsque nous étions près d'eux, se donnant de petits coups sur les lèvres avec l'index, et tais-toi, Mercedes, on pourrait t'entendre, et tais-toi, Antonino, quelqu'un pourrait t'entendre, cette mauvaise vie, sordide, malsaine comme un souterrain humide, sans ventilation, où fleurissait la moisissure d'une peur perpétuelle, le grumeau poussiéreux et gris, qui obstruait leur bouche afin que les secrets les rongent de l'intérieur, afin qu'ils perforent leur gorge, leur estomac, leurs intestins, car les mots tus blessent, frappent, piquent, brûlent, détruisent les tissus du corps et de l'esprit. Mais cela ne changeait rien. Je pouvais tout à fait accepter la version de Pepe el Portugués, je pouvais même l'en remercier, comprendre mon père, et aussi le plaindre, être convaincu qu'il avait tué un homme désarmé en lui tirant dans le dos en légitime défense, qu'il l'avait fait pour lui et pour nous, pour sa survie, pour notre bien-être. Mais en Espagne personne ne pouvait choisir sa propre vie, c'est Pepe lui-même qui l'avait dit, et cela était devenu mon pari, mon erreur, ma tragédie.

Cependant, il sourit à nouveau en m'écoutant. Ensuite, il choisit un caillou plat, le jeta à la rivière, et lorsqu'il le vit faire quatre bonds, avant de plonger définitivement dans l'eau, il se figea et m'observa calmement.

« Cela ne dépend que de toi, Nino, c'est à toi de décider. Il te faudra penser à la façon dont tu as envie de vivre à partir de maintenant et bien penser aux conséquences, n'est-ce pas ?

— Je ne comprends pas ce que tu veux dire, Pepe », lui répondis-je. Et c'était vrai que je ne comprenais pas les mots qu'il disait, à peine comprenais-je les miens, je ne savais que penser, que dire, que faire à ce moment précis, ni pour le reste de ma vie.

« Écoute... Prendre des décisions dans une situation comme la nôtre, la tienne, la mienne, est une chose extrêmement difficile, je te l'ai déjà dit tout à l'heure. Car tu es un fils de garde civil et tu vas prendre des cours trois fois par semaine chez une femme dont plusieurs camarades de ton père viennent d'abattre un des fils. Et parce que tu n'as pas eu de chance, Nino, aucun n'en a eu. Francisco Rubio moins que personne, mais... Si hier tu n'avais pas eu cours, si Elena s'était rappelé de te prévenir avant pour que tu ne montes pas, si tu étais arrivé deux heures avant ou après la minute où tu t'es présenté, si tu étais parti au lieu de rester planté là, comme un imbécile, ou si j'avais pu deviner ce qui allait se passer, au lieu de rester près de la porte, à te regarder, aussi stupéfait que toi, eh bien... il ne se serait rien passé, n'est-ce pas ? Nous serions là, assis, en train de pêcher, de prendre des écrevisses, de nous baigner ou de faire les imbéciles, de façon insouciante.

— Oui, mais ça s'est passé, dis-je sans savoir pourquoi à ce moment-là mes yeux se remplirent de larmes.

— Ça s'est passé, oui... » Il s'approcha de moi, me prit par les épaules et me serra un instant contre lui, avant de continuer à parler ; je compris alors qu'il me donnait l'accolade et que c'était la première fois qu'il le faisait. « Et c'est une saloperie, Nino, une énorme saloperie ce qui t'arrive, ne va pas croire que je ne m'en suis pas aperçu. Car tu n'es encore qu'un enfant, car tu n'as que dix ans, tu ne savais rien de tout cela, et tu n'es responsable de rien. Tu ne méritais pas ce qui s'est passé, mais ça s'est passé. C'est vrai. Et à présent il te faut penser à toi et aux autres.

— À toi… risquai-je, car je ne comprenais pas encore où il voulait en venir.

— Non, pas à moi, me lança-t-il et il se remit à sourire et à se comporter comme d'habitude. Moi, je n'ai rien à voir avec tout cela. Moi, j'aime bien Paula, oui, et j'aime bien être avec toi, tout comme j'aimais bien être avec mes neveux, à Torreperogil, et si tu décides de ne plus être mon ami, eh bien… tu me manqueras lorsque je serai seul, ici, près de la rivière, et rien de pire ne pourra m'arriver. Cependant, si tu dis à ton père que tu ne veux jamais plus revenir à la ferme des Rubio, il va se demander pourquoi. Il te le demandera à toi et, à un moment ou à un autre, il saura ce qui s'est passé. Il se sentira très mal, pire que jamais, car il n'a pas tué Pesetilla par plaisir, je te l'ai déjà dit, il n'est pas fier de l'avoir tué, et je suis persuadé qu'il se sent coupable même s'il doit se dire qu'il n'a fait qu'accomplir son devoir, et même si tuer les gens en leur tirant dans le dos est à présent devenu le devoir de nombreux Espagnols. Mais il aurait préféré ne pas le faire, et surtout, que tu ne l'apprennes jamais, et il se sentira mal, si effondré qu'il est fort possible qu'il cherche à se venger de Catalina, à perquisitionner sa maison tous les jours, à la harceler, à l'humilier, à lui rendre la vie impossible… Il peut le faire, tu le sais parfaitement, et certains de ses camarades prendraient un malin plaisir à collaborer avec lui sans poser de questions, ça aussi tu le sais. Et peut-être que tu penses que Catalina mérite bien ça... étant donné qu'elle a été si méchante avec toi, elle mérite peut-être que tu lui rendes la monnaie de sa pièce... Mais le problème c'est que Chica et Paula et Filo et Manoli et ses enfants, et Elena et sa petite-fille vont payer elles aussi, car elles habitent toutes sous le même toit, tu le sais bien, et elles vivent toutes la même situation. Mais ce que je viens de te dire n'est pas le plus important, Nino. »

Il fit une pause pour m'observer et je soutins tant bien que mal son regard. Je n'avais jamais remarqué qu'il était si grand, ni que j'étais moi-même si petit, si chétif, si incapable de soutenir l'immense charge qu'on venait de placer sur mes épaules, qui me pesait déjà tant, tel un fardeau insupportable, un rocher aussi lourd que celui que le vieux Grec avait été condamné à porter par les dieux, pour l'éternité. Un vieux Grec dont je ne me souvenais plus le nom, bien que doña Elena me l'eût souvent répété lorsqu'elle m'avait raconté son histoire.

« À présent, il te faut surtout penser à toi, dit-il d'une voix forte, aussi implacablement que s'il me regardait du haut de l'Olympe. C'est très important. Que va-t-il se passer avec toi ? Quel genre d'individu veux-tu devenir ? Vas-tu respecter la volonté de ceux qui commandent, ou vas-tu être capable de ne pas le faire ? En Espagne, il existe des gens qui pensent que les choses sont comme elles doivent être, que les gardes civils n'ont pas à rendre compte de leurs agissements, qu'il n'est nul besoin d'un jugement pour décider si une personne est coupable ou pas, qu'on doit respecter toutes les lois, y compris si elles sont injustes. D'autres personnes, bien plus nombreuses d'ailleurs, ne pensent pas cela, mais elles n'osent pas le dire ouvertement parce qu'elles ont peur. Elles aimeraient habiter dans un pays différent, avec des lois différentes, une police différente qui remplirait un autre genre de devoir. Mais elles courbent l'échine et se taisent pour qu'il ne leur arrive rien de mal, car elles savent ce qui peut leur arriver, et à quel point il peut être dangereux de contredire ceux qui exercent le pouvoir. Et il existe encore quelques autres personnes, pas beaucoup, qui pensent par elles-mêmes et disent ce qu'elles pensent, et agissent en accord avec leurs idées. Et ce n'est pas qu'elles ne connaissent pas les risques qu'elles prennent, mais elles pensent cependant que cela vaut la peine de prendre ces risques. Et toi ? »

Il fit une autre pause et m'observa à nouveau attentivement, avec une intensité que je pensais n'avoir inspirée à personne. Mais je ne lui répondis pas, parce que je savais qu'il allait me donner lui-même la réponse à toutes ses questions.

« Quel genre d'individu vas-tu être ? À qui souhaites-tu ressembler ? C'est ce qui est le plus important, car en cet instant tu peux décider du sort de nombreuses personnes – de celui de ton père, de ta mère, également de celui de tes sœurs et de tous les Rubio. Et ça fait beaucoup pour un enfant de dix ans, je le sais, ça fait même trop. Mais le pire, c'est que tu ne vas pas toujours avoir dix ans, Nino. L'année prochaine, tu en auras onze, et la suivante douze, et par la suite vingt, et après vingt-cinq, et tous les jours de ces années, et de celles qui viendront après, tu vas te souvenir de la décision que tu vas prendre maintenant. Tu t'en réjouiras ou tu t'en repentiras. Et tu vas être ce genre de personne : ou un homme courageux qui, à dix ans, fut capable de garder un terrible secret, qui fit contre mauvaise fortune bon cœur, et serra les dents, et poursuivit son chemin pour ne pas enfoncer son père, sa mère, cinq femmes qui ne le méritaient pas et une qui sans doute l'avait bien cherché, ou un homme lâche, qui a préféré pleurnicher, se lamenter sur lui-même, se cacher dans sa chambre en prétendant avoir mal au ventre, sans nuire à personne, mais sans rien faire non plus pour ne pas leur nuire. Voilà ce à quoi tu dois bien réfléchir, Nino.

— Oui, mais maintenant… fis-je en remarquant une ombre soucieuse dans ses yeux qui m'émut autant que ses mots. Maintenant j'ai envie de pleurer. »

Alors Pepe el Portugués me prit à nouveau dans ses bras et je m'y abandonnai pour pleurer. Je pleurai pendant un long moment, sans me demander pourquoi, pour qui est-ce que je pleurais, en sachant cependant que je pleurais pour moi et pour mon père, pour ma mère qui ne retournerait jamais plus à Almería, et pour mon père, pour mon grand-père Manuel el Carajita et pour mon père, pour Fernando el Pesetilla et pour mon père, pour les oncles que je n'avais jamais connus et pour mon père, pour mon père, pour mon père, pour mon père qui était un assassin et un pauvre homme, un assassin et un brave homme, un assassin et un malheureux, un assassin et sa propre victime, un assassin sans la moindre trace de l'homme heureux qui souriait sur la vieille photographie en noir et blanc du bon temps qui ne reviendrait jamais. Je pleurai, et pendant que je pleurais, je crus ne penser à rien. Cependant j'eus le temps de penser à de nombreuses choses avant d'en avoir assez de pleurer. Je me dis que ce n'était pas si facile de décider, qu'il était plus facile de faire semblant, que j'avais passé toute ma vie à faire semblant, à mentir, à me mentir à moi-même et aux autres depuis que Dulce m'avait appris à mentir pour moi, et pour elle, et pour Pepa. Depuis qu'elle m'avait raconté que les cris qui nous réveillaient la nuit n'étaient pas les vrais cris de vraies personnes, mais de faux cris d'acteurs et d'actrices qui hurlaient dans un film. Ce n'était pas si difficile de décider, car mon père, ma mère savaient mentir sur l'instant, sans hésiter, sans s'en faire, « rendors-toi ce n'était rien, tu as dû faire un cauchemar », et ils souriaient, « eh bien tu n'as qu'à laisser partir tes camarades, ils doivent avoir des choses à faire, leur mère doit les appeler », et ils souriaient. C'était facile de sourire, facile de mentir, de faire semblant, de cacher la vérité aux autres, de se la cacher à soi-même. « Vous êtes privés de sortie, même dans la cour. Et pourquoi ? Parce que c'est comme ça ! » Toute ma vie, j'avais entendu la même chose, j'avais dit la même chose, j'avais fait la même chose. Ce n'était pas difficile. Il n'était pas difficile non plus de comprendre que nous avions une vie de merde, une vie moche, rude, pestilentielle, au sein de laquelle je savais cependant exister, car depuis ma naissance je n'avais rien fait d'autre que d'apprendre à exister dans ma vie de merde.

Décider n'était donc pas si difficile. Lorsque j'en eus assez de pleurer, je m'écartai de Pepe el Portugués, sans lever la tête, je m'essuyai le visage avec les mains avant de revenir vers lui. Et je compris que lorsqu'il m'avait demandé à qui je voulais ressembler, il connaissait déjà la réponse.

« Tu vas aller voir Paula, tout à l'heure ?

— Eh bien je n'avais pas prévu d'y aller... murmura-t-il d'une voix encore méfiante. Pourquoi me demandes-tu ça ?

— Pour que tu dises à doña Elena que demain, à cinq heures, j'irai là-haut. »

Pepe el Portugués sourit et ferma les yeux un instant. Puis son corps se relâcha, ses épaules retombèrent, ainsi que ses bras, son dos, de façon si imperceptible que je ne suis pas certain de l'avoir vraiment vu. En revanche, je suis sûr de l'avoir détecté, de l'avoir saisi par les cheveux du bout de mes doigts imaginaires, comme si son immédiate et brève transformation venait d'activer un nouveau sens en moi, une faculté inconnue et différente de toutes celles que j'avais cru avoir jusqu'à présent.

« Bon, eh bien, allons-nous-en », dit-il en parlant comme d'habitude, en souriant comme d'habitude, en me regardant comme d'habitude et en me donnant même une tape dans le dos comme il avait l'habitude de le faire chaque fois qu'il était content de moi. Et je savais qu'il était heureux pour moi, mais il y avait autre chose que je ne parvenais pas à déceler. « Je t'accompagne jusqu'à la croisée des chemins et puis je continue vers le haut, d'accord ?

— D'accord ! »

Et je me levai, secouai mes pantalons, et nous commençâmes à marcher côte à côte au même rythme. Je continuai toutefois à me demander si ma réponse l'avait soulagé plus qu'il ne voulait le montrer, et pourquoi dans ce cas dissimulait-il ses sentiments. Qu'est-ce qui était en réalité en jeu lorsqu'il était venu me voir à la maison cet après-midi-là, à part mon propre avenir ? C'est-à-dire l'horizon immédiat de mes dix ans et demi, le territoire lointain qu'avait colonisé un homme nommé Antonino Pérez Ríos dont j'ignorais encore tout, sauf le nom. Moi, j'avais confiance en Pepe et je savais parfaitement qu'il était inquiet pour moi, de la même façon que moi je m'étais déjà inquiété pour lui. Car à Fuensanta de Martos, en 1948, l'inquiétude était le critère le plus significatif du degré d'amitié et d'affection envers quelqu'un. Mais je ne parvenais pas à éloigner de moi ce sentiment qu'il y avait quelque chose d'autre, un autre intérêt dissimulé derrière ce discours impeccable, si bien construit, si bien structuré et si savamment dosé du début à la fin. Alors, un bref instant, je soupçonnai Pepe de ne pas m'avoir tout raconté, sans réussir à donner une forme, ne serait-ce qu'approximative, à ce soupçon, car Pepe bouscula immédiatement toutes les limites de mon imagination.

« Mais qu'il soit bien clair que je monte à la ferme rien que pour toi. Je ne te dis pas ce que je vais prendre si Paula est là-haut et qu'elle me voit arriver ! » lança-t-il car il savait comment s'y prendre pour faire parler les gens, les distraire, les désorienter, et parvenir à ce qu'ils ne s'intéressent qu'à ce qui lui convenait. « Je ne sais pas si tu te rends compte, mais voilà dix jours qu'elle ne m'adresse plus la parole.

— Vraiment ? » fis-je, mais il savait que, malgré tout, j'allais me rendre compte qu'en effet cela faisait plus d'une semaine que nous n'étions plus montés ensemble à la ferme. « Pourtant, avant-hier, lorsque je vous ai vus dans l'entrée, on n'aurait pas dit… Vous étiez enlacés et tout ça, non ?

— Oui, avant-hier, oui, parce que son frère était mort. Dès que je l'ai su, je suis monté tout de suite, et ç'a été une sorte de trêve. Mais hier elle a remis ça. Et après ça, vous direz que vous n'êtes pas mauvaises langues, dans le pays ici ! » Il savait raconter à chacun ce qu'il aimait entendre à un moment précis, sans jamais dire un mot de plus que nécessaire. « Le mois dernier, lorsque je suis allé à Jaén pour acheter de la nourriture pour les animaux, je n'avais pas l'intention de m'attarder. Vraiment, je n'y avais même pas réfléchi… Mais, dans le magasin, j'ai rencontré un gars de mon village qui a insisté pour me payer un verre, c'est normal, non ? Et puis j'ai dû remettre ma tournée, pour ne pas faire le radin. Et finalement d'une tournée à l'autre, et vas-y que je te remets ça, tu sais comment ça se passe, nous nous sommes retrouvés à pas d'heure dans un bar des faubourgs qui avait l'air tout à fait correct… Oui, bon, disons plus ou moins correct, parce qu'à l'intérieur, il y avait de ces filles… Houlà, tu aurais dû voir ça ! Bien sûr qu'il vaut mieux… Non, il vaut mieux que je ne te raconte pas cette histoire.

— Mais qu'est-ce que j'aurais dû voir, Pepe ? dis-je, car il savait s'y prendre pour tenir son interlocuteur en haleine, pour qu'il morde à l'hameçon.

— Non, tu es trop petit », ajouta-t-il. Il savait très bien tirer sur la ficelle, juste ce qu'il fallait.

« Mais je ne suis pas petit, merde alors ! » fis-je ensuite car il savait garder sa proie bien accrochée après l'avoir ferrée, la bouche hors de l'eau, le temps qu'il fallait. « Ça ne se fait pas, Pepe. Lorsqu'on commence à raconter une histoire, on la finit.

— Oui, c'est vrai. » Il savait que, lorsqu'il tirait une dernière fois le fil vers lui, il lui fallait se jeter à l'eau. « Tu as raison, je l'avoue, mais il faut me promettre de ne pas raconter ça à quelqu'un d'autre ensuite, d'accord ?

— Je te le promets », répondis-je. Et tout le reste, mon père, mon grand-père et Pesetilla commencèrent à s'éloigner, à devenir plus pâles, plus petits, plus brumeux sans que je m'en aperçoive vraiment.

« Oui, eh bien il y avait une femme blonde au bar, tu sais ! Elle avait des courbes, on aurait dit un bateau pneumatique, cette salope, dit-il en se mettant à la dessiner avec ses mains, et moi je n'avais plus de mémoire, ni de tête, ni d'attention pour autre chose qui ne contînt pas dans le creux de la paume de ses mains. Elle avait un cul comme ça, mais comme ça, je te le jure ! Comme une énorme poire, poursuivit-il en tendant ses doigts vers l'avant pour caresser la silhouette de ce fruit impossible. Et des nichons comme deux sacs de sable, fermes et doux en même temps, élastiques, ronds, ajouta-t-il en courbant ses doigts vers le haut comme s'ils supportaient un poids imaginaire. Superbes, vraiment, et des jambes... Bref, elle m'a invité à danser et, bien entendu, moi, j'ai été obligé d'accepter, et elle s'est tout de suite collée à moi... Comme une sangsue, je t'assure, et elle se déhanchait très lentement. Elle me serrait tellement que je sentais toutes ses formes, et soudain elle a glissé sa jambe entre mes cuisses, je te le jure, Nino. Moi je ne lui avais rien fait et elle a glissé sa jambe, puis elle a commencé à la faire bouger, et... Que voulais-tu que je fasse ? Ce n'était pas ma faute, non ? Eh bien j'ai fait ce que je devais faire, voilà ce que j'ai fait... Et je ne vais pas te raconter ça, parce que tu es trop petit, mais en partant... Devine qui j'ai croisé, accoudé au comptoir, en partant ?

— Tu as couché avec elle ? » Et je songeai que même Paquito, qui se vantait sans arrêt, ne savait pas très bien en quoi cela consistait, en revanche, moi, je savais que de toutes les choses qu'on peut faire avec une femme, la plus importante est de coucher avec elle.

« Ne me pose pas cette question. C'est moi qui t'ai posé une question en premier, d'accord ? Qui penses-tu que j'ai croisé, accoudé au comptoir, en partant ? me demanda-t-il à nouveau tandis que je secouais la tête. J'ai croisé Putisanto, *Pute-et-Saint* ! Ni plus ni moins que lui, que dis-tu de ça ? »

J'avais alors éclaté de rire sans pouvoir m'arrêter, pendant un long moment, au point que j'en avais eu très mal au ventre. Plié en deux, j'imaginais la rencontre entre Pepe el Portugués et Emeterio Putisanto, le très fervent sacristain, celui qui promenait le plus de scapulaires, le plus d'images pieuses, le plus de médailles dans les lits des bordels de toute la province de Jaén.

« Et ne voilà-t-il pas que Putisanto qui passe sa vie du local de la confrérie au bordel et du bordel à la confrérie, m'expliquait-il en grossissant le trait et en continuant à agiter les mains. Qui, lorsqu'il paie les filles, leur met une petite gravure de la Vierge entre les billets, qui ne sait qu'aller de procession en procession, de jour comme de nuit, avec les pantalons remontés ou les pantalons en accordéon aux chevilles, car il ne sait faire que ça, ce fils de pute... Qu'a-t-il donc à voir avec Paula ? Où peuvent-ils donc s'être rencontrés ? Nulle part, n'est-ce pas ? Car il n'a pas pu raconter ça à sa femme, il n'a pas intérêt, je suppose, alors... Bon, eh bien, quoi qu'il en soit, Paula l'a appris !

— Vraiment ? dis-je en continuant à rire tout en m'apercevant que lui ne trouvait pas ça très marrant.

— Si je trouve le gars qui lui a raconté ça, je lui arrache les couilles à vif, je te le jure », fit-il. Je riais tellement qu'il me regarda et ne put s'empêcher de s'esclaffer avec moi. « Bref, lundi dernier, je suis monté jusqu'à la ferme pour lui rendre visite, comme si de rien n'était et dès qu'elle m'a aperçu dans la montée… Pfft ! Elle est rentrée dans la maison. Et Filo, qui se trouvait à l'entrée, a dit en me voyant : “Tiens regarde, le copain de Putisanto, attention, Pepe, ne te trompe pas à nouveau de porte aujourd'hui…”

— Et tu es parti, bien sûr.

— Qui, moi ? fit-il en pointant son doigt sur sa poitrine. Pas du tout. Je suis rentré. J'ai été plutôt téméraire, d'accord… et cela n'a servi à rien, voilà la vérité. Mais je suis rentré tout de même, je suis allé la chercher. Que se passe-t-il, Paula ? que je lui ai demandé en faisant un visage d'ange. Qu'est-ce que ça signifie ce que m'a raconté Filo à propos de Putisanto ? Elle était en train de plier du linge comme si de rien n'était, mais elle a brusquement laissé tomber son panier par terre et s'est jetée sur moi. Je vais te tuer, salaud ! Voilà ce qu'elle m'a dit, et ensuite elle a énuméré tous les jurons qu'elle connaît, le catalogue en entier, de A à Z…

— Et toi, qu'est-ce que tu as fait ? Tu lui as demandé pardon ?

— Moi ? fit-il, tout en arquant les sourcils, comme si ma question l'avait conduit aux dernières limites de la perplexité. Pas question. Moi, j'ai tout nié en bloc, mais absolument tout, du début à la fin, il n'aurait plus manqué que ça… Je lui ai dit que c'était faux, que je n'avais jamais croisé Putisanto nulle part, que ce devait être quelqu'un d'autre qui me ressemblait. Mais elle insistait, je te dis que oui, que oui et que oui, qu'on s'est dit bonjour et tout. Et moi j'avais insisté à mon tour, que bien entendu c'était l'autre qui avait dû lui répondre bonjour, que si Putisanto l'avait salué en premier, que voulait-elle que l'autre ait fait ? Il a répondu bonjour, et un point c'est tout. Et que moi je n'étais pas là, je ne savais rien, je n'avais rien fait avec une blonde, et non, non et non. » Il répétait en me désignant du doigt et en le secouant pour souligner ce qu'il allait dire. « Il faut toujours dire non aux femmes, Nino. Il faut tout nier en bloc, toujours, tout, souviens-toi bien de ce que je te dis, même si tu te fais prendre la main dans le sac, tu nies, et si on te dit, mais je t'ai vu ! tu réponds que non, tu ne m'as pas vu, et si on te dit, mais j'étais là ! toi tu dis non, que tu n'étais pas là... C'est un des petits frères de mon père qui m'a appris ça lorsque j'avais ton âge, et ça a toujours marché. Il faut toujours tout nier en bloc, dire non, non et non, car en plus ensuite, les femmes t'en savent gré... Bien sûr Paula est difficile à tromper, d'abord parce qu'elle est comme elle est, et ensuite parce qu'elle est devenue femme sans avoir de père, sans un homme à la maison, comme ses sœurs. Elle n'avait que quatorze ans lorsqu'ils ont tué Rubio. Entre ça et le caractère de sa mère, et vu que personne ne l'a jamais mise au pas, eh bien... C'est devenu un fauve. Oui, une vraie bête féroce ! Mais que veux-tu que je te dise ? C'est lorsqu'elle se met dans cet état que je la préfère, elle me rend fou. Voilà pourquoi ce jour-là, lorsqu'elle a eu fini de m'insulter copieusement, je lui ai emprisonné les bras en les maintenant bien comme il faut, puis j'ai commencé à l'embrasser, et je lui ai dit la vérité. Je lui ai expliqué que, de toute ma vie, aucune autre fille ne m'avait plu plus du quart qu'elle me plaisait elle-même. Mais elle était tellement en colère que, lorsqu'elle s'est aperçue qu'elle ne pouvait pas se libérer, elle s'est mise à hurler, Chica, apporte-moi les ciseaux à poisson, je vais lui couper la bite en rondelles à celui-là ! Ne sois pas si bestiale, Paula, que je lui ai dit. Qu'est-ce que tu vas faire après si tu me coupes la bite. Mais rien, il n'y a pas eu moyen. Alors, je me suis dit, on va attendre quelques jours, pour voir si elle s'adoucit un peu. Je suis donc resté trois jours sans monter à la ferme. Et lorsque je suis revenu, Chica est sortie devant la porte, les mains sur les hanches et m'a averti, si j'étais à ta place je n'entrerais pas, Pepe. Je suis entré tout de même, et… houlà ! Pire que trois jours avant, inutile de te raconter. Puis il y a eu le malheur de son frère, et là je me suis dit qu'elle avait dû finir par oublier Putisanto. Bref, ce matin-là, je suis à nouveau monté à la ferme pour lui apporter un paquet de cigarettes, car Paula aime fumer, tu sais, même si sa mère le lui interdit, elle adore ça, et j'achète toujours des cigarettes pour elle lorsque j'en achète pour moi, mais elle avait mis les ciseaux à poisson dans la poche de son tablier, et elle les a brandis dès qu'elle m'a aperçu. Qu'est-ce que tu veux ? m'a-t-elle demandé, en les ouvrant puis en les refermant. Car en plus tu veux quelque chose ? J'ai essayé de lui parler, de la raisonner, je lui ai dit que nous savions, l'un comme l'autre, qu'elle me pardonnerait tôt ou tard, que cela n'avait pas de sens de me faire attendre si longtemps, mais elle a commencé à hurler, et Catalina est sortie pour me mettre dehors en disant, en hurlant également, que tout le monde était en deuil dans cette maison. Elle avait raison, bien entendu. Alors voilà… dit Pepe en tirant un paquet de cigarettes tout neuf de la poche de sa chemise. Il est encore là, et le pire c'est qu'à ce rythme-là je vais bientôt finir par le fumer moi-même. »

Voilà un moment que nous avions atteint la croisée des chemins, et j'étais resté là, debout, à écouter Pepe el Portugués. Cependant, le paquet qu'il tenait encore entre ses doigts avait mis un point final à la dernière histoire de cet après-midi.

« Donne-moi ça, lui dis-je en tendant la main. Donne-le-moi et je le donnerai à doña Elena demain, pour qu'elle le remette à Paula de ta part.

— C'est une bonne idée, fit-il tandis que ses yeux s'illuminaient immédiatement d'un éclat de malice. Et demande-lui également de lui expliquer que je suis dans un terrible état de détresse, hein ? Raconte-lui que je vais mal, que je suis très pâle, que je ne parle plus, ne mange plus, que je marche en traînant des pieds… Raconte-lui que je suis sur le point de tomber malade, tu t'en souviendras, n'est-ce pas ?

— Bien sûr, répondis-je en enfonçant le paquet de cigarettes dans ma poche, en éclatant de rire et commençant à prendre le chemin du retour.

— Demain, je viendrai t'attendre à la croisée des chemins et tu me raconteras ce qui s'est passé, d'accord ? me lança Pepe el Portugués, toujours debout au milieu du sentier, souriant de ses dents si blanches. Il est important que tu n'aies pas peur d'exagérer mon état de détresse…

— Bien sûr. » Et je me mis à marcher à reculons, sans cesser de le regarder. « Je peux lui dire que tu es en train de mourir, si tu veux.

— Mais c'est vrai que je vais très mal ! Je te le jure, Nino, sérieusement… La blonde du bar était super bonne, mais moi je vais de plus en plus mal depuis… »

En m'engageant dans la première courbe du chemin, je ne le vis plus, mais je pus encore entendre ce qu'il disait.

« C'est vrai que je vais très mal, de plus en plus mal... »

Et lorsque j'ai croisé mon père et Romero, à hauteur des premières maisons du village, je riais encore.

« Eh bien, dis donc, mon fils, quel bonheur de voir que tu as récupéré ! dit-il avec son sourire de brave homme, avant de m'embrasser sur la joue. On dirait que tu t'es tout à fait remis ?

— Oui, fis-je en l'embrassant à mon tour et le reste vint facilement. Je n'ai plus mal au ventre.

— Va savoir ce que tu as mangé, toute la journée en train de vagabonder par-ci par-là, le long de la rivière. Tu as dû nous faire une indigestion de mûres trop vertes et puis... »

Lorsque nous arrivâmes chez nous, chaque chose se trouvait à sa place, comme d'habitude. Dans la cour, Dulce chuchotait en compagnie d'Encarnita. Ma mère, en tablier, tournait une purée de légumes qui alternait invariablement avec de la ratatouille ou de la soupe à l'ail, en dépit du climat et des saisons. Et Pepa m'attendait afin que je l'aide à coller des images dans son album. Et lorsque nous nous sommes sali les mains avec la colle, nous les avons essuyées sur notre visage et avons beaucoup ri. Ma mère s'est fâchée et nous avons ri de plus belle. Lorsque nous avons eu fini de nous laver à l'évier de la cuisine, il était déjà l'heure de dîner, et nous avons dîné. Puis nous sommes allés nous coucher, et j'ai lu très longtemps ce soir-là. Mais je ne suis pas parvenu à débarquer en Inde avec Phileas Fogg car, quelques pages avant d'y arriver, Dulce m'a demandé d'éteindre la lumière en prétendant qu'avec moi il n'y avait pas moyen de s'endormir dans cette maison.

Alors j'ai tenté de mettre à profit l'obscurité, de m'obliger à penser au corps de cette blonde qui avait des courbes comme un bateau pneumatique, à la voir avec les yeux fermés en train de danser avec Pepe, de se coller à lui, de glisser son genou entre ses jambes, mais ce fut inutile, tout comme il fut inutile de penser à Paula, d'imaginer sa colère, ses insultes, ses vaines tentatives de se libérer des bras de Pepe el Portugués. Ces deux images me plaisaient, me semblaient excitantes, amusantes, mais je ne réussis pas à les attraper, à les retenir ni à les installer à l'endroit de mon esprit où, au rythme d'un pasodoble, un homme maigre, chauve, tremblant, avançait en offrant son dos, jusqu'au moment où l'on entendait le coup de feu qui le faisait tomber une fois et une autre, puis une dernière, bras écartés, mains ouvertes, vêtu d'une chemise à carreaux que je n'avais jamais vue et de pantalons marron, larges et raccommodés, que je n'avais jamais vus non plus.

Pesetilla est mort une multitude de fois, cette nuit-là, comme de nombreuses autres nuits, par l'implacable décret de l'obscurité ennemie, hostile, qui l'habillerait toujours de la même façon. Une obscurité qui réserverait une chemise blanche, immaculée, à mon grand-père, où une balle faisait fleurir une tache rouge, ronde, irrégulière, belle comme un œillet en train de s'épanouir au début, mais qui ensuite grandissait, se déformait, s'étalait à une telle rapidité, qu'elle imprégnait déjà tout de rouge, le tissu, le soufflet de l'accordéon, les touches que ses doigts ensanglantés enfonçaient toujours, alors que le corps tombait brusquement sur le dos, après que le coup de feu eut résonné, sec, incapable de couvrir le grincement d'un accord interrompu, inachevé. Mais moi, je continuais à entendre le même pasodoble que mon grand-père et Silbido étaient en train de jouer avant de mourir, une chanson gaie et lancinante dont je ne connaissais pas le titre, mais que j'entendais tous les ans, lorsque don Justino engageait un torero affamé et achetait deux petits taureaux novillos pour les fêtes. J'écoutais cette musique et j'apercevais des couples endimanchés en train de danser sur les pavés, autour d'un cadavre traînant sur la place. C'était Cencerro, mais c'était aussi mon grand-père, et c'était Crispín, mais c'était également Silbido. Et la musique résonnait, et résonnait. Les touches de l'accordéon dégoulinaient de sang. Puis c'était le tour de Manuel el Carajita et de son ami le flûtiste. Les mains lâchaient enfin les instruments, mais le pasodoble ne cessait pas.

On fusille les gens de face, c'est pour cette raison, même si je ne le voulais pas, que je voyais mon grand-père avec le visage de son fils et que c'était mon père qui mourait, un accordéon entre les mains, au côté d'un homme qui tenait une flûte mais dont je ne voyais pas le visage. Mes oncles, c'est-à-dire le frère de mon père et ses deux cousins, n'avaient pas de visage. Les seuls à en avoir un étaient mon grand-père et à la fois son fils, c'est-à-dire mon père, le garde civil Antonino Pérez, qui tirait un moment plus tard sur un homme maigre, chauve, désarmé, qui portait toujours la même chemise à carreaux pour mourir. L'obscurité, qui refusait d'être complice, travaillait avec eux, pour eux, les conduisait jusqu'à mon lit tous les soirs et me les poussait dessus, encore vivants, comme si j'avais pu les sauver, comme si j'avais pu leur éviter chacune des morts qui allaient à nouveau mourir en moi, pendant toutes ces nuits teintées de rouge.

Et cependant que je les voyais tomber et se relever pour tomber à nouveau, je réfléchissais. Je me rappelais ce qu'avait dit Pepe el Portugués et ce que je savais déjà, ce que j'avais toujours su, les cris qui venaient des cellules, la voix de Laureano déchirant le silence d'une nuit quelconque, la terreur de Fernanda derrière la cloison, les camions arrivant le long de la vieille route, la peur de ma mère, celle de mon père, et sa silhouette triste, engourdie par le froid, lorsqu'il rentrait dans la cuisine, le matin, sa cape amidonnée par le givre d'un autre petit matin stérile. Je réfléchissais, et tandis que ma tête se remplissait de mots, de raisons, d'arguments, le sang devenait progressivement plus pâle, plus clair, moins de sang, pour me convaincre qu'en réalité les choses n'avaient pas changé tant que ça. J'avais toujours su ce que je redoutais d'apprendre, et je n'avais jamais posé de questions pour ne pas prendre le risque de le découvrir. Cependant, j'avais découvert d'autres choses, que Regalito cachait des armes dans son grenier, que mon père n'était pas arrivé à temps pour sauver son propre père, et pourquoi les mères des voleurs de chaussures que j'avais connus à Almería étaient veuves. Mais cela ne changeait pas grand-chose, car moi j'étais vivant et j'habitais à Fuensanta de Martos, en 1948, parce que j'avais des yeux, des oreilles et suffisamment de curiosité, d'imagination et une vie de merde où deux plus deux faisaient toujours quatre et où les gardes civils tiraient en pleine nuit sur des hommes désarmés. Je n'étais pas comme Paquito, je n'étais pas comme Alfredo, ni comme Miguel. J'avais décidé de penser par moi-même, et cela me rendait moins imbécile qu'eux. C'était bon de réfléchir, car la pensée mettait les cadavres en fuite, elle transformait en mots et en nombres les assassins et leurs victimes, elle m'obligeait à penser à moi, et non plus aux autres, et elle m'obligeait à me promettre de ne jamais collaborer, ni de près ni de loin, pour quelque raison que ce fût, au malheur, à la douleur, à l'arrestation ou à la mort d'autrui.

Cette promesse me rendait serein, me faisait chaud au cœur et me donnait confiance en moi. Et c'est ainsi, sans me douter qu'elle ne mettrait pas longtemps à devenir autre chose qu'une emphatique chaîne de mots solennels, que je réussis à m'endormir, ce soir-là. Le lendemain, je me réveillai très tard, presque à onze heures du matin. Le soleil frappait derrière les vitres de la fenêtre et le paysage noir, sombre des corps sans vie, s'effondrant devant le mur du cimetière, semblait soudain être une illusion creuse et trompeuse, la dramatique enveloppe d'un cauchemar incompatible avec la réalité d'une matinée d'été. Pendant que le soleil était dans le ciel, nous étions tous à l'abri. Et c'est pour cette raison que je me levai, m'habillai, avalai à toute vitesse deux grandes tartines de pain avec du beurre. Je courus ensuite chercher Paquito pour passer une journée banale, semblable à de nombreuses autres journées, avec son paquet de graines de tournesol grillées, son bain dans la rivière, sa partie de football, et sa propre confusion, tout à fait semblable à celles qui nous obligeaient presque toujours à rentrer en courant à la maison lorsque nos mères étaient déjà en train de servir à table. Cependant, cet après-midi-là, la côte qui menait à la vieille maisonnette se révéla plus difficile à gravir que jamais.

Lorsque j'arrivai là-haut, je compris pourquoi. La porte était ouverte comme d'habitude et doña Elena était en train de m'attendre assise à table. Rien ne semblait avoir changé à l'intérieur non plus, et pourtant tous les éléments qui composaient cette scène familière étaient si parfaitement disposés qu'ils semblaient faux, tels des objets peints sur une toile de fond.

Le napperon imprimé, que doña Elena utilisait afin de protéger le plateau de bois verni, occupait le centre de la table avec autant d'exactitude que si l'on avait mesuré les centimètres qui le séparaient de chaque extrémité. La machine à écrire donnait la même impression, elle cachait le motif central de la guirlande de fleurs imprimées sur le tissu dans une position scrupuleusement équidistante. À sa gauche, trois crayons fraîchement taillés étaient disposés sur un carnet, semblables à trois lignes parallèles tracées dans un rectangle parfait. À sa droite, les feuillets étaient empilés avec tellement de soin qu'ils ressemblaient à un livre blanc sans couverture, dont on ne pouvait apprécier à l'œil nu le brochage effectué avec du fil transparent. Doña Elena, droite sur sa chaise, bras repliés, mains ouvertes sur le napperon comme pour surveiller la machine à écrire, semblait être la grande prêtresse d'un temple consacré à l'harmonie géométrique, à l'expression la plus pure de ce soin qui avait toujours fait partie intégrante d'elle-même, mais ne l'avait cependant jamais enveloppée avec autant de précision que ce jour-là, de la tête, où elle avait ramassé dans son chignon sévère la plus rebelle de ses mèches de cheveux, jusqu'aux pieds, qui semblaient n'en former qu'un, tellement ils étaient si bien alignés dans leur chaussure de cuir élimé, luisant et on ne peut plus propre.

Voilà tout ce que je pus voir avant qu'elle ne me regarde. Lorsqu'elle leva la tête et dirigea ses yeux vers moi, je cessai de calculer le nombre de fois qu'elle avait dû corriger, retoucher et vérifier, la place de chaque objet, et fus frappé par la lueur sombre, chaude, sale, fausse, maladroite et désordonnée, que je n'avais jamais aperçue auparavant dans son regard.

« Depuis que tu es parti, l'autre jour, j'ai réfléchi à ce que je pourrais bien te dire, Nino », m'expliqua-t-elle d'une voix éteinte, sans relief. Cela aussi était nouveau pour moi. « Depuis que tu es parti, je cherche une histoire à te raconter dans ma tête, dans les livres, partout… Mais je n'en trouve pas. C'est un problème particulier à l'Espagne, vois-tu ? Ce pays… ce qui est en train de se passer ici s'est déjà passé dans d'autres pays, mais pas de la même façon, car ici nous arrivons toujours en avance ou en retard, mais jamais à temps et c'est pour cette raison que… En réalité, je ne sais que te dire. Je suis désolée pour l'autre après-midi. Je suis vraiment désolée, Nino. »

Moi non plus, je ne savais que dire. Je restai immobile à quelques pas de la table, sans oser avancer ou revenir en arrière, à me demander ce que je devais faire, comment m'y prendre pour aller jusqu'à elle. Mais doña Elena se leva brusquement et détruisit tout, l'exactitude mathématique, désincarnée, du napperon, la position de la machine à écrire, des feuillets et des crayons de bois. Puis dans la réconfortante tiédeur de ce désordre, elle s'approcha de moi et ouvrit ses bras pour que je puisse m'y tenir. C'est ce que je fis, je me serrai contre elle, je la saisis à deux mains, je l'étreignis et me laissai étreindre, respirer avec elle, la tête contre sa poitrine, jusqu'à ce que nous retrouvions tous les deux notre calme. Lorsque nous nous écartâmes l'un de l'autre, doña Elena avait les yeux humides, pas moi. Moi, j'avais déjà versé toutes mes larmes.

« Merci. » Elle fit un signe de tête, mais n'ajouta rien. Mais j'avais trouvé une solution pour rompre le silence qui nous accablait l'un et l'autre. « Vous vous souvenez ?... Une fois, vous m'avez raconté l'histoire d'un Grec que les dieux avaient condamné à porter éternellement un immense rocher en haut d'une colline...

— Bien sûr, me dit-elle en souriant. Je suppose que tu veux parler de Sisyphe.

— C'est ça, Sisyphe ! » Et comme si ce nom agissait à la manière d'un interrupteur, d'un levier capable de nous mettre en marche, nous nous dirigeâmes vers la table avec un naturel encore fragile. « Hier, j'ai tenté de me souvenir de son nom et je n'y suis pas parvenu, je ne me souviens pas très bien de son crime non plus, du péché pour lequel il a été puni.

— Bon, eh bien je vais te raconter à nouveau son histoire », me dit-elle en prenant sa place autour de la table, et moi la mienne. Puis nous remîmes le napperon à sa place, empilâmes les feuillets et plaçâmes à nouveau les crayons de bois sur le carnet. « Mais ensuite nous reprenons le cours, n'est-ce pas ? »

Ce cours sonna la fin de l'histoire, il fut l'élément qui referma les parenthèses de l'horreur et des révélations qui s'étaient ouvertes dans l'entrée de la ferme de Catalina Rubio, à peine deux jours auparavant. Il fut également le début d'une nouvelle vie pour moi, d'une vie où il n'y avait plus de place pour les imprudences, l'inconscience et la sincérité qui m'avaient jusqu'alors permis de cultiver mes privilèges d'enfant ensevelis sous le poids d'un secret et du prix de celui-ci – aussi cher, aussi insoluble, aussi long que la condamnation de Sisyphe. Mais, à ce moment-là, je ne m'en aperçus même pas tellement j'étais heureux de retourner à ce que je pensais être encore ma vie d'avant.

« Si tu veux, demain nous pourrons récupérer le cours d'avant-hier », me proposa doña Elena en me raccompagnant jusqu'à la porte. Lorsqu'elle l'ouvrit, nous vîmes Paula s'approcher. Comprenant que nous avions fini, celle-ci pressa le pas.

« Tu t'en vas, Nino ? me demanda-t-elle alors qu'elle ne nous avait pas encore tout à fait rejoints.

— Oui. » Je me souvins soudain que j'avais un paquet de cigarettes pour elle, dans ma poche.

« Attends, je voudrais te demander un service. »

Je la regardai attentivement et trouvai qu'elle était comme d'habitude, calme, ne ressemblant en rien à l'héroïne des ciseaux à poisson.

« Lorsque tu retourneras chez toi, si tu veux bien, poursuivit-elle en y mettant étrangement les formes, passe chez Sanchís, s'il te plaît, et dis-lui de ma part qu'il n'y a pas de miel.

— Qu'il n'y a pas de miel, répétai-je. C'est bien ça que je dois lui dire.

— Exactement. Que l'homme que m'a indiqué Pepe el Portugués n'en a plus un seul pot, qu'il avait déjà tout vendu, tu t'en souviendras ?

— Bien sûr. » Et je songeai que ce n'était pas un mauvais moment pour commencer mon petit numéro. « Mais pourquoi tu ne le lui dis pas toi-même ?

— À qui, à Pepe ? me demanda-t-elle tandis que j'acquiesçais de la tête avec un air plus satisfait qu'autre chose. Parce que ce monsieur n'a pas suffisamment de couilles pour monter jusqu'ici, voilà pourquoi !

— Paula, s'il te plaît ! l'admonesta doña Elena presque machinalement, tandis que j'éclatais de rire en entendant cette preuve d'infortune amoureuse de Pepe el Portugués. Ne parle pas ainsi.

— Et pourquoi ? Je dis la vérité, juste la vérité, ni plus ni moins que la vérité. Qu'il n'a pas les couilles de monter.

— Peut-être pas », intervins-je et je portai deux de mes doigts entrouverts à mes lèvres en faisant semblant de fumer. « Mais ce qui est sûr, c'est que j'ai un cadeau pour toi. »

Je hochai la tête à la question muette que me posait son regard, et lorsque je pris congé de doña Elena, elle me suivit sur le chemin de derrière avec une insolite docilité.

« Regarde », fis-je lorsque je fus sûr que mon professeur ne pouvait pas nous voir, en tirant le paquet de cigarettes de ma poche et en le brandissant dans les airs.

« Oh ! Formidable ! » Et elle me le chipa avant que je n'aie eu le temps de le lui tendre moi-même. « Je suis vraiment contente !

— Il est venu te l'apporter hier matin, mais comme tu es si fâchée contre lui… »

Je n'étais pas sûr qu'elle ait entendu ce que je lui disais. Elle ouvrait déjà le paquet, en tirait une cigarette qu'elle coinça entre ses lèvres pour l'allumer aussitôt avec la boîte d'allumettes cachée dans son soutien-gorge. Je n'avais jamais vu fumer une femme et trouvai le spectacle bizarre, désagréable même. Mais Paula inhala avidement la fumée et, lorsqu'elle la rejeta, un plaisir si intense transforma son visage que je souris sans m'en apercevoir, continuant à parler sans très bien savoir ce que je disais.

« Et tu lui plais beaucoup lorsque tu te fâches, tu sais ? C'est ce qu'il dit, mais…

— Je lui plais beaucoup lorsque je me fâche ? » fit-elle, car elle était capable de fumer et de m'interrompre en même temps. « Eh bien, dis-lui de ma part qu'il ne sait pas la chance qu'il a.

— Mais il va vraiment mal, Paula, vraiment, il est complètement déprimé. Il ne mange pas, ne parle pas, je crois qu'il…

— Qu'il va tomber malade, n'est-ce pas ?

— Oui, c'est ça, admis-je, un peu surpris par sa perspicacité. Bon, je crois qu'il est déjà malade, très malade, mais… Comment as-tu fait pour le deviner ?

— Hé, hé hé ! fit-elle en me prenant par le cou pour faire semblant de me secouer comme un prunier. Tu n'as pas honte, si petit que tu es, et déjà si menteur ? Eh ben, dis donc, il faut voir qui tu fréquentes, quelle horreur ! Vous êtes tous les mêmes, tout petits déjà, les mêmes sans vergogne, c'est sans espoir… Bon, je m'en vais, fit-elle en jetant le mégot et en l'écrasant du bout du pied. N'oublie pas, à propos du miel, d'accord ?

— Oui, mais… », dis-je. Et, tandis qu'elle s'éloignait, je fis une dernière tentative. « Et qu'est-ce que je dis à Pepe ? »

Alors que j'entamais la descente, je me dis que le mieux pour lui serait de ne pas être au rendez-vous, mais en arrivant à la croisée des chemins, je le trouvai assis sur un rocher en train de m'attendre.

« Alors ? me demanda-t-il en souriant, comme s'il espérait de grandes choses de ma diplomatie.

— Alors, si tu aimes les grosses, dis-je, lui transmettant le message de Paula mot pour mot, tu n'as qu'à te les payer.

— Putain ! fit-il en se levant puis en secouant ses pantalons de rage. Elle t'a dit ça ?

— Tel quel. Ah, oui ! Et elle m'a aussi dit que si elle te plaît à ce point lorsqu'elle se fâche, tu as de la chance, parce que ça va être long.

— Eh bien, je suis dans de beaux draps ! » dit-il en réfléchissant un instant. Puis il me regarda longuement en fronçant les sourcils. « Mais alors, tu l'as vue…

— Bien entendu. »

Je lui racontai tout depuis le début, la joie avec laquelle Paula avait accueilli son cadeau, le plaisir que j'avais pris à la voir fumer. Je voulais lui remonter le moral, lui donner de l'espoir, mais il prêta à peine attention à l'argument principal de mon récit.

« Alors, il n'y a pas de miel, hein ? » Il répéta ces mots à voix basse, comme s'il voulait l'apprendre par cœur. « Il n'y a pas de miel. C'est bizarre.

— En tout cas, c'est ce qu'elle m'a dit, que l'homme que tu lui as indiqué n'en avait plus. » Mais il demeurait immobile, ne me regardait même pas, comme s'il était perdu dans l'immensité d'une si petite nouvelle. « Qu'il avait déjà tout vendu.

— Je comprends bien, mais ça m'étonne, parce que…. » Mais il hocha aussitôt la tête, sourit et se mit à marcher en direction du village. « On m'avait dit qu'il achetait tout le miel, par ici, que c'est pour cette raison qu'il en avait toujours, mais qu'y faire ?... Allons-y, je te raccompagne chez toi.

— Ah, bon ? C'est formidable, comme ça, si ça ne t'ennuie pas, tu vas le dire toi-même à Sanchís, c'est mieux.

— Si tu veux... De toute façon, je n'ai rien à faire, je voulais me rendre à la ferme, mais...

— Paula dit que tu n'as pas les couilles d'y monter.

— Non, c'est vrai. Tu comprends que la situation n'est pas très favorable pour aller balader ses couilles dans le coin », ajouta-t-il en mimant des ciseaux à poisson dans l'air avec ses doigts. « Si elle ne me plaisait pas autant, elle pourrait aller se faire voir ailleurs, cette furie... »

Mais elle lui plaisait beaucoup, elle lui plaisait trop, comme il le disait à qui voulait l'entendre, et même davantage, car il accomplit sans broncher, durant tout le mois de juillet, plus de trente jours de précautionneuses approches et de résultats décevants auxquels je fus presque toujours mêlé, car c'est moi qui remettais les cadeaux et rapportais ensuite les réponses, moi qui semais des prières et ramassais des refus, moi qui transmettais des mots d'amour des deux côtés. Ceux de Paula ne semblaient pas en être, mais elle s'arrangeait toujours pour rôder autour de la maison de doña Elena à six heures pile, et souriait, satisfaite par l'intensité de mes suppliques avant de me dire non, qu'elle ne voulait pas le revoir encore, en prononçant avec un soin particulier chaque syllabe de cet adverbe cruel et plein d'espoir en même temps.

« Apporte-lui ça demain. Voyons si elle se radoucit un peu », me disait Pepe. Et parfois il me tendait un briquet, d'autres fois un paquet de bonbons, un foulard, un flacon d'eau de Cologne. « Je ne sais plus que…

— Mais tu ne m'avais pas dit que les hommes comme nous ne se marient jamais ?

— Oui, je te l'ai dit, mais qu'est-ce que tu veux ? Je suis vraiment idiot, ne crois pas que je ne m'en aperçoive pas. Et le pire, c'est que je suis en train de me ruiner, je dépense dans ces sottises tout l'argent que me rend ton père, et le mois prochain, il aura fini de me rembourser, alors… »

Finalement, il résolut le problème tout seul, et il le résolut à sa façon, en se rapprochant d'elle.

« Je vais te dire quelque chose ! m'annonça-t-il lorsque je lui avais raconté que l'eau de Cologne n'avait rien changé non plus. Maintenant, ça suffit. Demain je monte avec toi et… advienne que pourra. »

Le lendemain, en parvenant au sommet de la côte, nous nous aperçûmes que Paula était arrivée avant nous. Elle était assise devant la porte de la vieille maisonnette, en train de coudre des nattes de spart avec doña Elena. Lorsqu'elle nous vit, elle se leva, se planta devant nous et croisa les bras. Mais Pepe ne se démonta pas.

« Écoute, Paula, j'ai perdu suffisamment de temps avec ces enfantillages, alors ou tu te réconcilies avec moi ou je retourne dans mon village, c'est à toi de choisir. »

Pas un seul muscle de son visage ne bougea. Impassible, muette, elle le regardait sans ciller, comme si elle était en train d'évaluer si cet avertissement était sérieux ou si son fiancé fanfaronnait. Elle était prête pour faire durer l'incertitude, mais il ne la laissa pas faire.

« Bon, eh bien, je m'en vais, déclara Pepe en venant lui serrer la main comme s'il prenait congé d'une simple connaissance. Ç'aurait pu être formidable entre nous, et de toute façon ç'a été un plaisir. »

Elle apprécia cette façon de dire adieu, car elle sourit de bonheur, mais il ne s'en aperçut pas, il avait déjà tourné les talons. Il s'était mis à marcher d'un bon pas après avoir accroché ses pouces aux poches de son pantalon. À ce moment-là, je crus avoir assisté à la fin de cette histoire, mais j'entendis la voix de Paula.

« Arrête-toi, bite folle ! fit-elle d'un ton ironique qui allégea l'insulte.

— Comment tu m'as appelé ? demanda-t-il en la regardant à nouveau, sans bouger de l'endroit où il s'était arrêté.

— Bite folle ! répéta-t-elle. Je t'ai appelé bite folle...

— Quelle horreur ! fit doña Elena qui hocha plusieurs fois la tête, puis me passa son bras droit autour du cou. Que d'absurdités ! Tu te rends compte, Nino ? »

Mais doña Elena souriait également, elle continua de sourire lorsque nous les vîmes se jeter dans les bras l'un de l'autre, au milieu du chemin. Elle sourit jusqu'à ce que Paula levât les bras, prît la tête de Pepe el Portugués entre ses mains et l'approchât de la sienne pour le menacer en chuchotant, tandis qu'il l'entourait de ses bras, la serrait contre lui très fort comme pour estimer la consistance de son corps, ou comme si ses mains avaient été tellement en manque qu'elles ne pouvaient plus rester tranquilles.

« Je vais te dire encore quelque chose…

— Que vas-tu me dire, voyons ? » Et même s'il s'efforçait de faire le fier, je vis qu'il n'était pas si sûr de lui.

« Ne me refais jamais ça, si tu veux que je puisse continuer à t'insulter… », dit-elle et, sans doute pour la faire taire, il décida de profiter de cette pause pour avancer sa tête, mais elle persista à la tenir loin de ses lèvres. « Parce que si je t'y reprends, je te la coupe en trois morceaux et, alors, fini la musique !

Doña Elena ne trouva plus cela très marrant et, au moment où Paula lâchait la tête de Pepe et fermait les yeux pour lui offrir ses lèvres entrouvertes, elle m'obligea à entrer dans la maisonnette. Je ne pus donc qu'imaginer ce que je n'avais pu voir.

À cet instant, je m'étais dit que Pepe el Portugués était sorti vainqueur de cette bataille. Mais, avant la fin de l'été, je cessai d'en être aussi sûr, car ce qui avait été des amours en crise devint, après la réconciliation, des fiançailles en règle. Cette transformation n'altéra en rien mon amitié avec Pepe, car Paula avait confiance en moi et elle préférait savoir son fiancé en ma compagnie plutôt qu'en train de traîner dans les bars du village. Ainsi, ce qui avait commencé comme le pire été de ma vie finit par devenir un merveilleux été. Les jours étaient si longs et si épuisants que parfois j'éprouvais une irrésistible fatigue, surtout pendant le mois d'août, lorsque j'étais allé ramasser du spart avec Pepe el Portugués, une contribution obligatoire à l'économie de la ferme que Paula avait entre autres choses exigée de lui.

La guérilla continuait à fonctionner, son imprimerie également, et mon père et ses amis étaient trop occupés ailleurs pour se consacrer à la chasse des ramasseurs illégaux. Voilà pourquoi, lorsque je passais la journée entière dans la montagne à couper des genêts, à faire des gerbes pour les emporter au vieux moulin, je m'endormais après avoir lu à peine deux pages, sans avoir eu le temps de voir, d'écouter, ou de penser quoi que ce soit. Certaines autres nuits étaient pires, mais lorsque le temps commença à se rafraîchir, je m'aperçus que j'étais en train de m'habituer à mes propres cauchemars, aux visites de ces fantômes ensanglantés qui semblaient moins réelles, moins douloureuses et terribles, chaque fois qu'elles se répétaient. Au début, je ressentis un certain malaise, presque coupable, de les abandonner, de les laisser de plus en plus seuls, de m'endormir un peu plus tôt chaque nuit, tandis qu'ils continuaient à mourir de temps à autre à l'intérieur de ma tête. Mais ensuite, je me souvenais que les veuves aussi survivaient, comme survivaient les orphelins, et que tous prenaient leur petit déjeuner le matin, le déjeuner à midi, et le dîner le soir. Qu'ils se levaient de bonne heure, dormaient la nuit et même parfois s'amusaient. On ne peut pas vivre ainsi, mais c'est ainsi qu'on vivait tous, et moi je n'avais pas envie de mourir alors qu'il me restait tellement de livres à lire, tellement d'histoires à entendre, tellement de montagnes et de rivières à explorer avec Pepe el Portugués.

On aurait dit que tout continuait pareil et cependant tout était en train de changer, même si je ne m'en apercevais pas. En septembre, lorsque la chaleur diminua et la lumière du crépuscule commença à envelopper le ciel dans une gaze d'or pâle, tiède et tendre, Pepe me récompensa de tout le spart que nous avions ramassé ensemble par de longues séances de pêche et de paresse. Et un de ces après-midi, semblable à tous les autres, il me regarda soudain avec un intérêt que je ne compris pas tout de suite, surtout parce que, pendant le temps que nous avions passé au bord de la rivière, aucun d'entre nous n'avait eu de chance.

« Qu'est-ce qu'il y a ? demandai-je, tandis qu'il fronçait longuement les sourcils, avant de répondre :

— Voyons, lève-toi... »

Je me levai et il continua à me regarder de façon si étrange que je me mis à me regarder moi aussi. Mais je ne trouvai rien de bizarre à mes vêtements, à mes jambes, à mes mains, à mes chaussures. El Portugués, cependant, acquiesçait énergiquement comme s'il voulait se donner raison à lui-même. Puis il se leva pour venir se placer à côté de moi, carrément collé à moi comme si nous étions des soldats en formation.

« Tu es en train de grandir, Nino », m'expliqua-t-il enfin. Il pencha sa tête pour mesurer d'en haut la distance qui séparait mon épaule de la sienne. « Mais vraiment beaucoup...

— Ce n'est pas possible », objectai-je. Pourtant, en regardant bien nos épaules, je les trouvai plus proches que d'habitude. « Les enfants grandissent en été.

— Ah bon ? Mais il reste encore quelques jours avant la fin de cet été...

— Oui, mais Paquito grandit toujours en juillet et au mois d'août lorsqu'il fait très chaud.

— Eh bien, peut-être que Paquito grandit en été, mais toi tu vas grandir en automne, souviens-toi de ce que je te dis... »

C'était vrai. Ce soir-là, avant de rentrer chez moi, je m'étais appuyé contre le poteau où mon père indiquait ma taille tous les ans avec son couteau, et j'avais placé un doigt juste au-dessus de ma tête. Lorsque je m'étais écarté, je m'étais aperçu que l'espace qui le séparait de la dernière entaille était plus de deux fois plus grand que celui qui séparait les deux dernières marques entre elles. Je fus très heureux de cette découverte. Mais, après y avoir réfléchi à deux fois, je décidai de ne le raconter à personne et d'attendre que, pour mon prochain anniversaire, une joie inespérée foudroie la déception de tous les 14 janvier dont je me souvenais. Il restait presque quatre mois qui allaient probablement durer une éternité pour moi. Tout, à l'intérieur et à l'extérieur de mon corps, commençait à changer. Il allait se passer de nombreuses choses graves, importantes, avant le jour de mes onze ans. La première eut lieu au début du mois d'octobre, lorsque doña Elena m'annonça qu'elle ne pouvait plus me donner de cours.

« Comment ? » fis-je, comme si elle me parlait dans une langue inconnue. Et elle sourit en me voyant bouche bée.

« De sténographie et de dactylographie, non, en tout cas, dit-elle, ce qui me fit sourire à mon tour. Nous avons fini la méthode et tu écris très bien, très rapidement. Alors, si tu veux, nous allons consacrer ce mois-ci à préparer ton examen. Mlle Rosa connaît quelqu'un qui travaille dans une académie, à Jaén, où ils sont prêts à te faire passer l'examen en candidat libre. Tu ne pourras pas avoir un diplôme de secrétaire, ce n'est pas possible et puis tu n'en as pas besoin, mais tu pourras avoir un diplôme élémentaire certifiant que tu as des compétences en sténographie et en dactylographie. Je ne pense pas que cela va beaucoup te servir à ton âge, mais les diplômes n'ont jamais gêné personne. Comme cela, ton père sera content, il verra que je t'ai bien instruit et je pourrai m'en aller la conscience tranquille.

— Où ça ?

— À Oviedo, répondit-elle, et ses lèvres dessinèrent une moue mêlée de tristesse et de résignation, que je ne sus pas bien interpréter. Ma fille habite là-bas, tu le sais, et quatre petits-enfants, rien que ça, que je ne connais même pas. Ma petite-fille ne connaît pas ses cousins non plus, alors j'ai décidé… Il fallait bien que ça arrive un jour, car je suis sa mère, je serai toujours sa mère et… Tu sais bien comment ça se passe, lorsque la guerre s'en prend aux familles, n'est-ce pas ? »

Je hochai la tête mais n'attendis pas une seconde avant de dire ce que je savais, car, à ce moment-là, même ma tragédie familiale ne m'angoissait pas autant que la perspective de perdre doña Elena.

« Mais alors… fis-je en pensant à ses livres, à ses cours, à ses histoires. Vous allez vous installer aux Asturies ?

— Mais non, s'esclaffa-t-elle comme si j'avais dit quelque chose de comique. Je vais y rester un mois au maximum, c'est tout. Ma fille voulait que je reste jusqu'à Noël, mais… ajouta-t-elle en devenant sérieuse pour dire une chose qui m'émut davantage que je ne l'aurais cru. Je ne vais pas le faire. Je veux être de retour début décembre. Désormais, je suis d'ici. À présent, vous êtes ma famille. »

Ce pronom personnel concernait tellement de gens qu'après l'avoir entendu je ne pouvais pas la décevoir. Le diplôme m'importait encore moins qu'à elle et cependant je préparai l'examen du mieux possible J'appris par cœur l'orthographe d'une interminable liste de mots difficiles et m'efforçai d'appliquer tous les procédés mnémotechniques qu'elle m'avait enseignés pendant que nous faisions dictée sur dictée. Doña Elena refusa de m'accompagner à Jaén. Elle me dit qu'il serait préférable que ce soit mon père mais elle me manqua tellement au moment des épreuves – d'ailleurs plus simples que ce à quoi je m'attendais –, qu'à peine de retour au village je montai en courant jusqu'à la vieille maisonnette pour lui raconter comment cela s'était passé.

« Ça y est ! L'examen a été corrigé dans la foulée et on m'a annoncé que j'étais reçu ; avec une bonne note, en plus. En réalité, c'était très facile.

— Bravo, Nino ! se réjouit-elle en abandonnant sa valise à moitié faite sur le lit, pour ouvrir une bouteille de vin de Malaga préparée sur un plateau, avec deux petits verres et un ramequin de bugnes cuisinées par Manoli. Il faut fêter ça. »

Elle me versa un doigt de vin, « pour trinquer c'est plus que suffisant », dit-elle, et me servit des bugnes dorées et croustillantes.

« Vous partez demain matin de bonne heure, n'est-ce pas ? » Elle acquiesça tout en essuyant mes lèvres couvertes de sucre. « Et ça vous ennuierait si… Est-ce que je pourrais vous emprunter quelques livres pour lire pendant ce mois-ci, jusqu'à votre retour ? Je n'ai pas encore fini *L'École des Robinsons*, mais…

— Bien entendu ! Tu peux en emporter, autant que tu voudras, même si… Ce n'est pas nécessaire, viens, je vais te montrer un secret. »

Doña Elena se leva et je la suivis docilement jusqu'à l'extérieur de la maison. Je ne compris pas ce qu'elle était en train de faire : elle passait doucement son index sur le cadre de la fenêtre la plus proche de la porte.

« Regarde bien, tu vois ? demanda-t-elle en se retournant pour me montrer un bout de crépi sur la façade qui révélait un espace entre le mur et la fenêtre. Il y a toujours une clé, ici. Viens, donne-moi ton doigt… ajouta-t-elle en remettant le bout de crépi, puis en guidant mon index avec le sien jusqu'à ce que je sente une petite protubérance que je pus retirer facilement. Tu sens ? Allez, vas-y, tout seul… insista-t-elle, tandis que je bouchais puis libérais la cachette pour prendre et replacer la clé sans avoir besoin de son aide. Très bien, lorsque je serai partie, la clé sera toujours là. Donc, lorsque tu auras fini ton livre, tu viens, tu la prends, tu entres, tu choisis celui que tu veux, tu refermes la porte et tu reposes la clé dans le trou, d'accord ? Tu pourrais également passer par la lucarne de droite qui ne ferme pas très bien, mais ce n'est pas la peine de grimper, puisque tu peux entrer par la porte, comme n'importe qui. »

Avant de lui faire mes adieux, j'empruntai *Un capitaine de quinze ans*. Je me dis que ce serait suffisant pour combler son absence, mais je me trompais. Ce mois de novembre, froid et pluvieux, me sembla bien long. La rivière gelait toutes les nuits et les berges se transformaient en un bourbier où il était impossible de marcher sans s'enfoncer jusqu'aux genoux. Et lorsque nous sortions de l'école, il n'y avait presque plus de lumière pour jouer dans la rue. Un peu plus tard, il se mit à pleuvoir et il fut impossible de faire autre chose que réviser, lire un livre, ou jouer aux cartes avec Paquito et Alfredo, et lire, ou coller des images sur l'album de Pepa, et lire. Voilà pourquoi je profitais des jours sans pluie pour aller au vieux moulin rendre visite à Pepe el Portugués. Et même lorsqu'il n'y était pas, je retournais à la maison, content d'avoir au moins fait cette promenade. J'étais également monté deux fois à la vieille maisonnette, la première pour remettre *L'École des Robinsons* à sa place sur les rayonnages et la seconde pour rien, juste pour faire un tour et contempler les livres que je n'avais pas encore lus. La maison était glacée et le froid me poussa rapidement dehors. J'aurais aimé choisir un autre tome des *Episodios Nacionales*, parce que j'en avais assez des océans, des navires et des îles qui paraissaient désertes mais ne l'étaient jamais. Mais je craignis d'emprunter sans la permission de doña Elena un livre aussi cher et me contentai de *Michel Strogoff* dont l'histoire ne se passait pas dans un bateau.

C'est peut-être pour cette raison que j'avais tant aimé les aventures du courrier du tsar, un récit intérieur avec de vastes steppes et des gelées effroyables, où les trahisons et les loyautés, les chevaux et leur cavalier, dessinaient un paysage qui me semblait plus familier, plus vraisemblable, que ces traversées fantastiques impossibles à comparer à ce que j'avais vécu. C'est sans doute pour cette raison que je mis à peine quatre jours à le lire, et il en manquait plus de sept avant le retour de doña Elena. Le lendemain, en sortant de l'école, je dis à ma mère que don Eusebio m'avait demandé de vérifier un tas de mots dans une encyclopédie, que possédait doña Elena chez elle et que Filo m'attendait pour m'y accompagner. Je grimpai donc à la vieille maison, avec la conscience tranquille, car à l'exception du fait que Filo m'accompagnait, j'avais pratiquement dit la vérité. J'avais un besoin urgent d'un livre de la bibliothèque de doña Elena, car je ne pouvais pas rester toute une semaine chez moi sans lire un livre. En outre – même si je ne le savais pas encore –, Filo allait me tenir compagnie cet après-midi-là, mais d'une drôle de façon.

La clé n'était pas à sa place. J'eus beau fouiller la cachette, je ne réussis pas à la retrouver. La porte était fermée, les volets également. En faisant le tour de la maison, j'eus le sentiment qu'il se passait quelque chose d'étrange, quelque chose que je n'avais pas perçu les fois précédentes. Je compris très vite ce dont il s'agissait, quand j'aperçus une légère fumée s'échapper de la cheminée. Instinctivement, je toquai à la porte, une fois, deux fois. À la troisième, la peur retint mon bras avant que ma main ne frappe à nouveau. Et je partis en courant sans trop savoir pourquoi. Après avoir passé le coin de la maison, je me collai au mur, mais personne ne vint ouvrir. Lorsque je fus convaincu qu'elle était vide, je me calmai et me moquai de moi-même.

Je n'avais aucune raison de me conduire comme un gamin, comme un idiot et un froussard, car la propriétaire des lieux m'avait autorisé à venir, et les Rubio le savaient parfaitement. Ce devait être l'une d'elles, et pas forcément Catalina, qui avait allumé le feu. Cette maison faisait partie de leur domaine. Elles avaient dû s'y rendre pour une raison précise – pour cacher un rouleau de spart ou pour cuisiner quelque chose, pour être seules, loin de l'agitation de la ferme ; ou peut-être même pour fumer, s'il s'agissait de Paula.

Je pris mon temps pour réfléchir à tout cela et m'aperçus soudain qu'il n'y avait plus de fumée à la cheminée. Je retournai à la porte, je frappai, appelai, en vain. La personne était déjà partie en emportant la clé avec elle, ou peut-être l'avait-elle laissée à l'intérieur. Heureusement, il était possible d'entrer par la lucarne de droite, qui était abîmée et ne fonctionnait pas bien, m'avait dit doña Elena.

Je fis le tour de la maison pour étudier la façade arrière, ne sachant de laquelle des deux lucarnes il s'agissait. Je me souvins alors d'avoir vu à plusieurs reprises, sous celle qui se trouvait à ma gauche, les restes de vieilles traverses en bois encastrées dans le mur, que les Rubio avaient dû utiliser – à l'époque où le bâtiment avait fait office de grange – pour ranger de la paille au grenier. Je me dis logiquement que doña Elena se référait à celle-ci, car il n'y avait pas moyen d'atteindre l'autre sans utiliser une échelle, et je n'en avais jamais vu dans le coin. De toute façon, je n'avais pas le choix. Je fourrai le livre dans ma chemise et commençai à grimper.

Ce fut difficile, car la nuit tombait, il pleuviotait et je ne voyais pas bien ce que je faisais. Mes semelles en caoutchouc glissaient sur les marches recouvertes de chaux mouillée, mais lorsque j'atteignis le sommet, il me suffit de pousser la lucarne pour pénétrer à l'intérieur. Il y faisait chaud et sombre. Pourtant celui qui avait allumé le feu avait également allumé les deux bougies d'un chandelier qui trônait sur la table et me permettait à peine de distinguer les formes qui m'entouraient. Ainsi, avant d'avoir eu le temps de récupérer de l'effort que je venais de fournir, je compris que mon escalade ne me servirait pas à grand-chose. La pénombre était telle que je risquais de me briser une jambe avant d'avoir atteint l'escalier. Me souvenant d'avoir lu dans un roman de Jules Verne que les yeux finissent par s'habituer à l'obscurité, je décidai de faire confiance aux miens. Dos contre le mur, jambes tendues entre un instrument qui ressemblait à une herse et une masse enveloppée dans un sac, j'attendis quelques minutes. Mais, alors que je parvenais à deviner les arêtes des pierres plantées dans le bois, j'entendis le bruit d'une serrure. La porte s'ouvrit et se referma à toute volée, et la lumière s'alluma. Je reconnus Filo.

Je tentai de reculer, mais j'étais déjà appuyé au mur et n'avais plus d'espace. À présent, je voyais tout parfaitement : à ma gauche la herse, plus loin des malles, au fond des caisses en bois et, à ma droite, sous un tas de sacs vides, une très grosse forme vaguement carrée et des montants métalliques, que je ne sus identifier. J'étais pratiquement certain que Filo ne pouvait me voir, car du bas je n'avais moi-même jamais repéré les sacs, cachés sous une pile de cartons au-dessus desquels se trouvait un vélo hors d'usage. J'en saisis un, qui laissa apparaître un levier en métal avec une poignée cylindrique de bakélite noire et me plaçai derrière pour observer Filo sans qu'elle puisse me voir. Lorsqu'elle retira son manteau pour s'admirer dans le miroir, je constatai qu'elle s'était faite très belle. Elle portait une robe à pois sur un fond blanc, décolletée, avec des bretelles, qui lui allait très bien mais qui était complètement saugrenue par cette nuit pluvieuse de novembre. Elle avait noué un ruban vert dans ses longs cheveux brillants et bouclés. Elle s'examina un instant, se pinça les joues, se passa du rouge à lèvres. Lorsqu'elle commença à frissonner, elle remit son manteau et s'installa sur une chaise, près des bougies. Elle attendait visiblement quelqu'un. Elle resta ainsi pendant cinq bonnes minutes, puis dix, puis un quart d'heure, jusqu'à ce que, dans le silence absolu, elle réagisse à un bruit que je n'avais pas perçu. Aussitôt, elle se pinça à nouveau les joues et se mit à faire des choses bizarres avec ses lèvres, les aspirant à l'intérieur de la bouche pour les ressortir ensuite, comme si elles voulaient s'embrasser entre elles. Puis la porte s'ouvrit brusquement, et je pus entrevoir le profil d'une silhouette sombre et pressée. La porte se referma et, au même instant, Filo se leva de sa chaise. Moi, j'aurais voulu mourir.

« Tu n'as pas honte ! » lança-t-elle en demeurant près de la table. Même si je ne voyais pas son visage, je sentis qu'elle était fâchée. « Je suis venue hier, je suis venue avant-hier, et aujourd'hui j'étais sur le point de m'en aller. »

Elías Regalito qui, malgré sa frange, était devenu un homme mûr, grand et musclé – comme s'il avait pris dix ans en seulement deux, depuis la dernière fois que je l'avais vu –, posa contre le mur un fusil qui me sembla plus grand que moi et s'approcha d'elle en souriant.

« C'est ça, continue à me faire des reproches, dit-il tandis que Filo retirait son manteau et le laissait tomber par terre, pour qu'il pût la prendre par la taille en arrivant à sa hauteur. Si là-haut, ils apprennent que je suis descendu te voir ils vont me fusiller. »

Puis il embrassa Filo à de nombreuses reprises, dans le cou, dans les cheveux, sur le visage, enfin sur la bouche. Et je pus tout voir, car il la fit asseoir sur la table. Et lorsqu'il la serra dans ses bras, tous deux se retrouvèrent de profil devant mes yeux. Mais cette chance ne dura pas longtemps.

« Il faut voir… dit Filo en s'écartant un moment de lui pour le regarder de haut en bas. Quel genre de Cencerro tu nous fais.

— Patapon, patapon », répondit-il, évoquant la chanson alors que ses mains parcouraient les seins, descendaient sur la taille la plus convoitée de Fuensanta de Martos. Et, tandis que sa propriétaire riait encore, il tourna la tête et réfléchit un instant avant de parler comme pour lui-même : « Au point où j'en suis, je ne sais pas si je vais savoir faire l'amour dans un lit.

— Alors, il ne manquerait plus que ça ! plaisanta Filo en prenant sa tête entre ses mains pour l'obliger à la regarder. Si tu ne sers plus à rien… »

Elías éclata de rire, la prit dans ses bras, la guida vers le lit qui se trouvait juste sous le bord du grenier et je ne pus rien voir d'autre.

C'est toujours pareil, pensai-je, me souvenant de Sanchís et de Pastora en train de s'embrasser pendant la fête, et de la scène où il lui avait verni les ongles des pieds, ou en imaginant comment Pepe el Portugués se réconciliait avec Paula pendant que doña Elena me dictait, imperturbable, que M. Wenceslas le chiropraticien avait fait une consultation thérapeutique à M. Eustache, l'oto-rhino-laryngologiste qui s'était froissé le muscle sterno-cléido-mastoïdien en pratiquant la spéléologie. C'est toujours pareil, toujours la même malchance qui me conduisait juste au bord du seul péché intéressant dans ce bas monde, pour me frustrer ensuite, et me condamner à une curiosité sans récompense.

La robe de Filo vola en l'air pour retomber sur le sol. Je les entendais. Le sommier grinçait, la tête de lit tapait contre le mur. J'écoutais leurs baisers, les mots qu'ils échangeaient, leurs rires. Un raffut qui ne leur permettrait pas de m'entendre, me dis-je. Si je bougeais légèrement, me mettais à plat ventre, et penchais un petit peu, juste un peu, la tête... Je me cramponnai à cet étrange levier en bakélite, tentai de manœuvrer et vérifiai qu'il était bien bloqué. Il ne céda pas ; je m'y appuyai pour me redresser avec beaucoup de précautions. Puis, lorsque je parvins à me mettre à genoux, le reste devint facile. Inutile également. Couché à plat ventre, avec un sac sur la tête, le nez entre deux boîtes en carton, à quelques centimètres du bord de la mezzanine, la seule chose que je pus apercevoir fut un coin du dessus-de-lit rouge, ensuite un pied, puis deux et finalement aucun. Déçu, j'entrepris de tourner la tête et repérai alors, avec une affolante netteté, le fusil de Regalito appuyé contre le mur.

J'étais devenu complètement fou, je n'avais pas réalisé ce que j'étais en train de faire. Même un fou à lier n'aurait jamais osé faire ça. Prenant conscience de la situation, je me mis à transpirer et à grelotter en même temps. Elías et Filo continuaient leurs ébats, en faisant de plus en plus de bruit, et moi je me trouvais là où je n'aurais jamais dû être. Car si l'un des deux me découvrait, la seule chose qu'on retrouverait dans cette maison serait mon cadavre. Je ne pouvais penser qu'à cela, et à rien d'autre.

Tandis que les amants se reposaient, ronronnaient, riaient et commençaient à se fatiguer à nouveau, je ne fis aucun bruit, me contentant de respirer à peine. J'avais les yeux fermés, les bras collés au corps, les paumes de mes mains transpiraient comme si ma vie s'échappait peu à peu à travers elles. J'étais devenu fou. Même un fou à lier n'aurait jamais osé faire ça. Et le temps s'écoulait. Et il ne se passait rien. Chaque solution qui me venait à l'esprit était pire que la précédente. Il devait être déjà sept heures et j'avais dit à ma mère que je revenais tout de suite. On n'allait pas tarder à partir à ma recherche, et lorsqu'on le ferait, le premier endroit où l'on se rendrait serait la maisonnette de doña Elena. Et on me retrouverait là, avec Filo, avec Regalito et son fusil. Et on ne le laisserait certainement pas s'enfuir, ni échanger sa vie contre la mienne. On n'avait jamais fait ça lorsque d'autres innocents avaient eu la malchance de pointer leur bout du nez là où personne ne les attendait. Alors nous allions tous mourir. J'allais mourir, moi qui m'étais solennellement juré de ne jamais rien faire qui pût attirer le malheur sur autrui. Et eux aussi allaient mourir : Cencerro de Fuensanta de Martos et sa fiancée, une des filles les plus belles de la région. On aurait dit un roman, on aurait dit un film, mais ça ne l'était pas. Car nous allions tous mourir, nous qui étions à l'intérieur, et peut-être aussi ceux qui viendraient à l'extérieur. Peut-être aussi ma mère, ou mon père, si c'est lui qui venait me chercher. Car Elías possédait un fusil et il l'utiliserait. Je pouvais comprendre cela, je pouvais tout comprendre, mais je ne pouvais rien faire, je ne pouvais pas les prévenir, je ne pouvais pas m'échapper, je ne pouvais pas bouger, je ne pouvais pas les sauver, ni me sauver en même temps qu'eux. Je ne pouvais que rester là, à plat ventre, à imaginer ma propre mort tandis que je les entendais se fatiguer, se reposer, se fatiguer à nouveau, jusqu'à ce que, pendant un de ces silences qui succédait à leur tempête amoureuse, Elías réussisse d'un seul coup à sauver sa vie, à sauver celle de Filo et à sauver la mienne.

« Je dois y aller ! » lança-t-il. Et lorsque j'entendis cela j'eus envie d'éclater de rire et de pleurer tout à la fois. « Il doit être plus de sept heures. Si je suis en retard, ils vont se demander où je suis passé, ils vont penser des trucs bizarres et ce sera encore pire. Là-haut, la situation est très embrouillée.

— Ne pars pas, s'il te plaît, murmura Filo d'une voix rauque et chaude à laquelle il était difficile de résister. Pas encore, s'il te plaît…

— Ne me dis pas ça, ne fais pas ça, Filo… », répondit-il. Par chance pour tout le monde, Elías avait décidé d'y aller. « Si ça ne tenait qu'à moi, je resterais ici toute ma vie, tu le sais bien. Tu veux dire que tu ne le sais pas ? »

Moi, je le savais, lui aussi le savait, et elle également devait le savoir. Néanmoins, ils mirent presque une demi-heure à se dire adieu. Et, lorsque les ressorts du sommier grincèrent une dernière fois, et que je pus voir Regalito habillé et prêt à partir, moi, j'étais déjà plus attentif aux bruits de dehors qu'à ceux de l'intérieur.

« Attends », dit Filo en sautant du lit toute nue et en se blottissant dans ses bras. Je n'avais jamais vu de femme nue. Et sans doute aucune de celles que je parviendrais à voir au village ne serait aussi belle qu'elle, mais j'avais tellement peur que je n'y prêtai aucune attention. Elle était nue et je n'y prêtai pas attention, elle était nue et moi je n'avais jamais vu de femme nue, mais je la vis sans la regarder, sans réaliser ce que je voyais, comme si cela me gênait, comme si c'était trop. Car, en cet instant, je n'avais envie de rien, rien d'autre ne m'intéressait que de voir Filo à nouveau habillée.

« Je m'habille et je sors avec toi.

— Non, fit Elías en l'embrassant et en se libérant délicatement de ses bras. Pas en même temps que moi. Habille-toi tranquillement et attends mon coup de sifflet. Lorsque tu l'auras entendu, rentre chez toi sans regarder derrière toi, d'accord ? »

Filo acquiesça, ramassa sa robe qui traînait par terre et demeura debout jusqu'à ce qu'il sorte. Elle avait déjà eu le temps de se rhabiller, de se chausser, de passer son manteau, de s'asseoir sur une chaise, de poser ses coudes sur la table et de prendre sa tête entre ses mains comme si elle était sur le point de fondre en larmes, lorsqu'elle entendit un coup de sifflet aigu, puissant et très long. Alors, elle se leva, éteignit les bougies, tourna l'interrupteur, sortit et ferma la porte à clé. De mon côté, je décidai de compter encore jusqu'à cent. Ensuite, je me remis à genoux, attrapai le levier pour me lever, reposai le sac à sa place, ouvris la lucarne, la refermai et descendis à une telle vitesse que je tombai par terre, sans toutefois déchirer mes genouillères. Il ne pleuvait plus et je me sentis heureux. Si heureux d'être toujours en vie, que nous soyons tous vivants, que je me mis à courir sans m'arrêter jusqu'à chez moi. Et c'est alors que je m'aperçus que j'avais mal à la jambe droite. Lorsque je m'arrêtai pour reprendre mon souffle, l'horloge de l'église sonnait huit heures pile. Il n'y avait pas de temps à perdre, mais je me peignai un peu avec les doigts, tirai le livre de l'intérieur de ma chemise et pénétrai calmement chez moi comme si je revenais d'une promenade.

« D'où sors-tu avec cette dégaine ? me demanda Dulce, qui était toute seule assise à table.

— Et maman ? » demandai-je car elle était seule. Mais aussi grande que pût être ma punition, il m'était à présent égal qu'elle soit partie me chercher. « Et papa ? Où sont-ils ?

— Ils sont allés, avec Pepa, chez les Rodillaspelás, leur grand-mère vient de mourir, mais ils ne vont pas tarder à rentrer, alors il vaudrait mieux que tu te laves, il faut voir dans quel état sont tes mains ! Où diable es-tu allé te fourrer ? »

Je regardai mes mains et m'aperçus que la gauche n'était que sale, tandis que la paume de la droite, avec laquelle je m'étais tenu au levier si bizarre avec son manche de bakélite, était noire, couverte d'une tache sèche et compacte comme de la peinture. Pensant que c'était juste de la crasse, je la cachai dans ma poche avant de remplir l'évier. Lorsque je plongeai ma main dans l'eau je vis celle-ci devenir immédiatement grise. Des filets noirâtres dégoulinaient de mes doigts, salissant davantage l'évier lorsque je les frottais avec la paume.

Je pris le savon de la lessive et m'en badigeonnai copieusement les deux mains avant de les frotter énergiquement l'une contre l'autre comme si je voulais en retirer la peau. Je vidai l'évier, le remplis à nouveau, et tandis que l'eau devenait de plus en plus propre, la mousse du savon plus transparente, je me mis à penser à doña Elena, à sa maison si blanche, si jolie, si petite, aussi propre que sa propriétaire, et ma bouche se remplit de la saveur du vin de Malaga et de ces bugnes que Manoli préparait mieux que personne. Alors, tous les personnages de tous les livres que j'avais lus se mirent à me parler en même temps. Je vis le visage de Pepe el Portugués, sa chevelure dorée par le soleil, sa peau bronzée, ses dents blanches dont l'une d'elles était cassée en biseau comme la lame d'un couteau, le visage de l'homme auquel j'avais décidé de ressembler.

Puis, enfin à l'abri, à la maison, les mains propres, je me souvins d'Elías, qui lui aussi devait se trouver chez lui, où que ce fût, calme et à l'abri, tout comme Filo, absorbée par les préparatifs du dîner à la ferme. Je la vis toute nue, comme si son corps s'était imprimé dans ma mémoire, malgré la peur qui m'avait aveuglé sur l'instant. Je la revis toute nue et je souris, en me disant que je ne pourrais jamais me vanter de cela non plus avec Paquito, que je ne pourrais jamais le lui raconter, tout comme je ne lui avais jamais dit un mot à propos de toutes les bonnes choses que la montagne m'avait données en échange de rien du tout. C'est ainsi que je me rinçai une dernière fois les mains et les trouvai enfin propres, à l'abri elles aussi de cette tache qui n'était pas de la crasse, ni de la poussière, ni de la graisse, ni de l'huile, ni du charbon, ni de la rouille, ni du sang, de cette tache qui était de l'encre noire. Ni plus ni moins de l'encre d'imprimerie.

« Regarde, dis-je en me retournant vers Dulce, les mains fermées. Rien dans celle-là, fis-je en ouvrant la gauche. Rien dans celle-ci », fis-je en ouvrant ensuite la droite, afin que l'imprimerie de la guérilla, cette si grosse boîte carrée, aux montants métalliques, que je n'avais pas su identifier lorsqu'elle se trouvait juste devant moi, disparaisse en même temps que l'eau qui s'échappait dans l'égout et laisse place à tous les livres qui me restaient à lire, à toutes les histoires à apprendre, à tous les endroits à explorer, tout le temps que je continuerais à parcourir la rivière avec Pepe el Portugués.

Ce n'est pas si mal, me dis-je ensuite, en prenant conscience que j'avais découvert tout seul, sans l'aide de personne, l'identité du nouveau Cencerro et l'imprimerie de ses hommes en moins de trois heures. Et je compris que cette nuit-là j'allais dormir d'une seule traite.

Je me sentais si bien que, lorsque Dulce me demanda à nouveau où j'étais allé, je ne lui répondis même pas de s'occuper de ses affaires.

III

1949

Doña Elena revint d'Oviedo avec une très bonne mine et quelques kilos de plus, même si son aspect physique ne changea pas autant que celui d'Elenita, dont j'étais tombé amoureux comme un imbécile, presque sans m'en apercevoir, cet hiver-là.

« Nino ! »

Nous étions dimanche et il ne restait plus qu'une semaine avant Noël. Cette année-là, la secrétaire du maire avait chargé Pepe el Portugués de lui rapporter des écorces d'arbre couvertes de mousse et des fougères qui poussaient du côté de la rivière, pour décorer la crèche de la mairie. Elle était prête à bien le rémunérer, car les hommes de la montagne allaient et venaient malgré le froid. Et personne n'osait s'aventurer au-delà de la croisée des chemins. À la fin du mois de novembre, trois hommes avec des têtes de journaliers sans travail, qui marchaient tranquillement le long de la route, avaient ouvert le feu sur une patrouille de gardes civils qui avait voulu les contrôler. Ils avaient réussi à s'échapper, mais l'un d'eux était grièvement blessé. Sempere – le garde civil de Castillo de Locubín qui raffolait des saucisses grillées – avait lui aussi été touché : une balle dans le genou, et une autre, sévère, dans l'abdomen. Ses compagnons étaient partis à la recherche du bandit qui n'était pas en état de continuer à marcher et avaient trouvé son corps non loin de là, les entrailles également en sang. Il n'avait pas succombé à l'hémorragie, il s'était tiré une balle dans la tempe. Mais il avait eu le temps de remettre tout ce qu'il possédait aux deux autres, car on ne retrouva rien sur lui, ni arme, ni munitions, ni argent, juste un bout de papier soigneusement plié au fond d'une poche, où était noté un nom courant en espagnol, « Casa Inés », qui ne correspondait pas à l'adresse inscrite au-dessous – une rue de Toulouse où habitait toujours Anselmo Rubio, après la mort de son frère Francisco.

Mon père expliqua que cette rencontre avait été fortuite, qu'il n'y avait pas eu la moindre dénonciation, le moindre renseignement à propos de cette tentative de fuite mais, en représailles, la guérilla transforma ce simple règlement de compte en une grande campagne de propagande. Quelques jours après la double mort de Sempere et du guérillero anonyme, Piriñaca raconta, au bar de Cuelloduro, que ce matin-là elle avait vendu un paquet de cigarettes à un berger et que, pendant qu'ils avaient fumé une cigarette ensemble, ce dernier lui avait raconté qu'il venait de croiser trois hommes dans la montagne. Ils ressemblaient à des journaliers, car ils n'étaient visiblement pas armés, mais l'un d'eux l'avait vraiment marqué parce qu'il était très beau.

« Il a dit qu'il mesurait un mètre quatre-vingts, expliqua-t-elle tandis que le silence des grandes occasions se faisait dans le bar. Qu'il avait les cheveux châtain clair, les yeux en amande… Je lui ai demandé d'en dire plus ; comment était son nez, sa bouche... Il m'a répondu qu'il n'avait pas fait attention à ça, qu'il n'y entendait rien, mais que ce dont il était sûr, c'est qu'il était beau, vraiment très beau. Comme le sergent ? lui ai-je demandé. Et il a précisé : Oui, un peu le même genre. »

La nouvelle se propagea à travers tout Fuensanta telle une traînée de poudre. Si rapidement qu'une heure plus tard ma sœur Dulce arriva en retard pour déjeuner, avec un sourire idiot qui suffit à mettre mon père de mauvais poil.

« Tu vois ce que je t'ai dit, Antonino ? lui lança ma mère aussi guillerette que si elle venait de gagner un pari. Alors, il existe ou il n'existe pas ?

— Qu'il existe un très beau journalier, oui, c'est possible, répliqua-t-il. Mais que ce soit vraiment l'Antonio que cette imbécile de Paquita s'est inventé, c'est autre chose. Et puisqu'on parle d'imbéciles, ajouta-t-il en pointant son doigt sur Dulce, toi, je te conseille de prendre un autre air, si tu ne veux pas que ce soit moi qui t'en fasse changer. »

Ce fut la dernière discussion que nous eûmes à propos d'Antonio el Guapo qui avait divisé ma famille en deux camps. Car le berger qui avait acheté des cigarettes à Piriñaca venait de Valdepeñas et avait croisé ces inconnus sur un raccourci qui débouchait directement sur la ferme d'un homme que mon père connaissait très bien, même s'il ne le fréquentait plus depuis de nombreuses années. Pendant toute son enfance et jusqu'au jour où il partit faire son service militaire, les deux fils de Silbido avaient été ses meilleurs amis. L'aîné avait récolté presque huit ans de prison pour avoir été secrétaire à l'hôtel de ville, à l'époque du maire à vie, et ce fut sa femme qu'on avait retrouvée morte ce soir-là, avec un bout de papier accroché à sa robe avec des épingles : « *Voilà comment Cencerro traite les traîtres.* » Le fils de Silbido ignorait que, depuis plus de deux ans, alors qu'il était encore en prison, sa femme couchait avec le caporal du village. Et lorsqu'on l'avait libéré, elle continuait à le recevoir dans son lit tous les matins, à l'heure où son mari était aux champs. Ensuite, personne ne sut comment il avait appris ce qui s'était passé, mais il ne se rendit même pas à l'enterrement. En revanche, le caporal et sa femme s'y rendirent, cette dernière carrément traînée par son mari, les yeux gonflés d'avoir pleuré.

« Je te tue, Antonino. Si tu me fais ça, je te tue. Je te le jure sur la tête de mes enfants, que je te tue. Et qu'on me fusille ensuite, mais moi je te tue en premier. »

Ma mère ne voulut pas préciser si elle faisait référence à l'infidélité ou au petit numéro du cimetière, mais son mari, plus affecté par la détresse de son ami d'enfance qu'il ne le laissa paraître, décida de se passer de ces précisions. Il ne dit pas un mot jusqu'au lendemain, pour raconter que Sempere était mort à l'hôpital. Le commandement avait préféré garder le secret, car à ce moment-là, il était préférable de ne pas ébruiter les pertes. Au point où en étaient les choses, tout le monde savait déjà, y compris à Fuensanta de Martos, que la seule raison pour laquelle la belle-fille de Silbido n'avait pas dénoncé la tentative de fuite que déchaîna cette séquence de morts, était qu'elle n'en savait absolument rien. En revanche, elle avait au moins été responsable des trois dernières rafles à Valdepeñas. Et, durant la dernière, son amant avait appliqué personnellement la loi des fuyards au frère cadet de son mari.

En cette triste fin d'automne, ce dimanche après-midi-là, je traversais la place du village en poussant une brouette pleine de plantes et d'écorces d'arbre récoltées avec Pepe el Portugués le matin même, lorsqu'une voix féminine cria mon nom. Autour de moi je ne vis personne de connu, sauf une silhouette qui s'avançait de très loin. Une silhouette irréelle qui ressemblait plutôt à une poupée sortie d'un album d'images. De ces images qu'on trouvait dans les barres de chocolat à cinquante centimes qu'achetait la grand-mère de Miguel de temps en temps.

« Nino ! » hurla à nouveau la silhouette. Et soudain, il me sembla la reconnaître. « Mais tu es devenu bête, ou quoi ? »

Cette formule si peu protocolaire me permit de l'identifier enfin, de reconnaître la petite-fille de mon professeur de dactylographie, emmitouflée dans un manteau bleu marine aux boutons et col en velours. Elle portait des gants tricotés bleu ciel, des collants de laine assortis, autour du cou un cache-nez rayé avec des pompons du même ton, et, aux pieds, des chaussures vernies, si brillantes qu'on aurait dit qu'elles voulaient absorber le peu de lumière de cet après-midi blanc et glacial.

« Attends-moi, j'arrive ! »

Je reposai la brouette et me dirigeai vers elle. Lorsque j'eus parcouru la moitié de la distance qui nous séparait, je pris conscience de la façon dont moi-même j'étais vêtu. De vieux pantalons verts dont les genouillères décousues semblaient tirer la langue pour se moquer de mes jambes à chaque pas, et un chandail noir que m'avait prêté Pepe pour que je n'aie pas froid, aussi grand qu'une veste de clown. Quelle poisse, pensai-je, sans savoir encore pourquoi.

« Bonjour », lui dis-je. Lorsque je fus devant elle, je lui tendis timidement la main droite, mais m'aperçus qu'elle était si sale que je m'empressai de les enfoncer toutes les deux dans mes poches. « Excuse-moi, mais je ne t'avais pas reconnue, tu as l'air bizarre. »

En la regardant plus attentivement, je corrigeai mon jugement : elle n'était pas bizarre, elle était plutôt très bizarre. Elle avait coupé ses cheveux, s'était peignée avec la raie sur le côté et avait noué la grosse mèche qui pendait toujours en désordre sur son visage avec un ruban de la même couleur que le manteau. Elle releva le bout du nez, comme si ma réflexion l'avait offensée.

« Bizarre ? Pour quelle raison ?

— Bon, je voulais dire que tu avais beaucoup changé. » Comme elle gardait sa mine contrariée, je m'avançai davantage. « Tu es très belle.

— Ah ! fit-elle en souriant enfin. Toi aussi tu as changé. Tu as pas mal grandi, n'est-ce pas ?

— Oui, dis-je en souriant à mon tour, même si, malgré ses onze ans récents, elle faisait une bonne demi-tête de plus que moi.

— Regarde la dégaine que tu as ! reprit-elle en retroussant son petit nez, avec une moue si gracieuse qui suffit à faire élargir mon sourire tout seul, sans que j'intervienne dans le processus. Tes vêtements sont tout dégoûtants.

— Je sais. J'ai passé la journée dans la montagne, à ramasser des fougères et de la mousse pour la crèche de la mairie, et… On va me payer, tu sais… Si tu veux, je t'invite à manger des churros !

— Pourquoi pas ?... Il fait très froid et ça me réchauffera avant de remonter la côte. Mais je n'ai pas trop de temps, je suis juste descendue pour mettre quelques cartes postales à la boîte aux lettres, et je ne voudrais pas que ma grand-mère s'inquiète.

— On ne restera pas très longtemps, promis-je, stimulé par ma propre audace. Va poster tes cartes et attends-moi ici, je reviens tout de suite. »

Je traversai la place en vitesse et déchargeai la brouette rapidement. Mais, même si elle vanta mon chargement à haute voix, et même si elle me connaissait depuis toujours, car c'était une grande amie des Mediamujer, Mlle Ascensión refusa de me payer tout de suite.

« Je préfère régler ça demain, avec Pepe, annonça-t-elle, sans prendre la peine de me regarder...

— Mais pourquoi ? protestai-je. Nous avons décidé de partager. Nous avons autant travaillé l'un que l'autre, moi, plus que lui, parce que j'ai tout descendu tout seul jusqu'ici, et il m'a dit que...

— Il n'en est pas question, m'interrompit-elle, cette fois en me regardant, et je compris qu'il n'y avait rien à faire. Venez tous les deux demain et vous partagerez l'argent comme il vous plaira. On ne doit pas donner de l'argent aux enfants, parce que vous le dépensez avec des bêtises.

— Mais je ne veux pas tout, insistai-je tout de même. Donnez-moi juste une peseta, même pas, cinquante centimes, ce sera suffisant... C'est parce que j'ai rencontré une amie qui m'attend dehors et je lui ai promis de l'inviter à manger des churros.

— Eh bien, tu n'as qu'à faire une ardoise chez María.

— Ce n'est pas pareil », fis-je. Je me sentis soudain partagé entre une terrible envie de lui donner une paire de gifles et celle tout aussi grande de me mettre à pleurer. « Ne comprenez-vous pas que c'est différent ?

— Demain. Tu l'inviteras demain. Pour un jour, c'est presque pareil non ? » dit-elle en enfilant son manteau pour clore la discussion avant de se tourner vers les ouvriers qui installaient l'estrade où on allait organiser la crèche le lendemain. « Mais ce n'est pas à vous que je parlais, c'est clair ? Si ce n'est pas fini ce soir, vous ne serez pas payés non plus. »

Et qu'est-ce que je fais, moi, maintenant ? me dis-je alors qu'elle s'éloignait, en claquant des talons. L'angoisse qui se dessina sur mon visage dut émouvoir à tel point les menuisiers que Joaquín Fingenegocios, le cousin de Lorenzo qui avait repris son atelier lorsque celui-ci s'était engagé dans la montagne, se leva et s'approcha de moi.

« Tiens, Canijo. Tout travail mérite salaire. Merde alors, on ne respecte même plus ça, dans ce pays... fit-il en tirant quelques pièces de monnaie de sa poche pour me les donner. Cinquante centimes, je n'ai rien d'autre. Demain, lorsque cette casse-couilles aura fini d'admirer le visage de ton ami Pepe el Portugués, parce que c'est tout ce qu'elle cherche, tu viens me voir et tu me les rends, d'accord ?

— Merci, merci, demain sans faute...

— Arrête de me remercier et va te laver, allez, tu en as vraiment besoin. Il ne faudrait pas que la fille ait honte de se montrer avec toi dans la rue, s'esclaffa-t-il, tandis que ses camarades riaient en même temps que lui. N'oublie pas de dire à Pepe de faire attention avec celle-là, les grenouilles de bénitier sont parfois pires que les autres… »

Lorsque je ressortis, je sentis le froid cingler mon visage et mes mains que je n'avais pas pris le temps d'essuyer. Elenita se tenait au centre de la place, sautillant à pieds joints pour se réchauffer. Elle paraissait mécontente, mais cependant elle n'était pas partie.

« Ben, dis donc, tu en as mis un temps ! J'étais sur le point de m'en aller. »

C'est exactement ce qu'avait dit Filo à Regalito, avant de se laisser aller dans ses bras. Et, me souvenant de cela, je souris, comme l'avait fait Regalito.

« C'est parce que je suis allé me laver un peu », expliquai-je en retirant le chandail de Pepe pour me retrouver en chemise à carreaux pratiquement toute propre. Je ne sentais soudain plus le froid. « Comme tu as dit que j'étais dégoûtant tout à l'heure… Je ne voulais pas que tu aies honte de te montrer avec moi dans la rue.

— Tu es vraiment bête », répondit-elle, en souriant comme si elle avait aimé que je lui dise cela.

Nous nous dirigeâmes ensemble vers la *churrería* qui malheureusement se trouvait à deux pas. Il n'y avait pas grand monde non plus qui faisait la queue à la porte. Je me rendis très vite compte qu'Elenita était bien moins pressée qu'elle ne l'avait annoncé.

« J'en voudrais une demi-douzaine, María, dis-je en me tournant vers Elenita. Pour l'instant, hein ? On verra bien ensuite. Si on a encore faim, on en achètera d'autres. »

Elenita me sourit, mais ne dit rien. En sortant, elle s'assit à mon côté sur un banc de pierre et se jeta sur les churros avec tellement d'avidité que je n'osai pas lui parler avant qu'elle n'ait avalé le premier.

« Quand êtes-vous revenues ? risquai-je tandis qu'elle plantait ses dents dans le deuxième.

— Hier.

— Je suis vraiment content. J'ai cru que vous ne reviendriez peut-être plus.

— Si cela n'avait tenu qu'à moi... dit-elle en faisant une vilaine moue, nous serions restées vivre là-bas, pour de vrai... Mais, dis donc, tu ne manges pas ?

— Si, mais... »

Elle en était à son troisième lorsque j'osai prendre le premier.

« Je vais en manger un... »

Tandis que je mordais dans mon churro, elle m'expliqua combien elle avait aimé Oviedo, une ville magnifique, très étendue, avec un parc rempli d'arbres et une pelouse aussi verte, aussi douce qu'un tapis. Et des rues pleines de boutiques élégantes, de confiseries exquises, de cafés avec de grands lustres au plafond et des miroirs aux murs qui les reflétaient à l'infini. Et des gens très bien habillés qui se changeaient jusqu'à trois fois par jour. Et un théâtre semblable à un palais, une cathédrale semblable à un palais, des hôtels semblables à des palais. Et de vrais palais par-ci par-là, enjolivant les rues du centre avec leur façade ancienne de pierre sculptée.

« Mais à Alcalá la Real, il y a également des palais, risquai-je. Et on m'a dit qu'à Úbeda...

— Mais qu'est-ce que tu racontes, Nino ? Oviedo est une ville incomparable ! Je crois que tu... dit-elle en secouant la tête et en prenant un air compatissant, comme si elle s'apitoyait sur mon ignorance. Ma tante et mon oncle ont toujours dit que Jaén était une horreur, une province de troisième catégorie, tellement arriérée qu'on n'y trouve rien, ni théâtre, ni boutiques, ni… Absolument rien. Des paysans et encore des paysans, des oliviers et encore des oliviers, tu vois, comme c'est intéressant… Mais ma grand-mère s'obstine à habiter ici, et moi, allons donc, je dois suivre ! Il ne me reste plus qu'à supporter ses caprices… »

Tandis que je souriais à ce *allons donc !* qui avait résonné comme les *allons donc !* de ma mère, le vent faillit emporter le papier vide que je tenais dans ma main.

« Tu veux que j'en prenne une demi-douzaine de plus ? » lui demandai-je tandis qu'elle me regardait sans comprendre. « Je veux dire, de churros… Je suis certain qu'à Oviedo ils ne sont pas aussi bons.

— Ça c'est vrai ! » répondit Elenita en souriant avant de devenir rouge comme une tomate. J'aimais beaucoup lorsqu'elle rougissait ainsi. « Ceux d'ici sont bien meilleurs, n'est-ce pas ? »

Ce commentaire me suffit amplement. Je ne savais pas ce qui m'arrivait, mais je n'étais pas tellement curieux de le savoir non plus. Je me levai d'un air joyeux et partis demander une autre demi-douzaine de churros que je ne payai pas tout de suite non plus.

« Je suis là, dehors, dis-je à María qui me sourit comme si elle savait ce que j'ignorais. Tout à l'heure, au moment de partir, je te paierai tout ensemble. »

Apercevant les churros, les yeux d'Elena brillèrent à nouveau, et elle me murmura quelques mots d'une voix qui m'émut par sa délicatesse :

« Je suis désolée, Nino, ne te fâche pas. Je ne voulais pas te blesser… Je préfère Oviedo à Fuensanta, c'est tout.

— Je ne suis pas fâché.

— Même si les churros… fit-elle en prenant son premier, en soupirant avant de poursuivre : De ce point de vue, tu as raison. »

J'ignore combien de temps nous étions restés là, mais lorsque nous eûmes fini les churros, nous avions continué à parler, d'Oviedo et de Jaén, de sa grand-mère, de sa tante et de son oncle, de ses nouveaux vêtements dans lesquels elle était ravissante et des vitrines des boutiques où elle les avait achetés. Et moi, qui ne m'étais absolument jamais intéressé aux boutiques, aux vêtements et aux vitrines, je l'avais écoutée comme si je n'avais jamais rien entendu d'aussi intéressant de toute ma vie. J'aurais continué à le faire jusqu'au lendemain si je n'avais pas reconnu le bruit des pas qui s'approchaient, un bruit aigu suivi d'un autre bruit plus sourd, tic toc, tic toc, tic toc, le talon de Pastora et la semelle de sa chaussure orthopédique avec leur propre rythme, irrégulier, unique.

« Il faut rentrer, non ? » suggérai-je. Et, pour la première fois depuis un long moment, ce qui en tout cas me semblait être un long moment, je délaissai les yeux d'Elenita pour surveiller le bout de la rue ; mais il était déjà trop tard. « Tu as dit que tu étais pressée…

— Oh, oui, tu as raison ! s'exclama-t-elle alors que Pastora montait la côte au bras de Sanchís. Le temps est passé à toute vitesse. »

Ce commentaire, qui était autant destiné à moi qu'à la pâte qu'était en train de pétrir Tomás, le mari de María, et qu'à l'huile dans laquelle cette dernière faisait frire les churros, aurait dû me plaire plus que tout ce que j'avais entendu cet après-midi-là. Mais l'apparition de Sanchís, qui me traitait de plus en plus mal, et exerçait sur moi une autorité illégitime avec un acharnement chargé de mépris, avait tout gâché. La dernière chose que je souhaitais était de le voir arriver, de l'entendre m'appeler Canijo et se moquer de moi, ou de m'envoyer à la caserne en hurlant et en me désignant le chemin du bout du doigt comme si j'étais un gamin, puis en faisant claquer sa langue entre ses dents comme s'il s'adressait à un cheval. Voilà pourquoi je m'étais empressé d'entrer dans la *churrería*. Mais tout se passa mal et en même temps sans doute bien mieux que je n'aurais osé l'espérer.

« Combien je te dois, María ? demandai-je en enfonçant ma main dans la poche de mon pantalon.

— Rien du tout, répondit-elle avec une expression tendre et bienveillante, qui me gêna alors plus que n'importe quelle somme. Je demanderai l'argent à tes parents lorsque je les verrai.

— Non. Je veux payer », répliquai-je en ouvrant la main pour lui montrer mon capital. J'entendais les pas de Pastora, tic toc, tic toc, tic toc, qui entrait dans la boutique. « J'ai de l'argent, tu vois ?

— Mais ce n'est pas la peine, Nino, je…

— Non », insistai-je car j'étais décidé à me montrer responsable, du moins à payer ce que je devais comme un homme, au lieu de partir en courant comme un gamin apeuré. « C'est moi qui paie, ajoutai-je en posant les pièces sur le comptoir et comprenant que je ne pourrais pas éviter de croiser le sergent.

— Bon, comme tu voudras… fit María en me regardant, en regardant Elenita et en riant. Voilà, c'est fait. »

Je repris ma monnaie, à peine quelques centimes, cependant suffisants pour acheter deux barres de réglisse à Piriñaca, puis je fermai brièvement les yeux avant de me tourner vers la porte. Lorsque je les rouvris, Sanchís était en train de me regarder. Pastora aussi.

« Bonjour, Nino, me dit-elle très souriante. Et la compagnie…

— Bonjour », répondis-je, tandis que son mari inclinait imperceptiblement la tête pour me saluer. Et rien d'autre.

Lorsque nous sortîmes dans la rue, je ne pouvais toujours pas croire que nous ayons eu autant de chance. Je comptai dans ma tête un, deux, trois, et je n'entendis plus les pas de Pastora, ni la voix de Sanchís, dans mon dos.

« Que t'arrive-t-il ? me demanda Elenita. Tu fais une de ces têtes… On dirait que tu as croisé un fantôme.

— Rien, rien », murmurai-je alors que nous étions déjà loin de la *churrería*, et que j'osai sourire à nouveau. « Si tu veux, je t'accompagne jusqu'à la croisée des chemins. C'est peut-être mieux ! Comme il fait déjà nuit… »

Mais le chemin me parut si court que je montai avec elle presque en haut de la côte. Je ne m'arrêtai que lorsqu'on put apercevoir au loin les lumières de la ferme.

« Dis à ta grand-mère que je viendrai lui rendre visite demain, après l'école.

— Je le lui dirai, répondit-elle en s'éloignant avant de se retourner. Merci pour tout. À demain, Nino.

— À demain, Elenita. » Et elle se retourna à nouveau.

« Appelle-moi Elena, si cela ne te dérange pas.

— Elena, répétai-je. Ça ne me dérange absolument pas. »

Je retournai chez moi en courant, comme d'habitude, et comme d'habitude j'arrivai tout essoufflé. Durant cet après-midi, j'avais dû perdre la notion du temps car, arrivé devant l'église, sept heures et demie étaient en train de sonner. Ma mère était de bonne humeur et ne me fit pas la moindre réflexion lorsque je lui annonçai que le lendemain, après l'école, j'irais rendre visite à doña Elena, pour la saluer et savoir quand nous commencerions les cours de français. Cependant, le lendemain matin, elle me demanda pourquoi je m'étais habillé en dimanche, alors qu'on était lundi.

« Parce qu'on nous rend les carnets de notes, expliquai-je.

— Et alors ?

— Eh bien, je ne sais pas... Le maître dit toujours que nous devons être présentables pour venir en classe... alors je me suis dit que ce serait bien de m'habiller un peu. »

Lorsque don Eusebio distribua les carnets que nous devions rapporter signés avant le jeudi, je me félicitai pour mon astucieuse reconquête de bonnes notes, qui transformerait mes vacances de Noël en une sorte de petit été, au beau milieu de l'hiver. Ensuite, je n'eus pas de mal à me débarrasser de Paquito qui sortit en traînant des pieds, comme s'il traînait le boulet des mathématiques qu'il venait à nouveau de rater. Avant de quitter l'école, je passai me mouiller les cheveux pour mieux me repeigner devant le miroir. Mais cela ne servit pas à grand-chose, car le seul témoin de cette élégance fut Pepe el Portugués, qui m'attendait les bras croisés devant l'école.

« Et voilà le portrait tout craché de don Juan Tenorio, dit-il, et comme il est bien peigné !

— Mais… fis-je à voix basse en m'approchant de lui. Je… Mais je ne peux pas…

— Ne t'inquiète pas, je suis au courant de tout, dit-il en éclatant de rire. J'ai croisé Fingenegocios, ce matin, et il m'a dit que tu lui devais cinquante centimes, n'est-ce pas ? Alors, allons à la mairie toucher notre dû, car tu vas devoir payer tes dettes. Et en plus tu auras besoin d'argent. Tu ne peux pas savoir comme c'est cher de rendre les femmes heureuses.

— Mais ce n'est pas une femme, c'est Elenita.

— Comment dis-tu, Elenita ? fit-il en éclatant à nouveau de rire. Tu veux sans doute parler d'Elena-si-cela-ne-te-dérange-pas, car elle dit ça sans arrêt… »

Il continua de se moquer de moi pendant tout le trajet, ce qui ne me blessa pas vraiment. Je me sentais bien, à l'aise, presque protégé par ces plaisanteries si semblables à celles qu'il avait faites à propos de lui-même l'été passé, quand Paula avait remisé ses ciseaux à poisson. Et lorsque Mlle Ascensión nous paya enfin, il faut voir, Pepe, comme tu te fais désirer, je ne comprends pas comment tu peux aimer vivre aussi seul, dans ton vieux moulin, sans descendre au village, je ne sais pas, sans jamais venir au bal ni entretenir des amitiés, avec le nombre de belles et agréables célibataires qui traînent par ici… Je continuai à rire avec lui. Ensuite, il insista pour qu'on partage équitablement l'argent, bien que je ne m'attendisse pas à cela, et il me fit de la monnaie d'une peseta pour que je puisse rembourser les cinquante centimes à Fingenegocios.

« Comment ça va ? Bien, n'est-ce pas ? Mets-les dans la poche de ma chemise, là… dit celui-ci tandis qu'il installait le toit de la crèche, tenant les planches de la main gauche et les clouant de la droite. Merci beaucoup, ajouta-t-il en se tournant vers Pepe. Et toi, comment vas-tu ? Toujours sain et sauf, on dirait ?...

— Moi ? » demanda Pepe en s'approchant de lui. Puis, s'assurant que personne ne pouvait le voir, il fit un geste que je n'avais jamais vu – c'est-à-dire en remuant à la fois les lèvres et la main droite. « Mmm. Moi, celle-là... répéta-t-il en bougeant les lèvres et la main plus vite, mmm. Je ne te dis que ça ! »

Fingenegocios éclata de rire si fort que le toit de la crèche s'écroula, emportant les murs dans sa chute et soulevant un nuage de sciure qui se répandit dans toute la pièce.

« Et maintenant, qu'est-ce qu'on fait ? » demanda Pepe en imitant la voix aiguë de don Bartolomé qui se relevait comme s'il voulait évaluer l'ampleur du désastre d'en haut. « Où est-ce qu'il va naître notre petit Jésus ? Sans-cœur, tu es un sans-cœur, mon vieux ! »

Cette fois c'est Pepe el Portugués qui rigola le plus, et je compris pourquoi je me sentais si bien avec lui. Je venais d'entrer dans la confrérie de la fraternité masculine, dans la complicité des gestes obscènes et des expressions à demi-mot, de m'initier au code des blasphèmes explicites et tacites, à la solidarité aujourd'hui avec toi, demain avec moi, même si je ne m'étais fait encore qu'une idée approximative de ce que signifiait ce baptême. Fingenegocios refusa qu'on reste pour l'aider. « J'arrange ça en deux temps trois mouvements », nous dit-il. Puis il suggéra à Pepe el Portugués de partir en courant et refit le même geste que celui-ci avait fait avant lui, comme s'il portait sa main à sa bouche. Il ajouta qu'il ne faudrait pas que la secrétaire du maire réfléchisse à deux fois, lui dise oui et que tout cela se termine par un beau malheur. Moi, je continuai à rire pour ne pas avoir l'air trop idiot mais, en réalité, je ne compris rien à tout cela. Ni au reste.

« Et Mlle Ascención, demandai-je, alors que nous étions déjà sortis du village. Comment se fait-il qu'elle ne sache pas que tu es le fiancé de Paula ?

— Eh bien, parce qu'elle ne le sait pas, pardi ! Presque personne ne le sait, d'ailleurs, me dit-il en me prenant le bras pour m'obliger à le regarder dans les yeux. Alors tu ne vas pas aller vendre la mèche maintenant, hein ?

— Non, ne t'en fais pas. Moi je ne raconte jamais rien à qui que ce soit.

— Eh bien, c'est très simple. Paula n'aime pas descendre au village, et moi je n'y vais que lorsque j'ai quelque chose à y faire, et pour ce qui est de danser… continua-t-il en me regardant du coin de l'œil et en souriant. C'est mieux que nous dansions tous les deux ensemble, tu ne crois pas ? J'en ai assez bavé à cause de Putisanto, alors, tu vois… Moins ils en sauront et moins ils cancaneront. »

Sur l'instant, je ne prêtai pas d'importance à cette phrase. J'étais trop excité à la perspective de revoir Elenita, même si des deux c'est sa grand-mère qui sembla la plus heureuse de me revoir. Elle était ravie d'avoir retrouvé sa vieille maison, d'avoir quitté la cage de prestige et de bien-être où sa fille aînée avait tenté de l'enfermer pour toujours. Un accès de générosité dont elle s'était méfiée dès le début et derrière lequel elle crut entrapercevoir à temps un pacte tacite que, sans doute, une autre femme à sa place aurait trouvé avantageux. Mais pas elle.

Refusant de parler devant sa petite-fille, elle l'envoya chercher un peu de pain et du chocolat à la ferme des Rubio, pour me garder à goûter. Lorsque Elenita nous laissa seuls, sa grand-mère me raconta le voyage à sa façon, au début en souriant, plutôt enjouée. Elle m'expliqua qu'elle avait déjà élevé ses filles et qu'elle l'avait fait avec grand plaisir, mais qu'elle n'était pas prête à retourner à Oviedo pour élever ses petits-enfants, pour aller vivre chez un gendre, à sa charge, comme si elle avait été recueillie par charité, pour leur servir de nounou tandis qu'ils passeraient leur temps à se prélasser à leur aise. Ce qui avait tant impressionné Elenita, les boutiques, les théâtres, l'élégance des gens, ne l'intéressait que par l'effet que cela avait produit sur la petite. Mais elle s'était aperçue à temps que les vêtements, les rubans, les chapeaux neufs, avec lesquels elle revenait chaque fois que sa tante l'emmenait en promenade, faisaient partie d'une stratégie conçue avant tout pour la convaincre de ne jamais plus retourner à Fuensanta de Martos, dans son village, chez elle. Au fur et à mesure, sa gaieté s'éteignit, jusqu'à disparaître tout à fait au milieu d'une phrase qu'elle renonça à finir. « Je n'aime pas parler de ça, tu sais ! Car j'ai eu des conversations très désagréables avec ma fille, avec mon gendre, qui m'a tout d'un coup dit que j'étais devenue un problème, rien que ça ! Il prétend qu'en vivant ici je ne fais que mettre sa carrière en péril, et puis… Je ne sais plus, je ne suis même pas certaine de m'être bien conduite ensuite. » Moi, j'étais cependant persuadé qu'elle s'était très bien conduite. Et je le lui dis. Je lui déclarai aussi que j'étais très heureux qu'elle soit revenue parmi nous, parce qu'elle m'avait énormément manqué. « Oui, oui, me dit-elle avec un regard plein de tendresse, du coin de l'œil, à cause des livres, hein ?

— Pas du tout. J'ai continué à venir en emprunter… »

Lorsque le mois de novembre s'était achevé et que doña Elena ne revenait pas, lorsque le mois de décembre avait commencé et que Pepe el Portugués m'avait annoncé qu'à la ferme on n'avait pas de nouvelles d'elle, je m'étais risqué à monter jusqu'à la vieille maison une nouvelle fois, et il ne m'était rien arrivé de plus grave que de découvrir, en remettant *Michel Strogoff* à sa place, que j'étais en train de finir toute l'œuvre de Jules Verne. Je ne pouvais plus choisir qu'entre le capitaine Hatteras et un homme excentrique passionné par le jeu de l'Oie, qu'entre le pôle Nord et les États-Unis d'Amérique, qu'entre l'identité anonyme d'un millionnaire qui voulait placer l'Angleterre à la tête de l'exploration de l'Arctique, et l'anonyme identité d'un millionnaire prêt à laisser toute sa fortune en héritage au gagnant d'une partie de son jeu favori. J'avais opté pour ce dernier, car je m'étais dit que cette année-là, dans mon village, il faisait trop froid pour aller naviguer parmi les icebergs. Cependant, j'avais encore eu l'occasion de grimper la côte par-derrière, pour aller récupérer les deux tomes qui me manquaient, et j'étais sur le point de finir le premier lorsque j'avais enfin revu doña Elena.

« Et les cours de français ? lui demandai-je lorsque nous eûmes fini le pain et le chocolat. Nous pourrions profiter des vacances de Noël pour commencer.

— Si tu veux... », fit-elle, ravie de ma proposition. Puis elle se tourna vers sa petite-fille. « Il faudra en parler à Mariquita Pérez, qui vient d'apprendre que, pour parvenir à être une demoiselle comme il faut, on doit apprendre à parler le français.

— Grand-mère ! protesta-t-elle en devenant toute rouge. Premièrement, ce n'est pas tout à fait juste. Je veux apprendre le français, oui, mais... Bon, juste parce que j'en ai envie. Et deuxièmement, ne m'appelle pas Mariquita Pérez, car tu sais que ça me gêne vraiment.

— Eh bien, moi ça me plaît beaucoup, intervins-je pour calmer la discussion. Je veux dire que... Je trouve très bien que tu prennes des cours de français avec moi. »

Elle me sourit et son sourire m'accompagna tout le long du chemin, jusqu'à ce qu'il se brise sur la grimace furieuse qui contracta le visage de mon père au moment où je franchissais la porte de la maison. Avant qu'il n'ouvre la bouche, je réalisai que je ne l'avais jamais vu aussi en colère de toute ma vie. J'énumérai à toute vitesse tout ce que j'avais fait ce jour-là et la veille, puis l'avant-veille. Je regardai ma mère qui était en train de repasser sans lever les yeux et demeurai incapable de supposer ce qui était sur le point de se passer.

« Tu es un singe, tu as compris ? commença mon père en pointant son index sur moi. Et les singes tels que toi n'entrent pas tout seuls dans les bars et n'invitent pas les filles. Ils n'ont pas à avoir d'argent dans la poche. Alors, quand tu seras un homme, tu te conduiras comme un homme, mais, en attendant, je ne veux pas apprendre que tu t'es à nouveau conduit comme tu l'as fait hier.

— Mais… dis-je, ne comprenant pas, même après cette déclaration, la raison de sa fureur. Je n'ai rien fait de mal. Ce n'était pas un bar, c'était une *churrería* et j'ignore ce que t'a dit Sanchís, mais je te promets que…

— Sanchís ? fit-il, visiblement déconcerté par l'évocation de ce nom. Sanchís ne m'a rien dit du tout, mais María a raconté ça à tout le monde. Elle est morte de rire, le fils d'un garde civil en train d'inviter la petite-fille d'une Rouge à goûter… Moi, je n'ai pas trouvé ça rigolo du tout, comprends-tu ?

— Ce n'est pas sa petite-fille… mentis-je. C'est juste une fille, comme n'importe quelle autre.

— Non ! Pas comme n'importe quelle autre, non ! Tu vas à la ferme des Rubio pour prendre des cours, uniquement et exclusivement pour ça. Que je n'apprenne pas que tu fais autre chose. C'est clair ? »

Non, non, ce n'est pas clair, répondis-je dans mon for intérieur, car je n'aurais jamais cru devoir vivre une scène comme celle-là, car je n'avais même pas pensé faire une chose défendue. Je ne comprenais pas et, donc, je ne pouvais pas l'accepter. Je ne voyais pas pour quelle raison je ne pouvais pas m'asseoir avec qui je voulais sur un banc de pierre pour manger des churros, un dimanche après-midi. Voilà pourquoi ça ne serait jamais clair.

Mon père me regardait, moi je le regardais, et le sol ne tremblait pas sous mes pieds, mais je sentais que le monde entier allait s'effondrer, qu'il allait s'écrouler d'un moment à l'autre, comme la crèche de la mairie, tandis que je continuais à penser, à construire des phrases que je n'osais pas prononcer à haute voix.

Ça ne peut pas être clair, papa, car ça n'a aucun sens, car c'est stupide de dire ça, c'est stupide de penser ça. Car tu ne pourras pas l'éviter, personne ne pourra l'éviter, à moins de les tuer tous, de tuer leurs enfants, leurs petits-enfants, tes frères et tes cousins et tes neveux et ceux de maman. Voilà ce que vous devriez faire, tuer tellement de gens que les cadavres finiraient par tout couvrir, par tout pourrir. Et on ne pourrait plus respirer en Espagne. Personne ne pourrait à nouveau marcher dans les rues ou cultiver son champ. Et lorsque les eaux des rivières auraient coloré la mer en rouge, et seulement alors, enfin ce serait clair. Mais, pour l'instant, nous sommes ici les uns et les autres, eux et nous, pour l'instant nous vivons ici, les uns et les autres, eux et nous. Tu vis ici et je vis ici, même si je ne sais plus qui je suis, tout en sachant que je ferai ce qui me plaira, ce que je penserai devoir faire, un point c'est tout. Car doña Elena n'est coupable de rien, car je ne suis coupable de rien et que j'en ai assez bavé, parce que j'ai assez subi ta propre culpabilité, assez renoncé à te regarder dans les yeux en te disant que je sais l'assassin que tu es, pour que tu viennes à présent m'expliquer qu'une douzaine de churros constituent un incroyable délit.

« Bon, Antonino », intervint ma mère alors que mon père me regardait et que je le regardais, que nous nous regardions l'un et l'autre comme si nous étions sur le point de nous battre en duel, jusqu'à ce que mon père décidât qu'il n'en pouvait plus. « Il ne faut pas exagérer, le gamin n'a rien fait de…

— Garde tes conseils, Mercedes ! » hurla-t-il. Puis son deuxième hurlement s'adressa à moi. « C'est absolument clair, hein ! »

C'est ta faute, papa, avec tes idées absurdes de faire de moi un employé de bureau à la Diputación, un secrétaire de la mairie. Tout est ta faute. Moi, je n'ai jamais demandé à taper à la machine, papa, je ne voulais pas aller plus loin, je ne voulais pas qu'on m'appelle don Antonino, mais toi tu as insisté, tu m'as obligé, et maintenant c'est fichu.

« Oui, papa. »

Ce fut aussi sa faute si je lui mentis. Car je ne pouvais pas prendre le risque qu'il me punît, pas ce jour-là en tout cas, pas la veille des vacances, et j'ajoutai qu'il pouvait être rassuré, qu'il n'apprendrait jamais plus quelque chose de ce genre. Et, tandis que je sortais mon carnet de notes de mon cartable pour le poser sur la table, je fus glacé de l'intérieur par mon propre cynisme.

« Don Eusebio nous a rendu les livrets. J'ai eu très bien en tout, sauf en français, où j'ai eu passable, car comme nous avons commencé cette année et que je pense qu'il ne sait pas très bien l'enseigner… »

Moins ils en sauront et moins ils cancaneront. Je n'avais pas prêté d'importance à cette phrase lorsque je l'avais entendue, mais, à partir de ce jour-là, il me fut impossible de l'oublier. Voilà comment débuta 1949, une année qui ressemblait à toutes les autres, mais qui fut extrêmement différente avant même de commencer. Car avant que le retour d'Elena ne bouleversât complètement l'ordre de ma vie, le dernier mois de 1948 apporta avec lui quelques événements dans lesquels personne ne perçut les prémices d'un changement radical. Les pions rangés sur l'échiquier, dans l'attente d'une partie repoussée *sine die*, décidèrent de se mettre en mouvement tout seuls et même si dans la maison-caserne aucune autre nouvelle ne fit dépenser autant de salive que celle des fiançailles de Sonsoles avec Curro, qui occupa ma mère et ses amies pendant des mois, dans le village, la grossesse de Filo, célibataire, sans fiancé, provoqua une confusion majeure.

Même si mes amis pleuraient de rire en les voyant partir en promenade, car on n'avait jamais vu un couple aussi maniéré à Fuensanta de Martos, moi je fus très heureux pour Mediamujer. La pauvre Sonsoles, qui était sur le point d'avoir vingt-six ans, deux de plus que le seul célibataire du coin, méritait un peu de vrai bonheur, après s'être enivrée jusqu'aux larmes d'amours illusoires et si mal écrites sur des pages de mauvaise qualité, presque transparentes et mal imprimées, où aucun sourire ne fut jamais aussi rayonnant que celui qui illuminait son visage lorsqu'elle descendit la rue au bras de Curro pour apprendre le résultat du tirage de Noël. Elle avait déjà gagné le gros lot et lui, qui devait en avoir assez de se faire repousser une fois et une autre par Isabel Mariamandil toujours avec le même sourire, sans aucun mot d'espoir, semblait heureux d'avoir enfin eu du succès, même si sa fiancée avait dû menacer sa mère de tomber enceinte, si elle persistait à s'opposer à ses projets.

Curro était le quatrième d'une famille de six garçons, tous orphelins d'un caporal de l'armée, et, à part sa solde, il ne possédait rien d'autre. Mais Sonsoles avait déjà perdu trop de temps. Depuis les fiançailles de Marisol, elle était obligée de rester à la maison, à regarder la rue derrière les rideaux, et il était clair pour elle que, si ce n'était pas lui, ce ne serait plus personne. Moi qui l'avais vue fermer les yeux tant de fois en serrant un livre contre sa poitrine, sur le point d'exploser sous la fièvre de l'émotion, je savais que Mediamujer était maniérée, mais pas idiote.

Et sa détermination dut être si convaincante que son fiancé finit l'année en installant ses cent soixante-dix-huit centimètres sur une des chaises en acajou de la salle à manger de doña Concha, – juste en face de Pedrito, le fils de don Justino qui, il faut le dire, reconnaîtrait un peu plus tard leur belle-mère commune, hériterait d'une fortune, mais restait beaucoup plus petit que le subordonné de son mari qui deviendrait chauve avant quarante ans.

Lorsque la femme de Bibendum jeta publiquement l'éponge et ne chercha plus à trouver un bon parti à sa fille, Filo avait déjà vomi à deux reprises le café au lait qu'elle avait l'habitude de prendre au bar de Cuelloduro, au milieu de la matinée, lorsqu'elle traversait le village. Matilde Piriñaca, qui s'y trouvait toujours à cette heure-là, se contenta de froncer les sourcils la première fois qu'elle la vit traverser le bar à toute vitesse pour sortir, la main devant la bouche et le visage couvert de sueur, aussi livide que si elle s'était vidée de son sang, puis rentrer régler à Cuelloduro le café qu'elle n'avait même pas bu. Mais trois jours plus tard, cette scène se répéta exactement de la même façon et cette fois Matilde Piriñaca ne put se retenir.

« Tu es donc enceinte, Filo ! s'exclama-t-elle tandis que celle-ci la regardait comme si elle avait pu la tuer avec les yeux.

— Ferme-la, Piriñaca », répliqua-t-elle. Puis elle paya et tourna les talons sans pouvoir éviter de l'entendre à nouveau.

« Et comment que tu es enceinte… Il n'y a qu'à te regarder, affirma-t-elle avant de se tourner vers les habitués. Je ne me trompe jamais, vous le savez parfaitement. Elle est enceinte… Enceinte jusqu'aux yeux, je vous dis ! »

Filo ne retourna pas au bar de Cuelloduro jusqu'à la fin de l'année, mais son absence ne fit qu'accroître une rumeur dont bénéficièrent les jeunes mariés de la maison-caserne. Plus personne en effet ne se soucia plus de parodier leurs « Oui, mon chéri, bien entendu, mon amour, mais comment donc, ma vie, moi aussi, et moi bien plus encore ». L'écœurant sirop des mots doux que Mediamujer déversait sur Curro comme un baume parfumé à la moindre occasion et qui, à en juger par la tête qu'il faisait en les entendant, lui plaisaient plus qu'ils ne le gênaient, ne pouvait en aucun cas se comparer à la fougueuse déclaration d'indépendance que la benjamine de Catalina lança le jour des Rois, lorsqu'elle se présenta dans le bar au milieu de la matinée, escortée de ses deux sœurs.

« Et alors ? fit-elle en s'accoudant au comptoir et en regardant tous les habitués, les uns après les autres, avant de continuer : Je suis enceinte, oui, de quatre mois et demi. Il y a un problème ? Je n'en ai pas honte. Ce sont mes affaires et elles ne regardent que moi. Le père n'habite pas ce village, ce n'est le mari de personne d'entre vous, et son nom ne vous regarde aucunement. C'est clair ? »

Personne n'osa intervenir. Certains clients se regardèrent en silence, d'autres étouffèrent un petit sourire, mais la plupart d'entre eux se contentèrent d'écarquiller les yeux, les lèvres scellées comme si la stupéfaction leur avait cousu la bouche à jamais. Alors, Paula sourit de toutes ses dents.

« Eh bien, oui, ç'a l'air d'être parfaitement clair, déclara-t-elle en se retournant pour taper sur le comptoir du plat de la main. Trois cafés au lait, Antonio. Ainsi qu'un petit verre de Sol y sombra.

— Oui, c'est ça, insista Chica aussi souriante que sa sœur. Il faut fêter ça ! »

Malgré leur insistance, Cuelloduro refusa non seulement de les laisser payer, mais il tira de dessous le comptoir une boîte que personne n'avait jamais vue. Elle était remplie d'excellents *polvorones*[1] que sa femme cuisinait tous les ans à Noël, avec des amandes et du chocolat, et qu'elle réservait exclusivement à sa famille. Cependant, ce matin-là, il en prit trois, les disposa dans trois petites assiettes qu'il plaça devant chacune des sœurs Rubio.

« Ça, c'est pour moi ! » dit-il à haute voix avec un sourire éloquent. Il était parfaitement conscient de l'étonnement que cela allait créer parmi la clientèle. « Et le reste aussi, merde alors ! Car je n'ai jamais été aussi heureux depuis le jour où Cencerro a attaqué le maire d'Alcaudete. »

Mais la plupart des habitués n'étaient pas, comme lui, des libertaires invétérés avec les conséquences que cela suppose. Et ceux-ci ne se privèrent pas de savourer le moindre détail d'une scène qui devint de plus en plus importante tandis qu'elle circulait de bouche à oreille, telle une boule de neige dévalant une pente, jusqu'à atteindre une oreille ennemie avec un supplément de dramatisme romancé, qui mit l'eau à la bouche d'une série de bigotes qui se signèrent immédiatement après l'avoir entendue. Ma mère, qui ne faisait pas partie des pires, nous relata que certains racon-

1. Petits gâteaux à base de farine, de saindoux et d'amandes qu'on mange à Noël en Espagne.

taient que Filo avait un revolver dans sa poche et qu'elle était entrée dans le bar en hurlant « des enfants oui, des maris non », comme avant la guerre. D'autres prétendaient qu'elle leur avait dit que le père de l'enfant était prêt à descendre de la montagne pour supprimer la première personne qui oserait l'ennuyer. Ainsi il n'y avait pas moyen de savoir ce qui s'était réellement passé.

« La version du pistolet est impossible, résuma mon père. Mais ce qui est vrai, c'est que les sœurs Rubio ont vraiment des couilles !

— Ça c'est bien vrai », approuva ma mère. Comme chaque fois qu'il vantait le courage d'une certaine catégorie de femmes, elle ne le contraria pas.

Moi je pensais comme eux, comme Elena et sa grand-mère, comme pensaient mes amis, tout le village à la seule et surprenante exception de Pepe el Portugués.

« Qu'est-ce que c'est que cette histoire de couilles ! »

Nous descendions la côte ensemble, après avoir passé l'après-midi à la ferme, lui avec Paula, moi en cours de français d'abord, puis seul avec Elena ensuite, pour lui expliquer les livres de Jules Verne que j'avais lus ou lui commenter les illustrations. « Mais il y a des filles ou pas, dans celui-là ? me demandait-elle systématiquement. Moi, je n'aime pas les livres où il n'y a pas de filles, car ils ne parlent pas d'amour, et sans amour je m'ennuie… » Je lui répondais oui, ou non, mais je la regardais toujours de la même façon, avec une admiration sans borne.

Elle était rentrée depuis déjà presque un mois au village et s'était résignée à s'habiller comme auparavant, avec une blouse en coton sur une robe ordinaire mais, depuis qu'elle était revenue d'Oviedo, elle n'avait plus montré de genoux sales ou écorchés, comme lorsqu'elle passait ses journées à pêcher des grenouilles ou à chasser des oiseaux avec les enfants de Manoli. Dans ses collants de laine fine, ses jambes paraissaient plus longues, plus belles qu'avant, et elle continuait de nouer sa grosse mèche de cheveux avec un ruban de satin. Elle en possédait trois avec les bouts coupés en v, un rouge, un bleu et un doré, et elle les changeait pour les assortir avec les carreaux du chemisier qu'elle portait. Sa grand-mère qui continuait de l'appeler Mariquita Pérez et de se moquer de sa prononciation précieuse, était néanmoins satisfaite de constater qu'elle avait enfin décidé de s'intéresser aux livres. Elle disait que j'étais un bon exemple pour sa petite-fille, et ce n'était rien par rapport à ce que j'étais prêt à être pour elle.

Elena le savait, et elle aimait ça. C'est pour cette raison que parfois je n'étais pas obligé de trouver un prétexte pour rester un peu plus longtemps ; car elle me demandait de l'aider à faire ses devoirs, d'aller avec elle ramasser des pommes de pin pour la cheminée, ou de lui parler des histoires de Jules Verne. Nous ne faisions rien d'autre que discuter, nous promener, nous sourire sans même nous frôler. Ces après-midi me rendaient tellement heureux que, lorsque je quittais la maison, tout me semblait plus beau, les nuages, les ronces, les arbres nus de l'hiver, et je dévalais le chemin comme si mes pieds ne touchaient pas terre, comme s'ils glissaient dans les airs tandis qu'un pouvoir invisible me maintenait en éveil, léger et immortel. Voilà comment je me sentais cet après-midi de janvier lorsque Pepe el Portugués arriva à ma hauteur en courant.

« Nino ! Mais Elena ne t'a pas dit de m'attendre ?

— Non. Je viens de lui dire au revoir… » Et c'est alors que je me souvins. « Ah ! Doña Elena !

— Oui, doña Elena, il n'y a pas qu'une seule Elena dans ce bas monde », fit-il et, en arrivant à ma hauteur, il me donna une pichenette pour rire. « Tiens, apporte ça à Sanchís, tu veux bien ? me dit-il en me tendant un pot de miel, comme d'habitude. Après le numéro de Filo l'autre jour, je n'ai pas très envie de me montrer au village. »

Il semblait fâché et je ne compris pas pourquoi. C'est pour cela que je lui dis ce que je pensais, mais je ne réussis qu'à le fâcher davantage.

« Qu'est-ce que c'est que cette histoire de couilles ! Ce n'est pas une question de couilles, c'est une question d'intelligence. Tu vois, Filo, qui était si intelligente, se révèle être au bout du compte une belle imbécile, voilà tout !

— Eh bien Paula… réussis-je à objecter au bout d'un moment.

— Paula est très fâchée contre elle également, et c'est bien normal. Et Chica c'est pareil, mais elles ne vont pas donner le plaisir à ces connards de le leur montrer. Et maintenant, quoi ? Hein ? Que va faire Filo enceinte, dans ce village, avec les événements que nous subissons… ? C'est une folie.

— Parce qu'elle est déshonorée ? » demandai-je sans cacher mon étonnement, car je ne m'attendais pas à ce qu'une telle chose le préoccupe à ce point. Mais il s'empressa de secouer la tête.

« Non. » Et il tendit l'index en l'air, comme chaque fois qu'il voulait m'indiquer qu'il me parlait sérieusement. « Parce qu'elle va avoir un enfant. C'est ça la folie. L'honneur… Dans ce domaine, ce sont les curés qui ont inventé l'honneur… pour emmerder les gens. Mais l'honneur, on n'a pas besoin de lui donner à manger, ni de l'habiller, ni de le maintenir au chaud, ni de lui acheter des médicaments lorsqu'il attrape froid, tu comprends ? Filo peut perdre son honneur tant qu'elle le veut, c'est son droit, ça la regarde et personne n'a rien à redire. Mais ce qu'elle ne devait pas faire, c'était tomber enceinte, nom de Dieu ! C'était la seule chose qu'elle ne devait pas faire, et c'est précisément ce qu'elle a fait. »

Parce que le père de son enfant n'est autre qu'Elías el Regalito, alias Cencerro de Fuensanta, pensai-je, mais je gardai mes pensées pour moi. Je compris à temps qu'il n'était pas nécessaire de le dire, que Pepe el Portugués le savait aussi bien que moi, qu'il l'avait certainement su avant moi. Et cette fois, mon cœur ne se mit pas à battre plus vite. Mes mains ne se mirent pas à transpirer. Je n'eus pas peur pour moi-même, ni pour lui, ni pour rien du tout. Je n'eus pas besoin de me demander comment, pourquoi, que signifiait ni où me menait cette découverte. Il y avait une explication simple et une autre compliquée. Mais je ne m'étais même pas arrêté au fait que la fiancée d'Elías et celle de Pepe étaient sœurs, et je continuai à marcher tranquillement, sans juger l'homme qui marchait près de moi. Pepe el Portugués savait tout, il avait toujours tout su, et je le reconnus simplement, tout aussi naturellement que j'avais accepté les choses que j'avais toujours sues sans le vouloir. Ce soir-là, après m'être couché, je pris le temps d'imaginer ce que devait faire Pepe avec Paula, afin qu'elle pût exercer son droit de déshonneur sans se retrouver enceinte, et je m'endormis sans crier gare.

Le lendemain, lorsque je me levai, ma mère me demanda ce que je comptais faire pour fêter mon anniversaire, et je lui répondis : « Rien du tout.

— Ah bon ? fit-elle en riant comme si je plaisantais. Et pourquoi ?

— Parce que si je ne peux pas inviter qui je veux à goûter, je préfère n'inviter personne.

— Tu dis ça à cause de cette fille ? questionna-t-elle et, comprenant que je parlais sérieusement, son visage s'était figé. Nino, s'il te plaît… Mais c'est idiot ! Tu ne comprends donc pas ?

— Bien sûr que je comprends. Je comprends tout, maman. »

Et cependant, le 14 janvier 1949, je fêtai mon anniversaire par deux fois. À cinq heures de l'après-midi, le menu des grandes occasions m'attendait dans la vieille maison, des bugnes tout juste frites, encore chaudes et roulées dans le sucre, la même bouteille de vin de Malaga que nous avions ouverte le jour où j'avais été reçu à mon examen, et non plus deux, mais trois petits verres en cristal ciselé, chacun d'une couleur différente, survivants du naufrage de la maison de Carmona, car Elena se trouvait avec nous.

« À toi, Nino ! fit sa grand-mère en levant son verre. Que tu fêtes de nombreux autres anniversaires, avec une vie heureuse, et que nous puissions les fêter avec toi. Et maintenant, les cadeaux… »

Elle alla les chercher et je trinquai une nouvelle fois avec sa petite-fille, cognant mon petit verre vert contre son petit verre bleu avec tant de précaution que le frottement du cristal produisit un son aigu et léger comme une étincelle. Ensuite, Elena, moyennant une manœuvre adroite et extrêmement rapide, remplit à nouveau nos petits verres avec le vin que n'avait pas bu sa grand-mère, et nous continuâmes à rire sous cape tandis que mon professeur posait deux paquets sur la table, l'un mou et de forme imprécise, l'autre dur, un parallélépipède rectangle parfait de papier imprimé qui trahissait loyalement son contenu. Je laissai le livre pour la fin et découvris d'abord une écharpe jaspée, tricotée à la main avec de la laine de plusieurs couleurs différentes et sans frange, semblable aux écharpes que portaient les hommes.

« Merci beaucoup, dis-je en la trouvant bien plus belle et plus gaie que les monotones bandes de laine grise que me confectionnait ma mère. Elle me plaît énormément !

— Nous l'avons faite toutes les deux, me précisa la plus jeune des Elena en me regardant et je sentis mon cœur cesser de battre.

— Toutes les deux ? fit la plus âgée en riant. Absolument pas, je l'ai faite toute seule.

— Oui, mais c'est moi qui ai choisi les couleurs, non ? Et j'en ai tricoté un peu. Mais je me trompais souvent. Ma grand-mère était obligée de défaire ce que j'avais mal tricoté et de le refaire correctement, car ce genre de point est difficile, tu sais ? Et les couleurs, elles te plaisent ? Tu les trouves peut-être un peu criardes, mais comme tu es toujours habillé en vert sombre…

— C'est parce que ma mère profite des vieilles capes de mon père pour me faire des pantalons et des manteaux. Elle me plaît beaucoup, vraiment.

— Je suis contente, fit doña Elena en poussant l'autre paquet vers moi. Voyons si celui-ci te plaît également. »

Robert Louis Stevenson, *L'Île au trésor*. C'était un livre neuf, plus mince que ceux que j'avais empruntés dans la cagette de fruits et dans une collection différente, car il n'y avait pas d'illustration sur la couverture, mais de nombreuses gravures en noir et blanc intercalées entre les pages.

« Je sais... dit doña Elena qui semblait lire dans mes pensées. Je sais que tu en as marre des navires et des îles, mais ceux qui se trouvent dans ce roman n'ont rien à voir avec ceux de Jules Verne, et il va t'emballer, j'en suis sûre. Tu ne peux pas arrêter de lire des romans d'aventures sans connaître celui-là, Nino. Ensuite, tu continueras à lire les *Episodios*, ne t'en fais pas...

— Moi je voulais qu'on t'achète un autre livre car, dans celui-ci, il paraît qu'il n'y a pas de filles. Il n'y a pas d'histoires d'amour ni rien, mais bon, dit Elena en me lançant un sourire chargé de malice. Comme ces choses-là ne t'intéressent apparemment pas... »

À six heures de l'après-midi, lorsque nous nous levâmes pour nous quitter, doña Elena me dit au revoir en me faisant deux bises. Et, malgré la nuit et le froid, elle autorisa Elena à m'accompagner jusqu'à la porte. S'appuyant contre celle-ci, les mains dans les poches, Elena me regarda nouer mon écharpe toute neuve.

« Comment me va-t-elle ?

— Très bien, tu es très beau, me dit-elle tandis qu'elle avançait vers moi pour m'embrasser sur la joue. Bon anniversaire, Nino. »

Lorsque je compris ce qui venait de se passer, Elena était déjà rentrée chez elle. Je demeurai sur le seuil, comme paralysé par la stupéfaction et le plaisir de ce baiser léger, innocent, qui, s'il ne signifiait rien, était cependant le premier que je recevais d'une fille autre que ma sœur. Il était pareil à celui que Paquito avait tant de fois imploré en vain à la sœur de Miguel. Elena m'avait embrassé parce qu'elle l'avait décidé, en échange de rien, sans y être forcée, et je m'apercevais que cette initiative était moins laborieuse que de manipuler les aiguilles à tricoter, même en se trompant sans arrêt. Mais pour moi elle était beaucoup plus importante, à tel point que je ne réussis pas à me mettre en route avant que mes oreilles n'aient commencé à geler. Je portai alors ma main à ma joue droite, comme si je pouvais retenir ce baiser, le mettre à l'abri, toujours vivant sur ma peau. Et lorsque je commençai à descendre la pente, je pus presque sentir sa chaleur, la pression des lèvres qui donnait du sens à la conversation que j'avais entendue la nuit précédente dans mon lit. « Nous nous sommes trompés, Mercedes, je me suis trompé, nous n'aurions jamais dû envoyer Nino à la ferme des Rubio, jamais, mais je ne pouvais pas imaginer qu'il allait se passer une chose pareille. Et, tu vois, il est de plus en plus bizarre, de plus en plus rebelle, il a beaucoup changé, il reste toute la journée enfermé à la maison, à lire ses livres, sans sortir jouer avec les autres gamins…
— Mais que dis-tu, Antonino ? » Mon père avait raison, mais ma mère ne voulait pas l'admettre : « Bien entendu qu'il sort et bien entendu qu'il joue, le problème c'est que nous sommes au mois de janvier, je ne sais pas si tu l'as remarqué. Dans ce maudit village, il

fait un froid de mille diables, alors arrête de dire des bêtises et fêtons son anniversaire en paix. »

Nous le fêtâmes. Elle n'avait pas voulu tenir compte de mon renoncement à toute fête où Elena ne serait pas présente et elle m'attendait avec les mêmes chocolats, les mêmes gâteaux que les années précédentes. Les invités arrivèrent presque en même temps que moi, Paquito avec un double jeu qui avait un plateau de *Parchís*[1] d'un côté et celui d'un jeu de l'Oie de l'autre, Miguel avec une boîte en bois contenant des dés, des godets et des fiches rondes de différentes tailles et de différentes couleurs, et Alfredo avec une pompe à vélo toute neuve.

« Merci, dis-je moins surpris par le fait qu'il arrive avec un cadeau, cette année, que par l'utilité de l'objet. C'est parfait, même si je n'ai pas de vélo.

— Oui, mais lorsque tu en auras un, tu n'auras pas besoin d'acheter la pompe. »

Ce matin-là, avant d'aller à l'école, ma mère m'avait offert un filet à papillons qui me fit vraiment plaisir – comme je m'en servais surtout pour pêcher les écrevisses, celui que j'avais déjà ne pouvait plus être raccommodé tellement il était en mauvais état –, et un cartable neuf qui ne me fit pas autant plaisir mais venait remplacer l'ancien depuis que sa poignée s'était cassée et que je devais le tenir avec un bout de ficelle. Je n'attendais pas d'autres cadeaux, mais après le goûter, alors que je l'aidais à faire la vaisselle pour pouvoir jouer au *Parchís* avec mes amis, qui n'avaient jamais lu Jules Verne et n'aimaient pas le jeu de l'Oie, ma mère m'annonça qu'elle avait autre chose pour moi. Elle

1. Jeu à peu près semblable à celui des Petits Chevaux.

indiqua un coin de la pièce du regard et j'aperçus un paquet tout plat, rectangulaire, enveloppé dans du papier brillant. Je ne parvins pas à deviner ce qu'il renfermait et elle refusa de me le dire. « Tout à l'heure, me promit-elle, lorsque nous serons en famille… » Mon père rentra de bonne heure, tandis que nous étions encore en train de nous poursuivre les uns les autres dans ce modeste labyrinthe coloré et il observa cette scène si rassurante avec un sourire que je pus interpréter sans la moindre difficulté. Il était content, et le serait bien plus après le dessert.

« Nino ! fit-il tandis que je me laissais malgré tout prendre par son enthousiasme. Regarde comme tu as grandi ! C'est incroyable ! Mercedes, apporte le mètre, je voudrais le mesurer, voyons… Un mètre et quarante-six centimètres, fantastique ! Cette année tu as grandi plus que les deux années précédentes, et tu n'as que onze ans… »

En réalité, je mesurais un mètre et quarante-quatre centimètres et demi. L'amorce métallique placée au bout du mètre ruban que ma mère utilisait pour sa couture cachait quinze millimètres dont il me fit cadeau en l'écrasant du bout de sa chaussure. Mais je ne voulus pas le corriger, car il me prit dans ses bras, comme si nous ne nous étions pas disputés avant Noël. Je ne fis pas cas non plus de sa dernière réflexion. Je ne pus ni penser à cela ni à rien d'autre, quand ma mère laissa tomber par terre le papier de mon dernier cadeau et me le tendit avec un air solennel et un sourire qui dépassait de sa bouche.

« Tiens. Et félicitations, mon fils ! »

L'académie Morales de Dactylographie et de Sténographie certifie que don Antonino Pérez Ríos a passé avec succès les épreuves académiques de dactylographie et de sténographie, et établit ce diplôme, pour valoir ce que de droit, à Jaén, le 2 novembre 1948.

Voilà ce qui se trouvait dans le paquet, dans un cadre bon marché, à bords étroits et dorés. Après l'avoir lu, j'observai mes chaussures, le plafond, le sol, la porte par laquelle je ne parviendrais pas à m'échapper de ma propre maison, et enfin elle, exultant à tel point de bonheur que j'eus honte d'avoir honte, sans pouvoir l'éviter.

« Mais maman », dis-je simplement. Et elle me serra si fort dans ses bras qu'elle faillit casser le verre du cadre.

« Ça te plaît, n'est-ce pas ? Tu peux être fier de toi, mon fils, car moi, je suis très fière de toi. Sais-tu que tu es le premier, Nino ? me dit-elle en s'écartant de moi, les yeux humides, comme si elle était sur le point de se mettre à pleurer. Le premier de toute la famille, de celle de ton père et de la mienne, le premier à obtenir un diplôme de quelque chose.

— Mais maman, répétai-je, tandis que ma honte se transformait en une infinie culpabilité. Où va-t-on accrocher ça ?

— Eh bien, ici, sur le mur, peu importe, pourvu qu'on le voie bien.

— C'est ça, intervint finalement mon père. Pour que le lieutenant le voie et que c'en soit fait de moi. Mais tu ne réfléchis pas, Mercedes, ce n'est pas possible, ça…

— Bon, eh bien, il n'y aura qu'à l'accrocher dans sa chambre.

— Absolument pas, on ne l'accrochera nulle part, tu ne comprends donc pas ?

— Et tu crois que j'ai dépensé de l'argent pour le cacher au fond d'une armoire ?

— Eh bien, oui. Il fallait réfléchir avant. »

J'assistai à la dispute sans rien dire, dans une profonde confusion, où la honte et la culpabilité se mêlaient à des sentiments plus compliqués. Mon père avait raison, et je préférais que ce soit sa raison qui triomphe. Mais ma mère était sur le point de fondre à nouveau en larmes, cette fois de tristesse, et sa déception me semblait si cruelle, si injuste, que je me sentais en même temps prêt à exhiber ce diplôme comme un drapeau en le promenant par toutes les rues. C'est sans doute pour cette raison, et parce que je ne pouvais accepter l'idée que le plus bel anniversaire de toute ma vie finisse aussi mal, que je trouvai la solution.

« Taisez-vous un instant ! » demandai-je. Et pour une fois on m'écouta. « Je sais ce qu'on va faire. On va accrocher le diplôme sur la porte de mon armoire, mais à l'intérieur. Ainsi, maman pourra le voir tous les jours, elle pourra le montrer à qui elle voudra, et moi aussi je le verrai, mais le lieutenant ne pourra jamais le voir.

— C'est astucieux, fit remarquer mon père en hochant la tête tandis qu'elle se précipitait sur moi pour prendre mon visage entre ses mains.

— Mais que tu es intelligent, mon fils ! »

Ce soir-là, avant d'aller nous coucher, mon père planta deux clous sur la traverse qui renforçait la porte de mon armoire et le diplôme fut accroché là, à la fois caché et exposé. Avant de m'endormir, je pensais que, pour commencer mes onze ans, il n'avait manqué que Pepe el Portugués, qui se trouvait depuis deux jours à Úbeda, où l'on avait opéré sa mère en urgence. « Je reviendrai le plus vite possible », avait-il promis à Paula. Mais quinze jours avaient passé avant qu'il ne puisse laisser ses parents seuls et rentrer chez lui. Lui aussi me fit un cadeau, qui m'aurait enchanté s'il n'était arrivé si tard.

« Mais ouvre-le, tu as l'air tout chose… »

Il était venu me chercher à l'école, et ensuite nous étions allés au café sur la place, un territoire neutre entre le bar de Cuelloduro et le Casino que présidait don Carlos Mariamandil, le frère de don Justino. Il posa alors un paquet allongé sur la table et je me mis à l'observer comme si je ne savais qu'en faire. À l'intérieur, dans un étui de carton rouge, il y avait un stylo à encre en émail noir, avec les bords dorés. Il était magnifique. Je n'en avais jamais eu, même un laid, mais cet après-midi-là aucun cadeau n'aurait pu parvenir à me tirer de ma torpeur.

« Merci beaucoup, fis-je poliment. Il est très beau.

— Il a déjà servi, tu sais. Je l'ai acheté à un brocanteur d'Úbeda. Je ne veux pas te raconter d'histoires, mais il écrit très bien, il l'a rempli devant moi, et… » Il s'arrêta, voyant que je ne l'écoutais pas. « Que t'arrive-t-il, Nino ?

— Il m'arrive que tout est foutu !

— Tout ? fit-il en me prenant par le menton pour m'obliger à le regarder. Tout quoi ?

— Eh bien tout, répondis-je. Absolument tout. »

Mon père avait laissé s'écouler plus d'une semaine avant de m'apprendre la nouvelle. Comme l'année précédente, il avait attendu que mes sœurs soient couchées pour le faire. Il s'était frotté plusieurs fois la tête, depuis le front jusqu'à la nuque, comme chaque fois qu'il avait du mal à trouver les mots, mais cette fois il était allé droit au but, sans le moindre détour.

« Écoute-moi, Nino, je voulais te dire que… Bon, cette année tu as beaucoup grandi, n'est-ce pas ? Et moi, j'étais assez inquiet auparavant, vraiment, car je voyais que tu prenais du retard dans ta croissance, que tu étais toujours plus petit que les autres, mais à présent tu as déjà rattrapé ton ami Miguel, tu fais presque la même taille que lui, et donc… Je pense que, lorsque tu seras grand, tu auras atteint la taille réglementaire pour entrer dans le Corps de la garde civile et ton avenir sera tout tracé. Ainsi donc je voulais te dire que…

— Je ne veux pas devenir garde civil, papa.

— Ça, tu ne peux pas le savoir encore, Nino. Tu es encore trop petit. Lorsque tu seras plus grand… »

Comme il n'avait visiblement prêté aucune attention à mes mots, je l'interrompis pour les répéter sur un ton plus ferme, presque provocateur :

« Je ne serai jamais garde civil ! »

Il parut soudain entendre ce que je lui disais. Il leva la tête pour me regarder d'un air indéfinissable où se mêlaient sévérité et sentiment d'échec, compréhension et désir d'être compris à son tour.

« Très bien, poursuivit-il d'un ton calme, maîtrisé. Ça, ce sont tes affaires, mais tu auras toujours cette possibilité. Moi, j'en ai eu bien moins que toi dans ma vie, tu sais ? Et c'est pour cette raison que… Le mois dernier, le lieutenant nous a annoncé qu'il retournait finalement dans l'armée. On lui a promis une promotion avant l'été et une autre affectation, pour permettre à Sanchís d'occuper son poste d'officier supérieur, responsable de la stratégie à suivre dans la région. C'est très bizarre, mais bon, comme c'est un héros de guerre et qu'il brûle de commander… Cela signifie qu'Izquierdo va devenir sergent et Carmona, caporal. Cela signifie aussi qu'il coulera beaucoup d'eau sous les ponts avant que je n'obtienne une promotion moi-même, si toutefois j'en obtiens une un jour. Et nous sommes pauvres, Nino, tu le sais très bien. Avec ce que je gagne nous arrivons à peine à boucler les fins de mois. Et on doit chaque fois faire face à plus de dépenses. Ta mère pense qu'elle est à nouveau enceinte. Nous ne voulions pas vous le dire tant que ce n'était pas sûr, mais… » Ma mère, qui était assise à côté de lui, et n'avait pas pris la parole, approcha sa chaise de celle de son mari et lui serra la main en silence. « Le fait est que, jusqu'à maintenant, nous avons pu mettre de l'argent de côté pour te payer d'abord des cours de dactylographie, puis des cours de français, mais… Tu vas devoir arrêter tout ça, Nino.

— Ne me fais pas ça, papa ! »

Je l'avais entendu, mais sans avoir encore tout à fait compris ce qu'il m'avait dit. Je n'avais pas eu le temps de mesurer l'ampleur du désastre, Elena, sa grand-mère, les livres, la liberté d'aller et revenir de la croisée des chemins, de monter et de descendre comme bon me semblait, et de l'avenir sans limite, neutre, dépourvu de la couleur d'un quelconque uniforme, venait de s'évaporer devant mes yeux. Je n'avais pas encore eu le temps de mesurer tout cela, de le calculer, de l'analyser, et cependant je n'eus nul besoin d'une seconde de plus pour comprendre que c'était la pire chose qu'on pouvait me dire.

« Tu ne peux pas me faire ça, répétai-je en cherchant en ma mère une alliée éventuelle. Dis-le-lui, maman, toi qui te prétends si fière de moi, dis-lui qu'il ne me fasse pas ça, qu'il ne peut pas, que ce n'est pas…

— Ce n'est pas possible de faire autrement, mon fils, me répondit ma mère.

— Papa, continuai-je, revenant vers lui, s'il te plaît, je peux prendre moins d'heures de cours par semaine, me chercher un travail à faire après l'école, je peux…

— J'aimerais bien, Nino, reprit-il en gardant son calme et sans tenter de cacher que mes mots lui faisaient mal. J'aimerais bien que tu parles français, anglais, que tu ailles à l'université, que tu fasses le tour du monde, que tu lises tous les livres qui ont été écrits. J'en serais ravi, vraiment. Mais c'est impossible. Je ne peux pas dépenser plus d'argent pour toi que pour tes sœurs, car si dans quatre ou cinq ans, Dulce m'annonce qu'elle veut se marier… qu'est-ce que je lui raconterai moi, hein ? Qu'on a eu de quoi te donner tous les cours que tu souhaitais, mais qu'il ne reste plus un sou pour son trousseau ? Ce ne serait pas juste, n'est-ce pas ? Et on n'aura pas à attendre aussi longtemps. Le 26 mars, Marisol se marie avec Pedrito, le fils de don Justino. Le lieutenant a pris la peine de nous inviter à la noce, alors ta mère va devoir acheter un coupon pour se faire une nouvelle robe, il faudra faire un beau cadeau, et… Tu dois être raisonnable, Nino, je sais que ce n'est pas facile, mais… Moi, à ton âge, je n'allais même pas à l'école, c'est comme ça, il n'y a pas de solution. Nous avons déjà payé le mois de février, nous pouvons encore payer le mois de mars, mais au mois d'avril… Au mois d'avril, nous serons endettés jusqu'au cou. Parles-en à doña Elena. Dis-lui que je suis vraiment désolé, mais que, pour l'instant, tu dois laisser tomber les cours à partir d'avril. Et, un peu plus tard, eh bien… Nous verrons. »

Je hochai la tête, me frottai les yeux et le regardai. J'aurais aimé croire qu'il ne me disait pas la vérité, qu'il était à nouveau fâché contre moi sans raison, qu'il voulait m'éloigner de la mauvaise influence de la ferme, essayer de me faire redevenir comme avant, lorsque je ne lisais pas de livres et que je jouais au football toute la journée avec Paquito. J'aurais aimé croire ça, mais c'était impossible. Je ne parvenais pas à me consoler en me disant qu'il me mentait, qu'il continuait à être injuste avec moi par simple lubie, pour vivre plus tranquillement pour ne pas avoir à entendre des choses qui lui déplaisaient, pour ne pas avoir peur pour moi, ni pour lui-même. J'aurais préféré ça, et toutes les lumières ne se seraient pas éteintes d'un coup, toutes les portes ne se seraient pas fermées en même temps. Et moi je serais juste furieux, mais pas terrassé comme maintenant. Furieux, mais pas désolé. Furieux, mais pas ému par la mine de cet homme en uniforme vert olive, qui avait eu moins d'occasions que moi de s'en sortir, et qui était en train de me dire la vérité, la seule vérité qu'il pouvait me raconter, la seule qui me privait y compris de la maigre consolation d'une honnête colère et qui suscitait en moi une étrange tendresse, de la compassion maladroite, indésirable, de la compassion envers moi et envers lui, de la compassion envers lui et envers ma mère, de la compassion envers ses parents, ses filles, mon petit frère qui allait bientôt naître, tellement de compassion, trop de compassion inutile, aussi mesquine que mes ambitions et aussi inutilisable qu'elles. Voilà ce qui me restait, le misérable patrimoine d'un homme à qui rien n'avait réussi, l'héritage qu'il venait de charger sur mes épaules et que je ne pourrais plus oublier, car finalement, après tout ça, j'allais avoir la taille requise et je n'aurais pas besoin de parler le français, ni de taper à la machine, ni de travailler dans un bureau.

« Je peux aller me coucher maintenant, papa ?

— Non, fit-il d'une voix tremblante tout en me tendant les bras. Embrasse-moi, d'abord. »

Je lui donnai l'accolade comme je ne l'avais jamais fait auparavant, comme je n'avais jamais donné l'accolade à quelqu'un, comme s'il n'existait rien d'autre, en dehors de cette accolade, que le vide et, derrière lui, le monde des gens qui avaient eu de la chance, qui avaient pu choisir leur existence, qui n'étaient pas obligés d'habiter dans la maison-caserne de Fuensanta de Martos, dans la Sierra Sud, province de Jaén, en 1949. Ce monde n'était pas le mien, il ne serait jamais à moi, je ne pourrais jamais arriver jusqu'à lui, éviter d'un grand bond le vide qui le séparait de mes bras, unis au bras de mon père dans un nœud serré et chaud, et une tristesse sans lumière et sans issue. Voilà ce que j'avais tenté de faire comprendre à Pepe trois jours plus tard, sans y parvenir tout à fait non plus.

« Bon mais, Nino, il n'y a pas de quoi se mettre dans un état pareil », me dit-il en me tapant sur l'épaule.

En me tournant vers lui, je m'aperçus qu'il souriait mais je fus incapable de faire comme lui.

« Ne t'en fais pas, mon bonhomme ; nous allons trouver une solution. Je suis certain qu'Elena voudra bien continuer à te donner des leçons gratuitement.

— Oui, mais ce ne sera plus pareil. »

Et cela se révéla exact. Tout était sur le point de changer et cela se fit en très peu de temps. Comme je l'avais dit, rien ne fut plus pareil, ni dans ma vie ni dans celle des autres, car avant mon dernier cours de français, notre petit monde misérable se mit à tourner à l'envers pour la dernière fois, et Fuensanta de Martos ne redevint jamais plus le village qu'il avait été.

Le 26 mars, lorsque ma mère se promena devant nous pour nous montrer sa robe neuve, il était déjà évident qu'elle était enceinte. Lorsqu'elle passa à la maison, Pastora, qui n'avait jamais pu l'être, la regarda avec jalousie. Elle était également vêtue de blanc pour se rendre avec mes parents au mariage de Marisol. Le repas devait avoir lieu dans un restaurant de la capitale, parce que son beau-père avait fait des folies. Sanchís décréta que cela lui était égal de rester seul à la caserne, alors tous les autres allèrent à la noce, les hommes en uniforme, pour économiser, les femmes plus élégantes que jamais. Et au petit matin, tandis que tout le monde dansait encore et trinquait en l'honneur des jeunes mariés, une voiture que personne ne parviendrait à identifier par la suite, car le seul à l'avoir aperçue était un fermier complètement analphabète, qui ne s'était douté de rien et de toute façon n'aurait pas su lire la plaque minéralogique, se présenta à vide, tous phares éteints, à Fuensanta de Martos, pour repartir chargée de quatre femmes, Filo Rubio, Fernanda Pesetilla qui emmena avec elle ses deux enfants, María Cabezalarga et Isabel Mariamandil, cette espèce de petite nonne pour laquelle Curro avait soupiré en vain pendant si longtemps, et qui était vraisemblablement la seule fille du village que nous n'aurions jamais pensé voir faire une chose pareille. La noce fut un succès, la fuite également, car les Mariamandil, qui étaient également des parents riches de don Justino, étaient restés dormir à l'hôtel où le banquet avait été organisé et ne s'aperçurent de l'absence de leur fille que le lundi suivant, c'est-à-dire le 28 mars.

De bon matin, la jeune fille qui aidait Isabel pour s'occuper de sa grand-mère, alla les voir pour leur expliquer qu'elle n'avait pas pu entrer chez eux. Elle avait trouvé la porte close, fermée à double tour, et la vieille dame en chemise de nuit, en train de toquer à la vitre en pleurant comme une Madeleine. Doña Felisa, plus affolée pour sa fille que pour sa belle-mère, se rendit chez elle à toute vitesse. Elle ne trouva pas trace d'Isabel, juste la maison bien rangée, plusieurs plats avec de la nourriture sur la table de la cuisine et une note écrite à la main qui disait : « Papa, maman, je m'en vais, ne me cherchez pas, vous avez toujours été très bons pour moi, mais je dois vivre ma vie, votre fille qui vous aime, Isabel. »

« Nous ne pouvons rien faire de ça, doña Felisa », lui expliqua le lieutenant avec toute la délicatesse dont il était capable, après avoir lu la lettre et envoyé Curro au bar lui chercher une tasse de tilleul. « Votre fille est majeure. Vous pouvez déclarer sa disparition si vous le désirez, mais…

— Bien entendu que je veux ! Il vous faut la retrouver, Salvador ! Vous devez la retrouver et me la ramener ici, chez elle, je ne sais pas moi… Je ne comprends rien… » Les sanglots l'empêchaient de s'exprimer. Et elle renversa presque toute sa tasse de tilleul. « Ce n'est pas possible, c'est… c'est impossible… vous comprenez ?…. On me l'a enlevée, elle est séquestrée quelque part, oui, c'est ça… Car ma fille n'aurait jamais fait une chose pareille de sa propre volonté, c'est une bonne fille, si religieuse, si docile… Elle n'a même pas voulu se rendre au mariage de sa cousine ! Vous la connaissez bien. Et, en plus, dernièrement, elle ne savait plus où elle en était, tellement absorbée dans ses choses, tellement mystique, en un mot comme en cent, son père craignait même qu'elle ne finisse par entrer au couvent. De temps en temps, elle avait… Je ne sais pas comment appeler ça… des extases… Elle devenait toute rouge et ses yeux brillaient comme sur les images pieuses. Mon mari me le disait toujours, regarde-la, on dirait une sainte… Et on aurait cru qu'elle l'était, vraiment, vous auriez dû la voir, toute la journée enfermée à la maison, serrant un coussin dans les bras, souriant dans son for intérieur, très profondément, sans jamais parler à qui que ce soit. Elle ne sortait presque plus, tout le village est au courant, elle n'allait jamais au bal ni au cinéma avec ses amies. Et elle ne voulait pas entendre parler des garçons, ça c'est sûr. Ne me parle pas de fiancés, maman, me disait-elle, ce genre de bêtises ne m'intéresse pas, ne me dis pas… Elle ne voulait rien savoir, elle, non, elle était toujours fourrée chez sa grand-mère. La pauvre, me disait-elle, elle est si âgée, un de ces jours elle va mourir, et elle est si contente de me voir, elle aime tellement que je lui tienne compagnie, et surtout que je reste dormir chez elle… »

Au même moment, le lieutenant arqua les sourcils et doña Felisa se tut immédiatement – comme si elle découvrait soudain l'endroit où se trouvait sa maison à elle et la ferme que sa belle-mère avait toujours refusé de quitter – située bien au-delà de la croisée des chemins – malgré l'insistance de ses enfants pour qu'elle vienne s'installer dans l'appartement qu'elle possédait au village.

« Ah, mon Dieu ! fit-elle en portant sa main à son cou comme si elle voulait boucher un trou à travers lequel sa vie aurait été en train de s'enfuir. Ah, mon Dieu, mon Dieu ! Assassins, assassins !

— Voyons, l'interrompit le lieutenant. Assassins... Je ne vous dis pas le contraire, mais moi je pense qu'ils n'ont pas emmené Isabel juste dans le but de la tuer. De ce côté-là, vous pouvez dormir sur vos deux oreilles.

— Bon, eh bien, criminels, insista la mère de cette soi-disant victime. Criminels, bandits ! Ah, ma pauvre petite ! »

Lorsqu'il réussit à faire accepter à doña Felisa de retourner chez elle avec son mari, Bibendum fixa longuement Curro, les bras sur les hanches et un sourire narquois aux lèvres.

« Va-t'en savoir qui Isabel allait retrouver lorsqu'elle disait qu'elle allait dormir chez sa grand-mère... C'est pour cela qu'elle te repoussait, bien entendu. J'aimerais bien savoir qui est-ce qui profitait d'elle. De la foutaise, ses prétendues extases, oui ! Et après ça, elle disait qu'elle voulait devenir nonne, oui, c'est ça... Avec les femmes, on ne sait jamais ce qui peut se passer. On ne peut pas leur faire confiance. »

Ensuite, et bien qu'il sût parfaitement que les familles des trois autres disparues ne diraient rien, car elles étaient certainement dans le coup depuis le début, il demanda à ses hommes de lui ramener au moins un membre de chaque famille à la caserne. Puis il enregistra une plainte pour la disparition d'Isabel, davantage pour faire plaisir à don Carlos, le frère cadet de don Justino, que pour autre chose. À l'heure qu'il était, il était persuadé que les femmes avaient dû se séparer pour ne pas attirer l'attention, ou qu'elles étaient déjà en France ou au Portugal, ou qu'elles avaient traversé le détroit depuis Algésiras, Malaga, ou Almería. Si elles ne s'étaient pas arrêtées – ce qui avait dû être le cas –, en un jour et deux nuits elles avaient eu largement le temps de gagner un de ces lieux avec leurs propres papiers, car personne n'avait commencé à les chercher. Le lieutenant, qui était persuadé qu'Isabel avait été le cerveau d'une fuite organisée par amour, et pas pour des idées politiques, reconnut dès le début qu'Isabel Mariamandil avait si bien su choisir la date, calculer le temps et tous les détails que leur recherche, même la plus poussée, ne pourrait l'être qu'en pure perte.

Ce fut sa seule conclusion. Il ne réussit jamais à en savoir davantage, même après la déposition spontanée de don Bartolomé, qui s'était présenté ce matin-là pour déclarer qu'il ne supportait pas de voir toutes les Rouges du village aller vers Filo pour lui passer la main sur le ventre lorsqu'elles la croisaient dans la rue et que, quelques semaines avant leur fuite, il avait osé la mettre en garde : Je te préviens, si tu t'es mis dans la tête d'appeler ton fils Tomás, lui avait-il dit, je ne le baptiserai jamais. Ne vous en faites pas, lui avait alors répondu Filo Rubio tout en caressant son ventre, il va effectivement s'appeler Tomás, mais ni vous ni personne d'autre ne le baptiserez. Alors, il ne pourra pas vivre en Espagne, avait-il répliqué, et Filo avait éclaté de rire. Et qui vous a dit que mon fils allait vivre en Espagne ?

« Et que voulez-vous m'expliquer avec cela ? demanda le lieutenant à don Bartolomé.

— Eh bien qu'elle avait préparé son voyage ! répondit le curé, fier de lui. Vous ne comprenez donc pas ?

— Si, bien entendu que je comprends », fit-il et, conservant le peu de patience qui lui restait, il l'accompagna jusqu'à la porte. « Je vous remercie, don Bartolomé, ce n'est pas la peine de vous déranger à nouveau. On vous appellera si on a besoin de vous. »

Tous les autres interrogatoires furent aussi inutiles. Puis, lorsqu'il en eut assez que Chica et Paula et Julián Cabezalarga et Remedios Saltacharquitos répondissent à ses questions avec d'autres questions – Qu'est-ce que j'en sais, moi ? Mais qu'est-ce que vous me dites là ? Comment puis-je savoir, moi, avec qui couchait ma sœur ? Ce n'était plus une gamine, vous savez ? Comment voulez-vous qu'elle me le raconte à moi, qui suis sa belle-mère, non ? –, il réunit ses hommes pour leur raconter ce que tous savaient depuis le début.

« Nous devons être vigilants et prêts à parer à toute éventualité. Les gars de la montagne ont pris leur femme et il ne peut y avoir que deux raisons à cela. Soit ils ont voulu leur éviter des représailles parce qu'ils sont en train de préparer un gros coup – Dieu nous en préserve –, soit ils s'en vont. »

Ils avaient bien décidé de partir. Dix jours plus tard, alors qu'ils patrouillaient de nuit, près du vieux moulin, Curro et Sanchís aperçurent une silhouette qui descendait de la montagne. Ils firent les sommations d'usage et entendirent une voix connue :

« Ne tirez pas, je suis désarmé, ne tirez pas. »

C'était Juan el Pirulete, le cousin d'Elías, qui avait rejoint le maquis en même temps que lui, trois ans plus tôt. Il voulait passer un marché avec eux. Les gars d'en haut allaient rejoindre la France et lui avait décidé de rester en Espagne. Il était prêt à tout raconter, combien ils étaient, le nombre d'armes dont ils disposaient, quand ils avaient décidé de partir et la route qu'ils allaient prendre.

Mais il ne put trahir aucun de ces secrets car, avant qu'il n'ait eu le temps d'ajouter un mot, Miguel Sanchís lui avait tiré une balle entre les deux yeux, puis il avait retourné son pistolet contre lui.

Oui, il s'était suicidé.

En ouvrant les yeux, je ne compris pas pourquoi je m'étais si brusquement réveillé. Mon cœur battait très fort, comme si quelque chose m'avait surpris. Mais il n'y avait rien de particulier dans ma chambre, et je pensai que j'avais dû faire un cauchemar. J'étais sur le point de me rendormir, quand j'entendis des doigts toquer violemment, presque frénétiquement, à mes persiennes. J'allumai ma lampe de chevet accrochée avec une pince à la tête de mon lit et me levai. À la faible lueur de l'ampoule que j'utilisais pour lire, je fus incapable de reconnaître le visage collé contre la vitre.

« Ah, enfin ! » dit une voix. J'ouvris la fenêtre et tombai sur un Curro particulièrement nerveux. « J'ai cru que tu n'allais jamais te réveiller.

— Que se passe-t-il ? lui demandai-je tandis qu'il déboutonnait le col de sa chemise, comme s'il manquait d'air. Que veux-tu ?

— Va chercher ton père », fit-il. Et ce qui aurait dû être une demande résonna comme un ordre. « Réveille-le, dis-lui de se lever et de m'ouvrir la porte sans faire de bruit.

— Et pourquoi tu n'as pas sonné ?

— Parce que. Fais ce que je t'ai dit. Dépêche-toi. »

Mon père était aussi endormi que je l'étais moi-même peu de temps auparavant, mais ma mère, qui avait le sommeil plus léger, m'aida à le secouer jusqu'à ce que nous parvenions tous les deux à le mettre en colère, ce qui le réveilla tout à fait.

« Mais bordel peut-on savoir ce qui se passe ? me demanda-t-il, après avoir lancé une bordée de jurons.

— Je ne sais pas, Curro n'a pas voulu me le dire, fis-je avant de répéter tout ce que je savais. Tu veux que j'aille lui ouvrir ?

— Oui, vas-y. »

En un instant, son ton avait tellement changé qu'avant de lui tourner le dos pour aller à la porte d'entrée, je m'aperçus qu'il était effrayé. Sa mauvaise humeur s'était dissipée sans parvenir à lui faire relâcher les sourcils, son expression était différente, sa mine préoccupée. Je ne comprenais rien. Mais tout cela n'eut plus d'importance dès que j'ouvris la porte pour laisser entrer un Curro aussi pâle qu'un mort.

« Passe », dis-je. Et il était déjà à l'intérieur lorsqu'il retira ma main de la poignée pour l'actionner lui-même très doucement, sans faire le moindre bruit.

Ensuite, en titubant comme s'il était complètement soûl, ou blessé, ou les deux à la fois, il ferma les persiennes de la fenêtre qui donnait dans la cour avant de s'affaler sur une chaise et de se laisser aller face contre table. C'est ainsi que mon père le découvrit en arrivant, avec son uniforme, le pistolet bien en vue sur le côté.

« Tu n'étais pas de garde, cette nuit ? » s'enquit mon père. Curro leva la tête pour le regarder avec des yeux rouges, dilatés, révélant une espèce d'indice sanglant sur toute la pâleur jaunâtre de sa peau.

« Si, j'étais de garde, mais… » Il se frotta le visage à deux mains et secoua la tête comme s'il ne savait par où commencer. « Tu ne peux pas imaginer ce qui s'est passé, Antonino. Moi-même je n'arrive pas encore à y croire.

— Vous voulez que je fasse du café ? » proposa ma mère, qui avait pris le temps de se coiffer, puis enfilé une tunique de grosse laine sur sa longe chemise de nuit qui lui arrivait aux pieds, aussi suggestive qu'une robe de nonne.

« Oui, répondit son mari sans même la regarder.

— Moi, je préférerais un petit verre de quelque chose… dit Curro. Même si je suis en service, ce qui me ferait du bien ce serait un petit verre, vraiment, Antonino. J'ai besoin de boire quelque chose de fort pour m'éclaircir les idées. Je suis encore sous le choc, en train de trembler, tu ne le vois pas ?

— Bon, bon », fit mon père en se levant pour s'approcher du buffet et, en se retournant, une bouteille différente dans chaque main, il dut me regarder, mais sans me voir. « Il y a du cognac, mais plus beaucoup. Du marc, ça te va ?…

— Ce que tu voudras, répondit Curro en tendant le bras pour attraper un des verres propres qui se trouvaient sur l'égouttoir, dans lequel il vida le reste de cognac. Ça m'est égal. »

J'étais appuyé contre la porte de ma chambre, attendant d'être expédié au lit d'un moment à l'autre, mais personne ne le ferait avant que Curro finisse le récit de ce qui s'était passé cette nuit-là. Il était le seul à pouvoir me voir, mais il parlait en fixant constamment les yeux de mon père, assis en face de lui, dos à moi, sans dévier le regard ne serait-ce qu'à droite, où se trouvait ma mère. Elle non plus ne semblait pas s'apercevoir que j'étais toujours là, debout, sans parler, sans bouger. Sans même me rendre compte que je respirais, je fixais les lèvres de Curro, attentif à ses mots, à ses silences, aux phrases qui composaient cette histoire extraordinaire, confuse et chaude, mystérieuse et trouble, étrange et incroyable, incroyable surtout, du début à la fin, car il était impossible de concevoir qu'elle fût vraie. Même Curro, qui avait été présent, n'avait pas compris ce qui était en train de se passer, ce qui s'était passé lorsque Juan Pirulete s'était effondré, une balle entre les deux yeux. J'étais là et j'ai tout vu. J'ai tout vu et je n'ai rien compris, j'ai tout vu et je n'ai pas pu le croire, je te le jure, Antonino. J'étais là devant et je n'arrivais pas à croire à ce que je venais de voir de mes yeux, que ce qui venait de se passer était vrai… »

Ses mains tremblaient lorsqu'il but le cognac, tremblaient encore lorsqu'il saisit la bouteille de marc, tremblèrent tandis qu'il portait le verre à sa bouche en racontant qu'au début il avait pensé que c'était un piège, qu'il y avait un autre homme, un troisième tireur comme celui qui avait provoqué la mort de Comerrelojes. Mais non, cette fois il n'y avait personne d'autre. Cette fois il n'y avait que Sanchís et lui. Sanchís avec le pistolet encore à la main, le pointant lentement en direction de son camarade. Car c'était bien lui, Antonino, lui qui avait tiré, lui qui venait de tuer Pirulete, et moi je ne comprenais pas, je ne savais pas pourquoi, car il venait de nous proposer un marché, car il était prêt à parler, à tout nous raconter, et alors je le lui ai demandé, je lui ai dit, mais pourquoi as-tu fait ça ? Pourquoi l'as-tu tué ? Tu es devenu fou,

Miguel ?... Mais Miguel Sanchís, « l'ange des femmes », le sergent de la garde civile, le fils de garde civil, le petit-fils de garde civil, le frère et le cousin et le neveu de gardes civils, qui venait de tuer Pirulete, n'était pas devenu fou, non.

Ç'aurait certainement été préférable pour Curro, pour mon père, pour le lieutenant. Ç'aurait certainement été plus simple, plus facile à raconter, à comprendre, plus facile surtout à oublier. Mais Miguel Sanchís n'était pas du tout fou et il avait voulu que ça se sache.

« Attention à tes mains, Curro, m'a-t-il dit, jette ce pistolet par terre si tu ne veux pas que je t'abatte sur place, obéis-moi car ça ne vaut pas la peine de mourir toi aussi, n'est-ce pas ? Et ne crois pas que je sois fou, mais si tu ne jettes pas ton arme tout de suite, je t'aligne comme l'autre. Et je ne sais pas si j'ai bien fait. Bon, je sais que je n'aurais pas dû, mais j'étais en train de chier dans mon froc, c'est la vérité, je me chiais dans le froc de peur et j'ai jeté mon pistolet, car il avait le sien dans sa main, et il pointait son arme sur moi, parce qu'il me regardait et faisait une tête que je me suis dit qu'il allait m'abattre moi aussi, je te le jure, Antonino. Je te jure que je me suis dit qu'il allait me tuer, mais il ne l'a pas fait, je crois qu'il voulait juste parler, qu'il voulait être certain que j'allais écouter tout ce qu'il avait à me dire. Ici en bas, je suis le seul, c'est la première chose qu'il m'a dite : ici, en bas, je suis le seul, mais, là-haut, il y en a bien d'autres... »

Ce fut alors au tour de mon père de saisir la bouteille de marc, de la porter à ses lèvres. Je le vis pencher la tête en arrière pendant qu'il buvait. Puis je vis ma mère, les mains croisées devant sa bouche, comme chaque fois qu'elle avait peur, se lever et contourner la table pour se rendre à l'évier. J'ai d'abord pensé qu'elle allait prendre un verre, mais elle en a apporté deux. Elle a pris la bouteille des mains de son mari pour les remplir puis bu une gorgée du sien. Je n'avais jamais vu ma mère boire, et encore moins lorsqu'elle était enceinte. Mais elle avala la moitié du verre de marc en un instant et cela ne m'étonna même pas.

« Voilà ce qu'il m'a dit, Antonino, et j'aurais dû comprendre. Mais j'ai refusé de le faire, je n'ai pas voulu comprendre. Je ne suis pas arrivé à me le mettre dans la tête. Tu es le seul ici en bas, qui quoi ? Je ne comprends pas, Miguel, qu'est-ce que tu veux dire ? Mais il n'a pas répondu à ma question. Dis à Pastora que je l'aime, m'a-t-il demandé en revanche. Dis-lui que je l'aime très fort, extrêmement fort, comme je n'ai jamais aimé personne, que je l'aime plus que ma vie. Et, à ce moment-là, sa voix s'est brisée comme s'il était au bord des larmes. On aurait dit qu'il allait fondre en larmes mais il a souri. Toi tu ne comprends pas, a-t-il ajouté, mais elle oui elle comprendra, et après ça c'était encore lui et en même temps ce n'était plus lui. »

Mon père ne posa pas de question à Curro. C'était lui et quelqu'un d'autre différent. Ma mère non plus ne l'interrompit pas.

« On aurait dit que son visage avait complètement changé, vous comprenez ? »

Ils ne pouvaient pas savoir de quoi Curro voulait parler, mais moi je le savais. C'était comme si ses yeux avaient changé, son allure, l'expression de sa bouche. Car, une fois, j'avais aperçu un ange qui s'appelait Miguel Sanchís, ç'avait été très bizarre, très étrange, je ne sais pas comment vous dire, j'avais vu le visage de statue antique, serein, lumineux, qu'il cachait sous son masque de cruauté. Mais je l'avais vu sans le reconnaître, car c'était lui mais il ne se ressemblait pas, j'avais vu son visage innocent, jeune et resplendissant, en train de respirer sous l'impeccable masque d'un imposteur implacable.

« Et je sais que vous n'allez pas me croire, que vous ne pouvez pas comprendre, car cela faisait plus de deux ans que Sanchís était mon camarade de garde et pourtant c'est comme si je ne l'avais jamais vu. Et je ne comprenais rien, je ne comprenais pas ce qui se passait, pourquoi cela se passait ainsi, mais il continuait à pointer son pistolet sur moi en me demandant des choses d'une voix très douce, d'une voix aimable qui n'était pas sa voix non plus. Dis aux Rubio que je suis désolé, voilà ce qu'il m'a dit. Il me l'a demandé comme une faveur, lui, qui n'a jamais supplié personne... Et même si Fernanda le sait peut-être déjà, demande à sa mère de me pardonner aussi, dis-lui que je savais que ce soir-là Saltacharquitos se trouvait dans le grenier de chez elle avec une balle dans l'épaule, et que je devais vous distraire, vous éloigner de là, alors j'ai fait ce qu'il fallait, je l'ai menacée parce qu'il fallait le faire pour vous éloigner de chez elle. Voilà ce qu'il m'a demandé, entre autres choses. Et, à la fin, il m'a dit de demander à Nino...

— De demander à Nino ? » Ce fut la seule fois où mon père l'interrompit, sans cacher son inquiétude mais sans se retourner vers moi non plus pour me regarder. « Demander quoi à Nino ?

— Bon, c'est que depuis le soir où nous avons conduit Fernanda chez moi... » Curro évita de donner trop de détails et personne ne lui en demanda. Il est vrai que Sanchís était très antipathique avec lui, il ne le laissait jamais en paix, et c'était vrai, qu'il était très antipathique avec moi, qu'il ne me laissait pas en paix, mais, en cet instant, je ne sais pourquoi, je sentis mes yeux se remplir de larmes. En cet instant, je ressentis un énorme chagrin pour Miguel Sanchís, qui était une teigne et un connard, qui prenait plaisir à maltraiter les gens, un connard qui s'amusait à menacer les femmes de les violer, le même connard qui cependant avait refusé de me dénoncer lorsqu'il m'avait surpris avec Elena à la porte de la *churrería*, ce dimanche après-midi. C'est peut-être pour cette raison que j'eus envie de pleurer pour lui, pour cela et parce que j'avais deviné qu'il ne parviendrait pas vivant à la fin de cette histoire, de son histoire, parce qu'il était mort avant que Curro n'ait fini de la raconter. « Sanchís m'a dit tout ça et, à la fin, il m'a demandé si j'étais sûr de m'en souvenir, et je lui ai dit que oui, et il m'a remercié. Et j'étais tellement étourdi, tellement confondu, que je n'ai pas compris ce qui allait se passer, je n'ai pas été foutu de le deviner. J'ai été incapable de l'empêcher de se tirer une balle dans la tête. Je me suis contenté de l'observer. Je l'ai observé et je me suis aperçu que deux larmes coulaient de ses yeux, juste deux très grosses larmes qui roulaient lentement le long de son visage tandis qu'il retournait le pistolet contre lui, tandis qu'il appuyait le canon sur sa tempe, et il avait déjà le doigt sur la détente lorsqu'il s'est mis à crier, Vive le Parti communiste espagnol ! Et un instant plus tard, il avait à nouveau hurlé, Vive la République ! Puis il s'est tué. »

Nous restâmes longtemps silencieux tous les quatre. Mais nous allions avoir besoin de bien plus de temps pour tout comprendre, pour arriver à l'accepter, pour nous souvenir et comprendre ce dont nous nous souvenions. Mon père et Curro finirent le marc en silence, tandis que ma mère restait assise à son côté, les épaules basses, bras ballants jusqu'à ce que je m'approche d'elle, et m'assoie sur ses genoux. Et elle me prit dans ses bras sans me regarder, sans parler, comme mue par une impulsion mécanique, inconsciente.

Alors je songeai à la même chose à laquelle ils devaient penser. Je commençai à mettre en ordre les épisodes d'une très longue chaîne de coïncidences qui prit soudain du sens et je découvris pourquoi Sanchís aimait tant hurler, menacer, tirer en l'air, pourquoi il semblait jouir de toute cette violence, de tant de cruauté, tant de haine inutile accumulée. Il savait que, malgré toute l'immunité que lui garantissait son passé, même le lieutenant avait peur de lui, il savait qu'il y aurait toujours quelqu'un près de lui chargé de lui tenir la main. Et il y eut toujours quelqu'un, toujours sauf le soir où il abattit Comerrelojes et son cousin Pilatos. Il n'avait jamais été aussi rapide, jamais sauf peut-être lorsqu'il dégrafait son ceinturon, si vite que personne ne s'était aperçu qu'il ne faisait même pas mine de baisser la fermeture Éclair de son pantalon.

Miguel Sanchís était sergent et n'avait donc pas à faire de gardes. Mais pendant les moments difficiles, il avait toujours su convaincre le lieutenant que le mieux était que ce fût lui qui restât à la caserne, qu'il avait plus d'autorité, plus d'expérience que les autres. Voilà pourquoi il était seul lorsqu'ils avaient encerclé Cencerro à Valdepeñas, lorsque Elías avait gagné la montagne tandis que sa mère et ses sœurs veillaient le cadavre de son père, lorsque les femmes s'enfuirent, mais jamais lorsqu'ils opéraient des coups de filet. Bibendum ne voulait pas prendre le risque que ce fanatique, ce fou sanguinaire, incontrôlable, finisse par tuer des innocents sous les coups, et il l'éloignait des cellules sous un prétexte quelconque. Mon père et Curro devaient en ce moment se souvenir comment les Fingenegocios leur avaient échappé, d'un cheveu, d'un putain de cheveu, avait-il dit en retournant à la caserne, en crachant tous les jurons de la terre, tandis que Carmona, que lui-même avait envoyé dans une autre direction infructueuse, le consolait en lui disant de ne pas s'en faire, que n'importe qui pouvait se retrouver avec un pistolet enrayé au moment le plus critique. Miguel Sanchís n'avait jamais appliqué la loi des fuyards à personne. Et personne ne saurait jamais combien d'hommes, combien de femmes lui devaient la vie ou la liberté, combien de personnes il avait sauvées avant d'en sauver bien d'autres avec sa propre mort, ce soir-là.

« Putain ! » s'exclama brusquement mon père en donnant un grand coup de poing sur la table, tandis que je me souvenais également de l'imprimerie des gars de la montagne, des perquisitions à la ferme des Rubio, du rouleau de spart qu'il avait confisqué à Filo pour sauver la machine cachée dans le grenier de doña Elena, de la scène dans la cellule et de la peur que j'avais eue, de la pure mise en scène cette fois-là, enfin et vraiment, un film. « Putain, putain, putain !

— Aïe, Nino, assieds-toi là, va… » Ma mère m'obligea à me lever, comme si mon poids avait commencé à la gêner, et elle approcha une chaise de la sienne, sans cesser de regarder son mari. « Mais je ne comprends pas, vraiment je ne comprends pas, ajouta-t-elle en se tournant vers Curro. Pourquoi ne t'a-t-il pas dit que le coup était parti tout seul ? »

Ce dernier l'observa comme s'il n'avait pas bien entendu la question, et mit plusieurs secondes à lui répondre :

« Tu veux dire, par accident ? demanda-t-il à ma mère qui acquiesça. Mais comment aurait-il pu me dire ça, Mercedes, alors qu'il venait de faire un trou entre les deux yeux d'un homme qui se trouvait à deux cents mètres, à trois heures du matin ? C'était impossible. Il savait que je ne le croirais pas. Personne ne l'aurait cru.

— Mais, de toute façon, s'il était communiste... C'est cela, non ? Ça ne semble pas croyable, Sanchís communiste, j'en suis malade seulement de le dire... Pourquoi ne t'a-t-il pas tué également ? Pourquoi ne s'est-il pas enfui ? »

Curro la regarda comme s'il n'avait pas pensé à ça jusqu'alors, mais mon père secoua la tête avant d'intervenir tout à fait calmement. Il était à présent le plus serein des trois.

« S'enfuir où, Mercedes ? Ce n'est pas facile, tu sais ? Il n'avait pas beaucoup de solutions... réfléchit-il en souriant tristement. En réalité, il n'en avait pas du tout. Il travaillait dans le plus grand secret, il n'avait pas d'autre choix que de travailler en secret. Les gars de la montagne n'étaient pas au courant pour lui, j'en suis sûr, car au village ils n'étaient pas au courant non plus. Tout le monde le haïssait, pas seulement les Rouges, tout le monde. Tout le monde avait peur de lui, tu le sais très bien. Alors, où voulais-tu qu'il aille ? S'il avait tenté de partir là-haut avec son uniforme, les gars de son bord l'auraient descendu avant qu'il n'ait eu le temps de prononcer un mot, et s'il avait eu le temps de s'expliquer, ils l'auraient descendu également, parce qu'ils n'auraient pas eu confiance, ils ne peuvent faire confiance à personne. Que pouvait-il faire d'autre ? Venir ici, s'habiller en civil, emmener sa femme... Où ça ? En tout cas pas dans la montagne, avec les jambes de Pastora, ils ne seraient pas allés bien loin. Et s'il était parti tout seul, lorsque nous aurions trouvé les corps... Tu l'as entendu, personne ne peut tirer par hasard entre les deux yeux d'un homme, et encore moins entre les yeux de deux hommes, car il aurait été obligé de tuer Curro avant de s'enfuir. On aurait alors tôt ou tard découvert ce qui s'était passé, et... Qui aurait payé à sa place, hein ?

— Pastora, bien sûr, répondit Curro. J'y ai déjà pensé. S'il avait fui, la première chose qu'on aurait faite aurait été de l'arrêter.

— De l'arrêter, de l'enfermer, de l'isoler, et de... ajouta mon père sans poursuivre son énumération ; c'était inutile. Que sais-je encore.

— Il était amoureux d'elle, affirma ma mère.

— Bien entendu qu'il était amoureux d'elle ! renchérit Curro même si ce n'était pas nécessaire parce que c'était la seule chose dont nous étions tous certains à propos de Miguel Sanchís. Il était très amoureux d'elle. Fou amoureux.

— C'est pour cela qu'il n'avait aucune solution, vous comprenez ? D'un côté il ne pouvait pas prendre le risque que Pirulete se mette à parler. C'était la chose la plus importante pour lui, de protéger les gens de la montagne, c'est pour cette raison qu'il l'a fait taire. Par nécessité. D'un coup de feu mortel et ensuite... Mais d'un autre côté, il ne pouvait pas disparaître dans la montagne, ni revenir ici, ni emmener Pastora, ni partir sans elle. La seule chose… poursuivit mon père. La seule chose qu'il aurait pu faire aurait été de se cacher chez son contact, prendre le risque que quelqu'un le voie, et ainsi le mettre, ou la mettre, ou les mettre en danger, mais…

— Sanchís m'a dit : ici, en bas, je suis le seul, ici, en bas, je suis le seul. Et il l'a répété plusieurs fois.

— Oui, mais ça, ce n'est pas possible, Curro, sourit mon père. Je sais qu'il t'a dit ça, il a dû te le dire pour couvrir quelqu'un. Mais c'est impossible. Quelqu'un devait bien le savoir, quelqu'un devait bien lui donner les informations et les recevoir lui-même, tu ne crois pas ? Sinon, pourquoi se serait-il infiltré ? à quoi cela aurait-il servi ? Il ne pouvait pas travailler tout seul, il pouvait travailler en secret, oui, mais pas complètement seul… Probablement que son contact n'habite pas au village, ce serait trop dangereux. Il doit vivre tout près, mais dans un autre village, à Martos peut-être, à Los Villares, ou… Va-t'en savoir ! Ils devaient se voir une fois par semaine, ou tous les dix jours, une fois ici, une fois là-bas, dans une auberge, dans une autre, ou peut-être avaient-ils un système pour communiquer sans se voir. Cela pourrait expliquer pourquoi il n'a pas tenté de s'enfuir. Il aurait eu besoin d'une voiture, et ici nous n'en avons pas. Il aurait fallu qu'il te tue, qu'il vienne au village, qu'il vole un triporteur, ou la voiture de don Justino, qu'il passe chercher Pastora, qu'il arrive dans un autre village, se débarrasse de la voiture… C'était trop compliqué. Quelqu'un aurait pu le voir, et il ne pouvait pas prendre le risque de se faire attraper vivant. Ça non, d'aucune façon. Si on l'avait attrapé vivant… Enfin, il savait parfaitement ce qui se serait passé, qu'on aurait fini par le fusiller, même si on avait dû l'emmener en brancard jusqu'au mur d'exécution, avec la colonne vertébrale brisée en deux ; il n'aurait pas été le premier. Même si on l'avait torturé à mort, même si on l'avait d'abord obligé à voir de quelle façon mourait Pastora sous les coups, on aurait ensuite fusillé son cadavre, et il le savait parfaitement.

— C'est pour cela qu'il m'a laissé la vie sauve, conclut Curro. Au bout du compte, je suis vivant parce que…

— Tu es vivant pour pouvoir raconter ce qui s'est passé, expliqua mon père qui était le seul à voir les choses avec suffisamment de clarté. Tu es vivant parce que mort tu ne lui servais plus à rien. De toute façon, il n'avait aucune raison de te tuer non plus, mais tout ce qu'il t'a révélé à propos des filles Rubio, de Carmela, tout ce qu'il t'a raconté, ce qu'il a su, qu'il a fait… Pour lui, tu étais bien plus utile vivant que mort, car grâce à toi nous savons la vérité. Nous savons qu'un communiste avait infiltré la caserne, qu'il doit y en avoir d'autres ailleurs, que nous ne pouvons pas savoir combien, ni où, ni être sûrs de rien, jamais. Sanchís savait parfaitement que son histoire pouvait finir ainsi, je suis persuadé qu'il le savait, qu'il l'avait prévu. Et il a choisi la mort qui lui semblait préférable, une mort instantanée, sans douleur, bonne pour lui et bonne pour les siens, car il l'a transformée en action de propagande. Pourquoi penses-tu qu'il a crié, sinon ?

— Et que va-t-il se passer à présent ? »

Ma mère observa mon père, puis Curro, pendant qu'ils se regardaient l'un l'autre, comme s'ils étaient incapables de répondre à cette question.

« Eh bien, je ne le sais pas, dit mon père, réagissant le premier. Je n'en ai pas la moindre idée, il ne s'est jamais rien passé de ce genre, alors… Mais pour l'instant, nous allons devoir récupérer les corps, n'est-ce pas ? Il est cinq heures et quart du matin. Dans une heure le jour va commencer à se lever. Où sont-ils ?

— Là où ils sont tombés, dans la côte qui mène au vieux moulin. Je les ai placés l'un à côté de l'autre. Je les ai couverts avec la cape de Sanchís et j'ai mis des branches par-dessus… bredouilla-t-il avec une mine étrange, comme s'il trouvait soudain ridicule ce qu'il venait de dire. Je ne sais pas, j'ai trouvé que c'était ce qu'il y avait de mieux à faire !

— Oui, oui, acquiesça mon père en se levant pour prendre sa vareuse sur le dossier de la chaise et la passer. On y va !

— Il faut réveiller le lieutenant, non ?

— Bien entendu. Le lieutenant et les autres, tout le monde, ajouta-t-il en embrassant ma mère et en me prenant par les épaules pour me regarder dans les yeux, avant de sortir. Et toi, à présent, au lit, compris ? Car demain, même si tu tombes de sommeil, tu iras à l'école. Et pas un mot à qui que ce soit, c'est clair ? À personne. Ni à Paquito, ni à Pepe el Portugués. À personne. Il ne s'est rien passé cette nuit. »

Je secouai la tête et lui donnai l'accolade. Puis je le serrai très fort sans trop savoir pourquoi, comme si j'avais besoin de le serrer, tout simplement. Et lorsqu'il s'écarta de moi, il souriait.

« N'aie pas peur, Nino », me dit-il, même si je n'avais pas peur. Mais le fait qu'il l'ait pensé ne me dérangea pas. « Les morts ne font de mal à personne, mon fils. »

Néanmoins, après leur départ, je demandai à ma mère si je pouvais me coucher dans son lit et elle accepta, même si elle ne pensait pas que j'allais me rendormir le reste de la nuit. Je croyais la même chose, mais je m'endormis aussitôt.

Le lendemain matin, sur le chemin de l'école, Paquito ne me dit rien, ne me posa pas la moindre question et ne me pressa pas de lui en poser non plus. Le reste de la matinée se déroula de la même façon que d'habitude, aussi calme que si personne n'avait tué personne au petit matin, sur la côte du vieux moulin. Lorsque nous revînmes déjeuner à la maison, je compris qu'au bar de Cuelloduro on était déjà au courant de quelque chose. Je ne parvins pas à savoir ce qu'ils avaient appris exactement, car presque tout le monde se trouvait à l'intérieur et, sur le seuil, deux hommes nous regardèrent très méchamment quand nous passâmes devant eux. Je ne voyais pas pourquoi. Ils devraient être contents, pensai-je, car Pirulete était un traître et Sanchís un des leurs, le héros qui avait empêché que la trahison ne prenne effet, en se suicidant pour la cause. Voilà ce qu'il s'était passé, et pourtant, avant de rentrer chez moi, je pus déjà percevoir qu'il y avait une tout autre vérité, dans l'air.

Ma sœur Dulce, qui avait abandonné l'école, sans le moindre regret, le jour de l'anniversaire de ses quatorze ans, pour s'inscrire dans un atelier où elle prenait des cours de coupe et de confection en échange de pouvoir coudre gratuitement l'après-midi, arrivait toujours avant moi. Ce jour-là, elle m'attendait après avoir couvert mon assiette d'une autre afin que mon repas ne refroidisse pas.

« Maman ne vient pas manger. Elle est chez Pastora. On a tué Sanchís.

— Sanchís ? demandai-je en écarquillant les yeux et elle, qui faisait plus attention à Pepa qu'à moi – une horreur lorsqu'elle mangeait la soupe –, m'observa attentivement.

— Oui. Maman m'a dit que tu étais au courant.

— C'est vrai, mais j'étais tellement endormi… Curro est passé par ici, hier soir, et… », dis-je malgré les recommandations de mon père, mais Dulce était ma sœur. En plus, elle se fichait de ce genre de choses. « Que s'est-il donc passé ? Je ne m'en souviens même pas.

— Oh, rien… fit-elle en essuyant pour la énième fois Pepa et en la grondant avant de poursuivre : « Hier soir, les gars de la montagne les attendaient et, au cours de l'embuscade, Sanchís a abattu Pirulete, mais quelqu'un d'autre l'a atteint au ventre, et lorsque Curro est revenu près de lui, il avait perdu tout son sang, il était moribond, souffrait à tel point qu'il lui a demandé de le tuer. »

Je ne peux pas y croire, me dis-je, ce n'est pas vrai, cela ne peut pas être vrai, je ne le crois pas. Cependant, ce fut la version officielle, celle qui commença à circuler dans le village à midi, celle qui accapara toutes les conversations au bar de Cuelloduro, celle que publièrent les journaux le lendemain. Ce fut une décision du commandement supérieur, du lieutenant-colonel lui-même. Mais ce matin-là, lorsqu'il partit à Jaén pour informer sa hiérarchie et demander des instructions, le chef de mon père avait prévu quelque chose de tout à fait différent. Il avait envoyé Carmona surveiller le cadavre de Pirulete pour que personne ne le découvre avant l'heure et avait emporté celui de Sanchís dans une ambulance à la capitale, comme s'il était toujours vivant. Il n'avait rien dit à Pastora, car ils étaient partis avant sept heures et le service de son mari ne finissait qu'à huit heures.

« J'ai pensé que le mieux serait de dire que les bandits l'ont attaqué par surprise, qu'il les a combattus vaillamment mais qu'il a été gravement blessé, et qu'il est mort pendant son transport, dans l'ambulance, déclara le lieutenant à son supérieur immédiat, devant Izquierdo et mon père qu'il avait choisis pour l'escorter. On pourrait l'enterrer ici même, sans presse ni cérémonie, aucune fuite n'est à craindre, son camarade, le seul qui sait ce qui s'est réellement passé, est mon gendre, le mari de ma fille aînée... »

Le commandant trouva qu'il s'agissait d'un bon plan, astucieux, discret. Toutefois, il n'osa pas l'approuver avant de consulter à son tour sa hiérarchie. Le lieutenant-colonel arriva à son bureau à dix heures précises. Il ne mit pas plus de cinq minutes à dire à son subordonné que c'était un imbécile, un bon à rien, et qu'on ne pouvait pas le laisser tout seul.

« Amenez-moi le chef du poste de Fuensanta ! » ordonna-t-il ensuite.

Bibendum, qui avait tout entendu depuis le couloir, pénétra seul dans le bureau, et mon père ne put entendre ce qu'il disait. Il supposa cependant qu'il avait répété la même histoire depuis le début car, ensuite, il entendit les insultes du lieutenant-colonel, plus violentes que précédemment :

« Évitez de penser, lieutenant, je vous en prie. Laissez tomber ça, on n'en a pas besoin... Je vais vous expliquer ce que vous allez faire, brailla-t-il crescendo, dépassant bientôt la limite du hurlement. Sur-le-champ ! Vous avez compris ? Vous me ramenez, sur-le-champ, ce cadavre là où vous l'avez trouvé, vous lui montez une chapelle ardente dans la salle du drapeau de la maison-caserne, avec la considération des combattants tombés au champ d'honneur, au nom de Dieu et de l'Espagne. Vous réunissez tous vos hommes, leur famille, les forces vives du village, pour qu'ils le veillent comme il faut, et demain vous me l'enterrez en grandes pompes, en uniforme, avec le tricorne sur la tête et les décorations sur le cœur ! C'est clair ?

— Oui, monsieur, mais… fit Bibendum, obtempérant sans comprendre. Je ne sais pas si vous avez bien saisi… Il semblerait que Miguel Sanchís était un républicain, un communiste, mon lieutenant-colonel, c'était un traître, et nous allons l'enterrer comme…

— Bien entendu ! Comme un héros, mais comme un de nos héros ! » hurla-t-il. Dans le couloir, plus personne n'osait regarder autre chose que le dallage du sol. « Que voulez-vous ? Que tous les Rouges de la province apportent des fleurs sur sa tombe le dimanche matin, comme si c'était un de leurs héros ? En Espagne, il n'y a plus de héros communistes, il n'y a plus de socialistes ni d'anarchistes, il ne reste plus un seul républicain, nous les avons tous supprimés, nous avons supprimé tous les Rouges, héros et lâches, c'est incroyable que je sois encore obligé de vous le rappeler !

— Non, non, monsieur, répliqua Bibendum qui tremblait intérieurement en songeant à sa promotion. Je voulais dire, oui, monsieur…

— Qu'est-ce que j'ai fait au Seigneur, mon Dieu ? » se plaignit le lieutenant-colonel, tandis que le chef du commandement de Fuensanta de Martos ouvrait la porte pour échapper à ce fauve. Izquierdo et mon père aperçurent alors le lieutenant-colonel Marzal en train de lever les yeux au ciel, mains ouvertes, comme un curé en train de dire la messe. « En quoi T'ai-je offensé, mon Dieu, pour que Tu m'obliges à travailler toujours entouré d'imbéciles, de crétins, de... ? Fermez donc cette porte, merde ! »

Après avoir reçu cet ordre ultime, que son chef souligna en donnant un grand coup de poing sur son bureau, les doutes et les hésitations de Bibendum s'évanouirent. La solennelle machinerie du mensonge – la seconde mort héroïque de Miguel Sanchís – se mit en route.

« Apparemment, avant de mourir, celui-ci avait demandé à Curro de lui mettre sa médaille sur les lèvres, pour l'embrasser, comme le fait Alfredo Mayo dans ses films, me raconta ma sœur tandis que, sans savoir ce qui s'était passé à Jaén dans la matinée, j'imaginais ce qui allait se dérouler à Fuensanta de Martos l'après-midi. Moi, lorsque Sanchís était vivant je ne l'aimais pas du tout, mais quand j'ai appris ce qui s'était passé... Quel dommage, n'est-ce pas ? Il était tellement beau. »

C'est cela que durent penser les directeurs des journaux, car ils publièrent tous sa photographie sur plusieurs colonnes et consacrèrent le reste de la une à résumer une biographie exemplaire. Miguel Sanchís Rodríguez naquit en 1916, à Tolède, où son père, membre d'une longue et honorable lignée de gardes civils, servait sous les ordres du Délégué à l'ordre public de la province. Le jeune Miguel intégra le Corps en 1934, mais lorsque eut lieu le Glorieux soulèvement national, il était en train de terminer sa formation au Poste de commandement de Ciudad Real et demeura en zone rouge jusqu'à la fin du conflit. À la libération de la ville, il se trouvait en prison et fut donc sauvé de son exécution imminente à laquelle il avait été condamné au début du mois de mars 1939. Car ce n'est qu'à ce moment-là que les criminels rouges réussirent à le démasquer, à découvrir que, pendant les trois ans que dura la Croisade, il avait réalisé, avec tous les risques et le courage que cela suppose, un magnifique travail d'agent de liaison entre la Cinquième colonne de Ciudad Real et celle de Madrid, où son rôle, périlleux et fécond, lui valut le surnom « d'ange des femmes » sous lequel on se souvient encore de lui avec une admiration et une affection toutes particulières. C'est pour cette raison qu'après la victoire don Miguel Sanchís Rodríguez fut décoré de la Médaille militaire avec ruban rouge, pour les souffrances endurées pour la patrie, et d'une autre médaille destinée à valoriser ses mérites en zone rouge. Cependant, en authentique soldat et vrai patriote, il ne s'est jamais résigné à profiter de la paix dans l'arrière-garde et renonça à intégrer l'Académie des officiers de l'Armée de terre pour continuer à travailler en première ligne. Nommé à sa demande dans notre province, il combattit les bandits dans la montagne de Cazorla, de 1940 à 1942, époque à laquelle il demanda sa mutation pour Fuensanta de Martos, où il devint rapidement le cauchemar des forcenés de la Sierra Sud, à la tête desquels se trouvait un délinquant de sinistre mémoire qu'on eut le mauvais goût de surnommer Cencerro. Récemment promu lieutenant, bien que son nouveau grade n'eût pas le temps de prendre effet, il fut lâchement assassiné au petit matin de mardi dernier par les criminels de la montagne, dans une embuscade où fut également abattu le dangereux bandit Juan Sánchez López, surnommé Pirulete. Que don Miguel Sanchís Rodríguez repose en paix, entouré de la gratitude et de la reconnaissance de tout le peuple de Jaén.

« Tu es au courant ? me demanda Paquito, très excité par la nouvelle, lorsque nous nous retrouvâmes devant la porte de la maison-caserne, pour nous rendre à l'école.

— Oui, répondis-je. Ma sœur m'a raconté.

— Et tu sais que Curro a dû lui donner le coup de grâce ? Mon père m'a raconté que Sanchís était grièvement blessé, qu'il avait pris deux balles dans le ventre et qu'il se savait condamné. C'est pour cette raison qu'il a demandé à Curro de l'achever. Il lui a dit qu'il ne voulait plus souffrir et il a fallu que Curro le fasse, bien entendu. Mon père m'a dit qu'il pleurait comme un enfant. Quelle horreur, n'est-ce pas ? ajouta-t-il en faisant une pause pour me prendre le bras et me regarder avec les yeux écarquillés. Tu imagines si cela nous arrivait, quand on sera grands ?

— Non, répondis-je après quelques secondes. Je ne me l'imagine pas du tout, vraiment. »

En arrivant à l'école, don Eusebio nous présenta ses condoléances et nous laissa tranquilles, sans oser nous poser de questions ni nous faire passer sur l'estrade de tout l'après-midi. Ensuite, lorsque je retournai chez moi, je trouvai ma mère habillée de noir, avec sa voilette, prête à sortir. Elle me raconta ce qui s'était passé le matin, et que Bibendum était furieux, pas tant à cause de l'humiliation que lui avait infligée son supérieur, que par le fait que le suicide de Sanchís et les énormes erreurs d'appréciation qu'il avait commises allaient probablement lui coûter sa promotion, cette mutation à la capitale dont sa femme rêvait depuis tant d'années.

« Je t'ai posé des vêtements propres sur le lit, précisa-t-elle en pointant la porte de ma chambre avec son doigt pour ne pas avoir à me regarder. Ton père tient à ce que tu viennes à la chapelle ardente. Dulce s'y trouve déjà.

— Ils ne peuvent pas faire ça, maman, lui dis-je dans un murmure pour ne pas lui faire trop peur. Ils n'ont pas le droit.

— Bien sûr qu'ils en ont le droit, mon fils, bien sûr qu'ils le peuvent, dit-elle en s'approchant de moi et en me serrant très fort dans ses bras, comme chaque fois qu'elle craignait que quelqu'un nous entendît. Ils ont le droit de faire ce qui leur passe par la tête, Nino, tu comprends ? Ce qu'ils veulent, toujours, ce qui leur passe par la tête. Et nous allons traverser cette épreuve du mieux que nous le pourrons. Je t'en prie. Sanchís l'a bien cherché, c'est sa faute, il savait largement ce qu'il risquait, et... ne dis rien, mon fils, ne parle à personne de ce qui s'est passé la nuit dernière. Maintenant, tu y vas, tu embrasses Pastora, tu dis que tu dois faire tes devoirs, et demain sera un autre jour, d'accord ?

— Je trouve que ce n'est pas bien », insistai-je. Et elle me serra encore plus fort. « Ce n'est pas juste, maman.

— Nino, pardieu, arrête ! S'il te plaît, arrête, ne fais pas... La justice ne profite qu'aux vivants, mon fils. Les morts n'ont que faire de la justice.

— Ne t'en fais pas, finis-je par dire en renonçant à lui expliquer que j'avais pensé aux vivants et pas aux morts. Ne t'en fais pas, je me conduirai comme il faut. Je te le promets. »

Je tins ma promesse. Je me conduisis très bien car je n'aurais pu faire ni dire autre chose. En pénétrant dans la salle du drapeau, je découvris une scène impressionnante. Le cercueil surélevé, sur une estrade, entouré par les grands chandeliers de métal ouvragé de la paroisse que don Bartolomé n'avait pas hésité un seul instant à fournir. Les cierges allumés, trois de chaque côté, projetaient une lumière fantasmagorique sur le cadavre de Miguel Sanchís, vêtu de son uniforme et enveloppé de la taille jusqu'aux pieds dans le drapeau national, ses trois décorations accrochées sur le cœur, ses doigts croisés tenant un chapelet. Le tricorne laissait un peu voir un gros bandage couvrant la moitié de son front, comme si l'on avait voulu cacher la trajectoire exacte de la balle suicide. Malgré tout, son visage semblait serein, apaisé, il n'y avait aucune trace de cette rigidité qui durcissait d'habitude ses mâchoires, tendait ses lèvres dans un fabuleux rictus de colère. Miguel Sanchís était un mort placide, entouré de vivants très nerveux, car le lieutenant, mon père et ses camarades étaient abattus, fort pâles, très effrayés. Ils restaient tous à leur place sans parler, sans bouger, sans se regarder, aussi raides qu'une rangée de soldats de plomb. Une attitude qui contrastait avec l'air tout à fait naturel des civils, don Justino, don Carlos et doña Felisa, le pharmacien, le maire et quelques autres personnalités, qui parlaient entre elles, se levaient, sortaient, fumaient, entraient à nouveau, souriaient et racontaient même une blague de temps à autre, avec un verre de vin à la main, comme fait tout le monde à l'occasion de toutes les veillées funèbres.

Pastora était toute seule, assise juste derrière la tête du cercueil, et elle ne ressemblait pas non plus aux veuves que j'avais vues jusque-là. Elle ne criait pas, ne sanglotait pas, ne maudissait pas les assassins de son mari, ne s'accrochait pas au cercueil et ne se prenait pas la tête à deux mains en s'agitant, comme les autres veuves. Elle aussi paraissait calme. Elle était aussi sereine que si elle était morte, si ce n'était les larmes qui coulaient très lentement de ses yeux, mais sans la perturber sans altérer son immobilité. Elle avait les jambes serrées, les pieds joints, les mains abandonnées sur ses genoux, le regard vide, fixé sur une dalle du sol, si figée qu'elle ne se leva même pas lorsque je me dirigeai vers elle.

« Pastora… » Elle me regarda, ferma les paupières, les rouvrit et acquiesça imperceptiblement. « Je suis désolé pour toi. »

Ma mère m'avait appris que, dans les veillées funèbres, il fallait dire une chose différente, plus raffinée, je te présente mes condoléances, mais je ne réussis pas à le dire, car en voyant Pastora de près, je trouvai qu'elle avait les yeux liquides, si transparents que je pouvais en voir l'intérieur. Je compris alors combien elle souffrait, combien il lui restait à souffrir, et que seule la mort pourrait mettre un terme à sa souffrance aussi longue que son existence. Car elle le savait, elle ne pouvait que le savoir, elle savait tout, sauf que son mari avait demandé à Curro de lui dire qu'il l'aimait plus que sa vie, qu'il avait pensé à cela avant de se l'ôter.

Elle le comprendra, c'est cela qu'il avait dit. Et elle pourrait le comprendre, elle pourrait comprendre ce non-sens, cette amoureuse préoccupation d'un homme prêt à se suicider. Et si quelqu'un lui racontait la vérité, elle pourrait ainsi trouver le repos. Mais personne ne le ferait, car aucune autre vérité que ce cercueil ne devrait survivre, que cet uniforme couvert de décorations, que ce chapelet menteur entre les doigts de Miguel Sanchís, le garde civil qu'elle avait dû rencontrer à Ciudad Real lorsque la ville s'appelait encore Ciudad Leal, pendant la guerre ou même avant, l'homme qui ne l'avait jamais tirée de quelque bordel que ce fût, car elle n'avait jamais été une pute comme on disait, mais une Rouge, aussi Rouge que lui. C'est sans doute pour cette raison qu'on l'avait tant de fois arrêtée, pour cette raison qu'elle avait dû tant de fois entrer et sortir des commissariats, pour cette raison que cet éleveur de chevaux qui la connaissait de vue avait été si étonné qu'elle ait fini par habiter dans une maison-caserne.

Et tout cela pour un tel résultat, réussis-je à lire dans ses yeux liquides, presque transparents. Tout cela pour finir par présider le deuil d'un combattant tombé au champ d'honneur, mort à la grâce de Dieu et de l'Espagne, pour l'enterrer enveloppé dans le drapeau ennemi, pour ne pas pouvoir le pleurer vraiment, ni maudire ouvertement le traître qui avait précipité sa mort, ni se réfugier dans le digne réconfort d'être la veuve d'un héros. Pastora ne savait pas ce qui s'était passé, elle ne savait ni comment ni pourquoi son mari était mort, et plus personne ne passerait de vernis rouge sur ses ongles, plus personne ne lui embrasserait le dessus de son pied difforme, le bord de ses orteils torturés, rachitiques, plus personne ne lui tendrait son verre de cognac pour qu'elle y boive et ne plongerait sa langue dans sa bouche à la lueur des ampoules d'une soirée de fête. Elle ne saurait même pas pourquoi, où, quand et comment elle avait perdu tout cela, qui était responsable du fait qu'il ne lui prendrait plus le bras sans dire un mot, pour la guider jusque sur un lit où ils feraient des choses que personne ne pouvait imaginer. Je pensai tout cela en même temps, en l'apercevant là, noyée et humiliée, seule et trompée, plus morte que vive, condamnée à vie à l'angoisse d'une question qui n'aurait jamais de réponse.

« Je suis vraiment désolé, Pastora. » Et c'était vrai, j'étais submergé par la tristesse et la rage. Lorsque je lui pris sa main pour la serrer dans la mienne, elle était glacée, bien moins chaude que ces autres mains qui ne la caresseraient plus jamais. « Je suis vraiment désolé. »

Je me penchai sur elle, l'embrassai sur la joue, et elle me rendit mon baiser en tendant à peine ses lèvres toutes sèches. Puis je me dirigeai à ma place, en me disant qu'on n'avait pas le droit, que ce n'était pas juste, qu'on ne pouvait pas faire ce qu'on était en train de faire, trahir la dernière volonté d'un homme qui avait sauvé la vie de l'un d'entre eux avant de mourir. Pour moi, c'était pire que d'engager un orchestre pour jouer des pasodobles à un enterrement, c'était pire que de se mettre à danser autour d'un mort, pire que de monter sur un cadavre pour battre la mesure. C'était bien pire que tout cela. Et mon père n'eut même pas un regard pour moi, lorsque j'étais passé devant lui.

« Je m'ennuie ! Tu ne t'ennuies pas, toi, me demanda Paquito à l'oreille, alors que j'étais assis à côté de lui depuis un moment. C'est une veillée funèbre très bizarre, la plus bizarre de toutes celles auxquelles j'ai assisté. »

Pour une fois, il ne savait rien et, moi, je savais tout. Cependant le fils de Romero avait raison. Nous assistions à une veillée funèbre très bizarre. L'ambiance était abominable. L'air était trouble, toxique comme celui d'un marais, car ce n'était pas seulement dur pour Pastora, c'était également dur pour les autres, ces hommes en uniforme, qui étaient obligés de rendre les honneurs à l'ennemi. Ils étaient immobiles, martiaux, bien rangés, dans un ordre impeccable qui contrastait avec la confusion de leurs sentiments, de leurs souvenirs, de leurs soupçons.

Sans doute cette cérémonie n'était-elle pas aussi humiliante pour eux que pour Pastora, mais ils passaient un sale moment, il suffisait de les regarder pour le voir, pour deviner à quoi ils pensaient, à la légende de Sanchís, le héros de la Cinquième colonne, à cette condamnation à mort si opportune, à cette libération si miraculeusement ponctuelle, à cette sottise consistant à affirmer que les Rouges ne l'avaient pas tué car ils n'en avaient pas eu le temps, comme s'ils ne savaient pas qu'on peut tuer quelqu'un en moins de temps qu'il ne faut pour le dire, aux décorations accrochées à hauteur de sa poitrine et à la mort de Martínez, qui était son camarade, qui avait toujours été son camarade et qui avait toujours été phalangiste, sans doute le seul militant à la phalange de toute la caserne. Et peut-être n'était-ce pas lui qui l'avait tué, mais plutôt les gars de Cencerro. Mais le plus probable est que ce soit lui qui l'ait tué au nom des gars de Cencerro. Ça, ils ne le sauraient plus jamais, comme ils ne sauraient jamais depuis quand l'ennemi était chez eux, combien de gens avait tués Miguel Sanchís avant et après la fin de la guerre, combien d'individus avaient payé de leur vie toutes les vies qu'il était parvenu à sauver. Et, pour l'heure, ils étaient tous là, vêtus de vert, bottes cirées, boutons lustrés et tricorne parfaitement calé sur le front, en train d'accomplir leur devoir, car on leur avait également interdit de parler, de commenter, y compris entre eux, la vérité à propos de cette mort surprenante. La stratégie du lieutenant-colonel, son ordre comminatoire de feindre de la douleur et de l'admiration pour un traître, un imposteur, un communiste, ne faisait qu'accroître leur angoisse, l'étouffante incertitude qui ne se calmait qu'en se méfiant de tout, de tous, pendant cette soirée-là et le lendemain, et le surlendemain, et ensuite encore, pour toujours et à jamais. De ce point de vue, Miguel Sanchís avait réussi son coup, et même Paquito, qui ne le savait pas, s'en aperçut à sa façon.

« Allons-nous-en, lui suggérai-je. Ma mère m'a dit qu'une demi-heure serait tout à fait suffisante, et nous devons être là depuis bien plus longtemps que ça.

— Je le dis à Alfredo ?

— Oui, mais on va sortir un par un, pour ne pas nous faire remarquer. »

Cependant, le lendemain matin, nous nous rendîmes tous ensemble à l'enterrement, comme si nous étions de la même famille. C'était un ordre. Les épouses de tous les gardes civils attendirent avec leurs enfants, au milieu de la cour, que Pastora arrivât, qui ne sortit d'ailleurs pas de chez elle, mais du bureau.

Le lieutenant, qui l'avait déjà interrogée la veille, l'avait une nouvelle fois interrogée de très bonne heure, et lorsque je la vis sortir, flanquée de mon père et de Romero, je me dis qu'ils l'avaient arrêtée, mais ce n'était pas le cas. Ils allaient l'escorter jusqu'au cimetière pour qu'elle ne fût pas seule. Et ce qui était également un ordre lui évita de tomber par terre à deux ou trois reprises, car elle marchait sans regarder où elle mettait son pied sain et son pied malade, sans regarder par terre ni au ciel, sans regarder la chaussée, les trottoirs, les immeubles, comme si elle n'actionnait pas ses jambes, comme si ce n'était pas une femme, mais un automate qui marchait parce qu'on avait remonté le ressort de son mécanisme. Elle avait les yeux ouverts parce que personne n'avait actionné le dispositif permettant de les fermer. Elle était abîmée, cassée, démantibulée. C'est pour cette raison qu'elle marchait ainsi, en boitant ouvertement, sans tirer sur sa jambe droite, sans s'efforcer d'équilibrer le niveau différent de ses hanches avec le reste du corps. Ce matin-là, elle s'était trompée au moment de se chausser. Elle avait mis la semelle compensée qu'elle utilisait lorsqu'elle mettait des chaussures à talon, mais elle s'était mis une sandale courante au pied gauche. Elle n'avait jamais fait cela auparavant. Sa négligence m'émut au plus haut point, tout comme l'expression lasse de son visage sans larmes, car elle se moquait des gens qui la regardaient, car elle n'avait plus personne au monde qui pût la regarder.

Nous parcourûmes très lentement, au rythme de Pastora, et en silence, les rues vides du village. Tous les enfants avaient été enfermés avec interdiction de sortir ne serait-ce que dans la cour. Des vêtements noirs étaient étendus sur quelques balcons pour pleurer Pirulete car, au bar de Cuelloduro, on ne connaissait d'autre vérité que celle qui avait été inventée dans les bureaux du Commandement de la province de Jaén. Carmela Pesetilla se trouvait devant la porte de chez elle pour nous regarder passer, comme elle le faisait toujours, mais elle ne s'aperçut pas que Curro et mon père avaient tourné la tête en même temps pour ne pas croiser son regard. Moi, oui, je l'avais regardée, et je sentis à nouveau une grande colère, une grande tristesse pour elle, pour moi, pour notre vie de merde.

L'église où Bartolomé dirigea un répons pour le repos éternel de l'âme de Miguel Sanchís était presque vide. Les forces vives du village avaient décidé de faire l'économie de l'enterrement, car la veillée funèbre leur avait amplement suffi, et il n'y avait que les mouchards et les indicateurs de la garde civile. Pepe el Portugués y était lui aussi, tout seul, au dernier rang. Il avait très mauvaise mine à tel point qu'il me fit peur lorsque j'étais passé à côté de lui. Après la messe, il s'approcha du lieutenant pour lui présenter ses condoléances et s'excusa de ne pouvoir se rendre au cimetière.

« Je crois que j'ai la grippe, expliqua-t-il à mon père d'une petite voix fébrile qui faisait penser à celle d'un pauvre homme. Je me sens vraiment mal. J'ai l'impression d'avoir la tête remplie d'eau, et j'ai des courbatures dans les jambes.

— Ça se voit, admit la femme d'Izquierdo en lui posant la main sur le front. Je crois même que tu as de la fièvre.

— Rentre chez toi et couche-toi, Pepe », expliqua son mari, et lorsqu'il s'éloignait déjà, après avoir serré la main de Pastora, il murmura pour lui-même. « C'est fou les attentions que peut recevoir cet homme… »

Après l'enterrement, bien qu'il fût déjà presque onze heures, je me rendis à l'école avec les autres enfants, car c'était également un ordre. Trois heures plus tard, lorsque nous revînmes, le seul taxi de Valdepeñas – dans mon village il n'y en avait pas un seul – était garé devant la porte de la caserne et le chauffeur était en train de charger plusieurs bagages dans le coffre et sur la galerie. Ma mère se trouvait dans la cour avec les autres femmes, mais avant d'avoir eu le temps de lui demander ce qui se passait, j'aperçus Pastora, sans chapeau mais avec son manteau sur le dos, dans l'entrée de son appartement, ouvert aux quatre vents, sans la moindre trace de ce rideau de capsules que j'aimais tant. C'est la seule chose qu'elle avait emportée avec elle, à part ses vêtements, sa collection de chaussures dépareillées, sa table à ouvrage et quelques babioles, car le camion de déménagement n'arriverait que dans deux jours.

« Elle s'en va déjà ? murmurai-je à l'oreille de ma mère qui acquiesça de la tête. Pourquoi si vite ? »

Elle n'eut pas le temps de répéter son geste, car à ce moment précis la veuve Sanchís ferma les yeux, s'approcha du pas de la porte, pencha la tête très lentement vers le chambranle de bois et y déposa un baiser. Elle écrasa ses lèvres contre le cadre et maintint la pression une seconde, peut-être deux, pour embrasser le temps qu'elle avait vécu dans cet appartement, le bonheur qu'elle avait connu dans ces pièces, ou peut-être pour embrasser juste la trace de son mari, son odeur, ses marques, l'air qu'ils avaient respiré ensemble. Ce baiser très triste et si inutile, chargé d'un amour que le bois ne pouvait apprécier, mit tout le monde mal à l'aise, mais nous n'eûmes presque pas le temps de l'interpréter, car Pastora posa un instant sa main gauche sur le mur, comme si elle avait soudain eu un malaise. Puis elle ouvrit les yeux, laissa couler les dernières larmes que nous verrions et remit son chapeau sur sa tête. Puis, agitant à peine la main pour nous dire adieu, elle s'en alla rapidement, en forçant le rythme asymétrique, inégal, de ses deux jambes sans prendre la peine de cacher qu'elle était en train de fuir plutôt que de simplement partir. Restés dans la cour, nous entendîmes le bruit de la portière de la voiture qui se refermait, le tintamarre du moteur, le grincement des roues sur les pavés, et nous demeurâmes immobiles, silencieux, nous regardant les uns les autres sans oser parler, faire quelque chose, comme si la fuite de Pastora nous avait pétrifiés en une malédiction imprévisible.

« Bon, lança enfin l'épouse de Carmona d'une voix forte. Eh bien voilà, ça y est !

— Oui, fit ma mère en prenant Pepa par la main. C'est enfin terminé !

— Absolument, renchérit la mère de Paquito qui se remit également en marche. Allez, tout le monde à la maison, c'est l'heure du repas. »

Elles avaient à la fois raison et tort. Sanchís était mort et enterré, Pastora avait disparu après lui, mais les conséquences de cette mort, les effets de sa vérité et de son mensonge dureraient bien plus longtemps, survivraient même à l'avenir qui s'annonçait déjà.

Les camarades de Miguel Sanchís ne l'oublieraient jamais. Ils continueraient à se souvenir de lui de nombreuses années après que se seraient évanouis dans leur mémoire le visage de leurs authentiques victimes, le nom de leurs veuves, de la veuve de Martínez, qui devait être en train de toucher une pension inférieure à celle que Pastora recevait tous les mois, avec le complément réservé à ceux qui ont tant souffert pour la patrie, à ceux qui ont accompli en pleine zone rouge des exploits qui permirent à Franco de gagner la guerre de l'intérieur, aux veuves des possesseurs de médailles militaires ouvrant droit à une pension. Voilà ce que tous les habitants du petit monde de la maison-caserne pensaient qu'il se passerait, car les ordres de la hiérarchie avaient été sans appel, et n'avaient pas pris en compte la justice ou l'injustice, les doutes ou les hypothèses, les sentiments ni les rancœurs de qui que ce soit. Dans la Sierra Sud, il y avait déjà eu trop de héros Rouges et on n'avait nul besoin d'en avoir un de plus. Le commandement était prêt à payer n'importe quel prix pour enterrer la vérité sur la mort héroïque de Miguel Sanchís.

De nombreuses années plus tard, je finis par apprendre, à travers des voies que je ne pourrais jamais révéler à ma mère et encore moins à mon père, qu'en réalité les choses ne s'étaient pas passées ainsi. Pastora était arrivée à Madrid, s'était installée chez sa sœur et avait vécu en paix un peu plus de trois mois. Après cela, elle avait reçu une notification de la Direction générale de la garde civile l'informant qu'on avait fait une enquête afin de confirmer ses droits à percevoir la pension qu'on lui avait versée jusqu'alors. Cette enquête avait révélé que sa conduite passée envers le Glorieux soulèvement national non seulement la rendait indigne de percevoir cette pension, mais l'obligeait à rendre les sommes indûment perçues jusque-là, y compris la liquidation de l'assurance vie pour laquelle son mari avait cotisé tous les mois de toutes les années où il avait servi dans le Corps des gardes civils. La veuve de Sanchís dut alors vendre tout ce qu'elle possédait pour solder sa dette financière avec les intérêts exorbitants correspondants, mais elle ne finit jamais de payer son autre dette. Condamnée sans jugement à la déchéance de ses droits civiques et donc empêchée de travailler, de posséder des biens ou d'ouvrir un compte en banque, obligée de se présenter tous les jours au commissariat de police du quartier de Lavapiés, forcée de vivre toujours dans la même maison sans avoir le droit de quitter Madrid ne serait-ce que pour aller déjeuner à la campagne le dimanche, Pastora, prisonnière au 16 de la rue Buenavista, mena une vie bien différente de celle que lui jalousaient les épouses des gardes civils de Fuensanta de Martos, car elle n'écrivit jamais à l'une d'entre elles pour lui raconter sa déconvenue. Le commissaire dont elle dépendait, même pour aller se coucher le soir, l'avait expressément prévenue qu'elle paierait cher le moindre soupçon d'une semblable correspondance et Pastora n'avait plus rien pour payer quoi que ce soit, excepté une vérité qu'elle ne trahirait jamais.

Bibendum l'avait bien interrogée avant l'enterrement, mais il n'avait pas osé lui parler trop ouvertement. Il n'avait pas pu apprendre ce qu'elle savait, et elle s'était contentée de répondre non à tout, qu'elle ignorait si Miguel était mêlé à quelque activité irrégulière, qu'elle n'avait jamais soupçonné qu'il pût mourir dans un règlement de compte, qu'elle ne connaissait aucun détail sur les activités de son mari pendant la guerre qui ne soit déjà mentionné sur sa feuille de services. Le dossier où il était indiqué que tous les deux avaient adhéré au Parti communiste en 1937 était resté lettre morte, car ç'avait justement été l'indispensable couverture de « l'ange des femmes », l'alibi qui lui avait permis d'aller et venir à sa guise entre Ciudad Real et Madrid, de mettre en place des plans extrêmement risqués, d'organiser des évasions improbables, de mettre en rapport des groupes si précaires, si menacés, si isolés que personne ne pouvait s'étonner qu'ils finissent par tomber. Voilà pourquoi il avait été si utile que Sanchís ait réussi à sauver tant de personnes, tant d'inoffensives épouses et veuves de militaires rebelles et hauts gradés, qu'il parvenait à faire passer de l'autre côté des lignes ou à faire accueillir dans une ambassade pour s'engranger la gratitude éternelle des compagnons d'armes de leurs maris respectifs, tandis que les groupes armés, les phalangistes, les francs-tireurs, les officiers rebelles embusqués dans l'Armée populaire et les civils hébergés dans ses filets étaient découverts et fusillés sans regret, l'un après l'autre.

« Et que voulais-tu que Pastora déclare ? lança mon père à sa femme ce soir-là, dans le lit, sans se douter que j'étais en train d'écouter de l'autre côté de la cloison. Si elle sait tout, si elle connaît l'agent de liaison de son mari, les membres de son groupe, puisqu'elle est aussi communiste que lui… Que veux-tu qu'elle ait dit ? Elle a dit non, un point c'est tout.

— Mais c'est impossible, Antonino, cela ne peut pas finir ainsi.

— Eh bien c'est ainsi que cela va finir, oui, ma chère Mercedes. La seule chose importante pour eux est qu'on n'apprenne jamais la vérité. Tu te souviens de ce pauvre Sempere, qu'on a enterré à la va-vite afin que personne n'apprenne qu'il était mort, car ils devaient éviter de déclarer des pertes ? Eh bien ça, c'est du même genre. »

Mais ce ne fut pas du tout pareil, car ni la Direction générale de la garde civile, ni le lieutenant-colonel Marzal, ni les officiers qui travaillaient sous ses ordres au Commandement de Jaén ne se doutaient que j'existais. Aucun d'eux ne savait que, ce soir-là, tandis que j'écoutais la conversation de mes parents, l'exemplaire de *L'Île au trésor* que doña Elena m'avait offert pour mes onze ans était déjà déchiré. Ils ne pouvaient pas savoir que j'avais méticuleusement découpé une bande de la page de garde de la fin pour y inscrire un nom et une adresse dont je me souviens encore.

À l'heure du déjeuner, lorsque mon père avait apporté cette note, comme une preuve incontestable qu'on ne parviendrait jamais à découvrir la vérité, ma mère la rangea dans un tiroir de la commode avec d'autres notes du même genre, portant le nom et l'adresse d'autres veuves de policiers du Corps des gardes civils qui avaient perdu leurs maris en service, à Fuensanta de Martos, dans les années 1940. Lorsque je retournai à l'école, ma mère était sur la terrasse, en train d'étendre le linge, et Pepa, qui dessinait avec ses crayons de couleur, ne me demanda même pas ce que j'étais en train de faire. Je ne pris pas le risque de solliciter la permission de sortir, car je savais que ma mère allait me répondre « non, même pas dans la cour ». Mais, avant qu'elle ne revînt avec le panier vide, je pris un des crayons de ma sœur, les ciseaux de la cuisine, et découpai soigneusement une bande dans la seule feuille de papier, dont personne à la maison ne découvrirait jamais qu'il en manquait un bout. Je n'eus aucune hésitation à abîmer le livre, car je savais que Jim Hawkins était un gamin courageux, et qu'il l'aurait tout à fait compris. Après avoir copié le contenu de la note, je la remis en place, rendis son crayon à ma sœur, rangeai les ciseaux dans le tiroir, et m'allongeai sur mon lit pour relire les aventures du pirate Flint et de son trésor caché. Puis je me répétai qu'Elena, qui me manquait tellement depuis que j'avais cessé de monter trois fois par semaine à la vieille maison, avait tort. Je le lui avais déjà expliqué une fois, un de ces après-midi où nous étions restés ensemble et seuls, à parler de romans d'aventures, dans la maison de sa grand-mère. Tous les livres parlent d'amour, même s'il n'y a pas de filles, ni de baisers, ni de mariage à la fin. Tous les livres parlent d'amour, même si l'amour n'est que la fascination, la difficile loyauté d'un enfant brave et courageux envers un courageux et avide pirate à jambe de bois et perroquet sur l'épaule.

Le lendemain, ma mère trouva même que c'était une bonne idée d'aller rendre visite à Pepe el Portugués en sortant de l'école, et elle me remit quatre citrons pour que je les lui apporte en échange de tous ses cadeaux. « Dis-lui de s'en faire un jus, suggéra-t-elle, ça lui fera du bien. » Lorsque je commençai à gravir la côte, je pensais que je risquais de trouver Elena à la ferme, car elle aussi avait dû être très touchée par ces deux enterrements successifs, mais je ne fus même pas tenté de changer de destination. J'avais décidé de servir un autre amour et, à ce moment-là, je compris qu'il était plus fort. Pepe el Portugués était chez lui, assis à gauche du ressort qui sortait au centre du canapé, et il avait encore une très mauvaise mine, peut-être pire que la veille.

« Ma mère m'a donné des citrons, lui annonçai-je en les tirant de mes poches, pour que tu te fasses un jus.

— Formidable », répondit-il. Mais le ton de sa voix démentit sa soudaine gaieté. « Range-les à la cuisine, puis tout à l'heure…

— Non, dis-je en posant les citrons sur la table et en m'asseyant sur le canapé, de l'autre côté du ressort. Je ne suis pas venu pour cela. Je… »

Je me tus brusquement, non parce que j'avais peur, ni parce que j'avais du mal à commencer, à choisir les mots justes pour percer le secret qui m'avait déjà demandé tant d'efforts, qui avait entraîné tant de rage retenue et de douleur chez moi, mais plutôt au contraire, parce que je fus étonné de me sentir aussi calme, de ne pas avoir la bouche sèche, de ne pas entendre les battements de mon cœur, de ne pas hésiter un instant à propos de ce que j'allais faire, ni de ce que je devais exactement dire.

« Juan Pirulete était un traître ! » annonçai-je. Et Pepe qui était avachi sur le canapé se redressa brusquement pour se tourner vers moi, les yeux écarquillés, la bouche ouverte. « Mardi, à trois heures du matin, Sanchís et Curro étaient en train de patrouiller près d'ici et il est allé vers eux en leur proposant un marché. Il leur a dit que les gars de la montagne partaient en France et qu'il était prêt à tout leur raconter, en échange de pouvoir rester en Espagne et d'une vie en paix. Mais Sanchís l'a empêché de parler. Il lui a tiré une balle entre les deux yeux et a dit à Curro que, ici, en bas, il était le seul, mais qu'en haut, il y en avait bien d'autres. Ensuite, il a crié vive le Parti communiste et vive la République, avant de se suicider. »

J'avais raconté tout cela d'une seule traite, les yeux fixés sur Pepe el Portugués, qui avait cessé de me regarder. Penché en avant, les coudes appuyés sur ses genoux et son visage dans ses mains, comme si je n'avais rien dit, comme s'il ne m'avait pas entendu, comme s'il avait oublié que j'étais là, en train de parler à côté de lui, il refusa de profiter de ma pause et des mots qui la suivirent et me laissa parler jusqu'à la fin. Ce n'est qu'alors, lorsqu'il eut appris toute l'histoire avec les mensonges et les silences officiels en note finale, qu'il retira très lentement les mains de son visage, qu'il se pencha péniblement en arrière comme s'il avait extrêmement mal au dos, puis qu'il me jeta un regard trouble, embué de larmes qui ne parviendraient jamais à franchir ses paupières, avant de me poser la question que j'attendais depuis le début.

« Et pourquoi tu me racontes tout ça ? » Je compris à sa voix qu'il était très ému.

« Parce que, moi, je ne peux pas écrire à Pastora », dis-je, moi aussi très ému par sa réaction. Mais j'avais bien préparé ma réponse : « Parce que j'ai onze ans, parce que je suis le fils d'un garde civil, parce que j'habite dans une maison-caserne et que je ne peux donc pas lui envoyer une lettre. Et que quelqu'un doit le faire à ma place. Quelqu'un doit absolument lui dire la vérité, tu comprends ? » Il acquiesça plusieurs fois sans rien ajouter de plus. « Avant de mourir, Sanchís a demandé à Curro de dire à Pastora qu'il l'aimait beaucoup, plus que sa vie. Il lui a dit qu'il ne pouvait pas comprendre, mais qu'elle en revanche comprendrait. Et personne ne le lui a dit. Pastora l'ignore, et elle ne sait pas comment est mort son mari non plus, pour quelle raison il est mort. Et lorsque je l'ai vue à l'enterrement… Je crois qu'on n'a pas le droit, que ce n'est pas juste, mais moi je ne peux pas le lui dire. Toi, oui, tu le peux, Pepe. Et c'est pour ça que… » Je tirai de la poche de ma chemise la bande de papier qui manquerait toujours à l'un des deux seuls livres qu'on m'avait offerts dans ma vie. « Tiens, voilà son adresse. Elle est partie habiter à Madrid, chez sa sœur. Elle s'appelle Carmen Bueno Carbonero, elle doit avoir le même nom de famille, je pense. Elle habite à Madrid, au 16 rue Buenavista. Arranz, qui a vécu là-bas, prétend que cela se trouve dans le quartier de Lavapiés, mais je ne pense pas qu'il soit nécessaire de le noter. »

Je lui tendis le papier et il le prit délicatement, le lut, le replia et le rangea dans une de ses poches. Je n'avais pas osé lui dire que s'il ne savait pas écrire, je pouvais écrire la lettre à sa place, car nous venions tous les deux de passer la ligne, moi avec mes mots, et lui avec ses silences. Et nous nous en étions aperçus au même moment tous les deux. Voilà pourquoi il ne fut pas difficile pour moi de continuer à parler.

« Ce que tu ne peux pas faire, Pepe, c'est dire aux filles Rubio, ou à Carmela que Sanchís savait parfaitement que Saltacharquitos était chez elles le soir où il est allé arrêter Fernanda. Parce qu'alors elles sauraient que c'est moi qui ai parlé. Bon ç'aurait pu être la femme d'un autre garde civil, mais de toute façon…

— Ne t'en fais pas », m'interrompit-il. Et il sourit en redevenant soudain l'homme que j'avais toujours connu, le même que celui qui était un jour arrivé à Fuensanta de Martos, au vieux moulin, dans ma vie. « À part Pastora, personne n'apprendra quoi que ce soit. Je te le promets. »

Puis il se leva, s'étira, secoua son pantalon avec les mains comme s'il cherchait à se débarrasser du moment que nous venions de passer ensemble et, lorsqu'il me regarda à nouveau, il était souriant, révélant ses dents, son incisive cassée en biseau, comme la lame d'un couteau.

« Bon, eh bien on va faire de la citronnade, d'accord ?

— Bien sûr », fis-je, lui rendant son sourire avant de le suivre dans la cuisine pour lui dire la dernière chose qu'il ne savait pas encore. « Mon père est persuadé que Sanchís ne travaillait pas seul, qu'il devait avoir un agent de liaison pour communiquer avec le Parti. »

Il cessa de tourner le citron d'un côté et de l'autre sur le presse-citron en verre, et demeura immobile, les yeux fixés sur le zeste du fruit.

« Mais il pense qu'il ne doit pas habiter ici, dans ce village, car ce serait trop dangereux. Il est persuadé qu'il habite ailleurs, à Martos, a-t-il dit, ou à Los Villares. »

Sa main recommença à exprimer, très lentement, un demi-citron où il ne restait déjà plus une goutte de jus et il prit l'autre moitié pour recommencer, plus rapidement.

« Il a dit que sans doute ils ne se voyaient même pas, qu'ils devaient avoir inventé un système pour communiquer même sans se rencontrer, mais il ne sait pas comment. Va-t'en savoir, c'est ce qu'a dit Curro à mon père, va-t'en savoir… » Je fis une pause avant de franchir le pas ultime. « Je crois qu'il ne sait même pas à quel point Pastora adorait le miel. »

Pepe el Portugués ramassa toutes les peaux de citron, les empila l'une dans l'autre comme s'il voulait construire une tour, qu'il jeta à la poubelle, servit le jus de citron dans deux verres, les compléta avec de l'eau froide et me regarda enfin à nouveau.

« Tu veux du sucre ? » Il souriait.

« Oui, s'il te plaît, fis-je avec un sourire, moi aussi.

— Trois petites cuillères ? me demanda-t-il tout en les mettant dans mon verre.

— Même quatre, j'aime bien quand c'est très sucré.

— Ce n'est pas bon pour les dents, tu sais ? » Et nous éclatâmes de rire tous les deux.

Ensuite, comme si rien ne s'était passé, nous sortîmes devant la porte et bûmes la citronnade au soleil. Il me demanda si j'avais vu Elena dernièrement et ce que nous avions décidé avec sa grand-mère. Je lui racontai qu'elle m'avait dit de ne pas m'en faire, que nous trouverions bien un moyen de poursuivre les cours et qu'elle voulait bien ne pas être payée. Cependant, depuis le départ de Filo, les choses avaient beaucoup changé à la ferme, À présent, Chica revendait des œufs, Paula continuait à s'occuper du spart, Manoli était devenue la responsable du potager, et elle allait devoir aider celle qui aurait besoin d'elle. Le printemps n'est pas une bonne saison pour les cours, m'avait-elle dit, mais après l'été, nous en reparlerons.

« De toute façon, je monte lui rendre visite de temps en temps, pour parler un peu avec elle et pour lui emprunter des livres, mais plus Jules Verne, parce que j'ai lu tous ses romans, précisai-je en lui rendant mon verre pour remettre mon chandail, car le soleil avait disparu. Il faut que je m'en aille, Pepe. Merci pour la citronnade.

— Déjà, dit-il en s'approchant de moi pour me serrer fort dans ses bras, avec ses deux mains. Merci à toi, Nino. Merci beaucoup pour tout. »

J'acquiesçai, le fixai un instant mais n'ajoutai rien. De retour au village, tout était parfaitement calme, il n'y avait pas grand monde dans la rue et personne devant la porte des bars, dans la cour de la maison-caserne non plus. Nous avions tous besoin de prendre du repos et c'est ce que nous fîmes. Pepe el Portugués tint toutes ses promesses à une exception près. Le lendemain lorsque je me rendis à la vieille maison, je compris qu'il avait révélé notre secret à Paula. Comme elle resta tout le temps avec nous, à me regarder d'un œil différent, presque doux, je compris qu'elle non plus ne me trahirait pas.

Cependant, la paix fut de courte durée, même pas une semaine. À la mi-avril, Bibendum reçut un courrier officiel annulant les précédents et rendant sans effets les promotions promises. Le document, qui ne donnait aucun genre d'explication, se limitait à annoncer l'arrivée d'un nouveau sergent, José Luis Mariñas, afin de rétablir la chaîne du commandement de la caserne de Fuensanta de Martos, à la tête de laquelle il était maintenu lui-même, avec le grade de lieutenant, jusqu'à nouvel ordre. On ne faisait pas la moindre allusion au caractère exceptionnel de sa fonction ni à son caractère provisoire, ni à sa condition de responsable d'un ensemble dont faisaient également partie les casernes de Los Villares et de Valdepeñas de Jaén, et pour la première fois ses supérieurs s'adressaient à lui comme lieutenant de la garde civile et non de l'armée de terre en détachement.

Il s'agissait de représailles aussi prévisibles qu'injustes, car Miguel Sanchís, héros de la guerre, était arrivé au village auréolé de cette inaliénable étiquette, et ce n'était pas Bibendum qui l'avait décoré, qui l'avait distingué et récompensé, qui ne s'était pas demandé pourquoi il sollicitait un poste aussi humble, aussi insignifiant par rapport à ses possibilités, qui avait interprété cet apparent sacrifice comme une exceptionnelle preuve de son courage et de son patriotisme. Le chef du poste de Fuensanta de Martos n'était pas plus responsable de la trahison de Sanchís que ces hommes qui venaient de ruiner sa carrière mais, comme l'expliqua mon père, les choses sont ainsi et elles continueront de l'être. Lorsque Carmona sut qu'il ne serait pas caporal, il pensa la même chose que lui, tout comme Izquierdo apprenant qu'il ne serait jamais sergent. Mais aucun des deux n'abritait sous son toit une doña Concha en train de s'éventer du matin au soir comme une furie et ni l'un ni l'autre ne se faisait traiter de raté à tout moment par sa femme. Les épouses de l'un et de l'autre ne les accusaient pas d'avoir transformé leur vie en un enfer et ne les obligeaient pas à dormir sur le canapé. Cependant, même tout cela ne suffit pas à expliquer l'accès de fureur qui transforma cet homme, au demeurant calme, résigné devant la tyrannie de son épouse, en un monstre qui déchaîna une telle violence indiscriminée et brutale, une brutalité que Fuensanta de Martos n'avait jamais endurée auparavant, même pas à l'époque du premier Cencerro.

« Il est devenu cinglé », déclara mon père lorsqu'il rentra dîner, après avoir aidé à remplir les cellules comme elles ne l'avaient jamais été. « Il est devenu complètement cinglé. Je ne vois pas d'autre explication. Il a subi une attaque de quelque chose de bizarre, une de ces folies transitoires dont on parle parfois. Et cela ne va mener nulle part, mais vraiment nulle part. Les choses vont devenir pires qu'elles ne le sont déjà. Un de ces soirs les gars de la montagne vont descendre jusqu'ici et nous tuer tous autant que nous sommes.

— Aïe, Antonino, ne dis pas ça, pardieu !

— Que veux-tu que je te dise, Mercedes ? »

Le 19 avril, douze jours avant que le sergent Mariñas ne prît ses nouvelles fonctions, Salvador Bibendum donna l'ordre d'arrêter tous les habitants du village, hommes, femmes, vieux, adolescents qui auraient été de près ou de loin liés, pour une raison ou pour une autre, et à n'importe quel moment, à la bande des deux Cencerro, l'ancien et le nouveau. Ce matin-là, il avait reçu la visite du chef du poste de Los Villares, qui ne savait plus très bien si le lieutenant était toujours son supérieur hiérarchique ou pas, mais qui préféra de toute façon apporter la mauvaise nouvelle en personne.

Aniceto Gómez Gutiérrez, plus connu sous le nom de Burropadre, *Âne-père*, car en plus de l'apiculture, il gagnait sa vie grâce à deux ânes étalons auxquels les propriétaires des ânesses de toute la région avaient régulièrement recours pour couvrir leurs bêtes et avoir des ânons, était décédé de mort naturelle à la mi-mars. Voilà pourquoi il n'était pas venu à son rendez-vous avec Pepe el Portugués, qui s'était volontairement présenté à la maison-caserne pour faire la déclaration qui allait entraîner involontairement la rafle. Auparavant, il était venu me chercher chez moi et me demanda de prendre mon filet à papillons neuf. « On va à la rivière ? » lui avais-je demandé. « Oui, bon, nous verrons bien. Pour l'instant, je dois d'abord aller voir le lieutenant », me répondit-il. « Et alors, pourquoi tu veux prendre ça ? » lui demandai-je en brandissant le filet à papillons, mais il ne le regarda même pas.

« C'est que je ne sais pas trop m'y prendre avec les ruches sauvages, comprenez-vous, mon lieutenant ? Et comme par ici, il n'y a personne qui fasse ce genre de travail, le sergent m'avait dit qu'il avait déjà contacté cet homme, qui passerait par le vieux moulin pour me vendre le miel plutôt à moi… car il n'osait pas descendre jusqu'au village, à cause de son nom et du métier qu'il pratiquait… Car il fallait voir le gars, vous parlez d'un travail, vous ! Apparemment, lorsque les ânes n'y arrivaient pas tout seuls, il les aidait avec sa main, je ne vous dis que ça ! »

En rentrant, il m'avait laissé planté à la porte du bureau, comme s'il voulait que je puisse observer de là, sans intervenir en rien dans cette scène, comment il lâchait sa tirade d'un seul jet à Bibendum, avec sa plus spectaculaire tête d'imbécile et cette petite voix de chardonneret désorienté qu'il sortait du fond de sa gorge toutes les fois qu'il le désirait. Cependant, à ce moment-là, il s'était tourné vers moi et avait baissé la voix pour poursuivre.

« Vous voyez quelle est l'occupation de notre bonhomme, non ? C'est que parler de ça devant le gamin… souffla-t-il au lieutenant qui acquiesça sans même me regarder. Bref, en réalité le miel était destiné à la femme du sergent, mais il ne voulait pas qu'elle traite directement avec lui, c'est normal, n'est-ce pas ? Et comme en plus il m'avait dit que c'était un drôle de type, un délinquant avec qui il préférait que personne ne le voie... Moi, je lui ai dit d'accord, parce que moi, vraiment... ça m'était égal. Parce que moi, ici, comme je suis célibataire et que personne ne fréquente ma famille... dit-il en haussant les épaules avant de risquer sa vraie provocation. Bref, le mois dernier nous nous étions donné rendez-vous pour avant-hier, et il ne s'est pas présenté au rendez-vous. Aujourd'hui, il n'est pas venu non plus et comme le garde civil Carmona m'avait dit d'avoir l'amabilité de le prévenir de toute nouveauté ou chose bizarre qui pourrait être en rapport avec le sergent Sanchís, que c'était très important, eh bien... j'ai pensé que peut-être qu'il l'a... Je ne dis pas qu'il l'ait tué, ni rien de tout ça, mon Dieu, mais... Comme le pauvre sergent, paix à son âme, disait toujours que c'était un indésirable, une canaille, c'est peut-être idiot, mais j'ai pensé... c'est idiot, n'est-ce pas ? dit-il en se levant très chagriné et en se dirigeant vers moi, en se retournant cependant avant d'arriver à ma hauteur. Excusez-moi, lieutenant avec toutes les choses importantes que vous devez avoir à faire, je n'aurais sans doute pas dû venir vous déranger avec cette histoire. Je suis désolé. »

Bibendum pensait également que c'était une ânerie, mais au cas où, il contacta le chef du poste de Los Villares et fut étonné qu'il ne veuille rien lui dire sur le moment. Lorsqu'il eut devant ses yeux le rapport de Burropadre, un accablant historique d'arrestations pour activités subversives, qui commençait dès l'âge de douze ans pour se conclure il y avait à peine deux ans, à sa dernière sortie de prison, il comprit soudain la discrétion première de son subordonné. Cependant, il refusa d'accepter que son avenir, sa promotion au grade de capitaine, sa réintégration dans l'armée de terre, sa récompense d'une petite caserne tranquille, un bon emploi avec commandement de troupes dans une agréable capitale de province soient pour toujours enterrés dans ce dossier, avec l'identité de l'agent de liaison du traître Sanchís que venait de lui fournir sur un plateau Pepe el Portugués. Et cet homme timide, presque pusillanime, qui n'avait jamais été courageux, ni capable de la sérénité avec laquelle Sanchís avait choisi la mort, réagit avec une colère féroce et universelle, comme une bête blessée, emprisonnée dans la cage de son propre avenir misérable. Il se jura que, puisqu'il ne pouvait plus livrer le complice de Sanchís vivant, il allait offrir quelque chose, n'importe quoi, à n'importe quel prix, à sa place. Et au lieu de communiquer à Jaén la trouvaille, certes frustrante, qu'il venait de faire, il garda le dossier de Burropadre par-devers soi, dans un des tiroirs de son bureau. Il se jura de ne pas le remettre à sa hiérarchie avant d'avoir pu y adjoindre les renseignements que Pirulete avait tenté de lui vendre : les plans de fuite des bandits que quelqu'un était bien obligé de connaître à Fuensanta de Martos. Il ne lui restait pas beaucoup de temps, car l'incorporation de Mariñas risquait de consolider une situation qu'il serait plus difficile ensuite de modifier. Il ne perdit donc pas une seconde.

Le but que Pepe el Portugués visait, cette personnification de sang-froid qui congela le mien dans mes veines pendant que je l'entendais mentir, feindre avec une maestria qui coupait court à l'idée que se faisait

Paquito de sa lâcheté, était juste de mettre un point final à cette crise, de rédiger une épitaphe sans violence et sans victime à la double mort de Miguel Sanchís. Mais son intervention astucieuse non seulement ne permit pas que le lieutenant oubliât définitivement le traître, mais au contraire raviva son souvenir, et loin d'arranger les choses, elle les aggrava.

La rafle dura presque une semaine, car comme il y avait tellement de suspects et que les cellules n'étaient pas en nombre suffisant, il fallut les arrêter à tour de rôle. Et, dans le monotone ennui de cinq nuits toutes identiques, ma sœur Pepa, qui avait déjà eu six ans, ne vint qu'une fois me rejoindre dans mon lit, comme si elle se préparait déjà pour le rôle qu'elle devrait jouer dans quelques années pour le petit frère qui allait naître à la fin de l'été. Lorsque les coups, les hurlements, les insultes et les menaces furent épuisés, Salvador Bibendum n'était plus le même homme. Il avait maigri de plusieurs kilos et avait les yeux dilatés, le regard perdu et les mains tremblantes. Il transpirait de fièvre. Il avait récolté une haine infinie et bien plus de renseignements que ceux dont il avait besoin, une foule de détails contradictoires, où les mensonges se mêlaient aux vérités dans une proportion aussi indéterminée que le nombre et la brutalité des coups qui lui avaient permis de les obtenir. Et même s'il savait parfaitement que les renseignements obtenus sous la torture ne sont jamais fiables, il nota tout dans un carnet qu'il portait toujours sur lui et consultait à chaque instant, pendant qu'il se promenait sans cesse dans le village, à l'affût du moindre indice, aussi insignifiant fût-il, qui pût confirmer une quelconque déclaration.

Voilà donc dans quel environnement commença la dernière semaine du mois d'avril, qui serait aussi la dernière semaine de tant de choses, de la vie, du monde, de la réalité que nous avions connue jusqu'alors. Le dimanche après-midi, on relâcha les derniers prisonniers, à l'unique exception de l'un d'eux. Vida, la fille de Cuelloduro, que tout le monde continuait à surnommer ainsi dans le village, même si don Bartolomé l'avait baptisée avec toute sa mauvaise foi et son sale caractère, dix ans auparavant et juste après la fin de la guerre, Patrocinio de la Inmaculada Concepción de la Santísima Virgen María, alla demander des nouvelles de son mari, qui était le seul à ne pas être rentré chez lui. On lui répondit qu'il allait bien, qu'elle ne devait pas s'en faire, qu'on allait le relâcher d'un moment à l'autre. Elle ne le crut pas et elle eut raison, car mon père, qui était le garde civil venu le lui dire, n'était pas très sûr que Joaquín Fingenegocios arrivât vivant au lendemain.

Ce soir-là, Bibendum donna enfin l'autorisation d'appeler un médecin. Le premier qu'ils trouvèrent était un garçon très jeune, qui venait de finir ses études et était venu s'installer au village sans savoir ce qui l'attendait. Lorsqu'il réussit à se calmer suffisamment, il reconnut enfin le malade et se montra plutôt optimiste. Joaquín n'avait que vingt-quatre ans, dit-il, et il était très vigoureux. S'il avait tenu jusque-là, on pouvait espérer qu'il survive. Ensuite, il demanda de l'iode, de l'alcool, des chiffons pour faire des pansements, car il n'en avait pas pris suffisamment. Lorsqu'on les laissa seuls avec Fingenegocios, il lui dit que son bras droit était fracturé, qu'on ne le laisserait pas le lui plâtrer, mais qu'il allait le lui remettre en place, que ça allait lui faire mal, qu'il ne devait pas le bouger, qu'il enverrait quelqu'un le chercher dès qu'il rentrerait chez lui, et que là-bas il viendrait lui mettre un plâtre convenable afin qu'il puisse continuer à travailler normalement. Pour les côtes, il n'y avait d'autre solution que de se coucher et d'être patient, et cela valait également pour sa blessure au crâne, et pour celle au genou, mais il allait les lui recoudre dans un instant, car lorsqu'il lui poserait les pansements, le lieutenant ne s'en apercevrait même pas. Il préféra ne rien lui dire à propos de son œil gauche, même s'il s'aperçut immédiatement qu'il ne verrait plus de celui-là. Le droit était tuméfié mais entier. Le lendemain matin, il retourna à la caserne pour lui changer ses pansements et il lui donna d'autres calmants. Il lui demanda s'il pensait pouvoir rentrer chez lui cet après-midi. Il lui dit que plus tôt il le ferait et mieux ce serait. Son patient lui répondit que oui.

Et cet après-midi-là, alors que nous rentrions de l'école, Alfredo, Paquito et moi, nous aperçûmes Vida en train de courir. Nous la suivîmes. Soudain tout le monde se figea, nous sur le trottoir, et elle au milieu de la chaussée. Joaquín Fingenegocios venait juste de sortir de la caserne et il avançait face à nous, très lentement. Il avait la tête bandée, un œil fermé, un bras en écharpe, une des jambes du pantalon découpée au genou également bandé, et des blessures sur le visage, dans le cou, à une oreille, aux deux mains, à la poitrine, aux jambes. Tout son corps n'était qu'une seule blessure, une immense blessure fragmentée en plusieurs blessures plus petites, reliées entre elles par les gonflements de la peau, par le sang coagulé des hématomes, par les gouttes de sang rouge vif qui constellaient ses vêtements. Je n'avais jamais vu quelqu'un dans un tel état, Paquito n'avait jamais été confronté à quelque chose de semblable, Alfredo non plus. Ils s'enfuirent à toutes jambes, mais moi je restai là car, lorsque Vida voulut les imiter, son mari l'arrêta de sa voix pâteuse et étrange, la conséquence caverneuse, gutturale, des dents perdues, des joues et des gencives tuméfiées sous les coups.

« Ne t'en va pas, Vida. »

Voilà ce qu'il lui dit et elle, qui semblait être une petite fille car elle était encore plus jeune que lui, menue, le visage rond et les cheveux encore ramassés dans une tresse, le regarda comme si elle ne comprenait pas. Cependant elle lui obéit et s'arrêta pour écouter cette voix qui lui torturait les oreilles.

« Et ne pleure pas, s'il te plaît, Vida. Ne pleure pas. Ne donne pas ce plaisir à ces fils de pute, ne leur donne pas le plaisir de te voir pleurer. »

Moi, j'étais resté immobile, toujours sur la même dalle du trottoir, où je me trouvais déjà lorsque j'avais vu Joaquín et que j'avais distingué la silhouette du lieutenant, au loin, qui était sorti devant la porte avec Izquierdo pour prendre congé de leur dernier prisonnier, aussi clairement qu'eux-mêmes avaient pu me distinguer.

« Très bien », entendis-je. Et lorsque je m'étais à nouveau tourné vers Fingenegocios, son épouse avait déjà essuyé ses larmes avec ses mains. « À présent, relève la tête, regarde-moi, approche-toi, en marchant, lentement, très bien… Mets-toi sur ma gauche, comme ça, je vais te passer un bras autour du cou, toi, prends-moi par la taille, mais fais attention, j'ai les côtes cassées. Non, non, ne me mets pas la main là, mets-la plus bas, très bien. À présent, regarde-moi et souris... » Elle lui sourit les yeux noyés de larmes. « Comme je te souris, oui, tu vois ? Embrasse-moi, Vida, embrasse-moi en faisant attention, sur le visage. » Et Vida l'embrassa, et Joaquín l'embrassa à son tour. « C'est très bien, et maintenant on va se mettre à marcher, on va marcher très lentement, tous les deux ensemble, mais ne cesse pas de sourire. Souris, Vida, et raconte-moi quelque chose, n'importe quoi, ce que tu as fait hier, ce que tu as fait ce matin, souris, et parle-moi, car c'est la seule chose qui m'a permis de tenir. C'est vraiment la seule chose. » Et tandis que Vida le regardait et lui souriait et l'embrassait de temps en temps, c'est lui qui commença à pleurer. « J'avais prévu d'arriver jusqu'ici et de faire exactement ça avec toi, ce que nous sommes en train de faire en ce moment même, puis je me souvenais de mon père, de mon oncle Lorenzo, de mes cousins, qui vont partir, qui doivent partir, qui doivent arriver en France, putain de dieu de merde... Mais je pensais surtout à toi, Vida, et je savais que j'allais tenir, qu'ils ne m'auraient pas, et ils ne m'ont pas eu, Vida, ils ne m'ont pas eu... »

Joaquín Fingenegocios était déjà orphelin de mère lorsque son père mourut au front de Cordoue, pendant les premiers mois de la guerre. À partir de ce moment-là, et jusqu'au moment où il fut victime de la loi des fuyards, son oncle l'avait considéré comme son propre fils, et depuis ses onze ans, Lorenzo et Enrique avaient été ses frères aînés et toujours ses cousins, mais Pirulete aussi avait été élevé chez Pesetilla, et son enfance ne l'avait pas du tout gêné pour dénoncer Elías. Voilà à quoi je pensais lorsqu'ils arrivaient déjà à ma hauteur, et c'était pour cette raison que je n'avais pas bougé, et comme j'avais continué à le regarder comme si je n'avais jamais remboursé la dette que j'avais contractée envers lui, comme si je ne lui avais jamais rendu ces cinquante centimes grâce auxquels j'avais pu inviter Elena à goûter des churros qu'elle avait tant appréciés.

« Bonjour, Joaquín », dis-je lorsqu'il passa devant moi et il s'arrêta, se tourna vers moi pour me regarder, puis me sourit.

« Bonjour, Canijo. »

Ensuite, je continuai à les regarder, je le vis refuser de tourner à gauche pour se rendre chez eux, insister pour poursuivre tout droit.

« Nous allons nous rendre au bar de ton père, Vida, voilà ce que nous allons faire. Écoute-moi, je veux qu'on me voie, qu'on voie qu'il est possible de tenir et en plus j'ai très envie de boire une bière... » Elle résista, tenta de l'entraîner avec elle, lui demanda s'il était devenu fou, mais je les perdis de vue lorsqu'ils tournèrent au deuxième croisement à droite. Je ne mis pas très longtemps à savoir ce qui s'était passé ensuite car, le lendemain, dans mon village, on ne parlait plus que de cela.

En arrivant au bar, Joaquín s'accouda au comptoir, commanda une bière à son beau-père, et Vida lui dit non, de ne pas la lui servir, mais son gendre le regarda dans les yeux, lui fit un signe de tête et il comprit. Il saisit un verre, le remplit et le posa devant lui.

Antonio Cuelloduro n'avait pas du tout apprécié ce mariage, et s'il ne l'avait pas interdit c'était parce que, pour lui, il n'y avait rien de plus sacré que ses principes. Il ne voulut donc pas les violer. Même pas lorsque sa fille décida de se marier par amour, à dix-neuf ans, avec le fils d'un communiste. Il aimait pouvoir se vanter de ne jamais avoir interdit quoi que ce fût à ses enfants, mais il aurait donné n'importe quoi pour que Vida demeurât à la maison, à se la couler douce avec n'importe qui d'autre, un brave gars descendant d'une famille d'anarchistes de préférence, comme les épouses de ses frères. Les siens n'ont qu'à le lui interdire, dit-il, en parlant de la famille de Fingenegocios, ils n'ont qu'à le lui interdire eux-mêmes, puisqu'ils adorent tout réglementer, tout commander, et tout interdire, car de ce point de vue ils sont comme les fascistes, exactement pareils... Mais chez les Fingenegocios, il n'y avait plus aucun homme communiste, à part Joaquín, et il n'allait certainement pas s'interdire à lui-même de se rendre à son propre mariage.

Voilà pourquoi Cuelloduro n'eut d'autre choix que de l'accepter. Cependant, cet après-midi-là, lorsque son gendre porta le verre à sa bouche et qu'il aspira une gorgée, il se sentit fier de lui, fier de Vida. Et lorsqu'il le vit tituber, tenter de poser son coude gauche sur le comptoir, prévenir à haute voix, une minute avant de s'évanouir, qu'il ne savait pas ce qui se passait mais que ses jambes ne le soutenaient plus, c'est lui qui le prit dans ses bras et le porta chez lui, lui qui le coucha dans son lit et partit en courant chercher le médecin. Ceux qui l'aperçurent ce jour-là racontèrent qu'il pleurait comme une Madeleine le long des rues, alors que jusqu'à ce jour, personne à Fuensanta de Martos n'avait jamais vu pleurer Antonio Cuelloduro. C'est sans doute pour cette raison qu'il refusa toujours de l'admettre, même si Joaquín qu'il traita depuis ce jour-là comme son propre fils prenait un malin plaisir à le lui rappeler plus tard, pour se moquer de lui.

Mais, cet après-midi-là, lorsque je rentrai enfin à la maison-caserne, cette fin heureuse était encore loin et ma mère, hors d'elle, furieuse et en même temps atterrée.

« Qu'est-ce que tu crois, qu'ils ne vont pas nous le faire payer ? Un de ces jours, ils vont me tuer ton père, je le sens venir, ton père ou n'importe quel autre garde civil, n'importe lequel sauf cette espèce de connard, ce grand sadique de merde… »

Je ne l'avais jamais entendue parler ainsi du lieutenant, et cependant cela ne me surprit pas. Elle avait raison d'avoir peur, même si cette fois les représailles des guérilleros furent très différentes.

Les Fingenegocios n'abandonnèrent pas Joaquín. Pendant longtemps, tout le temps qu'il fallut, ils lui envoyèrent peu à peu une petite fortune, l'argent nécessaire pour reconstruire sa denture, pour lui remettre la cloison nasale en place, pour l'opérer du genou et pour aller plusieurs fois à Valence où un ophtalmologue spécialisé dans les yeux de verre et aussi Rouge qu'eux, lui en fabriqua un sur mesure parfaitement assorti à son œil droit, à tel point que les gens qui ne connaissaient pas son origine ne s'en aperçurent jamais.

Ainsi, ils réussirent à contrecarrer ce qui s'était passé, à éliminer les traces de l'horreur, à imposer leur volonté sur celle de leur ennemi avec autant d'énergie que celle que les gardes civils avaient employée pour l'enterrement de Sanchís.

Mais eux ne tuèrent personne, car ils n'avaient même plus de temps pour cela.

Il était cinq heures de l'après-midi et il faisait extrêmement chaud. Les rues étaient désertes, les portes fermées, les persiennes closes, comme une protestation silencieuse et inutile contre la chaleur du mois d'août, qui n'avait rien concédé de sa férocité, alors que commençait la troisième semaine du mois de septembre. Voilà pourquoi personne ne me vit entrer. À l'intérieur, quatre vieux jouaient aux dominos et aucun d'eux ne suspendit un instant la partie pour se tourner vers moi. Les choses avaient beaucoup changé et on n'avait plus besoin d'observer, d'écouter, d'épier, de surveiller, de calculer, de prévenir, de protéger et de se protéger, de contrôler tout le monde pour parvenir à tout contrôler. Tout cela n'était plus important.

« Bonjour, Canijo, dit Cuelloduro en se frottant les mains avec un chiffon avant de les poser sur le comptoir. Tu cherches quelque chose ?

— Oui, j'aimerais bien voir la photo. »

Il se retourna sans ajouter un mot, la tira de l'encadrement du miroir où elle était coincée et me la tendit.

Ce qui m'impressionnait était sa ressemblance avec la vieille photographie que ma mère rangeait dans un tiroir, qu'elle sortait de temps en temps et devant laquelle elle fermait les yeux plutôt que de la regarder. Mais, en fin de compte, je m'aperçus qu'elles ne se ressemblaient pas tant que cela, car l'autre avait été prise au grand air et celle-là, non. Sur l'autre, ma mère portait dans ses bras un nouveau-né dont on pouvait apercevoir le visage, une sorte de forme parmi les plis de la mantille, et sur celle-là le bébé était couché dans les bras de sa mère, les yeux écarquillés, alors qu'il ne devait guère avoir plus de trois mois. Sur le portrait de famille qui était glissé parmi le linge de la commode, mon père, la main gauche sur un guéridon, était penché vers le visage de ma mère, mais sur celui que j'avais entre les mains, l'homme assis sur l'accoudoir d'un fauteuil courbait son corps pour former un arc protecteur au-dessus de la mère et de l'enfant. Cependant les sourires étaient identiques, le même air paisible, le même bonheur, chez ces deux couples séparés dans le temps et avec une histoire différente. Mes parents se trouvaient dans une maison du village de la province de Grenade qui s'appelait Valderrubio, avant la guerre, avec ma sœur Dulce, alors qu'Elías et Filo se trouvaient dans leur appartement de Toulouse, depuis quelques jours, avec leur fils, Tomás, qu'aucun curé n'avait baptisé.

Deux tirages de cette photographie étaient arrivés à la ferme des Rubio dans une enveloppe que n'avait apportée aucun facteur. Carmela Pesetilla avait rangé la sienne sans la montrer à quiconque. Paula, en revanche, l'avait apportée à Cuelloduro dès le lendemain et ce dernier avait décidé de la coincer dans le cadre du miroir qui se trouvait derrière le comptoir, pour que tout le monde puisse contempler le petit succès qui avait couronné ce long et terrible échec.

« Merci, dis-je en lui rendant la photographie qu'il remit à sa place, sur le miroir.

— De rien, Canijo ! »

En sortant dans la rue, je croisai Rodillaspelás et la saluai, bonjour, bonjour, sans m'émouvoir du froncement de ses sourcils, ni de l'étonnement qui lui fit écarquiller les yeux de me voir sortir de ce lieu qui m'était interdit. Les lieux interdits n'étaient déjà plus qu'une légende, comme la montagne, mais ce n'était pas la seule raison pour laquelle j'y étais entré. Mon père ne me reprocherait rien. Il ne pouvait ni me punir ni me gronder, il n'oserait jamais me faire la moindre remarque après ce que nous avions vécu lui et moi, avant que le jour se lève, ce dernier mercredi du mois d'avril 1949.

Cette nuit-là, la seconde nuit que Joaquín Fingenegocios dormait dans son lit après son passage à tabac, je venais à peine de me coucher et j'avais entendu quelqu'un frapper à la porte. Ma mère, restée à la cuisine pour coudre, comme toutes les fois qu'elle veillait pour attendre le retour de son mari, était demeurée immobile, une main tenant l'aiguille et l'autre perdue dans le tissu. Pendant un instant, elle n'avait pas bougé un muscle, puis elle s'était levée pour aller ouvrir. Pendant les quelques secondes de silence absolu qui s'étaient écoulées entre sa soudaine paralysie et le bruit de ses pieds claquant nerveusement sur le carrelage, j'avais pu parfaitement ressentir sa peur, son angoisse, le noir présage qui les provoquait, et je m'étais levé aussi pour me cacher derrière la porte.

« Nino ! avait dit ma sœur Dulce en se redressant dans son lit, mais sans oser parler trop fort. Où vas-tu ?

— Tais-toi ! »

Moi aussi j'avais parlé à voix basse, mais je m'étais retourné, un doigt sur les lèvres. En regardant à nouveau, j'avais aperçu Bibendum, son carnet à la main, vêtu de son uniforme, avec ces yeux de fou qui étaient les siens depuis qu'il avait appris qu'il ne serait plus capitaine. En le voyant ainsi, je m'étais mis à penser la même chose que devait penser ma mère – à savoir que les Fingenegocios s'étaient vengés et que le garde civil Pérez n'était plus qu'un cadavre allongé à la lisière d'un bois, sa femme, une autre veuve, et moi désormais le seul homme de la maison – mais le lieutenant s'était empressé de démentir nos craintes.

« Antonino n'a rien du tout, Mercedes, je te le jure », l'avait-il rassurée, mais elle avait porté malgré tout ses mains à sa bouche. Puis elle avait certainement dû voir que le lieutenant disait la vérité, car moi-même, qui me trouvais plus loin qu'elle, je m'en étais aperçu. « Je ne suis pas venu pour ça. Sois tranquille. »

Elle avait eu à nouveau besoin d'un peu de temps pour recouvrer le calme qu'elle avait si rapidement perdu, pour retirer ses mains de devant sa bouche, et les poser sur son ventre en le caressant doucement, avec des mouvements lents, circulaires, comme si l'enfant qu'elle portait en avait besoin. Puis elle avait souri. Elle avait regardé le lieutenant puis lui avait proposé de s'asseoir d'un signe de la main. Elle refusa de relever l'air sombre de cet homme qui n'osait pas la regarder dans les yeux, ni déclarer sans détour le véritable objet de sa visite.

« Je suis venu te voir, car… J'ai besoin que Nino me rende un petit service.

— Ah bon ! D'accord, avait soupiré ma mère, soulagée. Je vais l'appeler, il doit être encore réveillé. » Et tandis qu'elle venait vers moi, elle s'était retournée. « Excusez-moi, Salvador, je ne vous ai rien offert, j'ai eu tellement peur en vous voyant arriver, c'est vrai. Vous voulez boire quelque chose ? Un café, un petit verre… J'ai de l'eau-de-vie artisanale très bonne, de raisin, avec de l'anis.

— Non, merci, rien du tout, Mercedes, je suis en service. »

La courtoisie de ma mère m'avait largement donné le temps de me recoucher, mais je n'éteignis pas la lumière et ne fis pas semblant de dormir. Lorsque je l'avais vue apparaître derrière le rideau vert, j'étais déjà assis au bord de mon lit, les pieds par terre.

« Nino, le lieutenant est ici, il veut te parler, mais chausse-toi d'abord, mon fils, un de ces jours tu vas nous attraper une pneumonie… »

En enfilant mes chaussons, je m'étais senti aussi soulagé qu'elle, et cependant, pour comprendre mon erreur, et surtout la sienne, il m'avait suffi de regarder le visage de Bibendum.

« Bon, eh bien, avait-il dit en me regardant, puis en regardant à nouveau ma mère, comme s'il ne pouvait plus fixer ses yeux sur un seul endroit. Je viens de recevoir une dénonciation, ce soir, ou plutôt… » Il avait regardé sa montre, puis avait fixé ma mère, puis moi, puis elle. « Ou plutôt cet après-midi, car il n'était pas encore dix heures, et… Le fait est que je me retrouve tout seul à la caserne. Je n'ai plus d'effectifs, car nous pensions que les bandits étaient sur le point de se mettre en route, je veux dire, de fuir, n'est-ce pas ? Mais vous êtes déjà au courant, je suppose, car on nous a amené une Jeep du poste de commandement général de Jaén, et tout... Mais ce qu'on ne pouvait pas imaginer, c'est que tout allait aller si vite, qu'ils se mettraient en route cette nuit même, et tous mes hommes sont partis en patrouille... » Il nous avait regardés à nouveau par intervalles de plus en plus courts, ses yeux allant et venant frénétiquement entre le visage de ma mère et le mien. « Je viens d'apprendre qu'ils venaient juste de faire mouvement, qu'ils sont en train de partir par petits groupes de trois ou quatre, à environ une demi-heure d'intervalle. Et d'après les renseignements que j'ai eus, j'ai compris que nous nous sommes trompés, que nous n'avons pas su faire le rapprochement entre... »

Il avait fait une pause pour chercher refuge dans son carnet et s'était concentré sur ses notes, en feuilletant tout le temps les mêmes pages du début à la fin, et de la fin au début, comme s'il cherchait quelque chose qu'il ignorait, ou tout simplement l'inspiration qu'il ne parvenait pas à trouver malgré ses efforts. Ensuite il avait soupiré et inspiré plusieurs fois bruyamment. Puis il avait repris :

« Bref, Izquierdo et Carmona sont dans la montagne, sur les coteaux des Pajaritos, déguisés en bandits, Curro et Arranz pareil, mais à l'autre bout des collines, car je pensais qu'ils allaient passer par le col du Moreno, j'en étais même certain, et c'est pour cette raison que j'ai envoyé Antonino et Romero, avec la Jeep, à la croisée des chemins, qui est le point intermédiaire le plus proche de la caserne, parce que je pensais... » Il avait plusieurs fois secoué la tête, comme s'il ne voulait plus se souvenir de ce qu'il avait pensé. « Chaque groupe de deux hommes possède une radio, pour pouvoir communiquer entre eux. Si Izquierdo et Carmona voient quelque chose, un mouvement quelconque, aussi infime soit-il, ils ont ordre de le communiquer immédiatement aux deux autres groupes. Ainsi Curro et Arranz prendront position, tandis que la Jeep retournera à la caserne avec sa radio, afin que je puisse demander des renforts et prévenir le Commandement général des éventuelles directions choisies par les bandits pour fuir. C'était un bon plan, oui, un bon plan, à Valdepeñas ils sont au courant, à Los Villares également, et les troupes sont basées à Jaén. Le seul risque, vraiment le seul, car tout le reste est prévu, absolument tout, j'ai tout étudié, tout analysé et c'est un bon plan, oui, un bon plan, mais… voilà, il restait cependant un risque, un seul, car s'il se passait quelque chose, mais cela ne pouvait pas se passer, car qui aurait imaginé que… »

Il avait fini par refermer son carnet et l'avait posé sur la table avant de regarder ma mère. Puis il avait tourné immédiatement son regard vers moi, et commencé à m'étudier avec autant de curiosité, autant d'intérêt qu'il avait étudié ses notes.

« Bref, le problème, c'est que je n'ai pas de radio. Je ne peux pas communiquer avec mes hommes. Nous n'avons que trois appareils, et ce sont mes hommes qui les ont tous emportés, et ils sont tous postés là où il ne faut pas, sur des positions depuis lesquelles ils ne verront rien, depuis lesquelles ils ne s'apercevront de rien car, apparemment, ce fils de pute de Cencerro va seulement faire un grand tour, il a donné l'ordre de se replier au lieu d'avancer, puis il va bifurquer vers la ferme de la Bizca, pour couper jusqu'à la lagune et descendre par la pente de la Mona, afin de prendre ensuite à droite et de tenter de traverser la route régionale en passant par le vieux chemin de Torredonjimeno. Voilà ce qu'il a l'intention de faire, et s'il réussit son coup, il peut atteindre Jaén avant l'aurore, se cacher plusieurs jours pour que ses hommes se dispersent un par un, ou deux par deux, dans des lieux différents, et alors là... Nous ne les retrouverons plus jamais. En tout cas, en ce qui nous concerne, c'est évident. »

Son discours terminé, il nous avait regardés et ma mère avait haussé les sourcils, puis les épaules, froncé les lèvres comme si elle ne comprenait pas le problème, ni l'urgence qui avait conduit le lieutenant à frapper à notre porte à une heure pareille, dans des conditions semblables.

« Eh bien, il vous suffit d'appeler Jaén », avait-elle dit d'une voix claire et calme, dépourvue d'appréhension, qui avait résonné comme un coup de fouet de bon sens sur un attelage de chevaux emballés.

« Quoi ? fit Bibendum en se tournant vers elle, le regard perdu, comme s'il n'avait pas compris.

— Appelez donc Jaén au téléphone, le Commandement général, non ? » répéta-t-elle.

Puis elle m'avait regardé d'un air interrogateur et j'avais aussitôt hoché la tête, car sa suggestion me semblait simple, précise et pertinente, et en outre évidente.

« Il suffit que Jaén envoie des troupes à l'endroit où la route régionale coupe le vieux chemin de Torredonjimeno, et qu'ils les attendent là-bas, non ? » avait-elle insisté.

Le lieutenant avait esquivé le regard de ma mère, fermé les yeux et secoué la tête.

« Je ne peux pas faire ça, Mercedes.

— Et pour quelle raison ?

— Parce que ce n'est pas possible, Mercedes. Car je n'ai pas suffisamment d'éléments, parce que je ne sais pas jusqu'à quel point je peux faire confiance à ce renseignement, parce que la personne qui est venue me faire cette déclaration a juste entendu Jesús Machillo, le frère d'Asun, tu sais bien, la femme de Cabezalarga, dire ça, et je n'ai pas tout à fait confiance en lui. Je ne peux pas monter une opération d'une telle envergure, mettre en jeu autant de forces, sans être certain de ce qui est en train de se passer là-haut. Si jamais on avait voulu me tromper, si jamais c'était une ruse… » Il s'était mis à transpirer et s'essuyait le visage, le cou, la nuque, à deux mains, jusqu'à ce que toute sa tête brillât d'humidité. « Si jamais c'est une ruse, après l'affaire Sanchís… Le Commandement va me… Non, c'est impossible, je ne peux pas faire ça. »

À cet instant précis, j'avais regardé à nouveau ma mère. Elle aussi me regardait, et j'avais compris que nous pensions probablement tous les deux la même chose. Nous étions persuadés que Bibendum était moins en train de poursuivre Cencerro, ses hommes, la guérilla, le communisme et la subversion, que sa promotion au sein de l'armée. Voilà ce qui le souciait le plus : se persuader que dans la structure du fil, désormais extrêmement fragile, qui le reliait à une villa avec jardin dans la banlieue d'une calme capitale de province, il restait encore un brin assez solide pour alimenter son illusion qu'il pouvait encore aspirer à un autre avenir que celui de la maison-caserne de

Fuensanta de Martos. Voilà à quoi il pensait, et seulement à cela.

C'était cela qui l'avait conduit à remplir les cellules, à laisser Joaquín à moitié mort et à avaler le renseignement que Cencerro venait lui-même de lui faire parvenir à travers une dénonciation tombant si bien que ça ne pouvait être qu'une ruse. Lui-même, qui ne connaissait pas la montagne comme moi je la connaissais – et moi, je la connaissais déjà bien moins que les hommes qui y habitaient depuis une dizaine d'années –, s'en était aperçu, même s'il refusait encore de l'admettre. Il était vraisemblable que Cencerro ait donné l'ordre de se replier plutôt que d'avancer et qu'il ait tenté de sortir de là en faisant un détour par un chemin où on ne l'attendait pas. Cependant, il semblait incroyable qu'il ait divisé sa centaine d'hommes en petits groupes de deux ou trois pour traverser la route, précisément là où elle était le plus fréquentée et tout aussi incroyable que le fait qu'ils arrivent par le même chemin – la ferme de la Bizca, la lagune, la pente de la Mona. Bibendum n'était jamais allé dans aucun de ces endroits, il ne connaissait pas leur particularité, les sentiers, les distances qui les séparaient. Il ne visualisait donc pas ce qu'il était en train de dire. Il ne comprenait rien, sauf qu'après cette dénonciation il en savait encore moins qu'avant, et que cet infime fil rescapé, maladif, qui le reliait encore à son rêve doré, était en train de s'effilocher lui aussi.

« Et alors… avait repris ma mère en tentant de le tirer de la torpeur dans laquelle l'avait plongé sa dernière réflexion. Que comptez-vous faire, lieutenant ?

— J'ai absolument besoin d'une radio. Il faut que je parle à mes hommes, que je les informe de la situation. Ils doivent abandonner leur position et se déplacer dans des zones plus stratégiques, d'où ils pourront confirmer ou infirmer le renseignement qu'on vient de me communiquer. J'ai besoin d'une radio et j'ai également besoin de la Jeep, ajouta-t-il en faisant une pause pour me regarder. J'ai besoin que tu ailles à la croisée des chemins pour prévenir ton père, Nino.

— Il n'en est pas question ! » s'était exclamée ma mère en se levant. Elle s'était penchée au-dessus de la table, avait approché sa tête de celle du lieutenant et s'était remise à crier : « Non, non et non ! Il n'en est pas question ! Vous avez bien compris ? Je ne veux pas ! Mon fils ne quittera pas la maison en pleine nuit pour aller où que ce soit.

— Il le faut, Mercedes, avait-il insisté en élevant la voix. C'est la seule...

— Il n'en est pas question ! » Elle tapait des deux poings sur la table, furieuse comme je ne l'avais jamais vue, une ombre noire, ténébreuse, à l'affût dans ses yeux, derrière sa colère. « Allez-y vous-même. Allez vous-même chercher votre Jeep et votre radio et vos...

— Vous ne pouvez pas réagir comme ça. Les ordres...

— Allez vous faire foutre avec vos ordres ! » Et l'ombre avait grandi dans les yeux de ma mère, devenant plus noire, plus compacte. « Les ordres ne peuvent pas exiger qu'un enfant de onze ans risque sa vie en pleine nuit.

— Moi aussi, je sais hurler ! Tu sais, Mercedes ! » Bibendum s'était levé si brusquement que la table avait tremblé et que son carnet était tombé par terre, en même temps qu'un dé à coudre qui avait roulé à travers la pièce, en tintinnabulant avec la joie inerte d'une clochette avant d'aller cogner contre un mur. « Moi aussi, je sais hurler, et c'est moi qui commande, ici !

— Vous ne commandez pas mon fils, avait-elle répondu avec une fermeté restée intacte.

— Je commande aussi ton fils, car je suis le chef de son père. Je suppose que tu n'as pas besoin que je te rappelle ça.

— Je m'en fous !

— Ah, bon ! Eh bien... »

Et, tandis que le lieutenant choisissait une menace qu'il pourrait proférer à haute voix, j'étais intervenu dans la conversation.

« Laisse-moi y aller, maman, avais-je dit en m'approchant d'elle pour lui prendre la main et appuyer ma tête sur son ventre bombé. Il ne m'arrivera rien à moi.

— Il n'en est pas question ! » avait-elle répété pour la énième fois avec des étincelles dans les yeux.

Puis, en voyant que je restais calme, elle avait froncé les sourcils.

« Tu n'iras nulle part.

— Mais on ne me fera rien à moi, avais-je insisté en serrant sa main dans la mienne. Pas à moi, maman.

— Tu entends ce qu'il dit, n'est-ce pas ? avait repris Bibendum en profitant de mon intervention pour changer de ton et adopter une douceur plus persuasive. Il passe sa vie dans la montagne, il se rend sans arrêt au vieux moulin, et il n'y a pas si longtemps il montait tout seul bien au-delà de la croisée des chemins pour aller donner un coup de main à Pepe el Portugués. Nino est presque plus de là-bas que d'ici, alors... Qui va s'étonner de le voir quitter le village par le même chemin que d'habitude ?

— Que d'habitude ? Mon fils ne se promène jamais tout seul à une heure pareille.

— Et alors ? Il n'est pas si tard. Les lampadaires sont encore allumés, et c'est un trajet plutôt court. Vingt minutes tout au plus.

— Eh bien, allez-y vous-même. Appelez don Justino, ou don Miguel, quelqu'un qui ait une voiture. Qu'il vienne vous prendre et vous conduire à la croisée des chemins. Ou qu'ils y aillent eux-mêmes. Si c'est si court que cela, je suis sûre que…

— Je ne peux pas demander cela à un civil, Mercedes.

— Mon fils est un civil, lui aussi.

— Oui, mais c'est différent. Nino habite ici, il est des nôtres, comme qui dirait… » Le ton de sa voix conservait encore une trace de douceur, aussi instable que celle dont étaient imprégnées les dernières phrases de ma mère. « Et puis je te répète que je ne peux pas quitter la caserne.

— Ça n'a rien à voir ! s'était-elle écriée en perdant son calme la première et m'écartant d'elle pour se jeter sur Bibendum avec une violence redoublée. Vous ne pouvez pas y aller, parce que vous êtes un lâche, parce que vous ne voulez pas sortir, parce que vous n'osez pas, parce que vous savez que si vous vous promenez tout seul, par-là dehors, vous n'allez pas rester vivant plus de cinq minutes. »

Elle hurlait à un centimètre de son visage, si proche de lui qu'il devait sentir son haleine, la fureur de cette femme acculée, désarmée et si fragile, qui était en train de lui dire ce que personne n'avait encore jamais osé lui dire.

« Parce que si vous sortiez de nuit et sans escorte, n'importe quel habitant du village vous abattrait en vous tirant dans le dos. Car c'est exactement ce que vous méritez après avoir fait ce que vous avez fait au fils de Fingenegocios. Voilà pourquoi vous ne pouvez pas y aller vous-même ! »

Ma mère m'avait fait peur ; j'avais eu peur de la voir, peur de l'écouter, peur d'entendre ce qu'elle disait.

« Voilà pourquoi vous envoyez un gamin de onze ans à votre place, parce que pour tuer un garçon en le passant à tabac vous êtes très courageux ! Ah, pour ça, oui ! Mais pour sortir dans la rue par une nuit comme celle-ci, pas du tout ! Pour cela, vous préférez y envoyer mon fils. Et si on me le tue, qu'est-ce qu'on va faire alors ? On va me verser une pension peut-être, on va me donner une médaille sans doute, on va me… ?

— Ils ne vont pas me tuer, moi, maman », avais-je dit parce que je voulais qu'elle se taise, qu'elle ne continue pas à parler. En vain.

« Tais-toi, toi ! m'avait-elle ordonné, juste avant que n'arrive ce qui devait arriver.

— Non, tais-toi toi-même, Mercedes ! » Bibendum, livide, pâle comme un mort, avait ramassé son carnet, arrangé son uniforme, s'était recoiffé avec les doigts. « Tu ne sais pas ce que tu dis, tu ne sais pas ce que tu risques. Il ne va rien arriver à ce gamin, mais si tu ajoutes un mot de plus, tu iras mettre au monde ton enfant sous les ponts, je te le jure ! avait-il déclaré en faisant un signe de croix avant d'embrasser son pouce droit. Tu ne peux pas imaginer combien les chefs sont nerveux après ce qui s'est passé avec Sanchís. Tu n'as pas idée de la façon dont ils sont en train de nous mettre la pression pour qu'on leur fournisse des renseignements, quels qu'ils soient du moment qu'ils sont en rapport avec la guerre. Et il existe une loi, très célèbre, vois-tu ? La loi numéro 12 de 1940, tu la connais, n'est-ce pas ? Cette loi ordonne d'enquêter sur les antécédents de tous les membres de l'armée nationale et de la garde civile, pour juger ceux dont le comportement, ou celui d'un membre de leur famille, s'est révélé douteux pendant les années qui ont précédé le Glorieux soulèvement. Tu n'imagines pas combien ils l'ont trouvée utile dernièrement pour remplir les cellules. Franco ne veut pas d'individus suspects dans le Corps de la garde civile et... Je ne te dis que ça. »

À ces mots, ma mère était retournée s'asseoir, elle s'était laissée choir sur la chaise très lentement, avait relâché ses épaules, puis ses bras, ses mains raides de chaque côté du corps. Elle n'avait rien répondu, ne regardait pas le lieutenant, ne me regardait pas. Elle observait la cuisine, comme si elle tentait de lire les chiffres sur le calendrier suspendu au-dessus de l'évier. Elle ne pouvait pas les voir, et cependant elle continuait à observer le calendrier, comme si ce rectangle de papier était devenu une fenêtre, comme si elle avait le pouvoir de regarder à travers lui, de voir une autre maison, un autre paysage, peut-être un autre temps lumineux ou cruel, je l'ignorais. De mon côté, je l'observais aussi, comme si je pouvais lire à travers elle et voir son village, dans la province d'Almería, les maisons blanches, mes cousins orphelins, leurs mères endeuillées, je voyais cet homme qui se félicitait de ne pas être mon père, puis mon grand-père, Manuel Carajita, en train de jouer de l'accordéon avec une chemise blanche où s'étalait une tache de sang, au début belle comme une fleur, qui très vite avait tout coloré en rouge, les vêtements, les touches de l'instrument, son visage, mon imagination et ma conscience. Je pouvais voir tout cela, une tache de sang, immense, le canon des fusils fumant, le froid de l'aube, les femmes pressées courant en direction du cimetière. Je voyais tout cela à travers ma mère. Puis je la voyais, elle, à l'âge de trente-six ans comme si elle était plus jeune, telle une gamine perdue, désemparée, une jeune fille seule qui pleurait semblait-il sans savoir pourquoi, comme si elle n'avait pas besoin d'avoir une raison pour cela, comme si elle en avait tellement qu'elle ne savait plus laquelle garder. Lorsqu'elle finit par détourner ses yeux du calendrier, elle m'avait regardé, avait sangloté à nouveau et observé le lieutenant.

« Je vais y aller avec lui, avait-elle déclaré avec la voix d'une gamine effarouchée, prisonnière d'un piège dont elle ne pouvait pas s'échapper.

— Non ! » avait dit Bibendum d'une voix redevenue douce à nouveau. Son ton compréhensif était répugnant. « Vous allez trop attirer l'attention tous les deux. Si quelqu'un vous voit, ce sera pire pour vous, bien plus dangereux. Tu peux me croire, Mercedes, je sais ce que je dis. »

Ensuite, il avait même osé tendre son bras pour le poser sur son épaule.

« Ne me touchez pas. »

Ma mère s'était levée, m'avait pris dans ses bras, et serré contre elle.

« Allons, Nino. Il faut t'habiller. »

Nous nous étions dirigés lentement vers ma chambre et Bibendum avait fait quelques pas derrière nous. Mais il s'était arrêté, car ma sœur Dulce se tenait sur le pas de la porte. Elle avait les yeux pleins de larmes, même si nous ne nous étions jamais entendus. En passant à côté d'elle, je lui avais pris la main et elle avait serré la mienne, mais cela ne m'avait pas autant ému que de voir Pepa, pleurant comme une Madeleine, assise sur son lit.

« Et toi, pourquoi pleures-tu ? lui avais-je demandé en m'asseyant près d'elle pour la prendre dans mes bras.

— Je ne sais pas.

— Eh bien, si tu n'en sais rien, ne pleure pas, Pepica, lui avais-je murmuré en la serrant très fort et en la chatouillant avec une série de baisers pour qu'elle se mette à rire. Endors-toi, petite sotte. »

Ensuite, j'adressai un sourire à chacune d'elles et commençai à m'habiller. Je compris alors que je devais le faire rapidement, car je risquais moi aussi de fondre en larmes ; pas de peur, plutôt de tristesse, d'une tristesse aussi sombre que la lumière noire qui noyait les yeux de ma mère. Et je ne pouvais pas pleurer, car mes sanglots n'auraient servi à rien, car mes larmes n'avaient pas le pouvoir de contenir autant de violence. Les larmes n'éviteraient pas cette humiliation, une torture plus douloureuse que les coups, la tristesse de cette chambre aux murs nus, mon diplôme de sténodactylographie enfermé dan l'armoire et l'angoisse sans nom de ma sœur Pepa, cette vie de merde dont aucun d'entre nous ne pouvait réchapper.

Nous, on ne peut pas faire autrement, mais eux ils ont choisi de pouvoir le faire, avais-je pensé en regardant le lieutenant, qui me regardait par l'entrebâillement de la porte. Et si cette nuit, je n'avais pas enfin touché moi-même du doigt ce qui avait contraint mon père à abattre Pesetilla en lui tirant dans le dos, si je n'avais pas touché du doigt la dimension exacte de cette violence, de cette humiliation et de cette tristesse auxquelles nous étions tous soumis, à la caserne et au village, chez moi et chez les autres, si je n'avais pas identifié l'origine de la terreur qui se répandait partout pour tout infecter, les actions et les pensées, tel un virus venimeux auquel on ne pouvait échapper que par un seul chemin, je crois que cet homme serait encore parvenu à me faire un peu de peine, avec sa vareuse tendue sur son gros ventre, les boutonnières sur le point d'exploser, plus Bibendum que jamais avec ce regard vide des lâches qui ne sont cruels que parce qu'ils sont lâches, qui sont maladroits parce qu'ils sont lâches et qui sont mesquins d'être encore des lâches.

« On ne peut pas continuer à vivre comme ça », disait ma mère, mais c'est ainsi que nous vivions, c'est ainsi qu'elle vivait, c'était ainsi que je vivais, ainsi que vivaient mon père et mes sœurs, que vivaient tous ceux qui avaient choisi le chemin de la montagne pour survivre comme des animaux, oui, mais avec leurs propres règles d'hommes, eux. Nous, nous ne pouvions nous échapper, car nous avions accepté cette vie de merde, nous avions baissé la tête pour offrir notre cou à cette violence infinie, nous nous étions habitués à supporter l'humiliation au quotidien, la tristesse, tandis que les autres avaient su se créer des opportunités. C'est alors que je m'étais souvenu de Fingenegocios, et je m'étais dit qu'ils allaient finir par s'en aller, qu'il fallait absolument qu'ils s'en aillent, putain de dieu de merde, et j'avais compris que son ennemi et le mien, l'homme qui était en train de faire pleurer ma mère, était le même. Joaquín avait résisté, il avait demandé à Vida de relever la tête après avoir gardé la sienne haute, il avait choisi son propre chemin au-delà de la douleur, de la souffrance, et ils n'avaient pas pu le soumettre, mais moi personne n'allait me frapper. Moi, je n'allais pas pouvoir mais eux, ils le pourraient. Voilà comment j'étais parvenu à me calmer, à contenir la violence sur la violence, l'humiliation sur l'humiliation, la tristesse sur la tristesse, et à ne pas pleurer.

« J'y vais, avais-je annoncé tandis que le lieutenant acquiesçait. Je reviens tout de suite. »

Ma mère l'avait regardé à nouveau, puis s'était approchée de moi pour me parler à l'oreille :

« Ne va nulle part, Nino, tu comprends ? Ne sors pas du village, tu marches un peu dans la rue, tu cherches un endroit où te cacher, tu attends une demi-heure et puis tu rentres. Je vais laisser la fenêtre de ta chambre ouverte, ainsi…

— Non, maman, lui avais-je murmuré, dissimulé derrière elle tout en finissant de m'habiller. Il faut que j'aille le chercher. Si je reste au village, ce sera encore pire, bien plus dangereux. À ce moment-là, oui, il peut m'arriver quelque chose, mais ne t'en fais pas. Je vais arranger tout ça, maman, j'ai bien réfléchi à ce que j'allais faire.

— Ne réfléchis pas, répondit-elle en me saisissant les poignets et en les serrant très fort. Ne réfléchis pas, Nino. Ne fais rien, tu…

— Je te dis que non. Je sais très bien ce que je dois faire. Regarde… avais-je ajouté en saisissant *L'Île au trésor* qui se trouvait sur ma table de nuit. Lis ça, maman, lis ce livre. Tu comprendras qu'il ne m'arrivera rien, Car je suis un ami de Long John Silver. Long John Silver est mon ami, maman, et tout le monde est au courant.

— Mais qu'est-ce que tu racontes, Nino ? avait demandé ma mère, ignorant le volume que je lui avais mis entre les mains, et me regardant comme si j'étais devenu complètement fou.

— Tu ne comprends pas parce que tu ne l'as pas lu. À Fuensanta de Martos, nous avons également notre Long John Silver, mais personne ne le sait. Tout le monde a confiance en lui, mais il est dans l'autre camp, dans celui des pirates, maman, même s'il n'est pas méchant. C'est un brave homme et il me protège. Il va surveiller que personne ne me fasse de mal. Les gars de la montagne ne me toucheront pas, maman.

— Ne dis pas de bêtises, mon fils, je…

— Tu n'es pas encore prêt, Nino ? avait fait Bibendum par-dessus nos chuchotements.

— Oui. » J'avais embrassé maman sur les lèvres, comme lorsque j'étais petit. « J'y vais. »

Je m'étais efforcé de sortir sans regarder derrière moi, mais avant d'atteindre la porte, j'avais entendu les sanglots bruyants, irrépressibles, impudiques, d'une femme enceinte qui pleurait assise sur le lit, en pressant contre son sein un livre à la couverture bleue.

« Va la voir, dis-lui de ne pas s'en faire », avais-je demandé à ma sœur en passant près d'elle, même si je savais que ma mère ne pleurait pas seulement à cause de moi, mais aussi à cause de tout ce qui avait failli provoquer mes propres larmes tout à l'heure. « Il ne va rien m'arriver, Dulce. Je te le jure. »

Le lieutenant tenta de me poser la main sur l'épaule, mais je réussis à l'esquiver à temps et maintins la porte de chez moi ouverte jusqu'à ce qu'il sorte devant moi. Ensuite, je partis sans dire un mot.

Lorsque je perdis de vue la maison-caserne, je m'étais souvenu que Jim Hawkins avait sauvé le navire *Hispaniola* sans l'aide de personne. Il était monté tout seul sur le bateau et avait combattu plusieurs marins mutinés, il les avait tués et avait piloté la goélette pour aller la mettre à l'abri. Il était déjà plus de onze heures et les rues de mon village étaient désertes, mais les bars devaient être ouverts et, au cas où, je les évitai l'un après l'autre. C'était exactement ce qu'avait fait Jim Hawkins dans une île pleine de pirates sauvages, d'assassins armés jusqu'aux dents, et brusquement les lampadaires s'éteignirent, tous en même temps, avant que je n'atteigne les dernières maisons. Et s'il a fait ça à lui tout seul, je n'avais pas eu l'idée de prendre une lampe de poche mais la lune était pleine, pourquoi ne serais-je pas capable d'atteindre la croisée des chemins, moi ? Je connaissais si bien le sentier que j'aurais pu le faire les yeux bandés. Allez, mon vieux !...

Au même instant, avant de finir de songer que dans le fond c'était une chance que doña Elena n'ait eu que quinze romans de Jules Verne et non ses œuvres complètes car, je n'aurais peut-être pas pu lire Stevenson à temps, j'avais pris conscience que ce que j'étais en train de vivre ne se passait pas dans un livre, mais dans la vie réelle, une nuit du mois d'avril 1949, en Espagne, en Andalousie, dans la province de Jaén, dans un village appelé Fuensanta de Martos, près d'une montagne occupée par la guérilla et ses hommes en mouvement, armés, dispersés, qui progressaient par petits groupes de deux ou trois sur une route à peine connue d'eux-mêmes. C'est alors que j'avais compris que j'étais en train de vivre dans un autre livre, *El diecinueve de marzo y el dos de mayo*, le 19 mars et le 2 mai, lors de cette sale guerre de civils armés et de mamelouks à cheval de l'armée napoléonienne. Et je m'étais mis à courir sans penser à rien d'autre. J'avais couru, couru et couru encore. J'avais couru si vite que je n'avais pas mis plus de six ou sept minutes à apercevoir la silhouette de la Jeep au sommet de la côte et, à côté, la faible et inquiétante lueur d'une cigarette allumée. Je m'étais arrêté au bord du chemin, je m'étais plié en deux pour reprendre mon souffle puis, en regardant derrière moi, j'avais compris qu'on pouvait devenir rouge de honte tout seul, sans témoin. Il faisait nuit et je n'avais pas de lampe, mais je reconnaissais chaque caillou, chaque buisson, chaque arbre. J'aurais pu les décrire avec la même précision que s'il avait fait jour et que Pepe el Portugués était en train de m'attendre, assis sur un rocher. Je ne comprenais pas ce qui avait pu me pousser à courir d'une telle façon alors que je n'avais rien vu de dangereux, sans avoir entendu le moindre bruit menaçant, sans avoir croisé quiconque, connu ou inconnu, cependant, je savais que j'étais arrivé en courant tout simplement parce que j'étais mort de trouille. En théorie, j'avais déjà prévu ça, mais je n'aurais jamais osé imaginer que la réalité allait dépasser à ce point mes prévisions. Pourtant, à ce moment-là, la honte s'était transformée en audace, car au bout du compte je n'étais qu'un enfant, je n'avais que onze ans, je venais de me confirmer à quel point la nuit, le silence, la solitude, la montagne terrorisaient les enfants de onze ans, les rendaient nerveux, au point d'oublier tout ce qu'ils savaient, de douter, de confondre, de se tromper.

Ma mère m'avait demandé de ne pas penser, mais depuis que Bibendum m'avait donné l'ordre de lui rendre ce service, je n'avais cessé de le faire. Ma première idée avait coïncidé avec ses instructions : aller faire un tour, me cacher, retourner à la maison sans rien dire, mais je m'étais très vite aperçu qu'elle était mauvaise. Par une nuit telle que celle-là, tous les habitants qui avaient quelque contact avec les gars de la montagne devaient rester enfermés chez eux, les bras croisés à attendre que le jour se lève. Les autres, en revanche, ceux qui ne savaient rien, devaient continuer à vivre normalement. Et entre les infidèles, les ivrognes, ceux que personne n'attendait à la maison et ceux qui avaient quelque chose à faire en cachette, n'importe qui pouvait m'apercevoir et aller le raconter le lendemain. Mon village était minuscule. Les seules cachettes sûres auxquelles je pensais se trouvaient juste au bas de la montagne et elles n'étaient pas plus sûres que la croisée des chemins. Par ailleurs, si je ne trouvais pas mon père, cette nuit-là, le plus logique était que le lieutenant l'apprenne par lui-même à mon retour à la caserne et que tout le monde, lui, ma mère, mes sœurs et moi en payions les conséquences. Moi aussi, je connaissais la loi numéro 12 de 1940, toute personne habitant dans une maison-caserne ne pouvait l'ignorer. Et puis je n'avais pas envie non plus que Paquito aille raconter partout que j'étais un peureux. Mais, par-dessus tout, si je restais au village, je ne pourrais rien faire d'autre que de compromettre le plan du lieutenant.

Cependant je pouvais faire bien mieux, et j'y avais déjà réfléchi avant que ma mère m'ait demandé de ne pas réfléchir, avant de me rappeler la réussite individuelle de Jim Hawkins, avant que, une fois seul, dans le noir, loin de la dernière maison, mes jambes aient décidé de ne pas tenir compte de la protection théorique de Pepe el Portugués pour se mettre à courir sans me consulter. Car on pouvait dire que je connaissais bien la montagne et que, même si je ne savais pas quelle route Cencerro avait décidé d'emprunter pour s'en aller, je savais par où il ne passerait pas, et comment il éviterait un danger qui nous guettait tous de la même façon, eux, mais aussi nous, car si les guérilleros parvenaient à s'enfuir sans tomber sur les gardes civils, ma mère n'aurait jamais à recevoir de drapeau, de pension, de médaille.

« Papa ! » dis-je. Mais personne ne répondait, car les enfants de onze ans deviennent nerveux, prennent peur et se trompent. « Papa, ne t'en fais pas, c'est moi !

— Nino ? avais-je entendu en voyant bouger la silhouette associée à l'incandescence du mégot.

— Oui, c'est moi, Nino ! Je viens vers toi.

— Il s'est passé quelque chose de grave ? » J'avais vu une lampe s'allumer.

« Non. Bon, pas à la maison, je vais te raconter… »

Il avait commencé à descendre vers moi, tandis que je montais vers lui, et nous nous étions rejoints au milieu du chemin, plus tôt que ce que j'avais estimé.

« Mais qu'est-ce que tu fais ici ? » Le halo de lumière qu'il dirigeait de la main droite m'avait éclairé, et dans le même temps avait été suffisant pour me révéler un homme presque aussi effrayé que moi-même cette nuit-là.

« C'est le lieutenant qui m'envoie.

— Le lieutenant ? » Il m'avait embrassé sur la joue comme s'il s'était aperçu qu'il aurait dû commencer par ça, puis m'avait lâché aussitôt. « Et pourquoi donc ?

— Eh bien, il paraît… » J'avais fait une pause. « Je n'ai pas très bien compris, car maman s'est énervée et elle a commencé à crier que non et que non, qu'il n'était pas question que je me rende où que ce soit… », avais-je expliqué pendant qu'il passait son bras autour de mon cou.

Puis nous avions remonté la côte et j'avais reconnu tout de suite Romero, qui nous éclairait avec sa propre lampe de poche.

« Il y a eu une sacrée dispute, tu sais ? Mais il a fini par m'obliger à venir jusqu'ici car il paraît que quelqu'un est venu à la caserne pour prévenir que Cencerro allait prendre la fuite cette nuit. Et comme il n'a pas de radio, il ne pouvait pas vous avertir. Et alors…

— Ne me dis pas qu'alors il a décidé que c'était toi qui allais venir nous chercher, avait dit Romero en achevant la phrase à ma place. Quel fils de pute ! »

Je ne m'attendais pas à une telle réaction, mais le silence de mon père, concentré et absorbé, ses yeux perdus à l'horizon tandis qu'il me guidait vers l'endroit où se trouvait son camarade de patrouille, comme s'il traînait un fardeau, une masse étrangère, insensible, et non son fils, m'avait encore plus surpris.

« C'est vraiment incroyable ! s'était exclamé Romero qui continuait de ruminer sa surprise à haute voix. Envoyer un gamin de onze ans et rester à la caserne, bien à l'abri… Qu'en penses-tu, Antonino ? »

Mon père avait serré les dents et évité de répondre. Il avait continué à regarder nulle part, d'un air neutre, imperturbable.

« Et que t'a-t-il dit ?

— Qu'ils allaient partir par la côte de la Bicha », avais-je menti le plus naturellement du monde – car finalement entre Bizca et Bicha il n'y a que deux lettres qui changent, alors que des fermes et des côtes, il y en avait beaucoup, pour tenter de monter par le vieux chemin de Torredonjimeno.

« Quoi ? » avait fait Romero, incrédule. Cela ne m'avait pas étonné, car l'itinéraire que je venais d'inventer était on ne peut plus absurde, encore plus invraisemblable que celui qu'avait gobé Bibendum. « C'est impossible de passer par là ! Ils veulent longer la montagne par les sommets ou quoi ?

— Je n'en sais rien, c'est ce qu'il a dit.

— Et en prenant le vieux chemin de Torredonjimeno… Où est-ce qu'ils pensent aboutir ?

— À Jaén.

— À Jaén, par là ? s'était-il esclaffé. Il croit peut-être que Cencerro est aussi idiot que lui. Tu as entendu ça, Antonino ? »

J'avais regardé mon père, m'attendant à ce qu'il fasse un geste d'acquiescement, mais je m'étais trompé une nouvelle fois. J'avais pensé leur dire que Bibendum voulait qu'ils préviennent les autres à la radio de passer le prendre pour se diriger ensemble vers la côte de la Bicha, qui se trouvait à plusieurs kilomètres et dans la direction opposée à tous les chemins qui menaient à Jaén, et d'attendre des renforts une fois sur les lieux. Le lendemain, il m'aurait suffi de dire que je m'étais trompé, que la peur m'avait fait oublier qu'ils devaient ramener la radio à la caserne, que je me souvenais juste de la route dont avait parlé le lieutenant et que j'avais confondu la ferme et la côte, Bizca et Bicha, car j'étais mort de peur. Voilà ce que j'avais pensé dire, mais je n'en eus pas besoin car mon père n'avait jamais acquiescé à la question de Romero.

« Non, avait-il répondu. Je n'ai pas entendu et je n'entendrai rien d'autre. »

Il avait fait une pause, allumé une cigarette, et continué de parler sur un ton calme, presque doux, indifférent à l'inquiétude avec laquelle nous l'écoutions.

« Dis-moi, Francisco. Combien d'enfants as-tu, toi ? »

Je m'étais retourné vers lui avec étonnement, avec une certaine crainte, car cette question n'avait aucun sens. Il savait très bien combien d'enfants avait Romero, il les avait vus naître, apprendre à parler, à marcher, et il les voyait encore tous les matins, l'après-midi, le soir, tous les jours. Et pourtant, alors que son camarade connaissait la réponse aussi bien que mon père, je l'avais vu secouer la tête avant de répondre.

« Autant que Sempere », avait-il répondu. Et je n'avais pas compris davantage son allusion. « Trois.

— Moi, bientôt quatre, avait renchéri le garde civil Pérez qui semblait toujours aussi serein, un brave homme, sûr de ce qu'il connaissait, de ce qu'il pensait, de ce qu'il disait. Et combien gagnes-tu, Francisco ?

— Pareil que toi, avait indiqué Romero en souriant. Une putain de misère. »

Mon père s'était approché de lui, lui avait tendu du feu pour allumer sa cigarette coincée entre ses lèvres, et continué à lui parler comme si je n'étais pas là.

« Et pour une putain de misère... Nous allons laisser deux veuves et sept orphelins, à présent que la seule chose qu'ils cherchent, c'est de partir ?

— En tout cas, en ce qui me concerne, il n'en est pas question... avait précisé Romero alors que mon père acquiesçait. Si ça ne tient qu'à moi, ils n'ont qu'à partir et que tout se passe bien pour eux, qu'ils aillent le plus loin possible et qu'ils ne reviennent plus.

— Qu'on puisse enfin vivre comme il se doit, un de ces jours.

— Tout le monde.

— Oui. Eux et nous. »

Et c'est seulement après avoir conclu cette conversation inattendue et étrange, qui venait de me rapprocher d'eux à un point que je n'aurais jamais pu imaginer, que mon père avait tapé sur le dos de son camarade et s'était enfin tourné vers moi.

« Nino, tu es arrivé jusqu'ici, mais tu ne nous as pas trouvés, d'accord ? »

Et il m'avait soudain serré contre lui, à la manière de ma mère, en m'entourant complètement de ses bras, en plaquant bien ses mains sur mon corps et en parlant, les lèvres dans mes cheveux.

« Voilà ce qu'il faut que tu dises, que tu es arrivé et que tu n'as trouvé personne, juste la Jeep, et comme elle était ouverte, tu t'y es installé parce qu'il faisait froid, et comme nous n'arrivions pas, tu t'es mis sous la couverture et tu as fini par t'endormir, d'accord ? »

Puis il s'était écarté de moi, avait pris mon visage entre ses mains et m'avait regardé longuement.

« Oui, papa.

— Très bien. » Et tandis que je me laissais envahir par une secrète et totale sérénité, proche de l'extrême fatigue, il m'avait embrassé sur la tête. « Bon, eh bien au lit. »

Mon père m'avait accompagné jusqu'à la Jeep, aidé à m'installer sur la banquette arrière, couvert d'une couverture et m'avait souhaité bonne nuit, avant d'allumer la radio pour contacter Curro et lui demander s'ils ne venaient pas d'entendre des coups de feu dans la montagne. Je me souviens que, resté seul, j'avais senti mes jambes trembler encore. Puis plus rien, jusqu'à ce que les cahots de la Jeep me réveillent. Lorsque Romero l'avait garée dans la cour de la caserne, j'avais demandé l'heure à mon père.

« Il est cinq heures et quart du matin. Allons nous coucher. »

Ma mère avait déclaré qu'elle ne lui pardonnerait jamais de ne pas l'avoir prévenue durant les six heures que j'avais passées hors de la maison. Mais lorsqu'elle avait vu qu'il souriait à nouveau, elle avait cessé de me serrer dans ses bras, de m'embrasser comme une machine détraquée, incapable de faire autre chose, pour aller l'embrasser à son tour, le serrer dans ses bras avec la même intensité. « Je suis désolée, Antonino, je n'aurais pas dû te dire ça, je suis vraiment désolée, excuse-moi, mais j'ai eu tellement peur, mais tellement, tellement peur… » Puis il nous avait laissés seuls pour aller voir le lieutenant en compagnie de Romero. Déjà, ma mère me tenait différemment, fronçant les sourcils d'un air soucieux, mais elle n'avait pas pu parler la première.

« Et le livre ? avais-je demandé, car c'était la première chose à laquelle j'avais pensé en retournant à la maison. Le livre que je t'ai prêté hier soir. Tu l'as lu ?

— Que s'est-il passé, Nino ?

— Je te demande si tu as lu le livre, maman, insistai-je, inquiet pour Pepe el Portugués.

— Eh bien, non. » Et je souris, soulagé. « Comment voulais-tu que je lise, mon fils, avec tout ce qui venait de me tomber dessus ? »

Pendant ce temps, mon père et Romero étaient en train d'expliquer qu'un peu avant onze heures ils avaient entendu un échange de coups de feu provenant apparemment des alentours du pic del Moreno et qu'ils avaient contacté Curro et Arranz par radio. Apparemment, ils n'avaient rien entendu. Mais ils avaient dit que le vent soufflait en sens contraire à leur position. Alors, avant que je n'aie pu atteindre la croisée des chemins, ils avaient prévenu leurs camarades qu'ils allaient monter pour vérifier. Ils avaient laissé la Jeep ouverte car chacun d'eux s'était dit que l'autre l'avait fermée à clé. Ils avaient donc grimpé relativement haut dans la montagne sans rien remarquer d'anormal, et lorsqu'ils étaient déjà sur le point de redescendre, Romero avait eu l'impression d'apercevoir une ombre sur la droite. Alors ils étaient allés fouiller le terrain, sans résultat. Mais s'ils avaient mis tant de temps à revenir, c'était parce qu'ils ne s'étaient pas aperçus que je me trouvais dans la Jeep tant qu'ils n'avaient pas fini leur paquet de cigarettes. Puis, lorsqu'ils m'avaient réveillé, la seule chose que j'avais été capable de leur dire, c'est que le lieutenant m'avait envoyé les chercher.

Bibendum avait rugi comme un fauve, rappelé qu'ils avaient l'ordre de ne pas s'éloigner de la radio. Il avait répété que l'état de guerre était en vigueur et que si on ne l'avait pas rendu public, c'était pour ne pas alarmer la population. Il les avait menacés de rédiger un rapport disciplinaire pour abandon du poste de combat et ils avaient accepté la chose calmement. « Très bien, avait dit mon père, qu'Izquierdo prenne note de notre déposition, lorsqu'il sera de retour. » Et Izquierdo avait pris leur déposition et noté avec beaucoup de soin que le lieutenant don Salvador Rodríguez Blanco, chef du poste de commandement de Fuensanta de Martos, âgé de quarante-neuf ans, avait décidé de demeurer dans la caserne, après avoir ordonné à un civil de onze ans, l'enfant Antonino Pérez Ríos, contre la volonté expresse de sa mère, de faire le périlleux travail d'agent de liaison avec la position des deux gardes civils incriminés. Ensuite, tout le monde avait signé le document, sauf Bibendum qui avait rangé la déposition dans le même tiroir où traînait toujours la liste des délits de Burropadre, bien après que Filo et Elías eurent posé pour la photographie, avec leur fils, dans leur appartement de Toulouse.

Le jour où j'avais découvert cette photo, à peine cinq mois avaient passé depuis ce soir-là, et cependant les choses avaient énormément changé. Comme si Fuensanta de Martos n'était plus mon village et comme si nous n'étions plus ses habitants. Cette guerre interminable était finalement terminée. Elle avait emporté tant de choses avec elle que nous pouvions à peine nous reconnaître. Pour l'instant, les rafles étaient finies, les *paseos* au petit matin dans la campagne aussi étaient finis, ainsi que le sommeil léger des gens qui se réveillaient chaque fois qu'ils entendaient des pas dans la rue. Tout le monde aurait dû fêter l'événement, et dans le fond j'étais persuadé que nous le fêtions tous. Cependant, au bar de Cuelloduro, les concerts en canon aussi étaient finis, ainsi que les tournées du patron. Chacun payait son verre, Carmela ne s'appuyait plus contre l'encadrement de la porte de sa maison pour nous regarder passer, et personne n'enfermait plus ses enfants dans la maison en leur interdisant de sortir dans la cour. La paix, cette paix que don Eusebio fêtait en vain depuis plus de dix ans, à dates fixes, était enfin parvenue jusqu'à nous. Nous aurions tous dû être contents, et nous l'étions certainement tous, mais ceux qui avaient un enfant, un frère, un père, un ami en France possédaient auparavant un espoir, une lumière fragile, petite, vaine et infime, mais un espoir tout de même, qu'ils avaient à présent perdu.

Peu à peu, durant tout l'été, deux sortes de nouvelles de ceux qui s'étaient enfuis au printemps nous arrivèrent, des bonnes et des mauvaises, car si plusieurs d'entre eux avaient été abattus en chemin, d'autres avaient atteint Toulouse. Ces derniers inondèrent le village de lettres, de photographies, de coupures de journaux inconnus, mais écrits en espagnol, par des Espagnols, qui publiaient des photographies de groupes ou de familles, où des hommes propres, souriants et bien habillés posaient sous un titre qui les présentait comme de courageux guérilleros andalous parvenus à échapper aux griffes du fascisme. Mais malgré cela, il se trouva des gens, qui appartenaient aux deux camps, pour refuser d'admettre cette réalité.

« Mais ces gars ne viennent pas d'ici, tu ne le vois pas, mon vieux ? disait Paquito qui faisait partie des plus têtus. Ils sont toujours en Espagne, et ils se feront prendre un de ces jours, tu ne crois pas ? Tu n'as pas remarqué sur la photo que Carmona a confisquée à Julián Cabezalarga ? Tu n'as pas vu ? »

Bien entendu que je l'avais vue, impossible de ne pas la voir, car elle était accrochée à un mur du bureau avec quatre punaises. C'était une photographie de groupe, une quinzaine d'hommes en civil, parmi lesquels on reconnaissait très bien Elías grâce à sa frange de cheveux, Celestino grâce à son front si large qui avait donné son surnom à toute la famille, les deux Fingenegocios et quelques autres, posant en compagnie de trois ou quatre femmes, parmi lesquelles Fernanda Pesetilla qui portait un uniforme blanc, genre cuisinière, et était suspendue au bras de son mari, Nicolás Saltacharquitos. Sur cette photographie, figuraient également deux inconnus : un homme extrêmement grand, cheveux frisés et lunettes très sales, semblait-il, car ce n'étaient pas des lunettes de soleil, et un autre plus petit, environ un mètre quatre-vingts, aux cheveux clairs, aux yeux clairs, qui était très beau, quoique, d'après moi, moins que Sanchís. Tout le groupe était planté sur un trottoir, devant la porte d'un bar, ou d'un restaurant, sur l'auvent duquel on pouvait lire un nom, « Casa Inés, la cuisinière de Bosost ». On ne voyait que cela, pas de voitures, pas d'autres personnes, ni de plaque indiquant le nom de la rue, aucun indice permettant de dire que cette photo avait été prise à l'étranger. Voilà pourquoi, parce que tout sur cette photographie était incontestablement espagnol, Paquito n'était pas le seul habitant du village de Fuensanta de Martos qui prétendait que les guérilleros n'étaient pas parvenus à s'enfuir, même si personne ne comprenait ce que venait faire là ce mot si bizarre : Bosost.

« Ce doit être le nom d'un plat, n'est-ce pas ? disait ma mère, en posant son ouvrage sur son ventre. Une sorte de pain perdu ou quelque chose dans le genre, la spécialité de la maison.

— Certainement, acquiesçait la femme de Romero. Ou aussi bien une soupe de haricots, quelque chose de très courant, ne va pas croire.

— Je ne sais pas, coupait la femme de Carmona. Moi, avec tous ces *s*, je trouve que ça fait plutôt sucré, non ? Comme si c'était un gâteau, ou un dessert, je ne sais pas.

— C'est possible, concédaient les autres deux femmes, tout en continuant leur ouvrage, à l'ombre. Oui, comme des petits choux à la crème… »

Je les écoutais sans rien dire, mais je ne perdais jamais l'occasion de contrarier Paquito, lorsque personne ne pouvait nous entendre.

« Mais tu ne te souviens pas que ce nom est le même que celui qu'on a retrouvé inscrit sur un bout de papier dans une des poches de ce guérillero qui s'est suicidé l'année dernière ? L'adresse était une rue en France, souviens-toi.

— Oui, mais on n'a pas retrouvé un seul Bosost sur les lieux, me répondait-il. Et tu te figures qu'il n'y a peut-être qu'une "Casa Inés" dans le monde. Il doit y en avoir un bon tas… Mais putain, Nino ! On dirait que tu es ravi qu'ils se soient enfuis.

— Non, ce n'est pas ça, répliquais-je en faisant machine arrière. Pourquoi veux-tu que j'en sois ravi. Je pense seulement que vous avez tort… »

Finalement, je rendis visite à doña Elena pour vérifier sur une encyclopédie quelle était la signification de Bosost, mais elle m'évita ce travail avec un grand sourire.

« Dis à cet animal de Paquito, annonça-t-elle, tandis que je feuilletais encore le volume, que Bosost est le nom d'un village qui se trouve au val d'Aran qui, même s'il l'ignore, se trouve en Catalogne, dans la province de Lérida. »

Mais je me tus, je ne le racontai à personne, pas tant par précaution d'ailleurs que parce que ce renseignement n'aurait servi qu'à le conforter dans l'espoir qu'ils avaient tous – ou dans la crainte – que Regalito revienne un jour à Fuensanta de Martos les pieds devant. Puis, à la fin du mois d'août, une bombe explosa. Passant de main en main, elle dissipa jusqu'au dernier doute chez les plus récalcitrants.

Ce qui arriva alors chez Joaquín Fingenegocios et Vida Cuelloduro ne fut pas une coupure, mais la première page d'un journal écrit en espagnol et intitulé *Nuestra Bandera*, qui non seulement était bien connu de la plupart des adultes qui l'avaient vu, mais qui portait une inscription on ne peut plus claire et sans équivoque : Paris, 2 août 1949. L'article qui occupait toute la une était intitulé *Une histoire digne d'un film.*

« Moi, il m'avait toujours plu, vraiment, depuis que nous étions enfants, même si l'on ne pouvait se voir que de loin, car nous savions l'un comme l'autre que ma famille n'aurait jamais toléré notre relation. Et ce soir-là, lorsque les chiens se mirent à aboyer, que je sortis derrière eux et que je le découvris derrière un buisson, la jambe ensanglantée et extrêmement faible... Je me moquai qu'il fût en train de pointer le canon de son pistolet sur moi, car l'idée de le dénoncer ne m'effleura pas une seule seconde. Je pensai exclusivement à mon immense bonheur de me retrouver avec lui. Alors je lui ai dit, range ça, allez, il ne faudrait pas que le coup parte tout seul et que tu me tues, juste maintenant, alors que nous pouvons être ensemble sans que personne le sache. Et il me sourit et rangea son pistolet, voilà. »

Celle qui parlait ainsi, avec une désinvolture qui valut à doña Felisa des fièvres qui l'empêchèrent de sortir de chez elle jusqu'après Noël, était ni plus ni moins Isabel Mariamandil, ou plutôt, la femme inconnue et mondaine, nouvelle et resplendissante, belle, qu'était devenue cette jeune fille mystique et fade que nous avions cru connaître lorsque nous ne nous doutions pas qu'Enrique Fingenegocios était déjà entré dans sa vie comme un éléphant dans un magasin de porcelaine.

« Je savais où je devais me rendre, déclarait-il au cours du même entretien, cet après-midi-là, après avoir été blessé. Une ferme amie se trouvait plus près que celle-là, mais je me suis traîné tant bien que mal jusqu'à celle de la grand-mère d'Isabel. Je savais qu'elle s'y trouvait, car j'aimais bien la surveiller d'en haut, la regarder avec des jumelles. » Elle l'avait traîné jusque dans la maison, l'avait aidé à grimper sur la table de la cuisine, avait nettoyé sa blessure, puis entrepris d'extraire la balle avec le manche d'une cuillère. Ensuite elle l'avait recousu en suivant les instructions que lui donnait au fur et à mesure le blessé lui-même. « Ce fut le pire moment de ma vie, le pire, devoir fourrager dans sa blessure, puis le recoudre... Je préfère ne pas m'en souvenir. J'avais tellement peur que cela s'infecte ! Mais je fis très attention, tout se déroula bien et je montai un matelas dans le grenier, je lui fis un lit et il resta... Je ne sais pas... plus d'un mois, non ? Jusqu'à ce qu'il récupère tout à fait. »

Pour savoir ce qui s'était produit dans ce grenier, il suffisait de voir la photographie qui illustrait le reportage et sur laquelle, comme s'il pressentait la satisfaction qui redonnerait le moral aux siens pendant quelques instants, Enrique Fingenegocios avait passé son bras autour du cou d'Isabel Mariamandil. Sa main, bien plus basse que nécessaire, reposait effrontément sur un des seins de cette femme fleurie, méconnaissable dans sa robe cintrée, décolletée, aux cheveux défaits, aux lèvres fardées, souriant de la même façon que l'homme qui l'accompagnait.

« Et penser qu'elle a été si près de moi toutes ces années... », se lamenta Pepe el Portugués un après-midi tandis que nous descendions ensemble depuis la ferme des Rubio, car il m'avait demandé de l'accompagner chez Manolo Sereno, un homme de Frailes à qui il voulait acheter de l'huile pour le restaurant d'une de ses connaissances. « Tout près de moi, vraiment, comme qui dirait à portée de main. Et je ne me suis aperçu de rien, putain de merde... Quelle femme, n'est-ce pas ? Quelle intelligence. Quel courage. Et comme elle est devenue belle femme. Et en plus, tu as vu cette paire de nichons qu'elle a. D'où elle les a sortis ? Avant on ne voyait absolument rien. Putain ce

Fingenegocios, il faut voir comme il a eu l'œil ce salaud. J'aurais bien aimé…

— Tu aurais bien aimé quoi ? » questionna Paula qui était descendue derrière nous, car elle avait oublié de dire à son fiancé qu'elle n'avait plus de cigarettes. Elle avait fait irruption dans notre conversation en lui donnant une pichenette sur la tête. « Qu'est-ce que tu aurais aimé, Pepe ?

— Aïe, merde, Paula, tu m'as foutu une de ces trouilles ! fit-il en portant sa main sur le sommet de son crâne. Et en plus tu m'as fait mal.

— Je t'ai fait mal ? J'aurais dû te fendre le crâne, oui ! Parce que tu es un voyou. Alors, dis-moi une bonne fois ce que tu aurais aimé !

— Et toi, qu'est-ce que tu aurais aimé ? » fit Pepe el Portugués en entourant sa fiancée de ses deux bras pour immobiliser les siens. Il la souleva de terre, approcha sa tête de la sienne. « Qu'est-ce que tu aimes, toi, Paula ?

— Ne fais pas ça, Pepe ! » dit Paula en tentant de se dégager. Elle donnait des coups de pied dans le vide, les bras emprisonnés par ceux de son fiancé, puis elle réussit à lui donner un coup de pied, et un autre, jusqu'à ce qu'il serre ses jambes sur les siennes et qu'elle ne puisse plus les bouger. « Le gamin, nous regarde, Pepe…

— Ah, voilà ! Pour me taper sur la tête, ça ne fait rien si le gamin nous regarde, mais maintenant que je t'ai immobilisée… » J'avais d'abord cru qu'ils étaient en train de se disputer, mais tout à coup elle éclata de rire, on aurait dit qu'elle s'amusait comme une folle. « Eh bien tu ne vas pas y couper, ma chère. Je vais te lécher le nez.

— Non, non, non, non… », gloussait-elle en renversant la tête en arrière. Elle s'écartait de lui tant qu'elle pouvait, mais n'arrivait pas à s'arrêter de rire. « Ne me lèche pas le nez, s'il te plaît, même pas le bout, ça me dégoûte vraiment.

— Ah, ça te dégoûte, hein ? » répondit-il en riant tout autant.

Et si je ne l'avais déjà su, la façon dont il la regardait aurait suffi pour démontrer à n'importe qui pourquoi cette petite furie lui avait toujours plu davantage que sa sœur Filo, plus que ce bateau pneumatique de Jaén, plus que n'importe quel portrait d'Isabel Mariamandil.

« Merde alors, Paula, tu es vraiment pimbêche pour être si dégoûtée de tout, non ? Bon, eh bien je vais te lécher l'œil, tant pis…

— Je te dis que non ! Encore moins l'œil, je t'en prie, ne me lèche pas l'œil, dit-elle tandis que Pepe tirait la langue et que son rire redoublait tant qu'elle ne parvenait plus à parler. S'il te plaît, non. Je te le demande, s'il te plaît, je ne supporte vraiment pas ça…

— Alors, il va falloir faire un marché, répliqua son fiancé en l'embrassant sur les lèvres, mais sans la lâcher, en lui laissant cependant reposer les pieds par terre. Voyons, on échange contre quoi ?

— Je te l'échange par… »

Paula releva la tête et regarda le ciel avec sa langue entre les dents. Elle réfléchissait, mais avant qu'elle n'ait eu le temps de faire une proposition, Pepe se tourna vers moi.

« File, Nino, tu es trop petit.

— Et l'huile alors ? lui demandai-je pour tenter de prolonger mon rôle dans cette scène.

— Quelle huile ? »

À cet instant Paula cacha sa tête dans son cou et lui dit quelque chose à l'oreille que je ne pus entendre, mais qui lui fit extrêmement plaisir, à en juger par le petit rire qui s'échappa de sa gorge tandis qu'il relevait la tête pour qu'elle parsemât son cou d'une multitude de minuscules baisers lents et humides.

« Tu aimes ? lui murmura-t-elle ensuite avec une voix différente, à la fois sauvage et apprivoisée.

— Oui, répondit-il avec la même voix rauque, ça me plaît beaucoup.

— L'huile que nous devions aller acheter à Frailes, insistai-je au risque de devenir un peu lourd. Pour cette amie qui possède un restaurant.

— Alors tu as une dette envers moi, lui dit-elle en le regardant puis en éclatant de rire comme si ni l'un ni l'autre ne m'avait entendu. Tu as compris, n'est-ce pas ?

— Comment ça une dette ? Merde alors, tu ne perds pas le nord, toi, Paulita. Je ne sais pas comment tu t'arranges pour que je te doive toujours quelque chose…

— Et oui ! » Et elle éclata à nouveau de rire.

« Bon, que fait-on avec l'huile ? » Je m'attendais à ce qu'on ne me répondît pas, mais je m'étais trompé.

« Va-t'en, Nino », me dit Pepe après avoir entouré la taille de sa fiancée d'un bras tout en me montrant de l'autre le chemin du village. « Dépêche-toi, merde, allez… »

Ses lèvres abandonnant le cou de Paula, il tourna son visage vers moi et hocha la tête de façon menaçante puis, immédiatement après, sourit bêtement et de façon éperdue. Je n'avais pas compris le sens des mots que je venais d'entendre tout en les ayant compris, car la scène à laquelle je venais d'assister m'avait excité plus que les deux seuls baisers sur la bouche que j'avais réussi à voir de toute ma vie, celui de Sanchís et de Pastora ainsi que celui de Filo et d'Elías.

Je n'insistai donc pas et m'éloignai immédiatement en direction du village, d'excellente humeur, avec une jubilation physique, pointue, agréable et douloureuse en même temps, qui me permit de comprendre qu'une nouvelle fois, et je m'étais déjà perdu dans mes comptes, Pepe el Portugués était arrivé à ses fins. Malgré les avantages secrets que je parviendrais à tirer de l'arithmétique, j'étais absolument certain, comme du fait que je devrais mourir un jour, que Paula ne poserait plus de questions à propos d'Isabel à Pepe, cet après-midi-là. Et c'est pour cette raison que, ayant atteint le premier tournant sur le chemin, je m'étais arrêté, avais compté jusqu'à dix, pour revenir sur mes pas en catimini et les voir eux aussi s'embrasser sur la bouche au milieu du chemin.

Bien qu'aucun habitant de Fuensanta n'ait réussi à exploiter de façon astucieuse cette faiblesse, Pepe el Portugués ne fut pas le seul homme du village à penser à Isabel Mariamandil d'une seule et particulière façon pendant ces dernières semaines de 1949. Mais cette *histoire digne d'un film* eut des conséquences bien plus incroyables, car même le plus méfiant des habitants de Fuensanta de Martos – d'un camp comme de l'autre – ne voulut admettre que la presse espagnole, y compris la plus clandestine, eût osé divulguer un entretien aussi impudique, et qu'on voyait bien à cela qu'il ne pouvait s'agir que d'un journal français. C'est ainsi que la légende de Cencerro glissa sans autre forme de procès, pour le meilleur et pour le pire, le long du sillon du décolleté d'Isabel, et ce fut une splendeur qui teinta au moins d'une éphémère malice les sourires de ceux qui n'avaient pas le choix et devaient se contenter d'une paix qui ressemblait beaucoup à une nouvelle défaite, à un échec plus minime mais cependant peut-être plus cruel que le premier, car c'était le dernier, le définitif. Et le lendemain, lorsque je retournai chez moi, après avoir accompagné Pepe el Portugués à Frailes, où il finit par acheter quatre-vingt-dix litres d'huile d'olive vierge à Sereno, que viendrait ensuite récupérer un camion d'une entreprise de transports de Madrid, la une de *Nuestra Bandera* avait déjà circulé partout, y compris dans la maison-caserne, permettant aux hommes de respirer avec soulagement, tandis que les femmes tiraient leurs propres conclusions.

« Bien entendu, dit ma mère, voilà pourquoi la pauvre doña Angustias dit que, depuis qu'Isabelita est partie, elle n'arrive plus à dormir. Elle devait la bourrer de cachets pendant qu'elle était là-haut, avec l'autre, et vas-y, et vas-y… »

Mais les conséquences de cet épisode, qui rendit une autre femme heureuse à la maison-caserne, n'en restèrent pas là.

« Ce n'est pas que nous soyons pressés, ni rien, ne le prenez pas mal », dit Curro à mes parents, anticipant l'hypothèse d'une grossesse de sa fiancée, afin d'éviter d'évoquer sa déception, comme si tous les trois ignoraient qu'au bar de Cuelloduro les habitués se consolaient de la fin de *La Vache laitière* en inventant tous les soirs des couplets sur son amour frustré envers Isabel. « Mais Sonsoles et moi allons nous marier dès que don Bartolomé aura accepté de publier les bans.

— Quelle bonne nouvelle ! répondirent-ils en chœur. Félicitations !

— Oui, bon, ce ne sera pas un mariage du même genre que celui de Marisol, nous allons le fêter ici, au village. Une cérémonie modeste. Mais l'essentiel est de se marier, n'est-ce pas ?

— Bien entendu ! » acquiesça ma mère. Et dès qu'il s'en alla, elle se tourna vers son mari avec un visage triste qui résista à peine à l'assaut du premier éclat de rire. « Comme il me fait de la peine, le pauvre…

— Oui, renchérit mon père en tentant de rire sans bruit, mais je crois que ça va être pire. À cause des couplets qu'on invente à leur propos, il faut voir le niveau de certains. »

Ses pronostics furent exacts, car Cuelloduro, loin de renoncer à inventer des rimes sur le dos des amours de Curro, intensifia sa production, mais Sonsoles n'y prêta guère attention. Le jour de son mariage, il faisait mauvais, le ciel était bouché, la pluie menaçait, mais elle réalisa tout de même toutes les bêtises que réalisent les personnages de ces romans qu'elle aimait tant. Elle obligea Curro à sortir deux heures avant de la caserne, passa une des mantilles de sa grand-mère, des boucles d'oreilles de sa mère, quelque chose de neuf, quelque chose de vieux, quelque chose de bleu, quelque chose qu'on lui avait prêté, puis elle versa quelques larmes en quittant sa chambre de célibataire. Elle choisit un bouquet de petites fleurs blanches, champêtres, qui semblaient bon marché, mais portaient un nom français et étaient la chose la plus élégante que pouvait avoir une future mariée d'après elle. Puis elle se présenta à l'église avec un quart d'heure de retard. Et lorsqu'elle en ressortit, enfin mariée, le soleil pointa, comme s'il ne voulait pas ternir le jour le plus heureux de la nouvelle mariée la plus romantique et bécasse qu'on avait jamais vue à Fuensanta de Martos.

Cependant toutes les histoires d'amour de cette année-là n'eurent pas une fin aussi heureuse. Au mois de septembre, Elena m'écrivit pour me dire qu'elle avait convaincu sa grand-mère et qu'elle restait vivre chez sa tante et son oncle, à Oviedo. *Tu me manqueras, Nino*, disait-elle en dernier, *écris-moi, s'il te plaît, Bise*. Je ne l'ai jamais fait, car je n'aurais jamais su quoi lui raconter, sauf que lorsqu'elle était partie, au mois de juin, cela ne m'avait pas étonné. Et le dernier après-midi que nous avions passé ensemble, je lui avais demandé de m'embrasser, au cas où l'on ne se reverrait plus jamais. Elle avait écrasé sa bouche sur ma joue et j'avais osé lui en demander davantage. Non, pas comme ça, embrasse-moi sur la bouche, allez. Nino, ne sois pas pénible, s'il te plaît, et elle était partie en courant sur la côte, sans se retourner. Je ne répondis pas à sa lettre et elle ne m'en envoya pas d'autre, mais cela ne m'attrista pas vraiment. Elle m'avait à nouveau dit qu'elle n'aimait pas la montagne, ni la vie dans une ferme, et que c'était bien dommage, mais qu'elle allait finir par se marier avec un médecin ou un avocat d'Oviedo. Moi, j'avais déjà décidé de vivre comme Pepe el Portugués. Et tandis que je rêvais, tout seul, en secret, au grenier de la ferme de doña Angustias, je comprenais que, même si j'aimais beaucoup Elenita, avec ses rubans et ses collants et ses manières, elle ne collait pas avec une vie comme celle que j'espérais vivre. Mieux vaut une petite furie, qu'on doit immobiliser au milieu d'un chemin pour lui proposer de faire des choses qu'on ne peut dire qu'à l'oreille, en échange de la promesse de ne pas lui lécher le bout du nez.

« Je ne sais pas comment je vais faire pour vivre sans elle, me dit cependant doña Elena lorsqu'elle revint des Asturies, toute seule, début octobre. C'était la seule personne qui… et à présent… »

En entendant cela, je songeai que, tôt ou tard, elle aussi finirait par s'en aller, mais je m'étais trompé. Doña Elena fut la seule à rester, la seule personne que je conservai de ces années terribles et intenses. Et lorsque je partis à mon tour, elle demeura vivre au même endroit, dans cette vieille maison toute propre, belle et soignée, qui lui ressemblait tellement, et dans laquelle elle continua de m'inviter, pour manger des bugnes avec du vin de Malaga, dans les mêmes petits verres ciselés et colorés, chaque fois que je revenais dans ce village où pour moi il n'y avait plus qu'elle, la maison de mes parents et la fastidieuse obligation d'y passer les vacances.

Car Pepe el Portugués était parti lui aussi, avec ses deux jambes indemnes et pas de perroquet sur l'épaule. Il me l'avait lui-même annoncé, un après-midi où l'automne ressemblait déjà à l'hiver. L'air s'était soudain aiguisé, était devenu plus limpide et le vent s'était mis à souffler. Nous n'étions pas encore à la fin d'octobre mais, cette année-là, le gel avait décidé de se moquer du calendrier.

« On arrête ? Qu'en penses-tu ? m'avait-il dit alors que nous étions en train de pêcher au bord de la rivière. Il fait trop froid.

— D'accord. » Je m'étais levé et avais boutonné ma veste. « Je crois que pour cette année, les bonnes choses sont terminées.

— Les bonnes choses sont terminées, oui », avait-il répété d'une voix grave. Puis il avait commencé à rassembler lentement son matériel. « Je déménage, Nino. »

Malgré le froid, malgré l'humidité qui nous avait trempés jusqu'aux os, en entendant ça, je m'étais rassis à son côté.

« Où ça ?

— À Séville, je crois. » Il avait alors éclaté de rire, comme s'il ne croyait pas lui-même ce qu'il était sur le point de m'annoncer. « Je vais habiter avec Paula, nous allons nous marier. Nous aurons des enfants. Je travaillerai dans une usine et vivrai différemment, dans un appartement, dans un quartier ouvrier, enfin… Je sais que Séville ne me plaira pas autant qu'ici, mais que veux-tu ? C'est la vie ! »

J'étais resté silencieux et l'avais regardé un instant, attendant qu'il me regardât à son tour. Ce qu'il ne fit pas. Et, tandis qu'il enroulait le fil de crin, bloquait le moulinet, rangeait les boîtes à hameçons, à appâts, je m'étais dit que c'était la faute de Paula, qu'il ne s'agissait pour l'instant que d'un projet, d'une idée passagère, d'une simple intention sans date et sans certitude. En vain.

Pepe el Portugués partait, me laissait seul, orphelin avec un père et une mère, orphelin de rivière, de montagne, d'après-midi paresseux et de bains dans les étangs, de mémorables goûters et de conversations intimes, insignifiantes ou transcendantes. Il partait alors que c'était la personne la plus importante de ma vie, un amour bien plus fort que l'amour. Il partait et cependant il restait au fond de moi. Et je serais devenu un autre enfant, un autre Nino, si je ne l'avais pas connu à neuf ans, lorsque j'étais encore un maigrichon à qui il n'était rien arrivé de plus important que de voir la mer, que d'avoir retiré ses chaussures pour se les faire faucher par ses cousins pendant qu'il jouait au football sur la plage. Il m'avait transformé en un être différent, meilleur. Il m'avait enseigné quel genre d'homme je voulais devenir, à qui j'aimerais ressembler. À cet instant, la vie sans lui m'avait paru tellement impossible que j'avais compris que moi aussi j'allais partir, qu'un de ces jours je quitterais Fuensanta de Martos pour appliquer, loin de la rivière, de cette montagne devenue toute nue, vide et stérile, tous les trucs d'homme célibataire que Pepe el Portugués m'avait enseignés. Car Pepe partait, c'était vrai, et je savais pourquoi, et même si j'avais évité d'y penser, voilà des mois qu'en réalité je m'attendais à son départ.

« Tu n'as plus rien à faire, ici. Et je ne m'étais jamais douté que la paix pouvait être à ce point amère, pour moi aussi. C'est pour ça, non ?

— Exactement, avait-il répondu en me regardant enfin avec un sourire indécis, mélancolique. C'est exactement pour cette raison. »

Car tu étais venu pour permettre au premier Cencerro de fuir. À présent, je lui parlais seulement avec les yeux, la bouche close. Tu étais venu pour prendre contact avec Sanchís, pour organiser cette fuite qui avait échoué, et tu es finalement resté pour aider ceux d'en haut, pour te charger d'exécuter Comerrelojes et Pilatos, pour superviser le travail de l'imprimerie, pour écrire les textes en consultant ces livres que tu as si bien cachés, pour que le second Cencerro finisse le travail que le premier avait à peine commencé. Voilà pourquoi tu es venu et voilà pourquoi tu t'en vas à présent, parce que ton travail est fini, parce qu'il n'y a plus personne dans la montagne et que tu n'es plus d'aucune utilité, ici.

Je n'avais pas eu besoin de parler pour qu'il comprît, et lui non plus n'avait pas eu besoin de parler pour me dire que j'avais raison. Nous nous étions redressés en même temps tous les deux, et je ne sais lequel avait ouvert ses bras en premier. En tout cas nous nous étions serrés aussi fort l'un que l'autre. La seule différence fut que des larmes coulaient sur mon visage et pas sur le sien.

« Tu vas finir par être plus grand que moi, Canijo.

— Tu vas énormément me manquer, Pepe.

— Et toi aussi, camarade. » Et sa voix s'était soudain cassée. « Et toi aussi… »

IV

C'est une guerre et elle ne finira jamais

Il se passa onze ans avant que quelqu'un m'appelât à nouveau camarade.

Le rendez-vous avait été fixé à cinq heures et demie, à l'angle de la rue Pedro Antonio de Alarcón et de la rue Recogidas. J'avais dix minutes d'avance, car il y avait à peine quelques mois que j'habitais à Grenade et que je ne connaissais pas bien le centre ville. Mais après avoir repéré l'angle en question, j'étais entré dans un bar qui se trouvait en face. J'avais commandé un café et ouvert le journal. Elle arriva avec presque un quart d'heure de retard, avec l'attitude de quelqu'un qui n'a pas de précautions à prendre, et ne prit même pas la peine de s'excuser.

« Pourquoi veux-tu nous rejoindre ? » me demanda-t-elle brusquement, après s'être présentée sous le prénom de Nieves, puis m'avoir indiqué de la main qu'elle préférait que nous marchions un peu.

« Bon, il ne s'agit pas exactement de cela, dis-je en souriant car je m'aperçus que ma réponse l'avait effrayée. Je veux dire que je n'ai pas besoin de vous rejoindre, parce qu'il y a bien longtemps déjà que je suis avec vous. »

Elle leva les sourcils pour me regarder tandis que j'entendais la voix de Pepe el Portugués – Quel genre d'homme tu vas devenir, Nino ? À qui aimerais-tu ressembler ? – Et pendant ce temps je revoyais ses yeux, fixés sur les miens, cet après-midi-là, au bord de la rivière.

« J'ai été recruté par un homme de mon village alors que j'avais à peine dix ans, dis-je, ce qui ne l'impressionna pas.

— Écoute-moi, camarade, je n'ai pas de temps à perdre avec tes bêtises, me dit-elle avec un sourire de supériorité.

— Des bêtises ? Je ne dis pas de bêtises. Mon village se trouve dans la province de Jaén, dans la Sierra Sud, et je suis en train de parler de la guérilla, de la résistance armée de l'intérieur, d'hommes comme Cencerro. Ça te dit quelque chose ?

— Non, pas du tout, dit-elle d'un air suffisant dans lequel elle se réfugiait chaque fois qu'elle se sentait un peu trop nerveuse. La seule chose que je sais de la guérilla, c'est que ce fut une grave erreur stratégique.

— Une grave erreur stratégique... », répétai-je tout en la regardant attentivement.

Elle était plus jeune que moi – et, en 1960, cela faisait vraiment très jeune – et plus petite de taille, mais à cette époque j'étais déjà habitué à ce que les filles m'arrivent presque toutes au maximum au niveau du menton. Elle avait les yeux très bleus, les cheveux châtains, bouclés et un visage intéressant. Sans ses lunettes, ç'aurait pu être une belle jeune fille conventionnelle, avec une allure un peu vieillotte et une petite bouche en cul-de-poule comme les poupées de porcelaine, mais celles-ci lui conféraient une certaine puissance, une gravité plutôt et donnaient une consistance provocante à son regard. Quel dommage, me dis-je, et, tandis que je pensais que nous n'avions plus rien à nous dire, elle me prit par le bras, en changeant soudain de ton.

« Je suis désolée, fit-elle, car c'était cependant une fille intelligente. Je ne voulais pas te blesser.

— Eh bien, tu m'as blessé, dis-je alors qu'en un instant toute mon enfance défila dans ma tête. Tu m'as énormément blessé.

— Je suis désolée, répéta-t-elle en baissant les yeux et se mordillant la lèvre inférieure. On marche un peu ? »

Je hochai la tête et avançai de quelques pas en silence tandis que je sentais soudain que pas mal de gens nous séparaient, elle et moi, à commencer par Joaquín devenu borgne sous les coups et gardant la tête haute, puis Cuelloduro en train de pleurer dans la rue avec le corps de son gendre dans les bras, Laureano en train de hurler pour qu'on le tue de face, son père tombant de dos avec cette sombre chemise à carreaux qui a si longtemps enveloppé mes rêves, Sanchís le pistolet sur la tempe, Pastora présidant la veillée funèbre d'un mort au champ d'honneur pour Dieu et pour l'Espagne, Saltacharquitos blessé à l'épaule et sa femme suppliant qu'on ne la frappe pas dans le ventre, Catalina Rubio brandissant la notification officielle de la mort de son fils Paco, les trois guérilleros galiciens morts à ses côtés, Carmela Pesetilla appuyée contre le chambranle de la porte de sa maison pour nous regarder passer, des vêtements noirs étendus sur son balcon, et sur celui de Chapines, et de Fingenegocios le combattant anonyme que personne ne parvint à identifier malgré l'adresse d'un restaurant espagnol en France glissée dans sa poche, la bande son de tous les films d'horreur que j'avais entendue pendant que ma sœur Dulce chantait pour moi, et ensuite lorsque ce fut mon tour de chanter pour Pepa, et Tomás Villén Roldán, et Jose Crispín Pérez, les vivants et les morts, avant, pendant et après, beaucoup de douleur, beaucoup d'héroïsme, beaucoup de sang, beaucoup de courage, trop de souffrance enfouie sous ces quatre mots : une grave erreur stratégique.

« Tu es en psycho, n'est-ce pas ? » me demanda-t-elle. Elle ne pouvait pas comprendre tout ça. « Tu nous intéresses beaucoup, car cette faculté est toute petite, et nous y avons peu de camarades. Le problème, c'est que tu dois être en dernière année, non ?

— Pas du tout. Je suis en première année.

— En première année ? Mais… fit-elle en me regardant de haut en bas et en continuant à ne rien comprendre. Tu as l'air plus âgé. Quel âge as-tu ?

— Vingt-trois ans. Bon, je n'en ai encore que vingt-deux, j'aurai vingt-trois ans en janvier, dans un mois et demi. » J'étudiai ses mains blanches, douces, aux doigts fins, délicats, des doigts de demoiselle avec un seul durillon, celui de l'écriture, au cœur de la main droite. « Mais je suis en première année parce que mes parents n'ont pas d'argent pour me payer les études, et jusqu'à présent je n'ai pas pu me les payer moi-même. J'ai passé mon bac en candidat libre. C'est un professeur de mon village qui m'y a préparé, une républicaine bannie que le régime n'a jamais accepté de réhabiliter. Elle ne me faisait pas payer les cours, mais moi je tentais de la dédommager comme je pouvais, en récoltant les olives, en ramassant du spart, en cousant des nattes... », dis-je en la regardant à nouveau, d'abord ses mains, ensuite son visage. « Bien entendu tu ne sais pas ce que sont ces nattes de spart », précisai-je. Mais elle ne me demanda pas de le lui expliquer, même si elle était devenue rouge comme une tomate, et moi je continuai à aimer les filles qui devenaient rouges comme des tomates. « Bref, en juin, je me suis rendu à Jaén pour passer mon bac au lycée et je l'ai obtenu, à dix-sept ans. À dix-huit je me suis engagé à l'armée, chez les parachutistes pour gagner plus d'argent, et j'ai fait deux ans à Alcalá de Henares. Ensuite, je suis revenu dans mon village, pour travailler en prenant ce qui se présentait, et il n'y avait pas grand-chose, jusqu'à ce que je trouve du travail à Jaén, dans un atelier de motos. L'année dernière enfin, j'ai pu faire mon cursus de propédeutique, là-bas, dans une académie qui avait des cours du soir. Je suis un bon mécanicien et mon chef m'a recommandé dans un atelier de l'un de ses amis, ici, sur la route de la Sierra, mais il n'a pu m'engager qu'au mois d'avril. Voilà pourquoi je ne suis qu'en première année. »

J'aurais pu lui raconter plus de choses. Que mon père était garde civil, par exemple. Que chaque fois que je revenais au village, il me racontait que Paquito était si bien à la caserne de Castillo de Locubín, à deux pas de chez lui finalement et en étant bien mieux payé que moi. Il me parlait aussi d'Alfredo qui lui, n'en parlons pas, car il avait eu la chance d'être nommé à Ceuta, et là-bas les gars gagnaient encore plus, une fortune, alors que tout y est moins cher, car c'est un port franc. J'aurais pu lui raconter que pour mon père, pour ma mère, j'étais une espèce de raté, qu'aucun des deux ne savait épeler correctement le nom du métier que j'avais choisi, ni comprendre à quoi cela servait, ni pourquoi je devais consacrer presque la moitié de mon salaire dans le loyer d'une chambre minuscule dans un appartement en colocation, dans le quartier de Zaidín, alors que je pourrais vivre à l'aise, avec trois pièces pour moi tout seul, dans n'importe quel village de la Sierra Sud, avec un uniforme vert olive.

J'aurais pu lui raconter tout ça, mais je n'en avais pas envie et en plus je me régalais de la voir ainsi, rouge comme une tomate, avec cette marée brûlante et trouble qui s'était emparée de ses oreilles, de son cou et commençait à s'étendre à son décolleté lorsqu'elle parla enfin.

« Je suis très maladroite, n'est-ce pas ?

— Plutôt, oui, lui dis-je en souriant, mais en lui parlant avec douceur. Tu es extrêmement maladroite.

— D'accord… », fit-elle en fermant à nouveau les yeux, en se mordillant la lèvre inférieure, puis en hochant la tête à plusieurs reprises, comme si elle voulait effacer tout ce qu'elle avait dit jusqu'alors. « Je suis désolée.

— Ça, tu l'as déjà dit.

— Oui, sourit-elle enfin elle aussi. Je le sais, mais…

— Écoute, nous allons faire une chose. Nous allons dans un café, nous nous asseyons tranquillement, commandons un verre et recommençons tout depuis le début, d'accord ? C'est moi qui t'invite. Je n'ai pas cours avant huit heures. »

Ma nouvelle responsable politique se laissa guider comme une petite agnelle désorientée jusqu'à la pénombre d'un piano-bar, et là tout alla mieux.

« Il faut te choisir un pseudonyme, me dit-elle à la fin. Comment veux-tu qu'on t'appelle ?

— Carajita », répondis-je. Et elle éclata de rire.

« Carajita ? Mais ce n'est pas possible… Il te faut un nom courant, Juan, Pedro, Miguel…

— Non, dis-je en faisant une pause afin qu'elle comprenne que je parlais sérieusement. Écoute-moi, ce n'est pas la première fois que je travaille pour le Parti, tu sais. Je me suis toujours appelé comme ça et je n'ai jamais eu de problèmes, même pas à Jaén, où tout le monde a un surnom. Carajita était celui de mon grand-père, mais mon père ne s'en est jamais servi, pour qu'on ne fasse pas le rapport avec un fusillé.

— Bon. » Elle redevint toute rouge, comme si elle était responsable du fait qu'il n'y ait pas eu de fusillés dans sa famille à elle après la fin de la guerre. « D'accord alors, Carajita, si tu insistes… Même si vraiment…

— Même si vraiment, quoi ? lui demandai-je, car je savais parfaitement ce qu'elle voulait dire et j'avais très envie de l'entendre.

— Non, rien, rien… J'ai déjà été suffisamment maladroite avec toi.

— Eh bien, justement, laisse-toi aller. Finalement, un peu plus un peu moins…

— Bon, si tu veux… J'allais dire que… Je ne sais pas, mais il me semble que ce nom, à part qu'il est un peu bizarre, eh bien… Le diminutif ne te favorise pas du tout, vraiment.

— Ne t'en fais pas », dis-je en me levant pour aller payer. Et elle me suivit jusqu'au comptoir. « Dans mon village, on est comme ça, un peu impudents, tu sais. Moi, on continue à m'appeler Canijo, dis-je en la regardant de haut. Parce qu'enfant, j'étais tout petit, alors quand tu auras envie d'essayer... Il te suffira de me le dire. »

Elle ne tarda pas à avoir envie de me raconter qu'elle s'appelait Maribel, à découvrir aussi que mon père était garde civil, mais elle continua d'avoir envie. Moi aussi j'avais envie, et j'avais envie d'elle, je l'aimais. Nous nous mariâmes en 1964. C'est en prison, dix ans plus tard, que j'entendis parler de Camilo pour la première fois.

Lorsque je fus arrêté pour une minime et malheureuse erreur de calcul, j'étais déjà professeur d'université. Je gagnais plus que Paquito. Maribel m'avait surpris avec une autre femme, elle avait quitté la maison, je lui avais répété mille fois que non, que non, que non d'aucune façon, que je m'étais laissé manipuler comme un pantin, jusqu'à réussir à la faire revenir. J'étais bien plus amoureux d'elle que le jour de notre mariage, et nous avions eu un fils. J'étais parvenu à occuper un poste important à la direction du Parti, à Grenade, par mon propre talent, mais aussi parce que les secrétaires précédents de l'Organisation étaient tombés comme des mouches les uns après les autres. Nous étions tout près de Noël 1973, et je travaillais dans la clandestinité sans avoir subi la moindre anicroche. J'avais été plusieurs fois sur le point d'être arrêté, mais un sixième sens m'avait toujours tiré de là, une inexplicable intuition propre à tous ceux qui avaient été élevés dans le village de Fuensanta de Martos, pendant la seconde moitié des années 1940.

J'avais abandonné la montagne, mais la montagne, elle, ne m'avait jamais abandonné. Sa mémoire était toujours vivante dans ma tête et dans mes tripes, elle me protégeait, aiguisait mon instinct, mes réflexes, congelait mon sang à l'intérieur de mes veines et me rappelait toujours à temps le nombre et le nom, les visages et les actions des traîtres. C'était la montagne qui me poussait à m'accroupir pour me lacer les chaussures cinquante mètres avant un lieu de rendez-vous, la montagne qui me disait que ce type barbu là-bas, avec une dégaine d'étudiant progressiste et un duffle-coat bleu, qui se trouvait à gauche, regardait trop sa montre pour ne pas être un policier, la montagne qui me murmurait à l'oreille de ne surtout pas me retourner, de rentrer dans la première boutique venue pour demander le prix de n'importe quoi, d'acheter quelque chose de bon marché et de ressortir lentement, avec le sac bien en vue et sans courir.

Ensuite, lorsque je rentrais à la maison, trois ou quatre heures après l'heure habituelle, Maribel, on ne peut plus réveillée, on ne peut plus inquiète et sanglotant comme j'avais tant de fois vu ma mère sangloter dans la cuisine de la maison-caserne, me racontait qu'on avait arrêté mon contact, que cinq ou six hommes étaient tombés, que c'était un miracle qu'on ne m'ait pas pris. Comment fais-tu ? me demandait-elle tandis qu'elle me déshabillait avec ses doigts raides, avides, et que je la déshabillais avec la même avidité tout en lui répondant que je ne savais pas, juste avant d'arrêter de parler pour nous embarquer dans une de ces baises mémorables que nous dédiions à l'efficacité de la police de la Brigade politico-sociale.

Cet après-midi de décembre 1973, la montagne aussi me prévint. Cependant, alors que je n'avais jamais eu affaire à un amateurisme tel que celui de l'organisation de cette réunion, lorsque j'avais traversé la rue et fait plusieurs mètres, voilà que je m'étais retourné. J'étais rentré dans la souricière de ce couloir et monté à l'étage, car je pensais que j'avais encore le temps d'annuler la rencontre. Santi était un de mes élèves, c'est moi qui l'avais fait entrer au Parti et je n'avais pas voulu l'abandonner, même s'il n'avait tenu compte d'aucune des mesures de sécurité que je lui avais rabâchées obsessionnellement pendant des mois. C'est tout ce que je m'étais proposé de faire, de monter, de sonner, de leur dire de s'en aller, de descendre un par un et de prendre des directions différentes, mais je n'en eus même pas le temps. La Brigade politico-sociale nous avait infiltrés et c'est lui qui me passa les menottes, merde, alors Carajita c'est donc toi, me dit-il, on mourait d'envie de découvrir enfin ton visage… Ensuite il m'avertit que je pouvais commencer à me préparer, mais ça il aurait pu s'en dispenser. D'abord, parce que j'étais préparé depuis de longues années et parce que, d'une certaine façon, cette arrestation était un soulagement pour moi. Ensuite, parce que lorsque ses supérieurs surent que mon père était un caporal de la garde civile, ils se contentèrent de me demander si je n'avais pas honte, et ils ne touchèrent pas à un seul de mes cheveux lorsque je leur répondis non.

Lorsque je fus jeté en prison, mes camarades étaient encore sous le choc de l'arrestation de Camilo, un militant légendaire, un vrai héros de la clandestinité, inconnu y compris de la plupart des dirigeants de l'intérieur, que la police avait capturé quelques mois avant moi. Les gars de la prison de Carabanchel disent que le type est même content d'être tombé, racontait-on, car il se sentait plutôt mal d'être passé entre les mailles du filet pendant tant d'années. Il craignait qu'on le prenne pour un traître ou un infiltré, quelque chose de ce genre. Je compris très bien ce qu'il ressentait, même si je pris la précaution de me taire. Je ne me doutais cependant pas que cet homme et moi puissions avoir quelque chose en commun, et je n'ai jamais su d'où venait le renseignement que m'avait donné un camarade, pendant la promenade, au printemps 1974.

« Dis-moi, Nino, tu viens d'un village de la province de Jaén, non ? » me demanda-t-il. Et je hochai la tête. « Alors ce doit être toi, oui, c'est bien ça...

— Moi ? dis-je sans comprendre. Moi quoi ?...

— Rien, ce matin, j'ai vu mon avocat et il m'a demandé de te dire que la semaine dernière, un homme qui s'appelait Toribio je ne sais plus comment, a été retrouvé assassiné au petit matin dans un olivier, à plus de cent kilomètres de chez lui. Apparemment il a été pendu, mais je ne sais pas... Ça te dit quelque chose ?

— Oui. » Et je souris, car personne ne pleure jamais les traîtres. « On l'appelle Carambita, et ça me dit vraiment beaucoup... tu ne peux pas imaginer ! »

À mon procès, la sentence fut de vingt ans mais, même si je fus obligé de fêter la mort de Franco dans une cellule, je ne fis que deux ans et demi de prison, car en juillet 1976, on m'appliqua la fameuse amnistie partielle pour délit politique. À cette époque-là, j'avais complètement oublié Camilo, et une des premières soirées du mois d'avril 1977, alors que je venais de m'asseoir devant la télévision au côté de Maribel, après le dîner, car on nous avait dit qu'on allait diffuser des reportages sur la sortie des derniers prisonniers de Carabanchel, sur la deuxième chaîne, j'eus du mal à croire ce que j'étais soudain en train de voir.

Au début, je ne voulus pas me rendre à l'évidence que je venais de reconnaître Paula Rubio parmi les femmes qui attendaient debout, tendues et attentives, avec un air sérieux, ému, très différent des cris et de la jubilation des jeunes militants qui les avaient accompagnés jusque devant la porte de la prison. La caméra la cadra sous plusieurs angles différents, des plans successifs et très courts. Paula dépassait tout le monde d'une bonne tête. Et il y avait même une deuxième Paula, à côté d'elle, qui lui ressemblait comme deux gouttes d'eau. Ce devait être sa fille, au même âge qu'avait sa mère lorsque je l'avais connue.

« Ce n'est pas possible », murmurai-je en reconnaissant également, sans jamais l'avoir vu, les traits de l'adolescente qui se trouvait à côté d'elle. Et c'est à cet instant que Maribel se mit à crier.

« Regarde, Simón… C'était Simón, mais je n'arrivais même pas à dire oui. C'est Simón ! Et l'autre, là, ce doit être Lobato ! Tu ne crois pas, Nino ? »

Elle m'envoya un grand coup de coude et je ne répondis pas, je ne parvins pas à réagir. Je ne la regardais même pas, je ne pouvais pas la regarder, ni parler, ni bouger, à peine respirer, car il était là. Devant l'objectif de la caméra, il y avait également Pepe el Portugués et je le voyais sur l'écran de ma télévision, chez moi, trente ans plus tard, un premier plan en noir et blanc, qui contenait toutes les couleurs du monde. Il avait les dents très blanches, une incisive cassée en biseau, comme la lame d'un couteau, et des mèches blanches à la place de celles que le soleil peignait en jaune, la peau blafarde, ridée, le bras droit levé et le poing fermé, pour que tout le monde le voie bien. Voilà ce que j'étais en train de voir. Et je voyais également Fuensanta de Martos, le vieux moulin, les oliviers, la rivière, les écrevisses, les truites, les livres de Jules Verne, un amour plus fort que l'amour, et cet enfant que je n'étais plus, qui ne savait pas à l'époque quel genre d'homme il allait devenir. Voilà tout ce que je voyais, tout ce que je ressentais tandis que la voix impersonnelle du journaliste parlait de Camilo, de sa longue trajectoire de combattant pour la liberté.

« Nino, qu'est-ce que tu as ? » me dit soudain Maribel tandis que sur l'écran, on ne voyait plus que des publicités pour des voitures, des appareils d'électroménager, des lessives, des parfums et que je ne pouvais plus détourner mes yeux du téléviseur. « Pourquoi pleures-tu, Nino ? Parle-moi, dis-moi quelque chose, s'il te plaît… »

Le soir même, je pus parler à Pepe el Portugués au téléphone. Au siège du Parti à Madrid, on me dit qu'il se reposait, que ce n'était pas possible, qu'ils n'avaient pas l'autorisation de me transmettre son numéro. Alors je leur avais laissé le mien, ainsi que mon nom, Nino, et il m'appela immédiatement.

« Je suis très fier de toi, Carajita », me dit-il et je faillis me mettre à pleurer une nouvelle fois, car il était au courant de tout, il continuait à être au courant de tout, après toutes ces années.

Ce soir-là, l'émotion m'empêcha de dormir. J'avais tenté d'expliquer pendant des heures à Maribel ce que cet homme avait représenté pour moi et j'eus le sentiment de ne pas y être parvenu. Puis elle me dit qu'elle voulait m'accompagner à Madrid pour faire sa connaissance, et je crois qu'alors, tandis qu'elle nous entendait parler des vivants et des morts, elle comprit mieux.

Lors des premières élections démocratiques, José Moya Aguilera, alias Pepe el Portugués, alias Francisco Rojas, alias Juan Sánchez, alias Miguel Montero, alias Jorge Martínez, alias Camilo, occupa la tête de liste que présenta le parti communiste espagnol dans la province de Jaén, où mon nom se trouvait en dernier.

Ce fut une façon d'honorer la présence des vivants et la mémoire des morts, une couronne de laurier symbolique pour la montagne et pour la plaine, la fin heureuse que méritaient ceux qui partirent, et encore plus ceux qui restèrent.

Ce dut également être une grave erreur stratégique, car aucun de nous deux ne parvint jamais à se faire élire député.

L'histoire de Nino

Note de l'auteur

Au printemps 2004, quelques mois avant de commencer à écrire *Le Cœur glacé*, je fis un voyage en voiture dans le nord du Maroc – le territoire de l'ancien protectorat espagnol – avec mon mari, Luis García Montero, et un de ses vieux et excellents amis, qui devint par la suite également le mien, Cristino Pérez Meléndez.

Cristino, professeur de psychologie à l'université de Grenade et amoureux de cette région, fut notre chauffeur et notre guide tout au long des quelques jours mémorables, où je pus découvrir Asilah, une ville nord-africaine, à l'époque encore espagnole, possédant de nombreux liens avec ma propre histoire.

C'est à Asilah que fut élevée ma grand-mère Francisca que sa mère – mon arrière-grand-mère Isabel García – emmena là-bas toute petite, depuis un village de la province de Malaga, Alhaurín el Grande, pour des raisons que je n'ai jamais pu éclaircir – et ce n'est pas faute d'avoir à plusieurs reprise tenté de le faire –, sans mon arrière-grand-père Rafael Martín, un mystérieux absent dont je connais tout juste le nom et la légende douteuse, murmurée à demi-mot – et pour cette raison sans doute authentique – expliquant qu'il gagnait sa vie en faisant de la contrebande. Et longtemps après, cette fois à cause de la guerre civile, ma mère fut également élevée à Asilah : Benita, *Moni*, Hernández sortit de Madrid à pied, la ville où elle était née et dans laquelle elle retournerait des années plus tard pour ne plus la quitter pendant le reste de son existence, avec ses six frères, sa grand-mère Isabel, déjà experte en ce genre de voyage, et sa mère. Ma grand-mère Francisca laissa son mari prisonnier en Espagne avec le projet de s'installer à Casablanca, chez sa belle-mère, la formidable et imposante aventurière que fut mon arrière-grand-mère Benita Alonso de la Iglesia : un personnage cadeau pour une arrière-petite-fille romancière, et sans doute mon aïeule favorite. Lorsque ce projet échoua – pour des raisons que je ne connais pas du tout, et malgré ça je pourrais bien les raconter dans un roman que j'écrirai certainement un jour –, Francisca emmena sa mère et ses sept enfants et traversa la moitié du Maroc, de Casablanca à Asilah, pour trouver refuge chez une de ses amies d'enfance.

Alors que nous nous approchions de cette dernière ville, pour quelque raison que je ne parviens pas à m'expliquer mais qui n'a pas non plus besoin de l'être, je me mis à pleurer, et cela dura un bon moment, en pensant à ces deux femmes seules, mon arrière-grand-mère et ma grand-mère, entourées d'une multitude d'enfants, si loin de chez elles, et aussi à leurs filles, deux gamines espagnoles, ma grand-mère et ma mère, qui me semblèrent soudain plus petites, plus perdues, plus émouvantes que jamais en les situant dans cette beauté aussi splendide qu'étrange. Sans doute mes larmes créèrent-elles une atmosphère propice aux confidences, car pendant le voyage de retour à Tanger, où nous logions, Cristino me raconta une histoire de son enfance dans laquelle je vis immédiatement, avec des yeux qui voient beaucoup plus de choses, avec plus de précision et à plus longue distance que les miens, se profiler un roman.

Le Lecteur de Jules Verne est devenu ce roman, le roman de Cristino, qui ce soir-là me parla de Cencerro, de son courage, de son arrogance, de la légende des billets portant sa signature et de sa mort héroïque. Et il me raconta également à quoi ressemblait la vie d'un fils de garde civil dans une maison-caserne comme celle de Fuensanta de Martos, où les cloisons ne parvenaient pas à garder les secrets et où les hurlements des prisonniers arrivaient jusque dans les lits des gamins, de la même façon qu'arrivèrent jusqu'à ses oreilles, un soir, les soucis de son père d'avoir un fils si petit qu'il n'obtiendrait jamais la taille réglementaire pour devenir garde civil, et qu'il obligea par conséquent à apprendre à taper à la machine avec un collègue qui ne savait que lui faire remplir de pleines pages de caractères insensés.

Lorsque je réfléchis sérieusement à écrire ce roman, je me mis en quête de retrouver la trace de Cencerro dans les livres, et je découvris avec étonnement qu'il était mort deux ans avant la naissance de Cristino. Revenue de ma consternation – car quiconque aurait entendu cette voix chargée d'émotion et de sincérité aurait été immédiatement convaincu qu'elle exprimait une histoire vécue à la première personne –, je compris que c'était vraiment pour cette raison que je devais la raconter. Parce que Tomás Villén Roldán, qui mourut le 17 juillet 1947 à Valdepeñas de Jaén, n'était en réalité pas mort, pas encore, puisqu'un habitant de Fuensanta de Martos né en 1949 pouvait toujours parler de lui, plus de cinquante ans plus tard, comme s'il l'avait réellement connu.

Même si ce récit avait été suffisant pour moi, en juillet 2009, des mois après avoir terminé la première version du *Lecteur de Jules Verne*, que j'ai écrit entre les mois de janvier et de novembre 2008, je suis allée visiter les villages de la Sierra Sud grâce à la voiture et à la complicité de Juan Carlos Abril. Et lorsque ce dernier, qui est né à Los Villares et se promène à travers cette montagne comme s'il était dans son salon, s'est approché d'un groupe d'anciens qui prenaient le soleil au milieu de la matinée sur la place de Valdepeñas de Jaén, pour leur demander s'ils savaient quelle était la maison où les gardes civils avaient tué Cencerro, l'un d'eux s'est empressé de répondre que « Cencerro n'a pas été tué, Cencerro s'est suicidé », avant de nous montrer comment arriver dans un endroit que, dans le village de Valdepeñas, les enfants de dix ans connaissent encore.

Dans la maison contiguë à celle où Cencerro finit sa vie et où commença le mythe du guérillero le plus célèbre de la Sierra Sud, un homme très aimable, dont je ne peux citer le nom ici, car j'étais tellement émue que j'ai oublié de le lui demander, m'a invitée à entrer. Puis il m'a montré la rivière, il m'a indiqué jusqu'où arrivaient les façades arrière des maisons, en 1947, et il m'a révélé le surnom de l'homme que les habitants de Valdepeñas ont considéré toujours comme le traître, Pilatos, un voisin qui n'a jamais remis les pieds dans le village de sa vie et a fini voiturier à Jaén, avant de m'offrir quelques détails que je n'aurais jamais pu trouver dans un livre. Que Cencerro et Crispín avaient aperçu au loin des gardes civils déguisés en meuniers. Que sa mère disait toujours que Cencerro – lorsqu'il rejoignit la montagne en 1940, il avait déjà trente-sept ans et, d'après les quelques photographies qu'on conserve de lui, était très beau lorsqu'il était jeune, mais pas genre jeune premier de cinéma – était un homme impressionnant, très grand, très costaud, très blond. Qu'un de ses oncles avait pu voir le cadavre de plusieurs habitants, des agents de liaison de la guérilla qu'on avait laissés traîner dans les rues après les avoir abattus en plein jour, et qu'il n'avait jamais pu se remettre de ce spectacle. Et que les autorités avaient emmené les guérilleros morts sur la place du village pour leur laver le visage à la lance à incendie, et que, devant le regard complaisant des autorités, un habitant avait fouillé les poches de Cencerro, trouvé sa montre, et l'avait gardée pour lui.

Fuensanta de Martos est, effectivement, un village de la Sierra Sud de Jaén. Mais le Fuensanta de Martos qu'a découvert le lecteur dans ces pages est une invention personnelle. J'ai respecté sa situation géographique, quelques noms de lieux et pas grand-chose de plus. Si j'ai gardé son nom, c'est comme tribut dû au cadeau que m'offrit mon ami Cristino pendant cette soirée, au Maroc, car il trouvait intéressant de faire référence au vrai village, avec son vrai nom, un point c'est tout. Cependant, et à part les détails biographiques de sa vie grâce auxquels j'ai pu construire Nino, de nombreuses histoires présentes dans cette fiction sont rigoureusement exactes, et reflètent des personnages, des dates et des situations que j'ai empruntés à la réalité.

C'est, en premier lieu, le cas pour les vies légendaires et les morts héroïques de Cencerro et de Crispín, pour lesquelles je me suis contentée de transférer le requeté, qui a vraiment dansé sur le corps du premier à Castillo de Locubín, sur le cadavre du second à Martos. Tout le reste est vrai, depuis les billets de banque signés, jusqu'aux tournées qu'on offrait dans les bars à la santé de Cencerro, en passant par la mort de son premier lieutenant Hojarasquilla – pour certaines sources, Hojarasquín – dans un bordel de Frailes. Depuis les cent cinquante mille pesetas que Cencerro et Crispín déchirèrent en petits morceaux pendant leur dernière soirée – bien des années avant que Ricardo Piglia n'écrivît *Argent brûlé* –, jusqu'à l'accolade qui les souda l'un à l'autre avant de se suicider avec leurs deux dernières balles.

Mon seul apport personnel à la chronique de ces faits – que Francisco Moreno Gómez raconte avec une exceptionnelle et exhaustive rigueur dans son livre *La Resistencia armada contra Franco. Tragedia del maquis y la guerrilla*[1] – est le capitaine de l'armée qui demande d'arrêter la musique. Car, en réalité, personne n'osa déranger les deux fanfares qui jouèrent des pasodobles, l'une dans le village natal de Cencerro, et l'autre dans celui de Crispín, afin que les habitants puissent danser autour des cadavres. Cependant plusieurs officiers de l'armée s'opposèrent à la garde civile lors d'événements semblables, dans des contextes identiques et même beaucoup plus délicats. Je me contenterai de rappeler ici le cas d'un lieutenant d'in-

1. « La Résistance armée contre Franco. La Tragédie du maquis et la Guérilla ».

fanterie qui, en octobre 1944, ému par l'admiration qu'avait provoquée en lui son courage, murmura à l'oreille d'un guérillero de dix-huit ans, nommé Carlos Guijarro Feijoo, que, même si le caporal de la garde civile qui l'avait arrêté insistait pour qu'il s'avance de quelques pas devant lui, il ne fasse surtout pas la bêtise de s'éloigner d'un seul centimètre de lui, car ce que voulait celui-ci c'était l'abattre en lui tirant dans le dos ou, dans l'argot sinistre, lui appliquer la loi des fuyards.

Il s'est produit quelque chose du même genre avec Miguel Sanchís, qui est également un personnage de fiction, tout en reflétant une réalité, soigneusement dissimulée par l'appareil de propagande franquiste, qui affleura dans des situations des plus diverses, parfois aussi dramatiques que le suicide, et d'autres plus légères comme celle que reproduit Ramiro Pinilla dans son livre splendide *Antonio B, el Ruso*[1], où le garde civil qui partage son sandwich avec Antonio Bayo lui recommande de dire, chaque fois qu'on l'arrêtera, qu'il vole pour manger, et non pas pour gagner de l'argent car, même s'il a peine à le croire, il y a des communistes, parmi les gardes civils.

Le livre de José Luis Cervero, *Los Rojos de la guardia civil*[2], analyse en détail la trajectoire de nombreux chefs et subordonnés du Corps de la garde civile qui suivirent rigoureusement les prescriptions du duc de Ahumada, interdisant à tous les membres de l'institution qu'il avait lui-même fondée de se soulever contre le pouvoir légalement constitué. Le coup d'État de 1936 ne triompha que dans les provinces où la garde

1. Antonio B, le Russe.
2. Les Rouges dans la Garde civile.

civile se rangea du côté de la rébellion franquiste. Dans les endroits où ses chefs demeurèrent loyaux, une répression féroce se déchaîna après la fin de la guerre, qui bénéficierait ensuite d'une couverture légale, à partir de la promulgation de la loi de la *Jefatura del Estado* du 12 juillet 1940, bientôt connue dans les casernes sous l'abréviation : *loi du 12 1940.*

Inspirée par la volonté expresse de Francisco Franco, ladite loi organisa l'épuration de tous les membres des forces armées qui avaient montré le moindre signe de sympathie, ou même de neutralité, envers les institutions ou les partis républicains avant le soulèvement de 1936, même s'ils avaient ensuite lutté dans le camp des rebelles franquistes. Comme cela fut le cas pour d'autres lois de l'époque, celle concernant les responsabilités politiques, et la loi du 12 1940 en tête, n'eut pas seulement des conséquences pénales, qui allèrent de l'expulsion pure et simple jusqu'au mur des exécutions, en passant par la prison et par les sanctions économiques. Ainsi, au nom de cette loi, on refusa aux veuves et aux orphelins des gardes civils, fusillés ou emprisonnés, la pension qui leur revenait après le départ forcé du chef de famille quand bien même ceux-ci avaient cotisé pendant des années à la mutuelle de l'institution. Et dans de nombreux cas, où les gardes civils moururent de mort naturelle ou en luttant contre l'Armée populaire, on prétexta la « mauvaise conduite » de sa veuve, ou de ses enfants, pour leur retirer le droit de percevoir les sommes qui leur revenaient.

Dès lors, pour faire partie du Corps des gardes civils, on exigea une loyauté aveugle et inconditionnelle envers le régime de Franco. Cela suffit pour que, malgré les règlements existant depuis la fondation de ce Corps, en 1944, des individus de toute sorte puissent faire partie de la garde civile, depuis les analphabètes jusqu'à d'ex-délinquants de droit commun, pour peu qu'ils puissent prouver leur idéologie fasciste. Ce sont eux qui transformèrent les gardes civils en tortionnaires et en bourreaux de la population. Avec à leur tête des personnalités aussi impitoyables et malheureusement réelles que le lieutenant-colonel Luis Marzal Albarrán, qui n'eut besoin de personne pour appliquer la loi des fuyards à plus d'une centaine de civils, dans la seule province de Jaén, et juste entre 1947 et 1949, période que quelques historiens de la guérilla ont baptisée le « Triennat de la Terreur ».

D'autres provinces espagnoles, presque toutes celles qui sont montagneuses, souffrirent pendant les mêmes années d'une répression aussi atroce. Parmi elles, celle de León, et particulièrement un hameau avec un si beau nom qu'on pourrait le croire inventé : Corporales. Là-bas, le 16 janvier 1951, un agent de liaison de la guérilla nommé Mariano, fils de Manuela Liébana Arias, âgé de vingt-sept ans, refusa qu'on lui applique la loi des fuyards. Pour y parvenir, il se retourna, leva le poing et cria « Plutôt la mort que la trahison ! », et il lança des vivats à la République et au Parti communiste jusqu'à obliger ses assassins à le tuer de face. Sa mort, dont je découvris les détails dans le livre de Santiago Macías *El Monte o la muerte. La vida legendaria del guerrillero antifranquista Manuel Girón*[1], m'impressionna tellement que j'ai attribué ce comportement héroïque à Laureano, le fils de Pesetilla.

1. « La Montagne ou la mort. La vie légendaire du guérillero antifranquiste Manuel Girón ».

Même si cela semble être un mensonge – et dans ce roman de nombreuses choses qui semblent être aujourd'hui des mensonges furent réelles pendant les années 1940 du XXe siècle –, la persécution des femmes qui ramassaient du spart dans la montagne pour en faire des nattes, et de celles qui vivaient de la revente des œufs des fermes dans les villages de montagne de la province de Jaén, est également réelle. Aussi réelle que l'héroïsme quotidien et jamais officiellement reconnu de nombreuses femmes seules – des veuves de guerre ou de la guérilla, des épouses d'hommes prisonniers ou embusqués dans les montagnes – qui parvinrent à nourrir leurs enfants, leurs petits-enfants, à les élever, à les voir grandir et à leur donner un avenir dans des conditions de harcèlement féroce et systématique.

Pour les personnes qui, comme moi, souffrent d'une obsession sentimentale et presque maladive pour la guerre civile et l'après-guerre, je voudrais préciser que le titre du roman à l'eau de rose que résume Sonsoles Mediamujer à Nino dans le bureau de la maison-caserne, est *Cristina Guzmán, professeur de langues*, écrit par Carmen de Icaza, un livre qui obtint une énorme popularité dans les tranchées de l'armée franquiste, tandis que, dans les tranchées d'en face, l'Armée populaire de la République espagnole distribuait à ses soldats des éditions de poche des *Épisodes nationaux* de Benito Pérez Galdós.

Elías Regalito est un personnage de fiction, même si en réalité, le prestige de Tomás Villén Roldán poussa certains de ses hommes à le faire ressusciter en certaines occasions. La plus notable est celle d'Adriano Collado Cortés, alias Zoilo, qui en décembre 1947 séquestra, au nom de « l'Armée des

Guérilleros de la République », le propriétaire d'une ferme, en se faisant passer pour Cencerro. Lorsque son prisonnier rétorqua que c'était un mensonge, car il avait été tué cinq mois auparavant, il sourit et lui posa une question : « Vous faites partie de ces gens qui croient tout ce que prétend la garde civile ? » Cela suffit pour que son prisonnier lui donne trois cent mille pesetas, la rançon la plus importante jamais obtenue pour une séquestration dans la province de Jaén. Cependant, il n'y eut jamais de deuxième Cencerro tel qu'il est présenté au lecteur dans ce roman, dans la Sierra Sud.

C'est la même chose pour Pepe el Portugués, mon Long John Silver particulier. Lui non plus n'a pas existé, mais dans l'histoire espagnole contemporaine d'Espagne, on trouve des centaines, sans doute des milliers, d'hommes et de femmes dont la trajectoire croise la sienne en un ou plusieurs de ses points, pendant quelques années ou peut-être même pendant toute leur vie. Voilà pourquoi j'espère qu'Armando López Salinas, qui sait très bien ce que signifie écrire un roman, me pardonnera d'avoir attribué à Pepe el Portugués la tête de liste du PCE, pendant les premières élections démocratiques, un poste qui, malgré son échec aux élections, lui revient de fait.

Cependant, Pelegrín Martos Peinado, le maire à vie, socialiste et violoniste, de Valdepeñas de Jaén, non seulement a existé tel qu'il est décrit dans mon roman, mais a été le grand-père de Carmen Rodríguez Martos, une de mes plus vieilles amies de Rota. C'est elle qui m'a raconté l'histoire irrésistible de Pelegrín, qui jouait du violon dans un village où, pour une raison que personne ne parvient très bien à expliquer, il y avait bien plus de musiciens par habitant que dans n'importe quel autre lieu de la province, et pas moins d'inventeurs de mots, comme le verbe *s'originer* qui n'était utilisé dans aucun autre endroit de la province. Carmen n'a jamais connu son grand-père. Le maire à vie est resté enfermé dans la prison de Jaén, purgeant sa condamnation à perpétuité, jusqu'en 1952, lorsque la maladie dont il souffrait atteignit son stade terminal. Les autorités décidèrent alors de le libérer pour qu'il meure chez lui, ce qui arriva effectivement à peine quelques jours après sa libération. Je voudrais remercier tout spécialement pour son aide Antonio Negrillos, le petit-neveu de Gregorio, *Gregorete*, Lendínez, l'ami de Cencerro dans la maison duquel ce dernier se réfugia avec Crispín le 16 juillet 1947 et de laquelle il ne devait plus ressortir en vie. Gregorio Lendínez tenta de passer les Pyrénées pendant l'hiver 1939, mais il fut capturé, retenu dans un camp français, puis envoyé par le gouvernement de Vichy au camp de concentration de Mauthausen d'où il put ressortir vivant et retourner en France. Il ne se trouvait donc pas à Valdepeñas à cette époque, mais sa sœur Beni accueillit et protégea Tomás Villén pendant toutes les années où il lutta dans la montagne. Une loyauté qu'elle paya, elle et sa famille, de trente années de persécution. Son neveu Antonio évoqua à mon intention toute son histoire pendant un très long et mémorable repas, à Frailes, où je pus également profiter de la mémoire privilégiée de Manuel Ruiz López, plus connu sous le nom de Manolo el Sereno qui, à plus de quatre-vingts ans, fabrique encore sa propre huile d'olive avec une presse à bras et une technique traditionnelle. Manolo se souvient de Cencerro aussi bien que des événements qu'il vécut à l'époque, ce qui lui a donné le droit d'apparaître, ne serait-ce qu'en passant, dans ce roman.

Cependant mes remerciements les plus chaleureux vont à Esther Estremera Villén, la fille de Rafaela, elle-même fille aînée de Tomás Villén Roldán, le seul et authentique Cencerro, dont j'eus la chance de faire la connaissance pendant l'hiver 2011, grâce au fait non moins chanceux de la compter parmi mes lecteurs. Esther tomba par surprise sur le nom de son grand-père dans la liste des *Épisodes d'une guerre interminable* incluse dans le roman qui inaugure la série, *Inés et la joie*, publié en septembre 2010. Ainsi, la veille de la présentation de ce livre à Rivas Vaciamadrid, mon ami Juan Manuel Llorca, chef de cabinet de mon également vieil ami, le maire de Rivas, Pepe Masa, m'appela au téléphone pour me dire qu'il avait devant lui l'arrière-petite-fille de Cencerro, car elle travaillait en face de lui, à une autre table du même bureau. Et que sa mère, voisine de Rivas depuis de nombreuses années, aimerait me rencontrer.

Esther me raconta de nombreuses choses et m'en confirma de nombreuses autres, en interrogeant sa mère et sa tante Virtudes. C'est à elle que je dois l'histoire de l'enterrement de son grand-père, et l'inconcevable histoire de Carmen la Rosa, qui demeura neuf années et demie en prison, à Jaén puis à Malaga, pour avoir dit la vérité, que l'enfant qu'elle attendait était de son mari. Ses souvenirs et ceux de sa famille constellent ici et là ce roman qui se nourrit largement de la répression que souffrirent les Villén, et de la fierté avec laquelle, même dans les pires moments, la famille honora la mémoire de Tomás.

Esther m'offrit également un livre qui fut d'une grande utilité pour la rédaction de mon roman. Il s'agit de la biographie de son grand-père que l'historien Luis Miguel Sánchez Tostado publia en juin 2010 sous le titre *Cencerro. Un guérillero légendaire.* J'y découvris plusieurs anecdotes que je ne connaissais pas, comme l'invraisemblable interdiction de chanter ou même de fredonner *La Vache laitière* dans toute la Sierra Sud. Et Esther me raconta que cependant les phalangistes qui exhibèrent le cadavre de son grand-père étaient entrés dans Castillo de Locubín en entonnant son refrain. Il est également surprenant que la raison de cette interdiction réside sur l'attitude d'un groupe de guérilleros qui, pendant le féroce combat qu'ils livrèrent contre la garde civile à Alcaudete le 25 décembre 1946, ne cessèrent pas de la chanter pendant qu'ils vidaient leur fusil sur l'ennemi.

Sánchez Tostado propose une autre identité pour le traître qui dénonça Cencerro. Si mon hôte de Valdepeñas se fondait sur la mémoire de ses voisins pour accuser Pilatos, le biographe de sa victime fait valoir les souvenirs des habitants de Castillo de Locubín pour imputer la traîtrise à Toribio Baeza Palomino, alias Carambita. Il assure avec certitude que celui-ci négocia au plus haut niveau avec la garde civile. En effet, il était parvenu à contacter Marzal par l'intermédiaire d'un capitaine avec qui un ami garde civil de Castillo de Locubín – appelé Román et plus connu sous le surnom de Tórtolo – l'avait à son tour mis en relation. J'ai choisi de faire fusionner les deux versions en inventant une trahison multiple, représentative de ce genre de funestes circonstances, auxquelles étaient souvent mêlées des femmes, qui coûtèrent la vie à plusieurs hommes dans les nombreux endroits d'Espagne où fleurit la guérilla antifranquiste.

La mort tardive que Carambita trouve dans l'épilogue participe de la même nature d'événements. Je ne sais ni où ni quand lui et Pilatos moururent, mais Sánchez Pilato explique que ce fut en novembre 1973. Un homme de soixante-treize ans, dépourvu de papiers d'identité, fut découvert pendu dans un olivier du cimetière d'Almodóvar del Río, un village de la province de Cordoue situé à plus de cent kilomètres de Torrequebradilla, dans la province de Jaén, où il habitait. Il s'appelait Antonio Cano Aceituno, était connu sous le surnom d'Enriqueto, et avait vécu plus ou moins caché, loin de la Sierra Sud pendant vingt-six ans. En 1947, il avait guidé les gardes civils jusqu'à la ferme de Noalejo où se cachaient des hommes de Cencerro. C'est ainsi qu'il fut responsable de la mort d'au moins sept personnes : un berger qui faisait office d'agent de liaison, quatre guérilleros, le propriétaire de la ferme et son fils. La mort de ce dernier fut tout spécialement cruelle, car les gardes civils n'avaient pas prévu de l'arrêter, mais lorsqu'il vit qu'ils emmenaient son père, il insista pour aller avec eux. Ainsi, au lieu de le protéger, la seule chose qu'il obtint fut d'être assassiné en même temps que lui. Car on appliqua aux deux hommes la loi des fuyards au milieu de la montagne plusieurs heures après la fin du combat. Enriqueto avait des raisons de se cacher, mais quelqu'un l'a retrouvé et lui a réglé son compte après plus de vingt ans, lorsque la guérilla était devenue une grave erreur stratégique pour la direction du PCE.

Enfin, je voudrais remercier mes amis de Jaén – je suis une femme heureuse car j'en ai beaucoup – pour l'enthousiasme et la générosité avec laquelle ils ont collaboré avec moi afin de tisser la structure des sobriquets et des surnoms réels dont se nourrit cette fiction. À quelques exceptions près – Regalito, Pocarropa, Pleitista, Salsipuedes, Saltacharquitos, les surnoms d'authentiques guérilleros de la zone que j'ai trouvés dans les livres déjà cités – tous les surnoms utilisés ici viennent de différents villages de la province de Jaén (Villacarrillo, Los Villares, Úbeda, Campillo del Río, Alcalá de Real) et sont aussi authentiques que les anecdotes qui leur ont donné naissance, y compris dans des cas apparemment littéraires comme Burropadre, Fingenegocios ou Putisanto.

Même si, dès le début, j'ai laissé en dehors de ce processus Cristino Pérez Meléndez, pour éviter des identifications erronées, ou des soupçons indésirables, entre les habitants du vrai village de Fuensanta de Martos et le village de Fuensanta de Martos de cette fiction, Cándido Méndez, Alfonso Martínez Foronda, Juan Carlos Abril, Joaquín Sabina et Ángeles Moya, la mère de mon amie Ángeles Aguilera, m'ont permis de trouver en quelques jours la plupart des surnoms que j'ai pu utiliser.

Je suis persuadée qu'en racontant la même chose sans l'aide de ces surnoms ce roman ne serait pas le même, en tout cas il serait bien moins vraisemblable.

Qu'ils soient tous remerciés pour leur aide, ainsi qu'une fois de plus Cristino et Maribel qui en plus m'ont fait don de leur amitié.

Almudena Grandes,
Madrid, décembre 2011.

Table

Épisodes d'une guerre interminable

Plan de l'œuvre

I

Inés et la joie

L'armée de l'Union Nationale Espagnole
et l'invasion du val d'Aran

Pyrénées, 19-27 octobre 1944

II

Le Lecteur de Jules Verne

La guérilla de Cencerro et les Trois Ans
de terreur

Jaén, Sierra Sud, 1947-1949

III

Les Trois Mariages de Manolita

Le curé de Porlier, le Service des révisions des peines
et la naissance de la résistance clandestine
contre le franquisme

Madrid, 1940-1950

IV

Les Patients du docteur García

La fin de l'espoir et le réseau d'évasion des chefs nazis
dirigé par Clara Stauffer

Madrid-Buenos Aires, 1945-1954

V

La Mère de Frankenstein

Agonie et Mort d'Aurora Rodríguez Carballeira
en plein apogée de l'Espagne National-Catholique
Asile d'aliénés de Ciempozuelos (Madrid) 1955-1956

VI

Mariano sur le Bidasoa

Les caractéristiques de longue durée,
de l'émigration économique de l'intérieur
et les vingt-cinq ans de paix
Casteura (Badajoz) – Eibar (Guipúzcoa) 1939-1964

Almudena Grandes au Livre de Poche

Cœur glacé n° 31907 et n° 32024

Ce roman retrace, à travers le destin de deux familles – l'une franquiste, l'autre républicaine –, l'histoire de l'Espagne, de 1936 à nos jours, à jamais marquée par la guerre civile.

Inés et la joie n° 32882

En 1944, alors que le Débarquement approche, Galán et ses compagnons, membres du parti communiste, sont convaincus de pouvoir instaurer bientôt un gouvernement républicain à Viella, en Catalogne. À Madrid, Inés a épousé la cause républicaine.

Vents contraires n° 32357

Dans un quartier résidentiel des environs de Rota, deux maisons se font face : celle de Sara, 45 ans, discrète et intelligente, et celle de Juan Olmedo, médecin trentenaire, qui vit avec son frère, arriéré mental, et sa nièce, âgée d'une dizaine d'années.

Du même auteur :

LES VIES DE LOULOU, Albin Michel, 1990.

MALENA, C'EST UN NOM DE TANGO, Plon, 1996.

ATLAS DE GÉOGRAPHIE HUMAINE, Grasset, 2000.

VENTS CONTRAIRES, Grasset, 2003.

LE CŒUR GLACÉ, Lattès, 2008.

INÉS ET LA JOIE, Lattès, 2012.

LES TROIS MARIAGES DE MANOLITA, Lattès, 2016.

PAPIER À BASE DE FIBRES CERTIFIÉES

Le Livre de Poche s'engage pour l'environnement en réduisant l'empreinte carbone de ses livres. Celle de cet exemplaire est de :
900 g éq. CO_2
Rendez-vous sur www.livredepoche-durable.fr

Composition réalisée par Nord Compo

Imprimé en France par CPI
en janvier 2019
N° d'impression : 2041404
Dépôt légal 1re publication : août 2014
Édition 03 - janvier 2019
LIBRAIRIE GÉNÉRALE FRANÇAISE
21, rue du Montparnasse - 75298 Paris Cedex 06

31/7947/0